JN428929

프로젝트로 배우는

데이터베이스 설계

한빛아카데미
Hanbit Academy, Inc.

지은이 **김은경** egkim@koreatech.ac.kr

숙명여자대학교 물리학과를 졸업하고, 중앙대학교에서 전자계산학 석사 · 박사 학위를 취득했습니다. 현재 한국기술교육대학교 컴퓨터공학부 교수로 재직하며 데이터베이스 설계, 창의적 공학설계 등을 강의하고 있습니다. 미국 애리조나주립대학교에서 방문연구원을 지냈으며, 충남테크노파크 자문교수 등을 역임했습니다. 주요 연구 분야는 딥러닝, 빅데이터 등이고, 저서로 『창의적 공학설계(3판)』(한빛아카데미, 2020), 『창의와 혁신의 시크릿, 트리즈』(한빛아카데미, 2015)가 있습니다.

프로젝트로 배우는 데이터베이스 설계

초판발행 2024년 10월 30일

지은이 김은경 / **펴낸이** 전태호
펴낸곳 한빛아카데미(주) / **주소** 서울시 서대문구 연희로2길 62 한빛아카데미(주) 2층
전화 02-336-7112 / **팩스** 02-336-7199
등록 2013년 1월 14일 제2017-000063호 / **ISBN** 979-11-5664-043-1 93000

총괄 박현진 / **책임편집** 유경희 / **기획 · 편집** 유경희 / **교정** 박정수
디자인 이아란 / **전산편집** 김미경 / **제작** 박성우, 김정우
영업 김태진, 김성삼, 이정훈, 임현기, 이성훈, 김주성 / **마케팅** 김호철, 심지연

이 책에 대한 의견이나 오탈자 및 잘못된 내용에 대한 수정 정보는 아래 이메일로 알려주십시오.
잘못된 책은 구입하신 서점에서 교환해 드립니다. 책값은 뒤표지에 표시되어 있습니다.
홈페이지 www.hanbit.co.kr / 이메일 question@hanbit.co.kr

프로젝트로 배우는

데이터베이스 설계

김은경 지음

한빛아카데미
Hanbit Academy, Inc.

실세계를 위한 데이터베이스 설계: 이론과 프로젝트를 통한 여정

우리는 전 세계가 디지털 네트워크로 상호 연결된 세상에서 살고 있습니다. 이러한 세상에서 데이터는 단순한 정보 이상의 역할을 하며, 데이터베이스 설계 분야는 현대 정보 시스템의 핵심으로서 기업이 데이터를 효율적으로 관리하고 접근할 수 있도록 견인하고 있습니다. 세상이 점점 데이터 중심으로 변해감에 따라 정확하고 효율적이며 확장 가능한 데이터베이스를 설계하는 능력이 그 어느 때보다 중요해졌습니다.

이 책은 크게 두 가지 목적으로 집필되었습니다. 첫째, 데이터베이스 설계의 필수 개념에 대한 이해를 제공합니다. 둘째, 독자들이 이 지식을 실제 프로젝트에 적용할 수 있도록 돕습니다. 이 두 번째 목적이 더 궁극적이고 중요한 목적이라 할 수 있습니다. 이론적 이해는 필수 불가결하지만, 학습하고 체화한 이론을 기능적이고 효율적이며 확장 가능한 데이터베이스 시스템을 만드는 데 적용하고 응용할 수 있어야 합니다. 이를 염두에 두고 책 전반에 걸쳐 많은 사례와 프로젝트를 실었습니다. 또한 각 장을 데이터베이스 구축 단계에 따라 점진적으로 구성하였습니다. 요구 수집 및 분석 단계부터 개념적 설계 단계, 논리적 설계 단계, 물리적 설계 단계를 거쳐 최종 데이터베이스 구현 및 테스트 단계까지 단계별로 차근차근 데이터베이스 설계 역량을 키울 수 있도록 준비시켜 줄 것입니다.

지난 수년 동안, 학생들뿐 아니라 노련한 개발자조차도 추상적인 개념과 실제 구현 사이의 격차를 해소하는 데 많은 어려움을 겪는 것을 관찰했습니다. 이러한 격차를 최대한 해소하는 데 실질적인 도움이 될 수 있도록, 본문 전반에 걸쳐서 추상적인 개념이 실무에 어떻게 적용되는지를 구체적인 사례를 통해서 설명하고자 노력했습니다. 더불어 이 책에서 얻은 지식을 실무에 쉽게 적용할 수 있도록 팀 프로젝트 전체 보고서도 부록으로 제공합니다. 이 책의 마지막 페이지를 넘길 때쯤에는 독자들이 데이터베이스 설계의 필수 개념을 확실히 이해할 뿐 아니라 이 개념들을 자신의 과제나 실무 프로젝트에 적용할 수 있는 자신감도 얻게 되리라 확신합니다.

이 책이 데이터베이스 설계를 처음 배우는 학생들뿐 아니라 자신이 갖고 있는 기술을 개선하거나 새로운 도전에 적응하려는 개발자에게도 귀중한 지침이 되기를 바랍니다. 데이터베이스 설계를 마스터하면서 얻은 지식은 응용 프로그램을 구축하든, 대규모 데이터 환경을 관리하든, 데이터 기반 솔루션을 통해 혁신을 주도하든 여러분에게 강력한 도구가 될 것입니다.

이 책과 함께 배움의 여정을 시작해 주셔서 감사합니다. 이 책이 데이터베이스 설계에 대한 호기심을 불러일으키고, 더 나아가 끊임없이 성장하는 데이터 관리 분야에서 탁월한 능력을 발휘하는 데 초석이 되길 희망해 봅니다. 이 책이 완성되기까지 세심하게 내용을 검토해 주신 한빛아카데미(주) 유경희 수석님께 감사드리며, 매년 데이터베이스 설계 교과목을 열정적으로 수강해 준 많은 학생들에게도 이 책을 통해서 감사의 마음을 전합니다.

저자 **김은경**

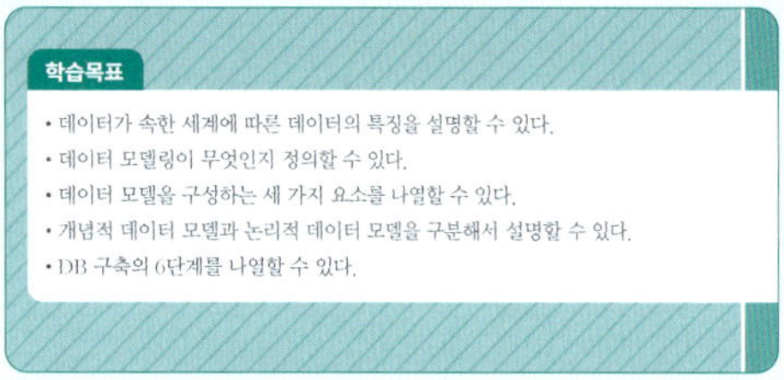
학습목표

- 데이터가 속한 세계에 따른 데이터의 특징을 설명할 수 있다.
- 데이터 모델링이 무엇인지 정의할 수 있다.
- 데이터 모델을 구성하는 세 가지 요소를 나열할 수 있다.
- 개념적 데이터 모델과 논리적 데이터 모델을 구분해서 설명할 수 있다.
- DB 구축의 6단계를 나열할 수 있다.

| 학습목표 |

각 장에서 배울 주요 내용을 안내하고, 학습의 방향성과 수준을 판단할 수 있는 기준을 제공합니다.

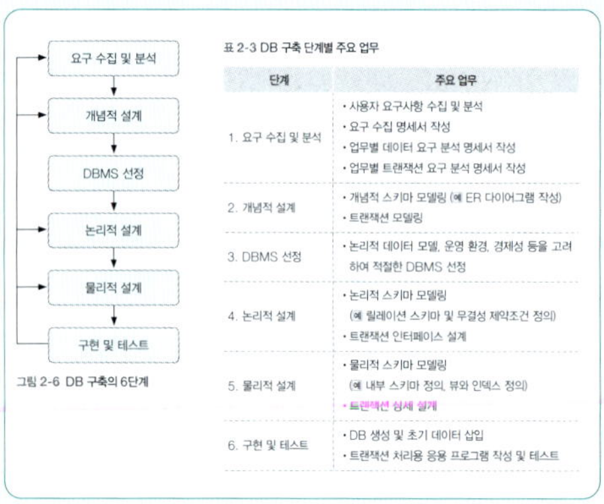

그림 2-6 DB 구축의 6단계

표 2-3 DB 구축 단계별 주요 업무

단계	주요 업무
1. 요구 수집 및 분석	• 사용자 요구사항 수집 및 분석 • 요구 수집 명세서 작성 • 업무별 데이터 요구 분석 명세서 작성 • 업무별 트랜잭션 요구 분석 명세서 작성
2. 개념적 설계	• 개념적 스키마 모델링 (예 ER 다이어그램 작성) • 트랜잭션 모델링
3. DBMS 선정	• 논리적 데이터 모델, 운영 환경, 경제성 등을 고려하여 적절한 DBMS 선정
4. 논리적 설계	• 논리적 스키마 모델링 (예 릴레이션 스키마 및 무결성 제약조건 정의) • 트랜잭션 인터페이스 설계
5. 물리적 설계	• 물리적 스키마 모델링 (예 내부 스키마 정의, 뷰와 인덱스 정의) • 트랜잭션 상세 설계
6. 구현 및 테스트	• DB 생성 및 초기 데이터 삽입 • 트랜잭션 처리용 응용 프로그램 작성 및 테스트

| 본문 |

주요 개념을 그림과 표를 이용해 일목요연하게 정리합니다. 또한 실무 역량을 기를 수 있도록 프로젝트 사례를 통해 쉽게 설명합니다.

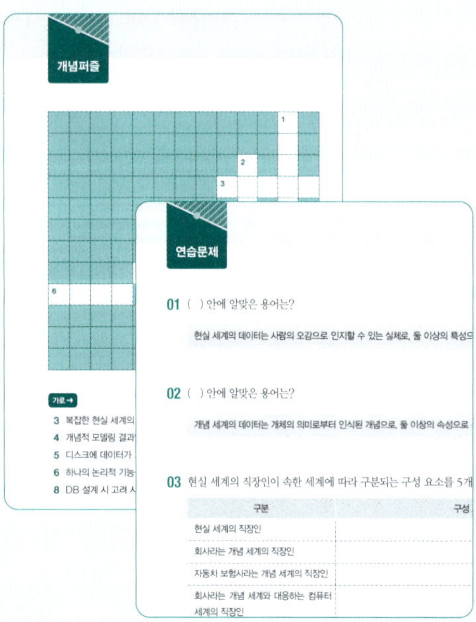

| 개념퍼즐/연습문제 |

각 장에서 배운 내용을 퍼즐과 문제 형식으로 복습합니다. 개념퍼즐을 통해 핵심 용어의 정의와 의미를 정확히 이해할 수 있고, 다양한 유형의 연습문제를 통해 응용력을 기를 수 있습니다.

| 프로젝트 |

총 19개의 프로젝트를 통해 체계적이고 통합적인 학습을 제공합니다. 이 프로젝트들은 구체적인 사례를 통해 데이터베이스 설계의 핵심 개념을 확실히 익히고, 이를 과제나 실무 프로젝트에 적용할 수 있는 능력을 키우도록 돕습니다.

- 모듈형 프로젝트(12개): DB 구축에 필요한 개념을 세부 단계별로 집중 학습하는 핵심 유형별 프로젝트입니다. 실무에서 자주 활용되는 기술을 확실히 익힐 수 있습니다.
- 통합형 프로젝트(2개): DB 구축의 모든 단계를 아우르는 통합 프로젝트로, 전체 과정을 이해하고 실제 상황에 적용하는 능력을 기를 수 있습니다.
- 문제형 프로젝트 (5개): 단계별로 DB를 직접 구축하며 실습하는 통합 프로젝트로, DB 구축 능력과 문제 해결 역량을 함께 기를 수 있습니다.

	모듈형 프로젝트	통합형 프로젝트	문제형 프로젝트(실습문제)
3장		• 온라인 쇼핑몰 DB • 문화센터 DB	• 국내 여행사 DB
5장	• 환자 기록 관리 • 회원 게시판 관리	• 온라인 쇼핑몰 DB • 문화센터 DB	• 모바일 게임 회사 DB • 국내 여행사 DB
6장	• 교수 업적 관리 • 클럽 회원 관리 • 주방용품 업체 사원 관리 • 학습용 인터넷 게임 회원 관리		• 자동차 보험회사 DB
8장	• 환자 검사 내역 관리 • 요리 레시피 관리 • 과제 수행 내역 관리		• 학사 관리 DB
9장	• 환자 기록 관리 • 회원 게시판 관리	• 온라인 쇼핑몰 DB • 문화센터 DB	• 태권도장 유급과정 관리 DB • 국내 여행사 DB
10장		• 온라인 쇼핑몰 DB	• 국내 여행사 DB
11장	• 학원 DB	• 온라인 쇼핑몰 DB • 문화센터 DB	• 국내 여행사 DB
12장		• 온라인 쇼핑몰 DB • 문화센터 DB	• 국내 여행사 DB

• 강의 보조 자료 한빛아카데미 홈페이지에서 '교수회원'으로 가입하신 분은 인증 후 교수용 강의 보조 자료를 제공받을 수 있습니다. 한빛아카데미 홈페이지 상단의 [교수전용공간] 메뉴를 클릭하세요.
http://www.hanbit.co.kr/academy

• 학습 보조 자료 학습에 필요한 자료와 개념퍼즐 해답을 아래 주소에서 내려받을 수 있습니다.
http://www.hanbit.co.kr/src/40043

• 연습문제 해답 안내 본 도서는 대학 강의용 교재로 개발되었으므로 연습문제 해답은 제공하지 않습니다.

• 본문 구성

1부. 데이터베이스 설계 입문(1~3장)

1장에서는 데이터베이스와 데이터베이스 관리 시스템이 무엇인지 소개하고, 2장에서는 데이터와 데이터 모델링, 데이터베이스 구축 단계에 대해 알아봅니다. 3장에서는 데이터베이스 설계의 첫 단계인 요구 수집 및 분석에 대해 프로젝트 사례를 활용해서 상세히 소개합니다.

2부. 개념적 설계(4~6장)

4장에서는 대표적인 개념적 데이터 모델인 ER 모델에 대해 알아봅니다. 5장에서는 개념적 설계 단계의 두 가지 주요 업무인 개념적 스키마 모델링과 트랜잭션 모델링에 대해 프로젝트 사례를 활용해서 상세히 소개합니다. 6장에서는 보다 심도 있는 개념적 설계에 필요한 여러 심화 요소에 대해 소개합니다.

3부. 논리적 설계(7~10장)

7장에서는 대표적인 논리적 데이터 구조인 관계 데이터 모델에 대해 알아봅니다. 8장에서는 논리적 설계 단계의 핵심 업무인 논리적 스키마 모델링에 대해 프로젝트 사례를 활용해서 상세히 소개합니다. 9장에서는 보다 심도 있는 논리적 설계에 필요한 여러 모델링 기법과 무결성 제약조건 정의에 대해 소개하고, 10장에서는 함수적 종속과 정규화의 개념 및 과정을 다룹니다.

4부. 물리적 설계 및 데이터베이스 구현(11~12장)

11장에서는 물리적 설계 단계의 핵심 업무인 물리적 스키마 모델링에 대해 프로젝트 사례를 활용해서 상세히 설명합니다. 12장에서는 SQL을 활용해서 데이터베이스를 구현하는 방법에 대해 소개합니다.

부록(PDF로 제공)

청년 음악가 후원 웹사이트 개발의 기초가 되는 데이터베이스를 설계하고 오라클 SQL로 구현한 팀 프로젝트 보고서를 제공합니다.

• 프로젝트 구성

장	프로젝트	세부 내용
3장	• 온라인 쇼핑몰 DB 구축	- 요구 수집 명세서 작성 사례 - 업무 영역 분할도 작성 사례 - 데이터 요구 분석 명세서 작성 사례 - 트랜잭션 요구 분석 명세서 작성 사례
	• 문화센터 DB 구축	- 요구 수집 및 분석 사례
	• 국내 여행사 DB 구축	- 요구 수집 및 분석 실습
5장	• 온라인 쇼핑몰 DB 구축	- 개체/관계/속성 식별 사례 - ER 다이어그램 작성 사례 - 트랜잭션 모델링 사례
	• 환자 기록 관리 • 회원 게시판 관리	- 개념적 스키마 모델링 사례
	• 문화센터 DB 구축	- 개념적 설계(개념적 스키마 모델링 + 트랜잭션 모델링) 사례
	• 모바일 게임 회사 DB 구축	- 개념적 스키마 모델링 실습
	• 국내 여행사 DB 구축	- 개념적 설계(개념적 스키마 모델링 + 트랜잭션 모델링) 실습
6장	• 교수 업적 관리	- 코드 개체와 약한 개체를 활용한 개념적 스키마 모델링 사례
	• 클럽 회원 관리	- 순환 관계와 코드 개체를 활용한 개념적 스키마 모델링 사례
	• 주방용품 업체 사원 관리	- 슈퍼-서브 타입 개체를 활용한 개념적 스키마 모델링 사례
	• 학습용 인터넷 게임 회원 관리	- 약한 개체를 활용한 개념적 스키마 모델링 사례
	• 자동차 보험회사 DB 구축	- 개념적 설계(개념적 스키마 모델링 + 트랜잭션 모델링) 실습
8장	• 환자 검사 내역 관리 • 요리 레시피 관리 • 과제 수행 내역 관리	- 릴레이션 스키마 변환 사례
	• 학사 관리 DB 구축	- 릴레이션 스키마 변환 실습
9장	• 온라인 쇼핑몰 DB 구축 • 문화센터 DB 구축 • 환자 기록 관리 • 회원 게시판 관리	- 논리적 스키마 모델링(릴레이션 스키마 + 무결성 제약조건 정의) 사례
	• 태권도장 유급과정 관리 • 국내 여행사 DB 구축	- 논리적 스키마 모델링(릴레이션 스키마 + 무결성 제약조건 정의) 실습
10장	• 온라인 쇼핑몰 DB 구축	- 정규화 사례
	• 국내 여행사 DB 구축	- 정규화 실습
11장	• 온라인 쇼핑몰 DB 구축 • 학원 DB 구축	- 내부 스키마 작성 사례
	• 문화센터 DB 구축	- 물리적 스키마 모델링(내부 스키마 + 인덱스 정의) 사례
	• 국내 여행사 DB 구축	- 물리적 스키마 모델링(내부 스키마 + 인덱스 정의) 실습
12장	• 온라인 쇼핑몰 DB 구축 • 문화센터 DB 구축	- DB 생성 및 초기 데이터 삽입 사례 - 테스트용 SQL 문 작성 사례
	• 국내 여행사 DB 구축	- DB 생성 및 초기 데이터 삽입 실습 - 테스트용 SQL 문 작성 실습

PART 01 데이터베이스 설계 입문

Chapter 01 데이터베이스 개요

Chapter 02 데이터베이스 설계 개요

Chapter 03 요구 수집 및 분석

PART 02 개념적 설계

Chapter 04 ER 모델

Chapter 05 개념적 설계 기초

Chapter 06 개념적 설계 심화

PART 03 논리적 설계

Chapter 07 관계 데이터 모델

Chapter 08 논리적 설계 기초

PART 04 물리적 설계 및 데이터베이스 구현

Chapter 11 물리적 설계

Chapter 12 데이터베이스 구현

CHAPTER 01
데이터베이스 개요

학습목표

- 데이터베이스 정의에 함축된 네 가지 의미를 설명할 수 있다.
- 데이터베이스의 특징 다섯 가지를 나열할 수 있다.
- 3단계 데이터베이스 구조를 설명할 수 있다.
- 논리적 데이터 독립성과 물리적 데이터 독립성을 구분해서 설명할 수 있다.
- DBMS의 일곱 가지 기능적 구성 요소에 대해 설명할 수 있다.

01 데이터와 데이터베이스

1 데이터의 정의

데이터data에 대한 정의는 다양한데 일반적으로 관찰이나 실험, 측정, 조사 등을 통해서 수집한 사실fact 또는 값value을 문자나 숫자, 기호 등을 이용해서 형식화한 것을 의미한다. 정보information는 적절한 의사결정을 할 수 있도록 데이터가 해석되거나 가공된 형태를 의미한다. 예를 들면 어느 한 대학의 학생 명단은 데이터에 속하고, 장학생을 선발할 수 있도록 성적순으로 정렬한 명단은 정보에 해당한다. 의사결정을 위한 데이터의 중요성이 커짐에 따라, 방대한 양의 데이터를 더욱 효율적으로 관리하고 활용하기 위해 데이터베이스라는 개념이 출현하였다.

2 데이터베이스의 정의

데이터베이스DataBase, DB의 원래 목적은 서로 다른 여러 응용 프로그램이 동일한 데이터를 사용할 수 있게 하는 공용의 개념을 기초로 한다. 따라서 데이터베이스는 어느 한 조직의 여러 응용 프로그램이 공동으로 사용하기 위한 데이터가 통합 · 저장된 운영 데이터의 집합이라고 정의할 수 있다. 즉, 데이터베이스는 특정 조직을 운영하는 데 필요한 데이터를 중복을 최소화해서 컴퓨터의 기억 장치 안에 모아놓은 데이터의 집합이다. 데이터베이스의 정의에는 다음과 같이 네 가지 중요한 의미가 함축되어 있다.

첫째, 데이터베이스는 공용 데이터shared data다.

데이터베이스는 하나의 응용 프로그램만을 위한 데이터가 아닌, 한 조직의 여러 응용 프로그램이 공동으로 사용하는 데이터다. 즉, 여러 사용자가 서로 다른 목적으로 공유하는 데이터를 의미한다.

둘째, 데이터베이스는 통합 데이터integrated data다.

데이터베이스는 한 조직의 여러 부서에서 사용하는 데이터를 한곳에 통합해서 공동으로 관리하는 것으로, 데이터 중복을 최소화하여 기억장소를 절약할 수 있다. 데이터 중복은 부작용을 초래하므로 데이터가 통합되면 원칙적으로 데이터는 중복되지 않아야 한다. 하지만 검색 및 처리의 효율성을 높이기 위해 일부 데이터의 중복을 허용하는데, 이러한 특징을 최소한의 중복minimal redundancy이라고 한다. 이처럼 불가피하게 허용한 의도된 중복은 관리자가 미리 파악해서 관리할 수 있으므로 통제된 중복controlled redundancy이라고도 부른다.

셋째, 데이터베이스는 저장 데이터stored data다.

데이터베이스는 컴퓨터가 접근할 수 있는 디스크와 같은 저장 장치에 저장된 것으로, 직접 호출direct access이 가능한 데이터다.

넷째, 데이터베이스는 운영 데이터operational data다.

데이터베이스는 회사나 학교 등 어떤 조직을 운영하는 데 꼭 필요한 데이터, 즉 조직의 고유한 기능을 수행하기 위한 필수 데이터를 저장한 것이다. 따라서 일시적으로 필요한 임시 데이터나 단순한 입출력 데이터는 운영 데이터에 해당하지 않으므로 굳이 데이터베이스에 저장할 필요가 없다. 예를 들어 직원 명단이나 인턴 명단, 거래처 정보는 운영 데이터에 해당하지만, 1회 출입을 허용한 방문자 명단이나 회사 홈페이지의 방문자 명단 등은 특수한 상황이 아니라면 운영 데이터에 해당하지 않으므로 별도로 관리하는 것이 바람직하다.

3 데이터베이스의 특징

데이터베이스의 특징을 요약하면 다음과 같다.

■ **동시 공용**concurrent sharing

데이터베이스는 다양한 응용 프로그램 및 사용자가 서로 다른 목적을 이루기 위해 공동으로 사용하므로 동일한 데이터에 동시에 접근하는 경우가 많다. 따라서 데이터베이스의 데이터를 동시에 사용해도 데이터의 일관성이 유지되도록 관리하는 일이 매우 중요하다. 특히, 데이터베이스의 다른 데이터를 동시에 사용하는 것뿐 아니라 같은 데이터를 동시에 사용해도 일관성에 문제가 없도록 관리해야 한다.

■ **지속적인 변화**continuous evolution

데이터베이스는 끊임없이 변하는 현실 세계를 반영해야 하므로, 그 내용이 삽입insert, 삭제delete, 갱신update 등에 의해 계속 변화함으로써 현재 데이터를 정확히 유지해야 한다. 즉, 데이터베이스의 상태는 정적인 것이 아니라 동적이다. 이러한 특징 때문에 다양한 응용 시스템이 공유하는 데이터베이스를 관리하는 일이 쉽지 않다.

■ **실시간 접근성**real-time accessibility

데이터베이스는 컴퓨터가 접근할 수 있는 저장 장치에 저장되어 관리되므로 사용자는 언제든지 필요한 시점에 접근할 수 있다. 즉, 데이터베이스에 대한 어떤 질의에도 실시간에 바로 응답할 수 있어야 한다. 흔히 사용하는 온라인 처리라는 용어가 바로 실시간 처리real-time processing를 의미하며, 데이터베이스는 주로 실시간 처리를 하는 데 활용된다.

■ **내용에 의한 참조**contents reference

데이터베이스에 저장된 데이터는 저장된 주소나 위치가 아닌, 사용자가 요구하는 데이터의 내용contents, 즉 데이터가 갖는 값values에 의해 참조된다. 따라서 사용자가 원하는 데이터의 조건을 명시하면, 조건을 만족하는 데이터가 어디에 있든 해당 데이터에 접근할 수 있다. 예를 들어 "총무과에 근무하는 모든 사원을 검색하시오"라고 요구하면, 사원 데이터 가운데 근무 부서가 '총무과'인 모든 데이터가 저장된 위치에 상관없이 모두 검색된다.

■ **데이터베이스 관리 시스템DBMS에 의한 관리**

데이터베이스를 효율적으로 구축하고 관리하기 위해서는 데이터베이스 관리 시스템Database Management System, DBMS이라는 전용 소프트웨어가 필요하다. 오라클Oracle과 MySQL, MS-SQL 등이 현재 널리 사용되고 있는 DBMS다.

4 데이터베이스의 출현 배경

데이터베이스의 출현 배경을 이해하려면 데이터를 저장하고 관리하는 또 다른 방법인 파일 시스템file system의 특징과 문제점을 이해할 필요가 있다. 파일file은 데이터를 저장하는 가장 기본적인 형식을 말하며, 파일 시스템은 각 응용 프로그램이 자신의 데이터를 별도의 파일 형태로 관리하는 파일 중심의 데이터 처리 시스템을 의미한다. 파일 시스템의 특징은 다음 두 가지로 요약할 수 있다.

- **데이터 종속성**data dependency: 응용 프로그램과 데이터 간의 밀접한 연관성으로 인해, 데이터를 저장한 파일 구조가 변경되면 응용 프로그램도 변경해야 한다.
- **데이터 중복성**data redundancy: 응용 프로그램이 독립적으로 파일을 저장 · 관리하기 때문에 데이터의 중복 저장이 불가피하고, 그로 인해 데이터 값의 불일치가 발생할 가능성이 매우 높다.

파일 시스템의 특징으로 인한 문제점은 다음과 같다.

- **데이터의 중복 저장으로 인해 효율적인 관리가 어렵다.** 파일 시스템에서는 여러 파일에 동일한 데이터가 중복될 가능성이 높으므로 저장 공간의 낭비와 유지보수의 어려움, 데이터 보안의 어려움 등이 유발된다.
- **데이터의 일관성**consistency**을 유지하기 어렵다.** 파일 시스템에서는 동일한 데이터가 여러 파일에 흩어져 있으므로 시간이 지남에 따라 동일한 데이터가 서로 다른 값을 가질 가능성이 커진다.
- **데이터 무결성**data integrity**을 유지하기 어렵다.** 파일 시스템에서는 어떤 데이터가 반드시 만족해야 하는 무결성 제약조건을 프로그램에서 일일이 처리해야 하는데, 프로그램에서 이런 처리를 생략한 경우 무결성을 유지하기 어렵다.
- **데이터 공유가 어렵다.** 파일 시스템에서는 데이터의 구조가 응용 프로그램마다 다르므로 데이터 파일이 동일한 데이터를 포함하고 있어도 데이터를 공유하기 어렵다.

따라서 위와 같은 파일 시스템의 문제점을 해결하기 위해 데이터베이스가 출현했다고 볼 수 있다. 즉, 데이터베이스는 데이터 종속성과 데이터 중복성을 최소화하여 파일 시스템의 여러 문제를 해결하고 구조적인 한계를 극복하기 위해 제안되었다.

5 데이터베이스의 장단점

데이터베이스를 구축하는 것이 모든 환경에서 항상 최선의 방법은 아니므로 먼저 데이터베이스의 장단점을 잘 비교해 볼 필요가 있다. 데이터베이스의 장점은 다음과 같다.

- 데이터 공유가 가능하다.
- 데이터에 대한 접근을 통제할 수 있다.
- 중복 데이터가 적어진다.
- 효율적인 유지보수가 가능하다.
- 데이터의 일관성을 유지할 수 있다.
- 생산성이 향상된다.
- 데이터 표준화가 가능하다.

데이터베이스의 단점은 다음과 같다.

- 초기 개발 비용이 많이 든다.
- 데이터베이스 관리를 전담할 전문 인력(DB 관리자)이 필요하다.
- 지속적인 유지보수가 수반되지 않으면 무용지물이 될 수 있다.

데이터베이스를 구축하기 위해서는 초기 개발 비용이 많이 들 뿐 아니라 지속적인 유지보수를 위해 DB 관리자도 필요하므로 이러한 부담을 수용할 수 있는지 잘 판단해야 한다. 또한 업무 특성상 주로 일회성 데이터만 취급하거나 업무에 필요한 응용 프로그램 수가 많지 않은 경우, 굳이 데이터베이스를 구축할 필요가 있는지 신중히 판단해야 한다.

02 3단계 데이터베이스 구조

현재 사용되는 대부분의 상용 DBMS를 구현하는 데 기초가 된 DB 구조architecture는 미국 컴퓨터 및 정보처리에 관한 표준화위원회인 ANSI/SPARCAmerican National Standards Institute/Standards Planning And Requirements Committee에서 1975년 처음 제안한 3단계3-level 구조로, ANSI/SPARC 구조라고도 부른다. 이 3단계 DB 구조는 DBMS를 구현하기 위한 추상적인 설계 표준으로서, DB 구조를 [그림 1-1]과 같이 크게 외부 단계, 개념 단계, 내부 단계라는 3개 단계로 구분한 구조다.

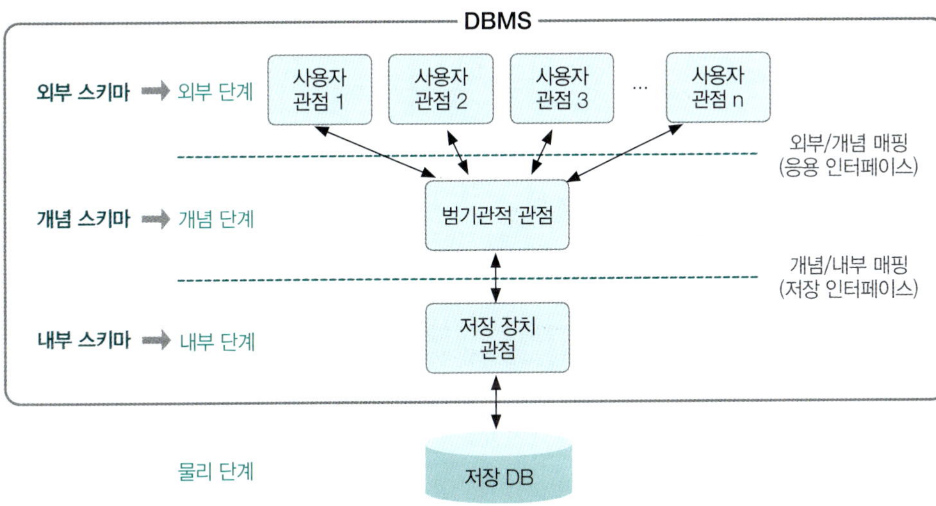

그림 1-1 ANSI/SPARC 3단계 DB 구조

DB 구조를 3단계로 구분한 주된 목적은 DB에 대한 다양한 사용자의 관점과 DB가 실제로 표현되는 방식, 즉 DB의 내부 구조를 분리하기 위함이다. 이러한 분리를 통해서 응용 프로그램과 데이터 간의 독립성을 제공할 수 있다. 즉, 사용자는 DB의 내부 구조를 몰라도 DB를 사용할 수 있고, DB 관리자는 응용 프로그램에 영향을 주지 않으면서 DB의 내부 구조를 변경할 수 있다.

스키마schema란 DB의 구조structure와 제약조건constraints을 기술한 DB의 논리적 정의를 의미한다. DB 구조는 개체entity와 속성attribute, 관계relationship로 표현되고, 제약조건은 개체와 속성 및 관계가 반드시 유지해야 하는 조건을 의미한다. 3단계 DB 구조의 각 단계에서 정의한 스키마를 각각 외부 스키마, 개념 스키마, 내부 스키마라고 부른다.

1 외부 단계와 외부 스키마

외부 단계external level는 DB에 대한 개별 사용자의 관점view으로, 이 단계에서는 각 사용자나 응용 프로그래머가 생각하는 개인적인 DB 구조를 정의한다. 예를 들면 [그림 1-2]와 같이 은행 DB에 접근하는 개인 고객이나 은행 창구 직원, 신용카드사 직원은 각자 전체 DB의 일부분에만 관심이 있으며, 각자 생각하는 DB 구조가 다를 수 있다. 개인 고객은 자신의 개인 정보와 예금 잔고, 입출금 내역, 대출 내역 등에 관심이 있고, 은행 창구 직원은 모든 고객의 예금 잔고와 입출금 내역, 예금 상품 정보, 대출 상품 정보 등에 관심이 있다. 신용카드사 직원은 고객의 신용 정보와 카드 사용 내역, 카드 발급 기준 등에 관심을 두고 DB를 바라보게 된다.

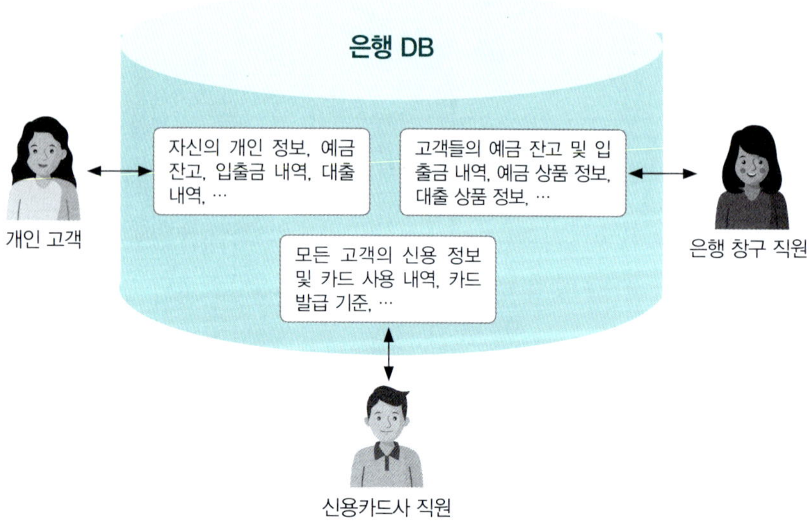

그림 1-2 외부 단계의 다양한 사용자 관점 사례

외부 단계에서 특정 사용자 또는 응용 프로그램이 필요로 하는 DB 구조를 정의한 것이 외부 스키마external schema다. 외부 스키마는 특정 사용자나 응용 프로그램이 접근하는 개별적인

DB를 정의한 것이므로 여러 개가 존재한다. 전체적인 DB 관점에서 보면, 외부 스키마는 DB의 외적인 한 단면을 표현한 것이므로 서브스키마subschema라고도 부른다.

예를 들어 교무과와 총무과의 응용 프로그램이 각각 사용하는 교수 개체의 외부 스키마는 [그림 1-3]과 같이 다소 차이가 있다. 즉, 같은 교수 개체라도 관점의 차이가 있으므로 서로 다른 외부 스키마로 표현할 수 있다.

```
prof
  id       integer(6)
  name     char(20)
  dept     char(30)
  addr     char(50)
  thesis   char(100)
```

(a) 교무과에서 본 교수 개체의 외부 스키마

```
교수
  사번       INT
  성명       CHAR(20)
  호봉       INT
  성과급     INT
  부양가족수 INT
```

(b) 총무과에서 본 교수 개체의 외부 스키마

그림 1-3 교수 개체에 대한 두 가지 외부 스키마

2 개념 단계와 개념 스키마

개념 단계conceptual level는 DB에 대한 사용자 공동체의 관점으로, 이 단계에서는 한 조직 전체를 위한 DB의 논리적 구조를 정의한다. 개념 단계에서 범기관적인 관점의 전체 DB를 정의한 것이 개념 스키마conceptual schema이며, 이는 모든 사용자와 응용 프로그램이 필요로 하는 모든 데이터를 종합해서 정의한 것이다. 따라서 하나의 DB에는 하나의 개념 스키마만 존재하며, 외부 스키마는 이 개념 스키마의 일부를 사용하는 것이다. 즉, 모든 외부 스키마는 개념 스키마로부터 생성된다.

개념 스키마는 한 조직이 요구하는 모든 정보를 생성하는 데 필요한 개체와 관계, 제약조건뿐 아니라 DB에 대한 접근 권한과 무결성 규칙, 보안 정책 등에 관한 명세도 포함한다. 개념 스키마를 단순히 스키마schema라고 부르기도 한다. [그림 1-3]에서 서로 다르게 표현된 교수 개체의 외부 스키마 2개는 [그림 1-4]와 같은 1개의 개념 스키마를 기초로 정의한 것이다.

```
professor
  pno          integer(6)
  name         char(20)
  department   char(30)
  address      char(50)
  sal_class    char(2)
  perf_pay     integer(8)
  family       integer(1)
  thesis       char(100)
```

그림 1-4 교수 개체의 개념 스키마

3 내부 단계와 내부 스키마

내부 단계internal level는 DB에 대한 저장 장치의 관점으로, 이 단계에서는 DB에 어떤 데이터가 어떻게 저장되는지를 표현하는 저장 구조를 정의한다. 즉, 개념 스키마에 대한 저장 구조storage structure를 정의한다. 따라서 저장될 내부 레코드의 형식이나 인덱스index 유무, 저장 데이터 항목의 데이터 타입과 크기 등을 포함한다. 내부 단계에서 개념 스키마의 저장 구조를 정의한 것이 내부 스키마internal schema이며, 내부 스키마도 단 하나만 존재한다. 내부 단계에서는 물리적 레코드, 즉 블록block이나 페이지page 또는 트랙track이나 실린더cylinder 등을 이용한 특정 물리적 저장 장치를 다루지 않으므로, 실제 물리적 단계physical level보다 한 단계 위라고 할 수 있다. 물리적 단계는 디스크와 같은 저장 장치에 데이터를 실제로 저장하는 방법을 다루는 단계로, DBMS의 요청에 따라 운영체제가 관리한다.

[그림 1-4]의 교수 개체에 대해서 [그림 1-5]와 같은 내부 스키마를 정의할 수 있다. 그림을 보면 개념 스키마의 교수 개체가 191바이트로 구성된 하나의 레코드 타입으로 정의되었다. prefix 필드는 레코드에 대한 제어 정보를 표현하기 위한 것이고, 나머지 8개 필드는 개념 스키마의 각 속성에 대응한다. 그리고 pnum 필드에 인덱스profidx가 정의되어 있다.

```
stored_professor    length = 191
prefix              byte(4)       offset = 0
pnum                byte(6)       offset = 4index = profidx
pname               byte(20)      offset = 10
pdept               byte(30)      offset = 30
paddr               byte(50)      offset = 60
psal_class          byte(2)       offset = 110
pperf_pay           byte(8)       offset = 112
pfamily             byte(1)       offset = 120
pthesis             byte(100)     offset = 121
```

그림 1-5 교수 개체의 내부 스키마

4 외부/개념 매핑과 개념/내부 매핑

3단계 DB 구조를 지원하기 위해서 외부/개념 매핑external/conceptual mapping과 개념/내부 매핑conceptual/internal mapping이라는 두 종류의 매핑이 존재한다. 매핑은 DBMS의 궁극적인 목적인 데이터 독립성을 지원하는 중요한 개념이다.

일반 사용자나 응응 프로그램 개발자는 개념 스키마나 내부 스키마에 대해 모르고 개별적인 외부 스키마만 알아도 충분하다. 하지만 각 응용 프로그램이 DBMS를 통해서 DB에 접근하려면 DBMS가 이 3단계 스키마에 있는 모든 개체와 속성들 간의 대응 관계를 알아야 한다. 예를 들면 [그림 1-3]에서 교무과 외부 스키마의 addr은 개념 스키마([그림 1-4])의 address에 대응하고, 이 address는 내부 스키마([그림 1-5])의 paddr에 대응한다는 것을 DBMS가 알고 있어야 교무과에서 교수의 주소(addr)를 검색했을 때 DBMS가 저장된 DB에서 paddr을 찾아서 제공할 수 있다. 이러한 대응 관계를 정의한 것이 바로 매핑 정보다.

외부/개념 매핑은 외부 스키마와 개념 스키마 간의 대응 관계를 정의한 것으로, 응용 인터페이스application interface라고 부르기도 한다. 교수 개체의 예를 들면 addr과 address 간의 대응 관계는 외부/ 개념 매핑 정보에 정의되어 있다.

개념/내부 매핑은 개념 스키마와 내부 스키마 간의 대응 관계를 정의한 것으로, 저장 인터페이스storage interface라고 부르기도 한다. 이는 각 개체의 속성들이 내부 필드와 어떻게 대응되는지를 정의한 것으로, 교수 개체의 예를 들면 address와 paddr 간의 대응 관계는 개념/내부 매핑 정보에 정의되어 있다. 내부 스키마가 변경되는 경우에도 이 개념/내부 매핑 정보만 수정해주면 개념 스키마와 응용 프로그램에는 아무런 영향을 미치지 않게 된다.

ANSI/SPARC의 3단계 DB 구조는 데이터 독립성을 구현하는 기초를 제공한다는 측면에서 중요하지만, 실제로 이 3단계 구조를 정확히 구분해서 지원하는 DBMS는 배우 드물다.

03 데이터 독립성

DBMS의 궁극적인 목적은 데이터 독립성data independency을 제공하는 것인데, 데이터 독립성이란 DB의 논리적인 구조나 물리적인 구조가 변경되어도 응용 프로그램에 영향을 주지 않는 성질을 말한다. 즉, 데이터 독립성은 응용 프로그램이 데이터에 종속되지 않는 것을 의미하며, 앞에서 설명한 매핑이 데이터 독립성을 지원하는 방법이라고 할 수 있다. 데이터 독립성은 논리적 데이터 독립성과 물리적 데이터 독립성으로 구분할 수 있다.

1 논리적 데이터 독립성

논리적 데이터 독립성logical data independency이란 응용 프로그램에 영향을 주지 않고 DB의 논리적 구조, 즉 개념 스키마를 변경할 수 있는 것을 의미한다. DB에 새로운 데이터 항목(속성)이나 레코드(개체)를 추가해도 현재 정의된 사용자의 관점이나 응용 프로그램은 영향을 받지 않는다는 뜻이다. 따라서 하나의 논리적 데이터 구조를 기초로 하여 여러 응용 프로그램이 요구하는 다양한 형태의 데이터 구조로 대응시켜서 지원하는 작업이 가능해진다. 즉, 앞에서 설명한 외부/개념 매핑에 의해 논리적 데이터 독립성이 보장되는 것이다.

2 물리적 데이터 독립성

물리적 데이터 독립성physical data independency이란 응용 프로그램과 DB의 논리적 구조에 영향을 주지 않고 물리적 구조, 즉 파일 편성과 데이터 액세스 방법 등을 변경할 수 있는 것을 의미한다. 새로운 저장 장치나 접근 방법이 개발되어 성능 향상을 위해서 DB의 물리적 구조를 변경시켜도 DB의 논리적 구조나 응용 프로그램에 전혀 영향을 주지 않는다는 뜻이다. 물리적 데이터 독립성은 앞에서 설명한 개념/내부 매핑에 의해 보장된다. [그림 1-6]에서 알 수 있듯이 DBMS가 DB에 대한 하나의 논리적 구조를 상이한 여러 물리적 구조로 대응시킬 수 있다.

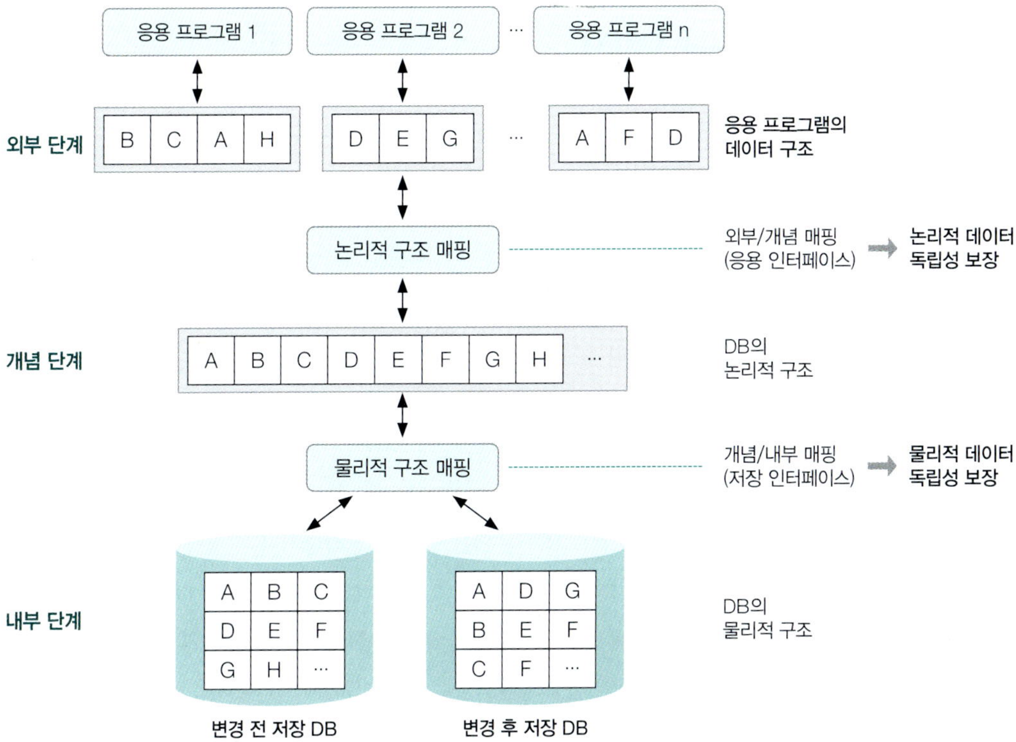

그림 1-6 3단계 DB 구조 간의 매핑과 데이터 독립성

시스템 카탈로그system catalog는 DB에 저장된 모든 객체object에 대한 정의definition나 명세specification에 대한 정보를 수록해서 관리하는 시스템 테이블을 말하며, 데이터 사전data dictionary이라고도 부른다. 모든 스키마와 매핑에 관한 정보도 시스템 카탈로그에 저장되어 관리된다. 이 시스템 카탈로그도 하나의 DB다. 다만 사용자가 사용하는 DB와 구분되며, 시스템 데이터베이스 또는 메타 데이터metadata, 즉 데이터에 관한 데이터라고 할 수 있다. 시스템 카탈로그는 사용자와 시스템 모두 사용할 수 있다. 한편, 데이터 디렉터리data directory는 시스템 카탈로그에 저장된 데이터를 참조하는 데 필요한 위치 정보를 관리하는 시스템 테이블로, 일반 사용자는 접근할 수 없고 시스템만 사용할 수 있다.

04 데이터 언어

데이터 언어data language란 DB를 정의하고 조작 · 제어하기 위해 사용하는 DB 전용 언어다. 즉 사용자가 데이터에 접근하는 수단으로, 사용 목적과 기능에 따라 데이터 정의어와 데이터 조작어, 데이터 제어어로 구분한다.

1 데이터 정의어

데이터 정의어Data Definition Language, DDL는 DB 구조를 정의하거나 변경하는 데 사용하는 언어로, DB 스키마를 DBMS가 이해할 수 있도록 기술할 때 쓴다. DDL은 DB 관리자나 설계자가 주로 사용한다. DDL로 작성된 DB 스키마는 DDL 컴파일러에 의해 컴파일되어 각 스키마와 이들 간의 매핑 정보가 시스템 카탈로그에 저장되고, DBMS가 필요할 때 사용하게 된다. 시스템 카탈로그(데이터 사전)는 테이블 관리를 위해 자동으로 생성되는 시스템 테이블로, DB에 저장되는 모든 객체object에 대한 정보가 수록된다. DB에 저장되는 객체에는 테이블table뿐 아니라 뷰view와 시퀀스sequence, 인덱스index, 동의어synonym 등이 있다.

앞에서 설명한 3단계 DB 구조를 엄격히 지키는 DBMS는 외부 스키마와 개념 스키마, 내부 스키마를 각각 정의하기 위해 외부 스키마 정의어와 개념 스키마 정의어, 내부 스키마 정의어가 필요하다. 그러나 3단계 DB 구조를 엄격하게 구분하지 않는 DBMS는 하나의 DDL로 모든 스키마를 정의할 수 있다.

2 데이터 조작어

데이터 조작어Data Manipulation Language, DML는 사용자 또는 응용 프로그램과 DBMS 간의 통신 수단으로, DBMS가 원하는 데이터를 처리할 수 있도록 기술하는 데 사용되는 언어다. 기본적인 데이터 처리에는 데이터 검색과 삽입, 삭제, 갱신이 포함된다. DML은 데이터 처리에 필요한 다양한 연산을 포함하고 있으며, 기술 방법에 따라 다음과 같이 두 종류로 구분된다.

절차적 데이터 조작어

절차적 데이터 조작어Procedural DML는 사용자가 무슨what 데이터를 원하는지, 어떻게how 접근해서 처리해야 하는지를 모두 기술해야 하는 저수준low level 데이터 언어로, 한 번에 하나의 레코드만 처리할 수 있다. 따라서 독자적으로 사용할 수 없고, 응용 프로그램 속에 삽입하여 사용한다. 즉, 호스트host 언어로 작성된 응용 프로그램 안에서 프로시저procedure 호출문 형식으로 표현된다. 이렇게 삽입된 데이터 조작어 부분은 DML 예비 컴파일러에 의해 추출되어 별도로 컴파일된 후, 호스트 언어 컴파일러에 의해 컴파일된 나머지 프로그램과 연결되어 실행된다.

비절차적 데이터 조작어

비절차적 데이터 조작어Non-procedural DML는 사용자가 무슨what 데이터를 원하는지만 기술하고, 어떻게how 접근해서 처리해야 하는지는 DBMS에 위임하는 고수준high level 데이터 언어다. 사용자가 원하는 데이터가 무엇인지만 선언하는 것이므로 선언적 언어declarative language라고 부르기도 한다. 한 번에 여러 개의 레코드를 처리할 수 있으며, 데이터 검색 방법을 DBMS에 위임하므로 응용 프로그램과 무관하게 독자적으로 사용할 수 있다. 따라서 일반 사용자가 대화식으로 사용할 수 있으며, 필요한 경우 응용 프로그램에 삽입해서 사용할 수도 있다. 특히 대화식으로 사용하는 고급 명령어 형태의 독립된 DML을 질의어Query Language라고 부른다. 질의어는 데이터 검색뿐 아니라 데이터 삽입 · 삭제 · 갱신도 가능하다. 한편, 절차적이든 비절차적이든 호스트 언어로 작성한 응용 프로그램 속에 삽입해서 사용하는 DML을 데이터 부속어Data SubLanguage, DSL라고 부른다.

[그림 1-7]은 비절차적 DML인 오라클의 SQLStructured Query Language 명령문과 실행 결과를 보여준다. 조건(학점 >= 3.5)을 만족하는 레코드가 한꺼번에 4개가 처리(검색)된 것을 알 수 있다.

(a) 오라클 SQL 문

```
SELECT    번호, 이름, 휴대폰번호, 학점
FROM      학생테이블
WHERE     학점 >= 3.5;
```

한꺼번에 4개의 레코드를 검색함

(b) 오라클 SQL 문 실행 결과

번호	이름	휴대폰번호	학점
10	박민수	010-4400-1234	3.8
23	김영희	010-1122-3344	4.0
35	민가람	010-7890-0099	3.9
42	이민수	010-2345-4567	4.2

그림 1-7 비절차적 DML인 SQL 명령문과 실행 결과 사례

사용자 입장에서는 비절차적 DML이 편리하지만 때로는 레코드를 하나씩 처리해야 하는 경우도 있다. 오라클에서는 절차적 처리가 가능한 PL/SQL이라는 절차적 언어를 제공하고 있다. [그림 1-8]은 PL/SQL로 작성한 프로그램으로 [그림 1-7]의 SQL 문과 달리 한 번에 하나의 레코드만 처리한다. 즉, 다른 절차적 프로그래밍 언어처럼 FOR 문을 사용해서 사원 테이블에 있는 레코드 수만큼 반복 처리하는데, 사원 레코드를 하나씩 검색해서 근무지가 '제주'인 경우 급여를 15% 인상하고, 그렇지 않으면 5% 인상하는 명령문이다.

```
DECLARE
   v_emp_counter  NUMBER;
   v_empno  NUMBER(2);
   v_loc  VARCHAR2(20);
   v_sal  NUMBER(8);
BEGIN
   SELECT COUNT(*)  INTO  v_emp_counter
   FROM   사원테이블;
   FOR    v_counter  IN 1 .. v_emp_counter
      LOOP
         SELECT 사번, 근무지, 급여
         INTO   v_empno, v_loc, v_sal
         FROM   사원테이블;
         IF v_loc = '제주' THEN
            v_sal := v_sal * 1.15;
         ELSE
            v_sal := v_sal * 1.05;
         END IF;
         dbms_output.put_line(v_empno, v_loc, v_sal);
       END LOOP;
END;
```

한 번에 하나의 레코드를 검색해서 전달함

그림 1-8 절차적 DML인 PL/SQL 명령문 사례

3 데이터 제어어

데이터 제어어Data Control Language, DCL는 공용 DB를 정확하고 안전하게 관리하기 위해 내부 규정에 따라 데이터를 어떻게 제어할지를 기술하는 데 사용되는 언어다. 데이터 제어어는 다음과 같은 제어 기능을 정의할 수 있는 명령어를 포함하고 있으므로 주로 DB 관리자가 사용한다.

① 권한이 없는 사용자로부터 데이터를 보호하기 위한 데이터 보안security

② 데이터의 정확성을 유지하기 위한 데이터 무결성integrity

③ 시스템 장애에 대비한 데이터 복구recovery

④ DB에 대한 동시 접근을 처리하기 위한 동시성 제어concurrency control

데이터 언어가 개념적으로는 데이터 정의어 · 조작어 · 제어어로 구분되지만, 실제로는 별도의 언어로 존재하지 않고 하나의 언어 안에 각각 다른 명령어로 포함되어 있으면서 단지 기능적으로만 구분되는 것이 일반적이다.

05 데이터베이스 관리 시스템

데이터베이스 관리 시스템Database Management System, DBMS은 DB와 다양한 DB 사용자 및 응용 프로그램 간의 중재자로서, DB에 대한 모든 접근을 관리하고 처리해 주는 소프트웨어 시스템이다. 다시 말해, DBMS는 DB 정의와 조작 및 제어 기능을 모두 제공하며 여러 DB 사용자 및 다양한 응용 프로그램이 DB를 공용할 수 있도록 관리해 주는 소프트웨어 시스템이다. [그림 1-9]에서 알 수 있듯이 DBMS를 통해서만 DB를 활용할 수 있다.

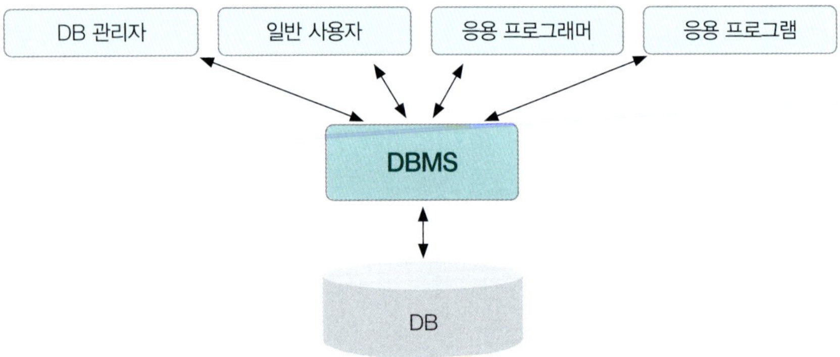

그림 1-9 DBMS의 역할

DB는 특정 응용 프로그램에 종속되지 않고 여러 응용 프로그램이 공용하는데, 앞에서 언급한 바와 같이 응용 프로그램이 데이터에 종속되지 않는 데이터 독립성을 제공하는 것이 DBMS의 궁극적인 목적이다.

한편, 데이터베이스DB와 데이터베이스 관리 시스템DBMS, 데이터베이스 시스템DataBase System, DBS을 혼용하는 경우가 많은데, 이들은 서로 엄격히 구분되는 개념이다. DBS는 데이터를 DB에 저장하고 DBMS를 이용해서 관리하여 필요한 정보를 생성하는 컴퓨터 중심의 시스템computer-centered system으로, DB와 DBMS는 DBS의 주요 구성 요소다. 그밖에 DBS의 구성 요소로 데이터 언어와 DB 사용자, DB 컴퓨터 등이 포함된다.

1 데이터베이스 관리 시스템의 필수 기능

DBMS는 여러 응용 프로그램과 DB 사용자들이 DB를 원활하게 공용할 수 있도록 지원해야 하는데, 기본적으로 다음과 같은 세 가지 기능을 제공해야 한다.

데이터 정의 기능

데이터 정의definition 기능은 데이터의 형태와 구조, DB의 저장에 관한 내용 정의를 수행한다. 데이터를 정의할 때는 여러 사용자와 응용 프로그램이 요구하는 다양한 데이터를 모두 지원할 수 있도록 다음과 같은 내용을 포함해야 한다.

- DB의 논리적인 구조logical structure를 기술할 수 있어야 한다. 즉, 다양한 응용 프로그램이 요구하는 데이터 구조를 지원할 수 있도록 DB의 논리적 구조와 그 특성을 DBMS가 기초하고 있는 데이터 모델(예 관계형 데이터 모델)에 맞게 기술할 수 있어야 한다.
- DB의 물리적인 구조physical structure를 기술할 수 있어야 한다. 즉, DB를 물리적 저장 장치에 저장하는 데 필요한 물리적인 구조(예 개체의 레코드 형식, 인덱스 정의)를 기술할 수 있어야 한다.
- DB의 물리적 구조와 논리적 구조 사이의 변환이 가능하도록 두 구조 사이의 매핑 정보를 표현할 수 있어야 한다. 앞에서 언급한 바와 같이 다양한 응용 프로그램이 요구하는 데이터 구조를 하나의 물리적인 구조로 지원할 수 있는 것은 바로 이 매핑 때문이다.

데이터 조작 기능

데이터 조작manipulation 기능은 사용자의 요구에 따라 데이터의 검색 · 삽입 · 삭제 · 갱신 등과 같은 DB 연산operation을 제공한다. 즉, 다양한 사용자와 DB 간의 인터페이스를 제공하는 기능이다. 이러한 조작 기능을 제공하는 데이터 언어는 다음과 같은 조건을 만족해야 한다.

- 사용하기 쉽고 자연스러워야 한다.
- 원하는 데이터 조작을 명확하게 기술할 수 있어야 한다. 즉, 사용자가 원하는 어떠한 DB 연산도 완전하게 기술할 수 있어야 한다.
- 데이터 처리 및 접근이 효율적이어야 한다.

데이터 제어 기능

데이터 제어control 기능은 공용으로 관리되는 DB의 정확성과 안전성을 유지하기 위한 기능이다. 데이터 제어 기능이 갖추어야 할 세 가지 요건은 다음과 같다.

- **무결성integrity 유지 기능**: DB에 접근하는 삽입 · 삭제 · 갱신 작업이 정확하게 수행되도록 함으로써 데이터의 무결성이 파괴되지 않도록 제어할 수 있어야 한다.
- **보안security 및 권한authority 검사 기능**: 권한이 부여된 정당한 사용자만 허용된 데이터에 접근할 수 있도록 보안을 유지하고, 접근 권한을 검사할 수 있어야 한다.
- **동시성 제어concurrency control 기능**: 여러 사용자가 DB에 동시에 접근해서 데이터를 처리할 때, DB 및 처리 결과가 정확성을 유지하도록 동시성 제어 기능을 제공해야 한다. 기본적으로 데이터를 동시에 읽을 수는 있지만 동시에 쓸 수는 없도록 제어해야 한다.

2 데이터베이스 관리 시스템의 구성 요소

DBMS는 DB에 대한 모든 접근을 관리할 뿐 아니라, 사용자의 요구를 처리해 주는 소프트웨어 시스템이다. 따라서 기본적으로 다음과 같은 수행 절차에 따라 사용자의 요구를 처리한다.

① 데이터 언어로 작성된 DB 사용자의 접근 요구access request를 접수한다. 사용자의 접근 요구는 데이터 검색이나 삽입, 삭제, 갱신 등이다.

② 접수한 사용자 요구를 해석해서 컴퓨터가 이해할 수 있도록 변환한다.

③ 변환한 사용자 요구를 실행하기 위해서 3단계 스키마를 거쳐 저장된 목표 데이터에 접근하여 필요한 연산을 실행한다.

이러한 수행 과정은 실제로 [그림 1-10]과 같이 DBMS를 구성하는 여러 기능적 구성 요소에 의해 수행된다.

❶ DDL 컴파일러

DDL 컴파일러DDL Compiler는 DDL로 작성된 스키마를 내부 형태로 변환해서 시스템 카탈로그에 저장한다. 시스템 카탈로그에는 테이블(파일)의 이름과 크기, 속성(데이터 항목)의 이름과 데이터 타입, 크기, 제약조건, 스키마 간의 매핑 정보 등이 포함된다. DDL 컴파일러는 DDL 처리기processor라고도 부른다.

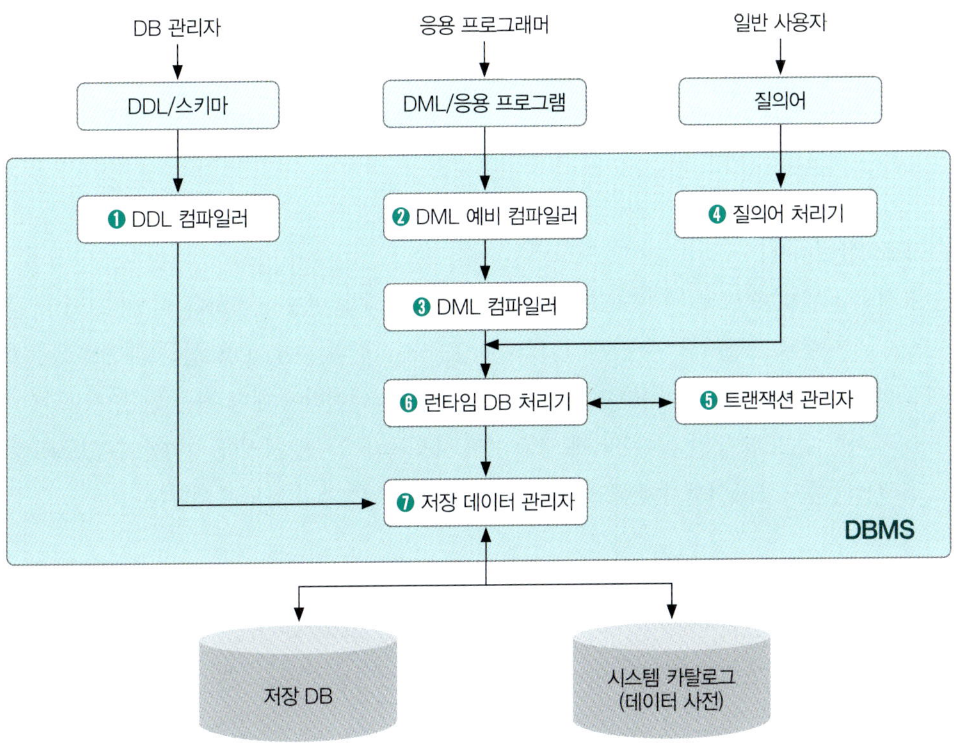

그림 1-10 DBMS의 기능적 구성 요소

❷ DML 예비 컴파일러

DML 예비 컴파일러DML Pre-Compiler는 호스트 언어로 작성된 응용 프로그램에 삽입된 DML 명령문을 추출한 다음, 그 자리에 함수 호출문procedure call statement을 삽입한다. 추출된 DML 명령문은 DML 컴파일러에 전달되어 DB에 접근하기 위한 오브젝트 코드object code로 컴파일되고, 함수 호출문으로 수정된 응용 프로그램은 호스트 언어의 컴파일러에 전달된다.

❸ DML 컴파일러

DML 컴파일러DML Compiler는 DML 예비 컴파일러가 전달한 DML 명령문을 파싱하고 컴파일해서 오브젝트 코드로 변환한다. 그리고 이 오브젝트 코드는 호스트 언어 컴파일러가 처리한 수정된 응용 프로그램의 오브젝트 코드와 연결되어 런타임runtime DB 처리기에 전달된다. DML 컴파일러는 DML 처리기라고도 부른다.

❹ 질의어 처리기

질의어 처리기Query Processor는 일반 사용자가 입력한 질의문을 처리한다. 즉, 질의문을 컴파일compile해서 DB에 접근하기 위한 오브젝트 코드를 생성하여 런타임 DB 처리기에 전달한다.

❺ 트랜잭션 관리자

트랜잭션 관리자Transaction Manager는 데이터를 일관되게 변경하는 하나 이상의 DML 문장으로 구성된 트랜잭션transaction 단위의 작업을 수행한다. 특히 DB 접근 과정에서 무결성integrity 제약조건을 만족하는지 검사하고, 사용자의 데이터에 대한 접근 권한authorization을 검사한다. 또한 동일한 데이터에 대한 여러 사용자의 요구를 동시에 처리할 수 있도록 트랜잭션의 동시성 제어를 수행하고, 장애 발생 시 복구recovery 작업도 수행한다.

❻ 런타임 DB 처리기

런타임 DB 처리기Runtime DB Processor는 실행 시간에 DB에 대한 접근을 관리한다. 즉, 데이터 검색이나 갱신 등과 같은 여러 가지 DB 연산을 저장 데이터 관리자를 통해서 실행시킨다.

❼ 저장 데이터 관리자

저장 데이터 관리자Stored Data Manager는 디스크에 저장된 DB나 시스템 카탈로그에 대한 접근을 담당한다. 실제로 디스크에 저장된 저장 레코드에 접근하기 위해서는 운영체제의 기본 모듈인 파일 관리자file manager와 디스크 관리자disk manager를 활용한다. 파일 관리자는 요구된 저장 레코드가 어떤 파일의 어떤 페이지에 있는지 결정하고, 디스크 관리자는 실제로 디스크와 메인 메모리 버퍼buffer 간의 데이터 전송을 수행한다. 메인 메모리의 데이터 버퍼에 전송된 데이터는 데이터 처리를 위해 버퍼 관리자buffer manager가 관리하게 된다.

06 데이터베이스 사용자

데이터베이스 사용자user는 DB를 이용하기 위해 DB에 접근하는 모든 사람을 일컫는데, 크게 DB 관리자와 일반 사용자, 응용 프로그래머로 구분할 수 있다.

1 데이터베이스 관리자

데이터베이스 관리자DataBase Administrator, DBA는 DB 시스템이 기능을 원활하게 수행할 수 있도록 관리 및 운영에 대한 모든 책임을 지는 사람이다. DBA는 DB를 설계 및 구축하고 DB 시스템을 총괄적으로 감시 · 관리하는 책임과 권한을 갖고 있으므로 주로 DDL과 DCL을 사용한다. DBA가 DB에 접근하는 이유는 저장된 데이터를 이용하기 위해서라기보다는 주로 DB를 안전하고 신뢰성 있게 유지하고 정확한 데이터가 제공될 수 있도록 관리하기 위함이다. DBA는 필요한 경우 DB의 변경 계획도 수립해야 한다. DBA가 되려면 DB와 컴퓨터 시스템에 대한 전문 지식뿐 아니라, 해당 조직의 전산 관련 업무에 대한 전반적인 지식과 경험이 필요하다.

2 일반 사용자

일반 사용자는 터미널 사용자terminal user 또는 최종 사용자end user라고도 부른다. 일반 사용자는 보통 DB에 대한 전문 지식 없이 데이터 검색 · 삽입 · 삭제 · 갱신 등을 목적으로 대개 질의어를 사용해 DB에 접근한다. 일반 사용자가 좀 더 쉽게 접근할 수 있도록, 상당수 DBMS가 메뉴menu, 폼form, 그래픽스graphics 등과 같은 편리한 사용자 인터페이스를 제공하고 있다.

3 응용 프로그래머

응용 프로그래머application programmer는 일반 사용자가 DB에 쉽게 접근할 수 있도록 업무 중심의 응용 프로그램을 개발하는 정보기술 전문가다. 응용 프로그래머가 호스트 언어를 사용해서 응용 프로그램을 작성할 때는 DML이나 DSL을 삽입하여 DB에 접근한다. 따라서 응용 프로그래머는 보통 C/C++, 자바, 파이썬 등의 호스트host 언어로 프로그램을 개발할 수 있는 능력이 있어야 하며 DML에 익숙해야 한다. 또한 DB에 대한 기초 지식도 갖추어야 한다.

개념퍼즐

가로 →

1 DB 구조를 정의하거나 변경하는 데 사용하는 언어

5 각 응용 프로그램이 자신의 데이터를 별도의 파일 형태로 관리하는 파일 중심의 데이터 처리 시스템

7 외부 스키마와 개념 스키마 간의 대응 관계를 정의한 것으로, 외부/개념 매핑이라고도 부름

10 DB에 저장된 모든 객체에 대한 정의나 명세에 대한 정보를 수록해서 관리하는 시스템

11 개념 단계에서 범기관적인 관점의 전체 DB를 정의한 것

세로 ↓

1 관찰이나 실험, 측정, 조사 등을 통해서 수집한 사실 또는 값을 문자나 숫자, 기호 등을 이용해서 형식화한 것

2 적절한 의사결정을 할 수 있도록 데이터가 해석되거나 가공된 형태

3 DB 시스템이 기능을 원활하게 수행할 수 있도록 관리 및 운영에 대한 모든 책임을 지는 사람

4 DB의 논리적인 구조나 물리적인 구조가 변경되어도 응용 프로그램에 영향을 주지 않는 성질

6 DB의 구조와 제약조건을 기술한 DB의 논리적 정의

8 DBMS의 기능적 구성 요소 중 일반 사용자가 입력한 질의문을 처리하는 프로그램

9 어느 한 조직의 여러 응용 프로그램이 공동으로 사용하기 위한 데이터가 통합 · 저장된 운영 데이터의 집합

연습문제

01 데이터 data 와 정보 information 의 차이점에 대해 예시를 이용해서 자유롭게 토론하시오.

02 다음 중 DB의 정의에 함축된 의미가 잘못 설명된 것은?

① DB는 컴퓨터가 접근할 수 있는 저장 장치에 기록된 저장 데이터다.

② DB는 조직을 운영하는 데 반드시 필요한 운영 데이터다.

③ DB는 한 조직의 여러 부서에서 사용하는 데이터를 중복이 전혀 없는 상태로 한곳에 모아서 공동으로 관리하는 통합 데이터다.

④ DB는 한 조직의 여러 응용 프로그램이 공동으로 사용하는 공용 데이터다.

03 다음 중 DB의 특징이 잘못 설명된 것은?

① DBMS에 의한 관리: DB를 효율적으로 구축하고 관리하기 위해서 DBMS라는 전용 소프트웨어가 필요하다.

② 실시간 접근성: DB는 컴퓨터가 접근할 수 있는 저장 장치에 저장되어 관리되므로 언제든지 필요한 시점에 접근할 수 있다.

③ 지속적인 변화: DB는 끊임없이 변하고 있는 현실 세계를 반영해야 하므로, 그 내용은 고정된 것이 아니고 삽입, 삭제, 갱신 등을 통해서 계속 변화한다.

④ 위치에 의한 참조: DB에 저장된 데이터는 저장된 주소, 즉 위치에 의해 참조되므로 사용자의 요구가 빠르게 처리될 수 있다.

04 파일 시스템의 두 가지 특징을 쓰시오.

05 다음 중 DB 구축이 적합하지 않은 것은?

① 항공기 예약 시스템에서 여행사를 통해 좌석을 예약한 모든 예약 정보를 관리하려고 한다.

② 대학에서 교수의 신규 임용과 재임용, 승진 및 급여 등을 관리하는 데 필요한 정보를 관리하려고 한다.

③ 어떤 동아리가 길거리에서 일회성 특별 이벤트를 개최한 다음, 이 이벤트에 참가해서 이름을 남긴 사람들의 명단을 관리하려고 한다.

④ 매년 조류독감이 발생한 지역과 피해 및 보상 내역을 관리하려고 한다.

06 3단계 DB 구조가 무엇인지 설명하시오.

07 다음 중 스키마에 대한 설명이 잘못된 것은?

① 스키마란 DB의 구조를 3단계로 구분해서 정의한 것을 의미한다.

② 외부 스키마는 외부 단계에서 특정 사용자 또는 응용 프로그램이 필요로 하는 DB 구조를 정의한 것이다.

③ 개념 스키마는 개념 단계에서 범기관적인 관점의 전체 DB를 정의한 것이다.

④ 내부 스키마는 내부 단계에서 개념 스키마의 저장 구조를 정의한 것이다.

08 DBMS의 궁극적인 목적이 무엇인지 설명하시오.

09 3단계 DB 구조가 어떻게 데이터 독립성을 제공하는지 설명하시오.

10 ( ) 안에 적합한 용어는?

( )이란 응용 프로그램에 영향을 주지 않고 DB의 논리적 구조, 즉 개념 스키마를 변경할 수 있는 것을 의미한다.

11 DBMS의 구성 요소와 설명을 바르게 연결하시오.

① DML 예비 컴파일러	ⓐ 일반 사용자가 입력한 질의문을 처리한다.
② 질의어 처리기	ⓑ 디스크에 저장된 DB나 시스템 카탈로그에 대한 접근을 담당한다.
③ 런타임 DB 처리기	ⓒ 호스트 언어로 작성되어 응용 프로그램에 삽입된 DML 명령문을 추출한 다음, 그 자리에 함수 호출문을 삽입한다.
④ 저장 데이터 관리자	ⓓ 실행 시간에 DB에 대한 접근을 관리한다.

12 DB에 저장된 모든 객체에 대한 정의definition나 명세specification에 대한 정보를 수록해서 관리하는 시스템은 무엇인가?

CHAPTER 02

데이터베이스 설계 개요

학습목표

- 데이터가 속한 세계에 따른 데이터의 특징을 설명할 수 있다.
- 데이터 모델링이 무엇인지 정의할 수 있다.
- 데이터 모델을 구성하는 세 가지 요소를 나열할 수 있다.
- 개념적 데이터 모델과 논리적 데이터 모델을 구분해서 설명할 수 있다.
- DB 구축의 6단계를 나열할 수 있다.

01 데이터의 구분

현실 세계에서 데이터가 관찰 또는 인식된 다음 데이터베이스DB에 저장되는 과정을 자세히 살펴보면 [표 2-1]과 같이 현실 세계, 개념 세계, 컴퓨터 세계의 데이터로 구분해서 이해할 수 있다.

표 2-1 데이터가 속한 세계와 데이터의 특징

데이터 세계	데이터의 특징
현실 세계 (real world)	오감으로 인지할 수 있는 **실체**로서, 둘 이상의 특성으로 구성된 **개체**(entity)로 표현된다.
개념 세계 (conceptual world)	개체의 의미로부터 인식된 **개념**(concept)으로서, 둘 이상의 속성으로 구성된 **개체 타입**(entity type)으로 표현된다.
컴퓨터 세계 (computer world)	개념을 컴퓨터가 처리할 수 있도록 표현한 **데이터**(data)로서, 둘 이상의 필드(field)로 구성된 **레코드 타입**(record type)으로 표현된다.

현실 세계의 데이터는 사람이 오감을 통해서 인지하는 실체, 즉 개체entity로 표현되고, 개념 세계의 데이터는 개체의 의미로부터 인식된 개념concept으로 표현된다. 예를 들어 현실 세계에서 '얼굴이 둥근형이고 머리가 검은색인 김동우'와 '얼굴은 달걀형이고 머리가 갈색인 이영미', '얼굴은 사각형이고 머리가 노란색인 박종민'이라는 3개의 실체를 인지했는데 이들이 모두 학생이라고 하자. 그렇다면 개념 세계에서는 '얼굴형'과 '머리색', '이름'이라는 속성을 갖는 '학생'이라는 개체 타입으로 표현할 수 있다. 그리고 이 학생 개체 타입은 컴퓨터 세계에서 'face'와 'hair', 'name'이라는 필드를 갖는 'student'라는 레코드 타입으로 표현할 수 있다. [그림 2-1]은 데이터가 속한 세계에 따라 데이터의 특징이 어떻게 구분되는지를 보여준다.

현실 세계에는 무수히 많은 실체가 존재한다. 따라서 각 실체를 식별하는 데 필요한 특성들을 추출한 다음 각 특성에 이름을 부여해서 구분하고, 구분된 각 특성이 구체적인 값을 가져야 비로소 개체가 구체적으로 구분될 수 있다. 앞의 예시에서 인식한 첫 번째 개체는 '이름'과 '얼굴형', '머리색'으로 구분된 특성이 각각 '김동우', '둥근형', '검은색'이라는 값을 가져야 비로소 다른 개체와 구분되는 개체로 인식될 수 있다. 실제로 현실 세계에서 개체가 명확히 구분되기 위해서는 나이와 생년월일, 소속 학교, 학년, 취미 등 훨씬 많은 특성이 필요하다.

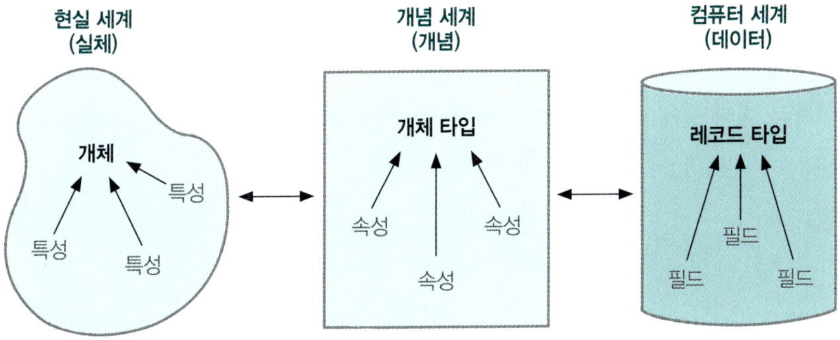

그림 2-1 세 가지 데이터 세계에서 본 데이터의 특징

[표 2-2]에서 알 수 있듯이 동일한 대상도 보는 관점에 따라, 즉 대상이 속한 세계에 따라 구성 요소가 달라질 수 있다. 현실 세계에서 학생을 나타내는 특성은 이름이나 학교명, 학년, 얼굴형, 목소리, 머리색 등 무수히 많다. 하지만 대학이라는 개념 세계에서는 얼굴형이나 목소리, 머리색과 같은 특성은 중요하지 않으며, 그 대신 학번이나 전공, 총이수학점, 평점 등을 속성으로 갖는 대학생 개체 타입으로 표현할 수 있다. 한편, 컴퓨터 세계는 개념 세계와 밀접한 관련성이 있으며, 대학이라는 개념 세계에 속하는 대학생 개체 타입을 레코드 타입으로 표현할 때는 각 필드의 데이터 타입과 크기 정보가 결정되어야 한다. 예를 들어 전공이라는 속성은 2자리 정수로 약속된 전공 코드code로 표현할 수 있는데, 이 경우 전공 필드는 정수 2자리 값으로 표현된다.

표 2-2 데이터 구분 사례

구분	구성 요소	구성 요소 예시
현실 세계의 학생 (학생 개체)	특성	이름, 얼굴형, 학교명, 목소리, 머리색, 키, 몸무게, 취미, 특기, 별명, 교우관계 등
대학이라는 개념 세계의 학생 (대학생 개체 타입)	속성	이름, 학번, 전공, 총이수학점, 평점, 주민등록번호, 지도교수, 연락처, 보호자 등
쇼핑몰이라는 개념 세계의 학생 (고객 개체 타입)	속성	id, pw, 이름, 연락처, 주소, 배송지, 구매목록, 총구매액, 포인트, 쿠폰 등
대학이라는 개념 세계에 대응하는 컴퓨터 세계의 학생 (대학생 레코드 타입)	필드	이름(문자 20자리), 학번(숫자 10자리), 전공(정수 2자리), 총이수학점(정수 3자리) 등

특히, 현실 세계의 학생이 어떤 개념 세계에 속하느냐에 따라 각각 다른 개체 타입으로 표현되고, 필요한 속성도 달라진다. [표 2-2]의 사례와 같이 학생이 쇼핑몰이라는 개념 세계에 속하게 되면, 대학이라는 개념 세계에서와 달리 고객이라는 개체 타입으로 표현되며, 학번이나 전공이 아닌 배송지와 구매목록, 쿠폰 등이 중요한 속성이 된다.

02 데이터 모델링 개요

데이터 모델링data modeling이란 현실 세계의 데이터를 DB에 표현하기 위한 모델로 만드는 과정을 의미한다. 즉, [그림 2-2]와 같이 개념적 구조와 논리적 구조를 거쳐서 실제로 디스크에 저장할 수 있는 물리적 구조로 변환하는 일련의 DB 설계 과정을 의미한다.

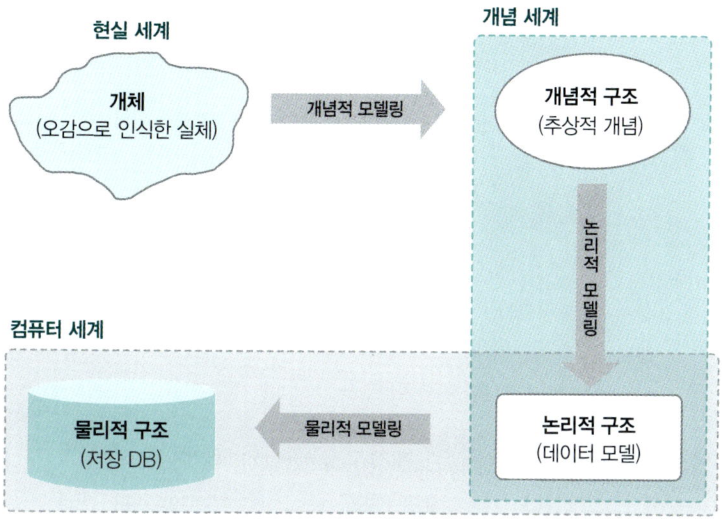

그림 2-2 데이터 모델링의 3단계

1 개념적 모델링

개념적 모델링conceptual modeling은 현실 세계에서 인식한 데이터를 추상화abstraction를 통해 개념 세계의 추상적 개념abstract concept으로 표현하는 과정으로, 개념적 스키마 모델링conceptual schema modeling 또는 정보 모델링information modeling이라고도 부른다. 추상화의 사전적 의미는 중요한 특징을 찾아서 간단하게 표현하는 것으로, 이는 모든 것을 세세하게 표현하지 않고 꼭 필요한 부분만 표현하는 것을 의미한다. 예를 들면 회사라는 개념 세계에 속하는 사원이라는 개체 타입을 표현할 때 사원의 모든 특성을 표현하는 것이 아니라 회사에서 꼭 필요한 속성, 즉 사번, 이름, 근무부서, 입사일 등의 속성만 표현하는 것이 추상화에 해당한다.

[그림 2-3]과 같이 현실 세계의 학생이라는 개체는 '대학'이라는 개념 세계에서는 '학번, 이름, 전공, 이수학점, 지도교수'라는 속성을 갖는 대학생 개체 타입으로 모델링할 수 있다. 또한 '인터넷 쇼핑몰'이라는 개념 세계에서는 'id, 이름, 휴대폰, 주소, 배송지'라는 속성을 갖는 고객 개체 타입으로 모델링할 수 있다. 개념적 모델링에 대해서는 5장에서 자세히 설명한다.

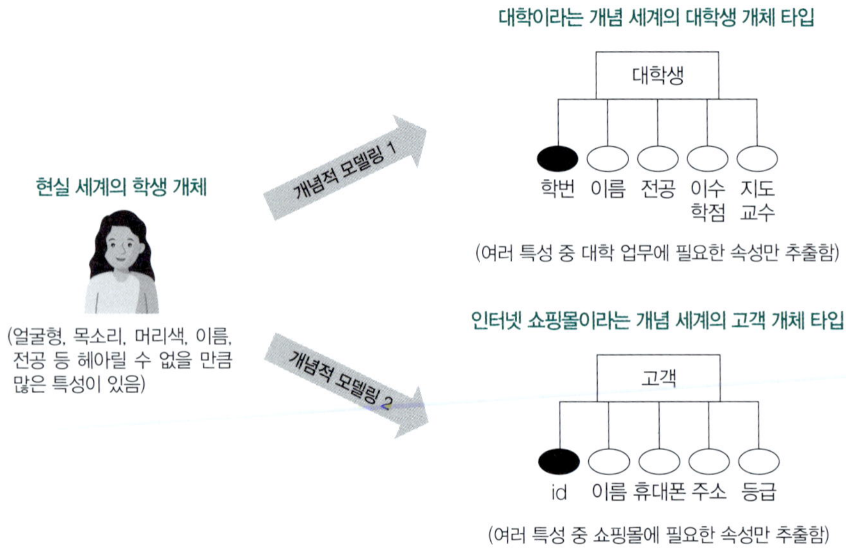

그림 2-3 개념적 모델링 사례

개념적 모델링에서는 속성들로 구성된 '개체 타입'과 개체 타입들 간의 '관계'라는 추상적 개념을 이용해서 모델링하는 것이 일반적이다. 주로 개체-관계 모델Entity-Relationship model, ER model이라는 개념적 데이터 모델을 사용하고, 모델링 결과는 ER 다이어그램으로 표현된다. 한편, 개념적 구조는 사람, 즉 DB 설계자의 이해를 돕기 위한 구조로 DBMS는 개념적 구조를 직접 이해할 수 없다. 따라서 개념적 구조를 DBMS가 이해할 수 있는 논리적 구조logical structure, 즉 데이터 모델로 변환해야 한다. 데이터 모델에는 관계형 데이터 모델과 계층형 데이터 모델, 네트워크형 데이터 모델 등이 있다.

2 논리적 모델링

논리적 모델링logical modeling이란 개념적 모델링의 결과인 개념적 구조를 DBMS가 이해할 수 있는 논리적 구조, 즉 데이터 모델로 변환하는 과정으로, 논리적 스키마 모델링logical schema modeling이라고도 부른다. DBMS가 논리적 구조를 이해할 수 있는 이유는 모든 DBMS가 하나의 데이터 모델을 기반으로 개발되기 때문이다. 예를 들어 오라클Oracle은 관계 데이터 모델relational data model을 기반으로 개발된 것이다.

논리적 모델링 방법은 일반적으로 ER 다이어그램으로 표현된 개념적 구조를 DBMS가 지원하는 데이터 모델로 변환하는 것으로, 데이터 모델로 변환하는 방법은 데이터 모델의 종류에 따라 달라진다. 예를 들어 대학생 개체 타입을 관계 데이터 모델로 변환하면 [그림 2-4]와 같이 간단히 리스트 형태의 릴레이션으로 표현할 수 있다. 논리적 모델링에 대해서는 8장에서 자세히 설명한다.

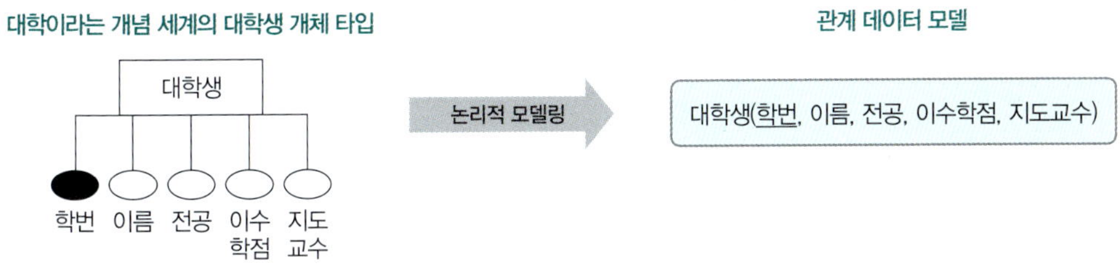

그림 2-4 논리적 모델링 사례

3 물리적 모델링

물리적 모델링physical modeling이란 디스크에 데이터가 저장될 수 있도록 논리적 구조를 물리적 구조로 변환하는 과정으로, 물리적 스키마 모델링physical schema modeling 또는 데이터 구조화data structuring라고도 부른다. 실제로 데이터가 DB에 저장되는 형태로 변환하는 과정에 해당한다. 물리적 모델링을 할 때 저장 레코드 양식(각 필드의 이름, 데이터 타입, 크기 등)을 정의하고, 인덱스index 등을 설계한다. 물리적 모델링에 대해서는 11장에서 자세히 설명한다.

03 데이터 모델 개요

데이터 모델data model은 복잡한 현실 세계의 데이터를 더욱 쉽게 이해할 수 있도록 기술하는 개념적 도구다. 즉, DB 안에 보관할 데이터를 정의하고 데이터 간의 관계를 규정하며, 데이터의 의미와 데이터에 대한 제약조건을 표현하는 도구라고 할 수 있다. DB 설계 과정의 핵심은 데이터 모델인데, 구성 요소가 추상적인 개념이면 개념적 데이터 모델conceptual data model, 구성 요소가 논리적인 개념이면 논리적 데이터 모델logical data model로 구분한다. 처음부터 디스크와 같은 물리적 저장 장치에 저장된 DB를 구축하는 것은 매우 어려운 작업이므로 [그림 2-5]와 같이 현실 세계의 데이터를 사람이 이해하기 쉬운 개념적 데이터 모델로 표현한 다음, DBMS가 이해할 수 있는 논리적 데이터 모델로 변환하는 작업을 거치게 된다.

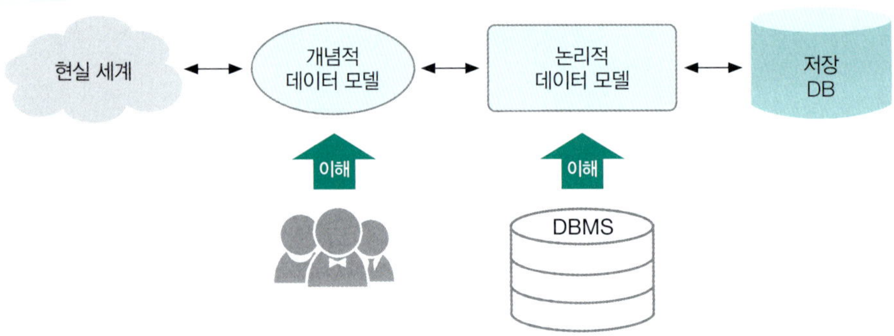

그림 2-5 개념적 데이터 모델과 논리적 데이터 모델 간의 관계

1 데이터 모델의 구성

데이터 모델Data Model, DM이라고 하면 일반적으로 데이터 구조data Structure, S만 생각하기 쉬운데, 허용되는 연산Operation, O과 제약조건Constraints, C도 포함된다. 따라서 데이터 모델 DM은 다음과 같이 세 가지 요소로 표현할 수 있다.

```
DM = <S, O, C>
```

S는 DB에 저장할 대상을 표현한 데이터 구조를 의미한다. S는 쉽게 변화하지 않으므로 DB의 정적인 성질static properties을 나타낸다. 예를 들어 개념적 데이터 모델의 경우 속성들로 구성된 개체 타입entity type과 이들 간의 관계relationship를 명세한 것이 데이터 구조에 해당한다. 대표적인 논리적 데이터 모델인 관계 데이터 모델에서는 속성들로 구성된 릴레이션과 이들 간의 관계를 명세한 것이 데이터 구조에 해당한다.

O는 데이터 구조에서 허용되는 연산으로, DB를 조작하는 방법을 의미한다. 연산을 통해서 DB의 상태가 다른 상태로 변하기 때문에 O는 DB의 동적 성질dynamic properties을 나타낸다.

C는 데이터 구조와 연산에 대한 논리적 제약을 의미하는데, 개체 인스턴스entity instance(개체 타입을 구성하는 속성들의 구체적인 값으로, 실제 데이터에 해당함)의 존재 조건으로서 구조적 제약과 의미적 제약을 모두 포함한다. 구조적 제약이란 개체 인스턴스가 반드시 만족해야 하는 구조적인 특성을 말한다. 예를 들면 학생의 학번이라는 속성은 구조적으로 반드시 숫자 8자리로 구성되어야 한다. 만약 학번에 문자가 포함되거나 9자리 이상의 숫자가 입력되면 오류error로 처리해서 그 개체 인스턴스가 삽입되지 않도록 제약조건을 설정할 수 있어야 한다. 의미적 제약이란 개체 인스턴스가 반드시 만족해야 하는 의미상의 특성을 말한다. 예를 들면 학생의 성별이라는 속성은 구조적으로는 하나의 문자로 구성되면 되지만, 의미상으로 반드시 'MMale' 또는 'FFemale'라는 값을 가져야 한다. 만약 성별에 'M'이나 'F' 이외의 값이 입력되면 오류로 처리해서 그 개체 인스턴스가 삽입되지 않도록 제약조건을 설정할 수 있어야 한다.

2 개념적 데이터 모델

개념적 데이터 모델conceptual data model은 개념적 모델링을 통해서 얻을 수 있는 추상화된 데이터 구조로서, 속성들로 구성된 '개체 타입'과 이들 간의 '관계'라는 다소 추상적인 개념으로 표현한 데이터 모델이다. 즉, 모든 물리적인 사항과는 독립적으로 DB의 전체적인 구조를 추상적으로 표현한다. 개념적 데이터 모델은 DB 설계자의 이해를 돕기 위한 것이며 DBMS는 이해할 수 없다. 개념적 데이터 모델에는 앞에서 언급한 ER 모델Entity-Relationship Model; 개체-관계 모델) 외에도 의미 객체 모델Semantic Object Model, 의미 네트워크 데이터 모델Semantic Network Data Model, OMT 모델Object-Modeling Technique Model 등이 있다.

3 논리적 데이터 모델

논리적 데이터 모델logical data model은 논리적 모델링을 통해서 얻을 수 있는 DB 내부의 데이터 구조로서, 데이터 필드field로 구성된 '레코드 타입'과 이들 간의 '관계'라는 보다 구체적인 개념으로 표현된 데이터 모델이다. ER 다이어그램 등으로 표현한 개념적 데이터 모델이 실제로 DB에 저장되기 위해서는 먼저 DBMS가 이해할 수 있는 논리적 데이터 모델로 변환되어야 한다. DBMS는 하나의 논리적 데이터 모델을 기초로 하여 개발되므로 개념적 데이터 모델을 논리적 데이터 모델로 변환할 때는 반드시 사용할 DBMS가 기초한 논리적 데이터 모델로 변환해야 한다. 개념적 데이터 모델인지 논리적 데이터 모델인지 구분하지 않고 단순히 데이터 모델이라고 하면 일반적으로 논리적 데이터 모델을 의미한다.

지금까지 관계 데이터 모델relational data model과 계층 데이터 모델hierarchical data model, 네트워크 데이터 모델network data model, 객체 지향 데이터 모델object-oriented data model, 객체-관계 데이터 모델object-relational data model 등 다양한 논리적 데이터 모델이 제안되었으며, 현재 가장 널리 사용되고 있는 것은 관계 데이터 모델이다. 논리적 구조를 표현하는 구성 요소는 논리적 데이터 모델에 따라 차이가 있는데, 관계 데이터 모델의 경우 '릴레이션'과 '관계'라는 논리적 개념으로 표현된다.

04 데이터베이스 구축 6단계

DB 구축이란 사용자의 요구를 수집하여 분석하는 단계부터 DB의 구조를 설계해서 구현하는 단계에 이르는 일련의 과정을 의미한다. DB 구축의 핵심은 한 조직의 다양한 사용자와 응용 시스템의 요구를 모두 만족시킬 수 있는 DB의 논리적 구조를 설계하는 데 있다. 이러한 DB 구축은 [그림 2-6]과 같이 6단계로 구분할 수 있으며, 단계별로 수행해야 하는 주요 업무는 [표 2-3]과 같다.

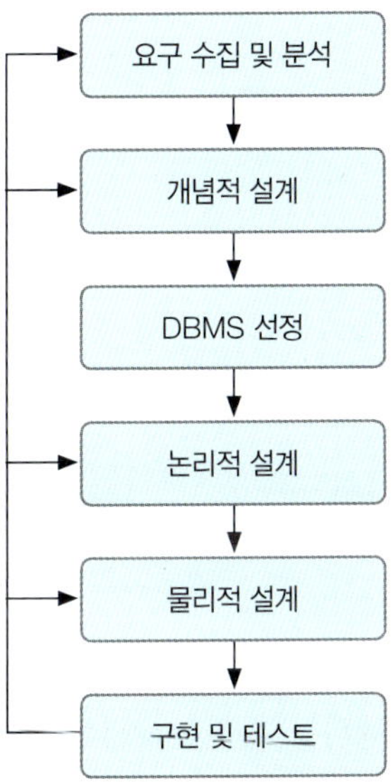

그림 2-6 DB 구축의 6단계

표 2-3 DB 구축 단계별 주요 업무

단계	주요 업무
1. 요구 수집 및 분석	• 사용자 요구사항 수집 및 분석 • 요구 수집 명세서 작성 • 업무별 데이터 요구 분석 명세서 작성 • 업무별 트랜잭션 요구 분석 명세서 작성
2. 개념적 설계	• 개념적 스키마 모델링 (예 ER 다이어그램 작성) • 트랜잭션 모델링
3. DBMS 선정	• 논리적 데이터 모델, 운영 환경, 경제성 등을 고려하여 적절한 DBMS 선정
4. 논리적 설계	• 논리적 스키마 모델링 (예 릴레이션 스키마 및 무결성 제약조건 정의) • 트랜잭션 인터페이스 설계
5. 물리적 설계	• 물리적 스키마 모델링 (예 내부 스키마 정의, 뷰와 인덱스 정의) • 트랜잭션 상세 설계
6. 구현 및 테스트	• DB 생성 및 초기 데이터 삽입 • 트랜잭션 처리용 응용 프로그램 작성 및 테스트

트랜잭션transaction이란 하나의 논리적 기능을 수행하기 위한 작업 단위로, 데이터를 일관되게 변경하는 하나 이상의 데이터 조작 명령문으로 구성된다. 즉, DB의 무결성이 보장되는 상태에서 요청된 작업을 완수하기 위한 작업의 기본 단위가 된다. 예를 들어 은행의 계좌 이체(A통장에서 B통장으로 이체) 트랜잭션은 일반적으로 A통장의 잔고를 이체 금액만큼 감소시킨 다음, B 통장의 잔고를 이체 금액만큼 증가시키는 2개의 데이터 변경 명령문으로 구성된다.

DB의 라이프사이클life cycle은 DB 구축보다 좀 더 넓은 의미를 담고 있다. DB가 생성되어 사용되는 동안 반복적으로 거치는 일련의 과정으로, [그림 2-7]과 같이 5단계로 이루어져 있다.

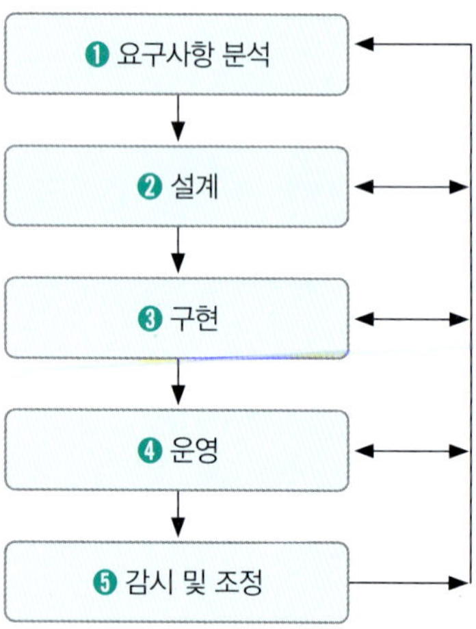

그림 2-7 DB의 라이프사이클

DB 라이프사이클의 단계별 특징은 다음과 같다.

❶ **요구사항 분석**requirement analysis **단계**: DB에 저장할 데이터의 범위를 결정하기 위해 사용자와 응용 프로그램이 필요로 하는 요구사항을 수집해서 분석한다.

❷ **설계**design **단계**: 개념적 설계, DBMS 선정, 논리적 설계, 물리적 설계를 단계별로 수행한다.

❸ **구현**implementation **단계**: 설계된 DB 스키마를 기초로 하여 목표 DBMS 환경에 맞도록 DB를 생성해서 초기 데이터를 저장하고, 응용 프로그램 개발 및 테스트 등을 수행한다.

❹ **운영**operation **단계**: 사용자 요구에 따라 DB 시스템과 응용 프로그램을 실제로 운영해서 서비스를 제공한다.

❺ **감시 및 조정**monitoring & tuning **단계**: DB 시스템의 성능을 감시하여 개선시키고, 새로운 요구사항이나 응용 프로그램의 필요성에 적절히 대처한다.

DB를 설계하는 방법은 다음과 같이 크게 두 가지로 나뉜다.

- **데이터 중심**data-driven **DB 설계**: DB의 내용과 구조에 초점을 맞추어 설계하는 방법이다.
- **처리 중심**processing-driven **DB 설계**: 데이터의 처리와 응용에 초점을 맞추어 설계하는 방법이다.

DB를 설계할 때 위의 두 가지 방법을 병행해서 진행하는 것이 일반적이다. [표 2-3]의 요구 수집 및 분석 단계에서 작성한 데이터 요구 분석 명세서가 데이터 중심 DB 설계를 위한 것이고, 트랜잭션 요구 분석 명세서가 처리 중심 DB 설계를 위한 것이라고 할 수 있는데, 상호 보완적인 역할을 하므로 이 둘을 병행해서 진행하는 것이 바람직하다. 또한 DB를 설계할 때 [표 2-4]와 같이 무결성, 일관성, 복구, 보안, 효율성, 확장성 등과 같은 주요 사항을 고려해야 하고, 이 모든 사항을 만족해야 DB가 안정적으로 운용될 수 있다.

표 2-4 DB 설계 시 고려 사항

항목	의미
무결성 (Integrity)	DB에 저장된 데이터 값은 제약조건을 항상 만족해야 한다. (갱신, 삽입, 삭제 등의 연산 후에도 이 제약조건을 만족해야 함)
일관성 (Consistency)	저장된 데이터 값 간 또는 특정 질의에 대한 응답들 간에 상호 모순 없이 일치해야 한다.
복구 (Recovery)	시스템에 장애가 발생한 경우, 장애 발생 전의 일관된 DB 상태로 복구할 수 있어야 한다.
보안 (Security)	불법적인 접근(데이터의 변경, 손실, 노출 등)에 대해서 DB를 보호할 수 있어야 한다.
효율성 (Efficiency)	응답시간 단축, 저장 공간 최적화, 시스템의 생산성(처리도) 등을 고려해야 한다.
확장성 (Growth)	시스템 운영에 영향을 주지 않고 새로운 데이터나 응용 프로그램을 추가할 수 있어야 한다.

개념퍼즐

가로 →

3 복잡한 현실 세계의 데이터를 좀 더 쉽게 이해할 수 있도록 기술하는 개념적 도구

4 개념적 모델링 결과인 개념적 구조를 DBMS가 이해할 수 있는 논리적 구조, 즉 데이터 모델로 변환하는 과정

5 디스크에 데이터가 저장될 수 있도록 논리적 구조를 물리적 구조로 변환하는 과정

6 하나의 논리적 기능을 수행하기 위한 작업 단위

8 DB 설계 시 고려 사항 가운데 하나로, DB에 저장된 데이터 값은 제약조건을 항상 만족해야 한다는 것

세로 ↓

1 현실 세계에서 인식한 데이터를 추상화를 통해 개념 세계의 추상적 개념으로 표현하는 과정

2 현실 세계의 데이터를 DB에 표현하기 위한 모델을 만드는 과정

7 DB 설계 시 고려 사항 가운데 하나로, 시스템 운영에 영향을 주지 않고 새로운 데이터나 응용 프로그램을 추가하는 것이 가능해야 한다는 것

연습문제

01 ( ) 안에 알맞은 용어는?

> 현실 세계의 데이터는 사람의 오감으로 인지할 수 있는 실체로, 둘 이상의 특성으로 구성된 ( )로 표현된다.

02 ( ) 안에 알맞은 용어는?

> 개념 세계의 데이터는 개체의 의미로부터 인식된 개념으로, 둘 이상의 속성으로 구성된 ( )으로 표현된다.

03 현실 세계의 직장인이 속한 세계에 따라 구분되는 구성 요소를 5개 이상 작성하시오.

구분	구성 요소
현실 세계의 직장인	
회사라는 개념 세계의 직장인	
자동차 보험사라는 개념 세계의 직장인	
회사라는 개념 세계와 대응하는 컴퓨터 세계의 직장인	

04 데이터 모델링의 각 단계와 설명을 바르게 연결하시오.

① 개념적 스키마 모델링

② 논리적 스키마 모델링

③ 물리적 스키마 모델링

ⓐ 개념적 모델링 결과인 개념적 구조를 DBMS가 이해할 수 있는 논리적 구조, 즉 데이터 모델로 변환하는 과정

ⓑ 디스크에 데이터가 저장될 수 있도록 논리적 구조를 물리적 구조로 변환하는 과정

ⓒ 현실 세계에서 인식한 데이터를 추상화를 통해서 개념 세계의 추상적 개념으로 표현하는 과정

05 데이터 모델링을 개념적 모델링, 논리적 모델링, 물리적 모델링으로 구분해서 수행하는 이유를 설명하시오.

연습문제

06 개념적 구조, 즉 개념적 모델링 결과를 DBMS가 직접 이해할 수 없는 이유를 설명하시오.

07 데이터 모델을 구성하는 세 가지 구성 요소를 쓰시오.

08 개념적 데이터 모델의 구성 요소를 쓰시오.

09 다음 중 데이터베이스를 구축하는 6단계를 바르게 나열한 것은?

① 요구 수집 및 분석 – DBMS 선정 – 개념적 설계 – 논리적 설계 – 물리적 설계 – 구현 및 테스트
② 요구 수집 및 분석 – DBMS 선정 – 논리적 설계 – 개념적 설계 – 물리적 설계 – 구현 및 테스트
③ 요구 수집 및 분석 – 개념적 설계 – DBMS 선정 – 논리적 설계 – 물리적 설계 – 구현 및 테스트
④ 요구 수집 및 분석 – 개념적 설계 – 논리적 설계 – DBMS 선정 – 물리적 설계 – 구현 및 테스트

10 다음 중 DB 설계 전략에 대한 설명이 잘못된 것은?

① DB의 내용과 구조에 치중해서 설계하는 방법은 데이터 중심 설계다.
② 데이터의 처리와 응용에 치중해서 설계하는 방법은 처리 중심 설계다.
③ 데이터 중심 설계와 처리 중심 설계 가운데 하나를 선택해서 진행하는 것이 효율적이다.
④ 데이터 중심 설계와 처리 중심 설계를 병행해서 진행하는 것이 효율적이다.

11 다음 중 데이터베이스 설계 시 고려 사항에 대한 설명이 잘못된 것은?

① 보안: 불법적인 접근(데이터의 변경, 손실, 노출 등)에 대해서 DB를 보호할 수 있어야 한다.
② 확장성: 시스템 운영을 일시 중단하고 새로운 데이터나 응용 프로그램을 추가할 수 있어야 한다.
③ 일관성: 저장된 데이터 값 간 또는 특정 질의에 대한 응답들 간에 상호 모순 없이 일치해야 한다.
④ 무결성: DB에 저장된 데이터 값은 제약조건을 항상 만족해야 한다.

CHAPTER 03

요구 수집 및 분석

학습목표

- 요구 수집 단계의 주요 업무를 설명할 수 있다.
- 요구 분석 단계의 주요 업무를 설명할 수 있다.
- 데이터 요구 분석 명세서 작성 시 유의 사항을 설명할 수 있다.
- 데이터 요구 분석 명세서를 작성할 수 있다.
- 트랜잭션 요구 분석 명세서를 작성할 수 있다.

01 요구 수집 및 분석 개요

요구 수집 및 분석requirement elicitation and analysis 단계는 DB가 제공해야 하는 세부 정보를 수집하고 분석해서 개념적 설계의 기초가 되는 요구 수집 및 분석 명세서를 작성하는 단계다. 이 단계에서는 [그림 3-1]과 같은 주요 업무를 수행해야 한다.

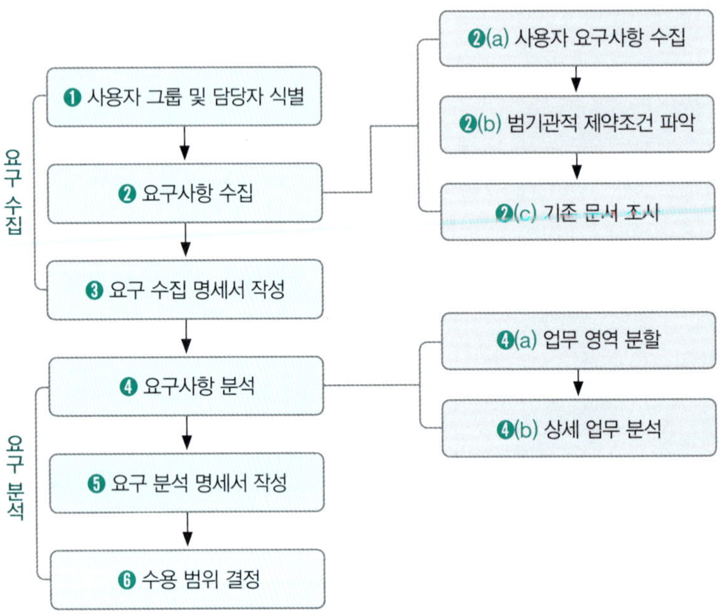

그림 3-1 요구 수집 및 분석 단계의 주요 업무

요구 수집 및 분석 단계의 주요 업무를 요약하면 다음과 같다.

❶ **사용자 그룹 및 담당자 식별**: DB를 사용할 사용자 그룹과 요구 수집 및 분석에 참여할 업무 담당자를 식별한다.

❷(a) **사용자 요구사항 수집**: 주요 사용자 및 업무 담당자와의 대화 · 인터뷰 · 회의와 같은 직접적인 방법이나 온/오프라인 설문조사와 같은 간접적인 방법을 활용해서 DB의 용도를 파악하고 전반적인 요구사항을 수집한다.

❷(b) **범기관적 제약조건 파악**: DB를 사용할 기관의 경영 정책이나 규정, 조직 관리, 기획 정보 등을 파악해서 요구사항에 어떻게 반영할지 결정한다.

❷(c) **기존 문서 조사**: 기존 응용 프로그램과 관련된 매뉴얼, 각종 양식form, 보고서report, 차트chart 등 기존 문서를 조사한다.

❸ **요구 수집 명세서 작성**: 직 · 간접적인 방법으로 수집한 사용자 요구사항과 범기관적 제약조건, 기존 문서 조사 결과 등을 체계적으로 정리하고 요약한다.

❹(a) **업무 영역 분할**: 요구 수집 결과를 기초로 하여 전체 업무를 상세 업무 분석의 기본 단위가 되는 소단위의 업무 영역으로 분할하고, 업무 영역 분할도를 작성한다.

❹(b) **상세 업무 분석**: 요구 수집 결과를 기초로 하여 분할한 업무 영역별로 요구되는 데이터 및 트랜잭션을 상세히 분석한다.

❺ **요구 분석 명세서 작성**: 상세 업무 분석 결과를 기초로 하여 업무별로 요구되는 데이터 요구 분석 명세서와 트랜잭션 요구 분석 명세서를 각각 작성한다.

❻ **수용 범위 결정**: 개념적 설계 단계로 넘어가기 전에 요구 분석된 내용 가운데 DB 구축에 포함할 수용 범위를 결정한다.

02 요구 수집

1 요구 수집 단계의 주요 업무

DB를 제대로 구축하기 위해서는 먼저 사용자가 요구하는 DB의 용도를 정확히 파악해야 한다. 이를 위해 사용자의 요구사항을 수집한 다음 체계적으로 정리하고 요약해서 공식적인 요구 수집 명세서requirement elicitation specification를 작성해야 한다. 따라서 요구 수집 단계의 핵심 업무는 직 · 간접적인 방법을 통해서 사용자의 요구사항을 수집하는 것이다. 요구 수집 단계의 세 가지 주요 업무를 요약하면 다음과 같다.

- DB에 대한 잠재적인 사용자를 식별하고, 사용자가 원하는 DB의 용도를 파악한다.
- DB가 제공해야 할 정보 내역을 수집한다.
- 요구 수집 내역을 체계적으로 정리해서 요구 분석의 기초 자료가 될 수 있도록 요구 수집 명세서를 작성한다.

2 요구 수집 방법

사용자의 요구사항은 직접적 또는 간접적인 방법으로 수집할 수 있다. 직접적인 요구 수집은 주요 사용자 및 업무 담당자와의 대화나 인터뷰, 회의 등을 통한 요구 수집을 의미한다. 간접적인 요구 수집은 온라인 설문조사나 설문지 배포, 기존 문서 조사 등을 통한 요구 수집을 의미한다. 성공적으로 DB를 구축하려면 먼저 사용자의 요구사항을 정확히 파악하는 것이 중요하다. 정확한 요구 수집은 정확한 요구 분석의 기초가 된다. 요구 수집 방법을 요약하면 다음과 같다.

■ 사용자 그룹과 업무 담당자 식별

DB를 사용할 사용자 그룹과 요구 수집 및 분석에 참여할 업무 담당자를 식별해서, 핵심 사용자 및 업무 담당자를 대상으로 직 · 간접적인 방법을 사용하여 전체적인 요구사항을 수집한다. 사용자 그룹에는 경영진과 일반 사원, 숙련자와 초보자 등이 포함될 수 있으며, 사용자 그룹에 따라 요구사항은 얼마든지 다를 수 있다. 특히 DB와 연동하는 주요 응용 분야와 업무 담당자를 식별해서, DB와 연동하는 응용 프로그램 개발에 필요한 요구사항을 수집하는 것이 중요하다. 업무 담당자는 요구 수집 및 분석의 타당성을 검토할 때도 중요한 역할을 하고, 사용자는 구축된 DB와 연동하는 응용 프로그램의 일관성 및 무결성 테스트에도 참여하게 된다.

■ **범기관적 경영 목표 및 제약조건 식별**

DB는 기관의 경영 목표를 효율적으로 달성하기 위한 도구가 되어야 하므로, 개발자는 기관에서 발행한 문서 등을 수집하여 경영 정책과 대내외적 환경 변화, 조직 관리, 정보 전략 등을 분석할 필요가 있다. 또한 기관의 규정과 표준 용어, 표준 도메인, 표준 코드 등 범기관적인 제약조건도 파악해야 한다. 범기관적인 경영 목표나 제약조건을 요구사항에 어떻게 반영하느냐에 따라 요구 분석 결과가 달라질 수 있다.

■ **기존 문서 조사**

기존 응용 프로그램과 관련된 메뉴얼과 각종 양식, 보고서, 차트 등 기존 문서를 조사해야 한다. 이를 통해 업무 흐름을 쉽게 파악할 수 있고, 추후 DB와 연동하는 응용 프로그램을 개발할 때 사용자에게 익숙한 결과물output을 제공할 수 있다.

■ **운영 환경 파악**

DB를 운영할 컴퓨터 환경(DB 서버의 종류, 시스템 구성, 처리 속도 등)과 업무 환경, 즉 자동화 수준 등의 운영 환경을 요구 수집 단계에서 미리 파악해야 한다. 그래야 추후 DB 구축 및 응용 프로그램을 개발할 때 참고할 수 있다.

■ **요구 수집 명세서 작성**

다양한 요구 수집 결과를 종합해서 전체적인 요구 수집 명세서를 작성한다.

3 요구 수집 시 유의 사항

인터뷰 시 유의 사항

사용자의 요구사항을 수집하는 다양한 방법 가운데 인터뷰는 가장 흔히 사용되는 방법이다. 인터뷰를 하려면 맨 먼저 인터뷰 대상을 정해야 한다. 특히 주요 업무 담당자의 경우 반드시 직접 인터뷰하여 정확하고 핵심적인 요구사항을 파악해야 한다. 인터뷰할 때 사용하는 질문 유형은 다음과 같이 세 가지로 구분할 수 있는데, 모든 유형의 질문을 적재적소에 사용해서 사용자의 요구사항을 정확히 파악하는 것이 중요하다.

■ 닫힌 질문

닫힌 질문이란 응답자가 예/아니요 또는 다지선다형 또는 단답형으로 답할 수 있는 질문이다. 요구 분석자가 질문에 대한 가능한 응답을 모두 예측할 수 있는 경우에 주로 사용한다. 예를 들면 "이 보고서 양식이 편리하다고 생각합니까?" 또는 "현재 사용 중인 시스템에 출장 보고 기능이 있습니까?"와 같은 질문이 닫힌 질문에 해당한다.

■ 열린 질문

열린 질문이란 응답자가 자유롭게 답할 수 있는 질문이다. 요구 분석자가 질문에 대해 가능한 응답을 모두 예측하기 어려운 경우에 주로 사용한다. 예를 들면 "현재 사용 중인 시스템에서 가장 많이 사용하는 기능은 무엇입니까?" 또는 "업무와 관련해서 현재 시스템이 제공하지 않는 기능은 무엇입니까?"와 같은 질문이 열린 질문에 해당한다.

■ 추가 질문

추가 질문이란 이전 질문과 연관된 질문이나 미흡한 응답에 대한 보충 질문을 말한다. 좀 더 구체적인 요구사항을 수집하기 위해서 사용한다. "무엇 때문에 이 기능이 불편하다고 생각하십니까?" 또는 "이 보고서 양식이 불편한 이유는 무엇입니까?"와 같은 질문이 추가 질문의 좋은 예다.

인터뷰는 요구 수집을 할 때 가장 흔하고 쉽게 사용하는 방법이지만, 충분히 준비하지 않으면 많은 시간을 낭비하게 되므로 다음 사항에 유의해야 한다.

- 효율적으로 인터뷰를 진행하기 위해서 미리 해당 업무를 충분히 파악한다. 상세히 파악할수록 좋지만 전체 개발 시간이 한정되어 있으므로 제한된 시간 안에 최대한 업무를 파악하도록 노력해야 한다.
- 닫힌 질문과 열린 질문을 적절히 혼합해서 인터뷰할 내용을 충실히 준비한다. 인터뷰할 내용을 미리 작성해서 인터뷰 대상자에게 전달하여 답변을 준비하도록 하는 것이 좋다.
- 애매모호한 부분 없이 정확한 요구사항을 수집할 때까지 인터뷰를 반복한다. 하지만 인터뷰를 무한정 반복하기는 어려우므로 항상 효율적인 진행을 염두에 두고 인터뷰를 진행해야 한다.
- 답변 중 이해되지 않는 부분이 있으면 솔직하게 얘기하고 추가 질문을 하여 요구사항을 정확히 수집한다. 충분히 이해되지 않은 요구사항을 아는 척하고 넘어가면 다음 단계에서 반드시 문제를 일으키기 때문이다.

- 인터뷰의 시작 및 종료 시간을 미리 정하고, 반드시 정해진 시간 안에 인터뷰를 마친다. 인터뷰 대상은 대개 고유한 업무가 따로 있으므로 한 번의 인터뷰에 너무 많은 시간을 사용하면 지속적인 협조를 기대하기 어렵다.
- 인터뷰 대상의 기분을 상하게 하는 일이 없도록 언행에 유의한다. "아직 업무 파악이 안 되신 것 같군요"와 같이 상대방의 기분을 상하게 하는 말을 하면 추후 원활한 협조를 기대하기 어렵다.

설문조사 시 유의 사항

설문조사도 요구사항을 수집할 때 자주 사용하는 방법이다. 다음 내용을 잘 숙지해서 설문조사가 시간 낭비가 되지 않도록 철저히 준비해야 한다.

- 응답자가 설문 내용이나 의도를 쉽게 파악할 수 있도록 설문 문항을 충분히 검토해서 작성한다. 설문 문항이 잘못 개발되면 무성의한 답변을 얻게 되어 요구사항 수집에 큰 도움이 되지 않는다.
- 요구 분석자가 질문에 대한 모든 응답을 예상할 수 있다면 되도록 닫힌 질문을 사용한다. 즉, 예상 가능한 모든 응답을 예시로 제공해서 응답자가 쉽게 선택할 수 있게 하는 것이 좋다.
- 응답자의 호기심과 기대를 자극할 수 있는 설문 문항을 개발하도록 노력한다. 설문 문항을 잘 개발하면 성의 있는 답변을 얻게 되어 요구사항 수집이 원활해진다.
- 직접 방문하여 설문지를 배포한 다음 기다렸다가 현장에서 회수하는 것이 가장 좋지만, 그렇게 하기에는 현실적인 어려움이 많다. 따라서 온라인 설문을 적절히 활용하고, 설문 참여에 대해 작은 보상을 제공하는 등의 방법을 써서 응답자가 설문에 적극 참여하도록 유도한다.

4 요구 수집 산출물

요구 수집 단계의 산출물로 다음과 같은 것들이 있다. 이 밖에 조직이나 업무의 특성에 따라 다양한 산출물이 포함될 수 있다.

- 인터뷰 내용 요약
- 설문조사 내용 요약
- 업무 흐름도
- 현재 사용 중인 시스템 분석도

- 기관의 규정과 표준 용어, 표준 도메인, 표준 코드 등 범기관적 제약조건
- 기존 응용 프로그램의 매뉴얼, 각종 보고서 등과 같은 기존 문서
- 기존 보고서 양식
- 컴퓨터 및 업무 환경 분석 결과
- 환경 변화에 따라 예상되는 새로운 요구사항
- 기타: 업무 분장표, 각종 통계 자료, 공시 내용 등

요구 수집 명세서에는 다양한 산출물 목록을 표의 형태로 작성하고, 구체적인 산출물은 각각 첨부 자료로 제공하는 것이 좋다. 요구 수집을 어떤 정해진 기한 안에 완벽하게 수행하기는 매우 어려운 일이며, 필요한 요구사항을 완벽하게 수집할 때까지 무한정 계속할 수도 없는 일이다. 따라서 계획한 기간에 요구사항을 수집한 다음, 요구 분석 및 개념적 설계 단계를 진행하면서 빠졌거나 불충분한 요구사항을 계속 수집해서 반영해야 한다.

5 요구 수집 명세서 작성 사례: 온라인 쇼핑몰 DB 구축

요구 수집 명세서는 다양한 방법으로 작성할 수 있지만, 요구 수집한 내용과 수집 일자, 정보 제공자, 수집 담당자 등의 정보를 작성하고 실제로 수집한 세부 내용은 첨부 자료로 포함시키는 것이 일반적이다. [표 3-1]은 어떤 소규모 온라인 쇼핑몰의 DB를 구축하기 위해 작성한 요구 수집 명세서다. 실제 상황이라면 아무리 간단한 DB를 구축해도 요구 수집 내용이 많겠지만, 여기서는 [표 3-1]과 같이 크게 다섯 가지 요구가 수집되었다고 가정한다. 첨부 자료는 2개([표 3-2], [표 3-3])만 제시하였다.

표 3-1 온라인 쇼핑몰 DB 구축을 위한 요구 수집 명세서

No.	제목	요구 수집 내용	수집 일자	정보 제공자	수집 담당자
1	직원 인터뷰	온라인 쇼핑몰 운영 전반에 대해 인터뷰함 [첨부1] 쇼핑몰 직원 인터뷰 내용 요약	24/8/26	박준희	이영호
2	쇼핑몰 대표 면담	업무 내용을 명확히 정의하기 위해 쇼핑몰 대표와 질의, 응답 진행함 [첨부2] 쇼핑몰 대표 면담 내용 요약	24/8/26	오명숙	이영호
3	일별 판매 내역	일별 판매 내역 자료를 수집함 [첨부3] 2024년 7월 일별 판매 내역	24/8/28	박준희	이영호

4	월별 판매 내역	월별 판매 내역 자료를 수집함 [첨부4] 2023년 8월~2024년 7월, 월별 판매 내역	24/8/28	박준희	이영호
5	주요 구매처 목록	100개 이상 판매된 상품의 구매처 목록을 수집함 [첨부5] 2024년 8월 기준 주요 구매처 목록	24/8/29	박준희	이영호

표 3-2 쇼핑몰 직원 인터뷰 내용 요약 [첨부1]

No.	요구 수집 내용
1	현재 쇼핑몰 대표와 직원 3명이 온라인 쇼핑몰을 운영하고 있다.
2	직원은 각각 상품 및 구매처 관리, 고객 관리, 판매 관리 업무를 담당하고 있다.
3	현재 주로 여성복 위주로 판매하고 있다.
4	상품을 하나 이상 구매한 구매처 정보를 관리하고 있다.
5	구매처 정보는 상호와 사업자등록번호, 전화번호, 주소, 대표 이름, 대표 연락처를 포함한다.
6	판매 상품은 상의와 하의로 구분하여 이름과 사이즈, 구매 가격, 판매 가격, 구매처 정보를 관리하고 있다.
7	사이즈는 대, 중, 소로 구분한다.
8	일별, 월별 판매 내역을 알고 싶다.
9	고객이 같은 날 동일한 상품을 여러 번 구매하는 경우가 있다.
10	실명 확인 후 회원 가입한 고객만 구매가 가능해야 한다.
11	회원의 이름과 휴대폰 번호, 주소, 배송지 정보가 필요하다.
12	회원의 주소와 배송지는 다를 수 있고, 배송지는 최대 3개까지 관리한다.
13	고객이 상품을 주문한 날짜와 수량, 배송 날짜가 필요하다.
14	동일 상품을 10개 이상 주문하는 경우 5% 할인을 적용한다.

표 3-3 쇼핑몰 대표 면담 내용 요약 [첨부2]

No.	질문 내용	응답 내용
1	한 상품의 구매 및 판매 가격은 고정적인가?	구매 및 판매 시점에 따라 다를 수 있음
2	더 이상 공급하기 어려운 상품 정보도 필요한가?	불필요함
3	얼마 동안 거래가 없는 고객 정보를 삭제해야 하는가?	1년 이상
4	고객별 구매 내역을 알 필요가 있는가?	분기별로 고객별 구매 내역을 볼 수 있으면 좋음
5	상품의 재고 검색이 필요한가?	필요함
6	최근 거래가 없는 구매처 정보도 관리할 필요가 있는가?	1년 이상 거래가 없는 구매처 정보는 관리하지 않아도 됨

03 요구 분석

1 요구 분석 단계의 주요 업무

요구 분석 단계에서는 수집한 요구사항을 분석해서 사용자와 DB 개발자를 연결하는 중요한 문서가 되는 요구 분석 명세서requirement analysis specification를 정확히 작성해야 한다. 요구 분석 명세서는 개념적 설계의 기초가 되므로 요구 분석은 성공적인 DB 구축을 위한 매우 중요한 업무라 할 수 있다. 요구 분석 단계의 주요 업무를 요약하면 [그림 3-2]와 같다.

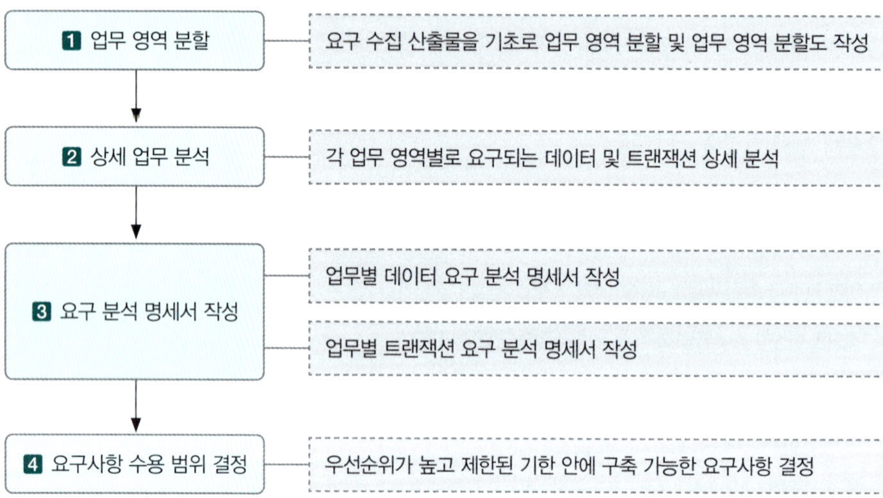

그림 3-2 요구 분석 단계의 주요 업무

1 업무 영역 분할

다양한 요구 수집 산출물을 기초로 하여 전체 업무를 상세 요구 분석의 기본 단위가 되는 소단위의 업무 영역으로 분할하고, 업무 영역 분할도를 작성한다.

2 상세 업무 분석

분할된 각 업무 영역별로 요구되는 데이터 및 트랜잭션을 상세히 분석한다.

3 요구 분석 명세서 작성

상세 업무 분석 결과를 기초로 하여 업무 영역별로 공식적인 요구 분석 명세서를 다음과 같이 구분해서 작성한다.

- 데이터 중심 DB 설계 관점에서 업무 영역별로 요구되는 데이터에 대한 데이터 요구 분석 명세서를 작성한다.
- 처리 중심 DB 설계 관점에서 업무 영역별로 요구되는 트랜잭션에 대한 트랜잭션 요구 분석 명세서를 작성한다.

4 요구사항 수용 범위 결정

DB 구축 기간이 정해져 있으므로 사용자의 모든 요구사항을 수용하기는 어렵다. 따라서 고객과 협상하여 우선순위가 높고 제한된 기한 안에 구축할 수 있는 요구사항만 수용해야 한다.

설계 오류가 발생하면 유지보수하는 데 많은 시간과 비용이 들어가고, 구현 및 테스트 오류가 발생하면 디버깅하는 데 많은 시간과 노력이 들어간다. 그런데 요구 분석에 오류가 발생하면 아무리 많은 시간과 비용과 노력을 투자해도 원하는 시스템을 구축하기 어렵다. 결국 전체 DB 구축 과정에서 요구 분석 단계가 가장 중요하다고 해도 과언이 아니다. 따라서 공식적인 요구 분석 명세서를 작성한 다음 반드시 주요 사용자 및 업무 담당자와 함께 검토하는 과정을 거쳐야 한다.

2 요구 분석 시 유의 사항

소프트웨어 개발 시 발생하는 오류 가운데 상당수가 요구 분석 단계에서 발생할 만큼 정확한 요구 분석은 매우 어려운 일이다. 요구 분석이 어려운 이유를 요약하면 다음과 같다.

- **의사소통**communication**이 어렵다.** 개발자(요구 분석자)와 사용자(고객) 간의 원활하지 못한 의사소통이 효율적인 요구 분석을 방해하는 주요 원인이 된다. 개발자는 DB 시스템에 대한 이해도는 높지만 대개 해당 업무에 대한 이해도는 낮다. 반면에 사용자는 업무에 대한 이해도는 높지만 대개 DB 시스템에 대한 이해도는 낮다. 따라서 개발자와 사용자 간의 원활한 의사소통이 어렵게 된다.
- **요구사항이 계속 변한다.** 사용자의 요구사항이 변경되는 경우가 빈번히 발생하고, 사용자의 소속 부서나 직위에 따라 요구사항이 상반되는 경우도 흔히 발생한다. 따라서 특정 업무에 대해 다양한 사용자들이 일관성 있는 요구사항을 제시하지 못하는 경우가 많다.

- **문서화가 어렵다.** 요구사항의 문서화 자체가 어려운 일이고, 개발자가 문서화에 익숙하지 않은 경우가 많다. 특히 요구사항이 애매모호하면 이를 문서화하는 데 많은 시간이 소요되며, 문서화한 이후에도 요구사항이 변경될 수 있으므로 문서화에 오류가 포함될 가능성이 크다.

따라서 요구사항을 정확하게 분석하기 위해서는 다음과 같은 요구사항의 특성에 유의해서 분석하는 것이 중요하다.

- **요구사항은 계속 변화한다.** 동일한 사용자라도 시간이 경과함에 따라 요구사항이 변할 수 있음을 염두에 두고 분석한다.
- **요구사항은 점차 확장된다.** 초기에는 사용자가 DB 시스템에 대한 이해가 부족해서 요구사항을 정확히 표현하지 못하지만, 시간이 지남에 따라 요구사항을 추가할 수 있다. 따라서 이 점을 염두에 두고 분석한다.
- **요구사항은 불완전하다.** 요구사항이 다소 애매모호하더라도 분석 과정에서 사용자와 대화하고 협의하여 구체화해야 함을 염두에 두고 분석한다.
- **요구사항은 라이프사이클이 있다.** 요구사항도 생성과 소멸이라는 라이프사이클을 갖는다. 즉, 환경 변화 등의 요인으로 인해 새로운 요구사항이 등장하거나 기존 요구사항이 불필요하게 될 수 있음을 염두에 두고 분석한다.

요구사항을 분석할 때는 다음 사항도 고려할 필요가 있다.

- 수집된 요구사항을 분석할 뿐 아니라 빠뜨린 요구사항이 있으면 추가로 수집한다. 더 나아가서 가까운 미래를 대비하기 위한 요구사항은 무엇인지 예측하는 것도 필요하다.
- 사용자마다 동일한 요구사항을 중복해서 제시하거나 서로 상반되는 요구사항을 제시할 수 있다. 따라서 불필요한 중복은 제거하고 요구사항의 일관성이 보장되도록 상반되는 요구사항은 조정해야 한다.
- 다양한 요구사항을 체계적으로 분석해서 단일화된 형태의 업무 처리 규정을 만들어야 한다. 특히 부서별 또는 업무 담당자별로 요구사항이 상충되는 경우, 상호 협의하여 요구사항을 단일화해야 한다.
- DB 개발자만 요구 분석 과정에 참여한 경우, 공식적인 요구 분석 명세서를 작성한 다음 반드시 업무 담당자와 주요 사용자가 함께 검토해야 한다.

3 요구 분석의 입출력

요구 분석 단계에서는 요구 수집 명세서에 포함된 수많은 요구 수집 산출물을 기초로 하여 업무 영역을 분할해서 업무 영역 분할도를 작성한 다음, 업무 영역별로 요구 분석 명세서를 작성한다. 이때 데이터 중심 DB 설계에 초점을 맞춘 데이터 요구 분석 명세서와 처리 중심 DB 설계에 초점을 맞춘 트랜잭션 요구 분석 명세서로 구분해서 작성한다.

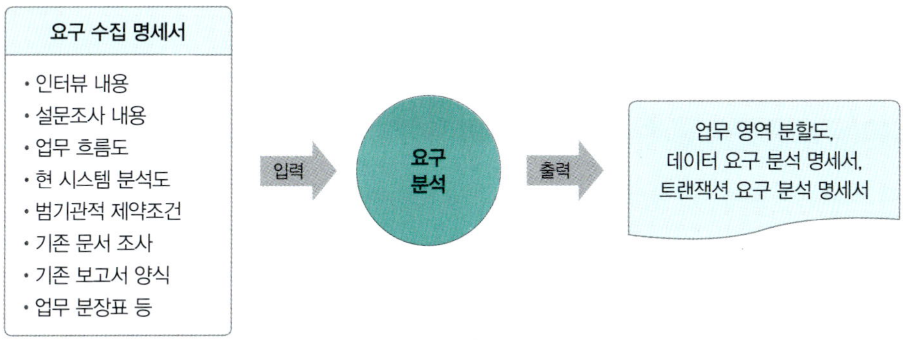

그림 3-3 요구 분석 단계의 입출력

4 업무 영역 분할도

업무 영역 분할도는 전체 업무를 요구 분석의 기본 단위가 되는 소단위의 업무 영역으로 분할해서 계층구조 형태로 표현한 그림이다. 만약 조직의 업무 영역 분할이 명확하고 세분화되어 있으면, 이 과정을 생략하고 기존에 분할된 업무 영역 단위를 그대로 활용해도 된다. 한편, 조직의 기존 업무 영역과 요구 분석을 위한 업무 영역 분할이 반드시 일치해야 하는 것은 아니다.

[그림 3-4]는 [표 3-1]과 같이 수집한 요구사항을 기초로 하여 작성한 온라인 쇼핑몰의 업무 영역 분할도다. 소규모 쇼핑몰이므로 굳이 업무 영역을 분할하지 않아도 되지만 추후 확장 등을 고려해서 4개의 업무 영역으로 분할하였다.

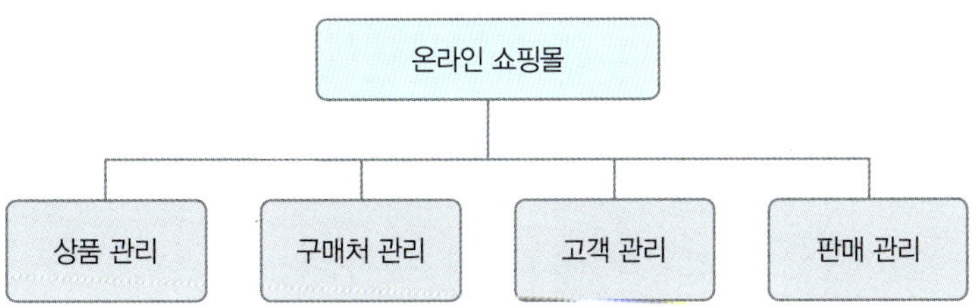

그림 3-4 [표 3-1]의 요구사항에 기초한 업무 영역 분할도

04 데이터 요구 분석 명세서

데이터 요구 분석 명세서는 데이터 중심 DB 설계에 근거해서 업무 영역별로 요구되는 데이터를 분석하여 그 결과를 문서화한 것이다. 일종의 업무 처리 규정문이라고 볼 수 있다.

1 데이터 요구 분석 명세서 작성 시 유의 사항

데이터 요구 분석 명세서를 작성할 때는 다음 사항에 유의해야 한다.

- 단순한 표준 문체를 사용한다. 구어체의 자유로운 표현은 자제하고, 의미를 정확히 전달할 수 있도록 단순하고 명확하게 작성한다.
- 애매모호한 표현은 피하도록 한다. "교무처에서 수강신청 업무를 담당한다."라고 표현하기보다 "교무처 학사팀의 수업지원 담당자가 수강신청 업무를 담당한다."라고 표현하는 것이 더 명확하다.
- 추상화 수준에 맞는 적절한 표현을 사용한다. 어떤 은행의 지점 위치를 구분해야 하는 경우 '천안', '서울' 등으로 표현하거나 상세 주소 전체를 표현하기보다는 '쌍용2동', '종로2가'와 같이 지점의 위치를 구분할 수 있는 수준으로 표현하는 것이 적절하다.
- 지나치게 전문적인 용어보다 일반적인 용어를 사용한다. 일반 사용자도 이해할 수 있어야 하므로 가능하면 일반적인 용어로 표현한다.
- 용어 간의 참조가 명확하도록 작성한다. "휴대폰으로 합격 여부를 통보한다."라고 표현하면 통보 방식이 음성 통화인지 문자 발송인지 명확하지 않으므로 "휴대폰 문자로 합격 여부를 통보한다."라고 작성하는 것이 명확하다.
- 가능하면 주어, 목적어, 서술어(동사)가 분명하도록 작성한다. 개념적 설계 단계에서 주어나 목적어는 주로 '개체'가 되고 서술어는 주로 '관계'가 되므로 주어, 목적어, 서술어의 구분이 명확하도록 작성해야 한다.
- 이음동의어와 동음이의어의 표현을 점검한다. 여러 사용자의 요구사항을 수집하므로 동일한 의미이지만 다른 용어를 사용하거나 같은 내용을 다르게 표현하는 경우가 흔히 발생하는데, 이를 점검해서 일관성 있게 수정해야 한다.

- DB 구축 프로젝트와 관련된 용어 사전 또는 자료 사전을 만들어서 사용한다. 용어 사전을 만들어서 특수한 용어나 애매모호한 용어, 이음동의어나 동음이의어 등을 기록해 두면, 전체적으로 용어의 일관성을 유지할 수 있으므로 오류를 예방할 수 있다.

2 데이터 요구 분석 명세서 작성 사례: 온라인 쇼핑몰 DB 구축

[표 3-4]~[표 3-7]은 온라인 쇼핑몰의 DB 구축을 위한 데이터 요구 분석 명세서다. 이 명세서는 [표 3-1]의 요구 수집 내용과 [그림 3-4]의 업무 영역 분할도를 기초로 하여 작성하였다. 현재 부서가 구분되어 있지 않지만 추후 확장을 고려해서 각 직원의 담당 업무에 따라 편의상 상품관리팀, 고객서비스팀, 마케팅팀으로 구분하였다.

표 3-4 온라인 쇼핑몰의 상품 관리 업무에 대한 데이터 요구 분석 명세서

No.	요구 분석 내용	담당 부서	담당자
1	쇼핑몰 대표는 1명이다.	상품관리팀	이미란
2	주요 판매 상품은 여성복이다.	상품관리팀	이미란
3	여성복은 상의와 하의로 구분하고, 상품 이름, 사이즈, 구매처, 구매 가격, 판매 가격 등을 관리한다.	상품관리팀	이미란
4	사이즈는 대, 중, 소로 구분한다.	상품관리팀	이미란
5	동일한 상품이라도 시점에 따라 구매 가격과 판매 가격은 달라질 수 있다.	상품관리팀	이미란

표 3-5 온라인 쇼핑몰의 구매처 관리 업무에 대한 데이터 요구 분석 명세서

No.	요구 분석 내용	담당 부서	담당자
1	각 상품을 구입한 구매처와 구매 금액을 관리한다.	상품관리팀	이미란
2	구매처는 이름과 연락처, 주소, 대표 이름, 사업자등록번호를 관리한다.	상품관리팀	이미란
3	1년 이상 거래가 없는 구매처 정보는 관리하지 않는다.	상품관리팀	이미란

표 3-6 온라인 쇼핑몰의 고객 관리 업무에 대한 데이터 요구 분석 명세서

No.	요구 분석 내용	담당 부서	담당자
1	고객이 상품을 구매하려면 실명 확인을 통해서 회원 가입을 해야 한다.	고객서비스팀	박명민
2	회원 가입 시에는 id와 pw, 이름, 휴대폰 번호, 주소 정보가 필요하다.	고객서비스팀	박명민
3	회원의 주소와 배송지는 다를 수 있다.	고객서비스팀	박명민
4	회원의 배송지를 최대 3개까지 기록한다.	고객서비스팀	박명민

표 3-7 온라인 쇼핑몰의 판매 관리 업무에 대한 데이터 요구 분석 명세서

No.	요구 분석 내용	담당 부서	담당자
1	상품 판매 시 판매 일자와 배송 일자, 수량 정보가 필요하다.	마케팅팀	김용우
2	동일 상품을 같은 고객에게 같은 날 여러 번 판매 가능하다.	마케팅팀	김용우
3	동일 상품을 10개 이상 주문하는 경우 5% 할인을 적용한다.	마케팅팀	김용우

05 트랜잭션 요구 분석 명세서

트랜잭션 요구 분석 명세서는 처리 중심 DB 설계에 근거해서 업무별로 요구되는 트랜잭션, 즉 데이터 조작 작업을 문서화한 것이다.

1 트랜잭션 요구 분석 명세서 작성 시 유의 사항

트랜잭션 요구 분석 명세서를 작성할 때는 다음 사항에 유의해야 한다.

- 분할된 업무 영역별로 요구되는 데이터 조작 작업을 간단히 표현한다.
- 한 번에 하나의 데이터 조작만 포함하도록 작성한다.
- 데이터 조작 작업은 가능하면 검색, 삽입, 삭제, 변경(갱신)이라는 용어를 사용해서 표현한다.
- 추후 DB와 연동하는 응용 프로그램을 작성할 때 참조가 되도록 데이터 조작 작업의 주체가 누구인지를 명확하게 작성한다. 예를 들면 "신규 도서 정보를 삽입한다."라고 표현하기보다 "수서 담당자가 신규 도서 정보를 삽입한다."라고 표현해야 작업 주체가 명확하다. 단, 응용 프로그램이 자동으로 처리해야 하는 업무는 작업의 주체를 생략할 수 있다.

2 트랜잭션 요구 분석 명세서 작성 사례: 온라인 쇼핑몰 DB 구축

[표 3-8]~[표 3-11]은 온라인 쇼핑몰 DB 구축을 위한 트랜잭션 요구 분석 명세서다. 이 명세서는 [표 3-1]의 요구 수집 내용과 [그림 3-4]의 업무 영역 분할도를 기초로 하여 작성하였다.

표 3-8 온라인 쇼핑몰의 상품 관리 업무에 대한 트랜잭션 요구 분석 명세서

No.	요구 분석 내용	담당 부서	담당자
1	상품 관리 담당자가 새로운 상품 정보를 삽입한다.	상품관리팀	이미란
2	상품 관리 담당자가 판매 중단된 상품 정보를 삭제한다.	상품관리팀	이미란
3	쇼핑몰 대표가 상품의 판매 가격을 변경할 수 있다.	상품관리팀	이미란
4	쇼핑몰 대표가 상품별 재고를 검색할 수 있다.	상품관리팀	이미란

표 3-9 온라인 쇼핑몰의 구매처 관리 업무에 대한 트랜잭션 요구 분석 명세서

No.	요구 분석 내용	담당 부서	담당자
1	쇼핑몰 대표가 기존 구매처 정보를 검색한다.	상품관리팀	이미란
2	상품 관리 담당자가 새로운 구매처 정보를 삽입한다.	상품관리팀	이미란
3	상품 관리 담당자가 기존 구매처의 주소 및 연락처 정보를 변경할 수 있다.	상품관리팀	이미란
4	1년 이상 거래가 없는 구매처 정보는 삭제한다.	상품관리팀	이미란

표 3-10 온라인 쇼핑몰의 고객 관리 업무에 대한 트랜잭션 요구 분석 명세서

No.	요구 분석 내용	담당 부서	담당자
1	신규 고객은 자신의 이름과 휴대폰 번호, 주소, 배송지 정보를 삽입한다.	고객서비스팀	박명민
2	고객은 자신의 휴대폰 번호와 주소, 배송지 정보를 변경할 수 있다.	고객서비스팀	박명민
3	쇼핑몰 대표가 월별로 가장 많이 구매한 고객을 검색할 수 있다.	고객서비스팀	박명민
4	1년 이상 거래가 없는 고객 정보는 삭제한다.	고객서비스팀	박명민
5	탈퇴한 고객 정보는 삭제한다.	고객서비스팀	박명민

표 3-11 온라인 쇼핑몰의 판매 관리 업무에 대한 트랜잭션 요구 분석 명세서

No.	요구 분석 내용	담당 부서	담당자
1	고객이 상품을 구매한 내역(수량, 배송지, 주문 일시, 배송 날짜 등)을 삽입한다.	마케팅팀	김용우
2	쇼핑몰 대표가 일별 판매 내역(상품별 판매 수량 및 금액)을 검색할 수 있다.	마케팅팀	김용우
3	쇼핑몰 대표가 월별 판매 내역(상품별 판매 수량 및 금액)을 검색할 수 있다.	마케팅팀	김용우
4	쇼핑몰 대표가 분기별로 고객별 구매 내역(구매 상품명과 수량, 누적 구매액)을 검색할 수 있다.	마케팅팀	김용우

06 요구 분석 명세서 검토

요구 분석 명세서를 작성한 후 다음과 같은 질문을 통해서 요구 분석 명세서가 제대로 작성되었는지 검토한다.

- 요구사항이 이해하기 쉽도록 작성되었는가?
- 요구사항이 정확히 표현되었는가?
- 요구사항에 애매모호한 부분은 없는가?
- 요구사항이 사용자의 필요를 충족시키는가?
- 반드시 필요한 요구사항인가?
- 제한된 DB 구축 기간을 고려할 때 수용할 수 있는 요구사항인가?

요구 분석 명세서를 검토할 때는 요구 분석자와 업무 담당자 또는 주요 사용자가 함께 검토하는 것이 좋다. 검토를 통해서 불필요한 요구사항이나 기한 내 수용할 수 없는 요구사항은 고객과 협의하여 미리 제외하는 것이 바람직하다.

07 요구 수집 및 분석 사례

주민이 주체가 되어 재능 기부로 운영되는 어떤 문화센터를 위한 DB를 구축하려고 한다. 문화센터 운영을 위한 전체 DB를 구축하려면 매우 방대한 양의 요구 수집이 필요하다. 여기서는 회원과 강사, 개설된 강좌 및 수강 관리에 초점을 맞추어 요구사항을 수집 및 분석하였다.

1 요구 수집 명세서

실제 상황이라면 아무리 간단한 DB를 구축해도 요구 수집 내용이 많겠지만 여기서는 [표 3-12]와 같이 크게 여섯 가지 요구가 수집되었다고 가정한다. [표 3-13]을 제외한 나머지 첨부 자료는 생략하였다.

표 3-12 문화센터 DB 구축을 위한 요구 수집 명세서

No.	제목	요구 수집 내용	수집 일자	정보 제공자	수집 담당자
1	센터장 인터뷰	문화센터의 센터장과 문화센터 운영 전반에 대해 인터뷰함 [첨부1] 센터장 인터뷰 내용 요약	24/8/23	최영희	김은미
2	강좌 목록	2022년부터 지금까지 개설된 강좌 목록을 수집함 [첨부2] 2022~2024년 개설 강좌 목록	24/8/23	최영희	김은미
3	강사 등록 양식	2024년 강사 등록 양식을 수집함 [첨부3] 강사 등록 양식	24/8/23	최영희	김은미
4	회원 등록 양식	2024년 회원 등록 양식을 수집함 [첨부4] 회원 등록 양식	24/8/26	최영희	강동민
5	과정 수료증	2024년 과정 수료증을 수집함 [첨부5] 과정별 수료증 샘플 10장	24/8/26	박경아	강동민
6	수강 신청 양식	2024년 수강 신청 양식을 수집함 [첨부6] 수강 신청 양식 샘플	24/8/26	박경아	강동민

표 3-13 센터장 인터뷰 내용 요약 [첨부1]

제목: 문화센터 센터장 인터뷰 내용 요약
일시: 2024. 8. 23. 오후 2시~2시 50분
장소: 문화센터 센터장실
참석자: 센터장 최영희, 팀장 민호종, 팀원 이영자, DB 개발자 김은미

No.	인터뷰 주요 내용
1	내년에 다른 지역에 문화센터를 신설할 계획임
2	현재 30개 정도의 강좌를 운영하고 있으며, 단계적으로 확대할 계획임
3	현재 강좌는 주간 또는 야간에 개설하고 있음
4	지금까지 재능 기부를 약정하고 등록한 강사 수는 약 120명 정도 됨
5	월평균 수강생 수는 300명 내외임
	…

2 업무 영역 분할도

[표 3-12]와 같이 수집된 요구사항을 기초로 하여 [그림 3-5]와 같이 업무 영역을 분할하였다.

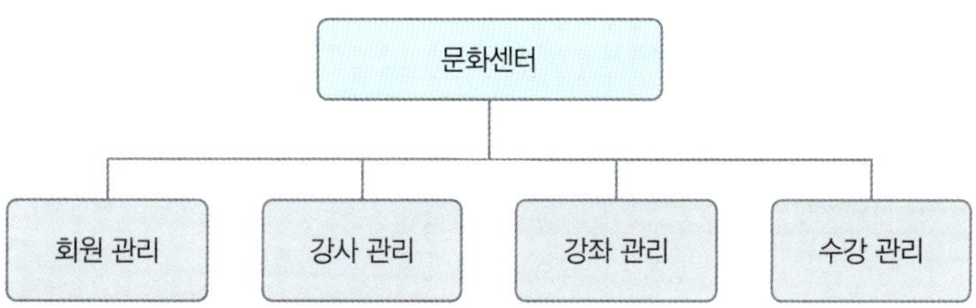

그림 3-5 문화센터의 업무 영역 분할도

3 업무별 데이터 요구 분석 명세서

업무 영역별 데이터 요구 분석 명세서는 [표 3-14]~[표 3-18]과 같다. 특히 분할된 모든 업무 영역과 관련된 공동 사항은 [표 3-14]에 별도로 작성하였다.

표 3-14 문화센터 공동 사항에 대한 데이터 요구 분석 명세서

No.	요구 분석 내용	담당 부서	담당자
1	현재 운영하고 있는 문화센터는 하나다.	총무팀	김민호
2	내년에 다른 지역에도 문화센터를 오픈할 계획이다.	총무팀	김민호
3	문화센터의 센터장은 1명이다.	총무팀	김민호
4	신설된 문화센터는 새로운 센터장이 운영할 계획이다.	총무팀	김민호
5	문화센터는 분기별로 다양한 강좌를 개설한다.	총무팀	김민호

표 3-15 문화센터 회원 관리 업무에 대한 데이터 요구 분석 명세서

No.	요구 분석 내용	담당 부서	담당자
1	회원이 가입하면 유일한 회원 번호를 자동으로 부여한다.	총무팀	김민호
2	회원의 이름, 비밀번호, 생년월일, 휴대폰 번호, 주소를 관리한다.	총무팀	김민호
3	회원 가입한 사람만 강좌를 수강할 수 있다.	총무팀	김민호
4	회원 가입 시 입회비 1만 원을 납부해야 한다.	총무팀	김민호
5	회원이 탈퇴해도 입회비는 돌려주지 않는다.	총무팀	김민호

표 3-16 문화센터 강사 관리 업무에 대한 데이터 요구 분석 명세서

No.	요구 분석 내용	담당 부서	담당자
1	강사는 유일한 강사 번호를 가진다.	총무팀	김민호
2	지금까지 재능 기부를 약정하고 등록한 강사 수는 약 120명 정도다.	총무팀	김민호
3	강사는 재능을 기부하는 일반 시민이므로 최소의 강사료만 지급한다.	총무팀	김민호
4	강사의 이름, 주민등록번호, 휴대폰 번호, 주소, 강사 등급을 관리한다.	총무팀	김민호
5	강사 등급은 A, B, C 등급으로 구분하며, 각각의 강사료는 시간당 5만 원, 3만 원, 2만 원으로 구분한다.	총무팀	김민호
6	강사 등급은 강사의 경력에 따라 결정되며, 관련 경력이 10년 이상이면 A 등급, 5년 이상 10년 미만이면 B 등급, 5년 미만이면 C 등급이다.	총무팀	김민호
7	1명의 강사는 같은 분기에 최대 2개 강좌까지 담당할 수 있다.	총무팀	김민호
8	5년 이상 강의하지 않은 강사 정보는 폐기할 수 있다.	총무팀	김민호

표 3-17 문화센터 강좌 관리 업무에 대한 데이터 요구 분석 명세서

No.	요구 분석 내용	담당 부서	담당자
1	각 강좌는 유일한 강좌 번호와 강좌명, 수강료, 개강 일자, 강의 시간, 강의 요일, 시작 시간, 최소 및 최대 수강 인원 정보가 필요하다.	교육팀	이준오
2	현재 30개 정도의 강좌를 운영하고 있으며, 지속적으로 확대할 계획이다.	교육팀	이준오
3	현재 강좌는 주간 또는 야간에 개설하고 있다.	교육팀	이준오
4	강좌 개설이 확정되면 강의실이 배정된다.	교육팀	이준오
5	각 강좌에 배정되는 강의실은 수강 인원에 따라 달라진다.	교육팀	이준오
6	강의실에는 유일한 호실 번호와 위치, 최대 수용 인원이 필요하다.	교육팀	이준오
7	모든 강좌는 분기별(3개월 단위)로 개설된다.	교육팀	이준오
8	강좌명이 같은 강좌가 여러 번 개설될 수 있으나, 한 분기에는 한 반만 개설된다.	교육팀	이준오
9	동일한 강좌를 다른 분기에 다른 강사가 담당할 수 있다.	교육팀	이준오
10	강좌명이 같은 강좌라도 수강료나 최대 인원이 다르면 새로운 강좌로 개설한다.	교육팀	이준오

표 3-18 문화센터 수강 관리 업무에 대한 데이터 요구 분석 명세서

No.	요구 분석 내용	담당 부서	담당자
1	회원은 여러 강좌를 신청할 수 있으나, 동일한 시간대의 강의는 수강 신청할 수 없다.	교육팀	이준오
2	수강료를 납부해야 수강 신청이 완료된다.	교육팀	이준오
3	강좌 개설이 취소된 경우 회원에게 수강료를 전액 환불한다.	교육팀	이준오
4	회원이 강좌를 수강한 후 수료 여부를 결정한다.	교육팀	이준오
5	강좌 기간의 80% 이상 출석해야 수료를 인정한다.	교육팀	이준오
6	재능을 기부한 강사가 다른 강좌를 수강할 때는 분기별 1회에 한해서 수강료를 면제해 준다.	교육팀	이준오
7	어떤 강좌의 신청자가 많은 경우 선착순으로 마감한다.	교육팀	이준오
8	회원은 개강 이전에는 수강 신청을 취소할 수 있다.	교육팀	이준오

4 업무별 트랜잭션 요구 분석 명세서

[표 3-19]~[표 3-22]는 트랜잭션 요구 분석 명세서로, [표 3-12]의 요구 수집 내용과 [그림 3-5]의 업무 영역 분할도를 기초로 하여 작성하였다.

표 3-19 문화센터 회원 관리 업무에 대한 트랜잭션 요구 분석 명세서

No.	요구 분석 내용	담당 부서	담당자
1	회원 가입 시 자신의 이름, 비밀번호, 생년월일, 휴대폰 번호, 주소를 삽입한다.	총무팀	김민호
2	담당자가 탈퇴한 회원 정보는 삭제한다.	총무팀	김민호
3	회원은 자신의 비밀번호나 주소, 휴대폰 번호를 변경할 수 있다.	총무팀	김민호
4	회원이 탈퇴해도 입회비는 돌려주지 않는다.	총무팀	김민호

표 3-20 문화센터 강사 관리 업무에 대한 트랜잭션 요구 분석 명세서

No.	요구 분석 내용	담당 부서	담당자
1	담당자가 신규 강사 정보를 삽입한다.	총무팀	김민호
2	담당자가 어떤 강사가 언제, 어떤 강좌를 강의했는지 검색한다.	총무팀	김민호
3	강사는 자신의 휴대폰 번호와 주소를 변경할 수 있다.	총무팀	김민호
4	담당자가 현재 강의하고 있는 강사 명단을 검색한다.	총무팀	김민호
5	담당자가 강사의 강사 등급을 변경할 수 있다.	총무팀	김민호
6	담당자가 강사 등급에 따른 시간당 강사료를 변경할 수 있다.	총무팀	김민호
7	담당자가 5년 이상 강의하지 않은 강사 정보를 삭제한다.	총무팀	김민호
8	담당자가 각 강사의 재능을 검색한다.	총무팀	김민호
9	담당자가 강사 등급을 결정하는 경력 기준을 변경할 수 있다.	총무팀	김민호

표 3-21 문화센터 강좌 관리 업무에 대한 트랜잭션 요구 분석 명세서

No.	요구 분석 내용	담당 부서	담당자
1	담당자가 현재 개설 중인 모든 강좌 목록을 검색한다.	교육팀	이준오
2	회원이 문화센터에서 현재 개설 중인 모든 강좌 목록을 검색한다.	교육팀	이준오
3	담당자가 새로 개설한 강좌 정보를 삽입한다.	교육팀	이준오
4	담당자가 최소 수강 인원 미달로 인해 폐강된 강좌를 검색한다.	교육팀	이준오
5	담당자가 특정 강좌를 담당하는 강사를 검색한다.	교육팀	이준오
6	담당자가 각 강좌의 수강료는 변경할 수 있으나, 수강 신청이 시작된 이후에는 변경할 수 없다.	교육팀	이준오

표 3-22 문화센터 수강 관리 업무에 대한 트랜잭션 요구 분석 명세서

No.	요구 분석 내용	담당 부서	담당자
1	담당자가 폐강이 결정된 강좌의 수강 신청 정보는 삭제한다.	교육팀	이준오
2	강좌 개설이 취소된 경우 회원에게 수강료를 전액 환불한다.	교육팀	이준오
3	담당자가 각 강좌의 수강생 명단을 검색한다.	교육팀	이준오
4	회원이 자신이 수강한 강좌의 수료 여부를 검색한다.	교육팀	이준오
5	강사가 자신이 강의한 강좌의 수료생 명단을 검색한다.	교육팀	이준오
6	담당자가 각 강좌의 수강생 가운데 강사 명단을 검색한다.	교육팀	이준오
7	강좌 개설이 확정되면 담당자가 배정된 강의실 정보를 삽입한다.	교육팀	이준오
8	담당자가 새로운 강의실 정보를 삽입한다.	교육팀	이준오
9	담당자가 폐강이 결정된 강좌를 검색한다.	교육팀	이준오

개념퍼즐

가로 →

2 전체 업무를 요구 분석의 기본 단위가 되는 소단위의 업무 영역으로 분할해서 계층구조 형태로 표현한 그림

4 DB를 구축하기 위해서 사용자가 요구하는 DB의 용도를 파악하여 요구사항을 수집한 다음 체계적으로 정리하고 요약한 문서

5 응답자가 예/아니요 또는 다지선다형 또는 단답형으로 답할 수 있는 질문

7 하나의 논리적 기능을 수행하기 위한 작업 단위

8 사용자의 요구사항을 수집하기 위해 가장 흔하고 쉽게 사용하는 방법으로, 다양한 유형의 질문을 적재적소에 사용해야 함

세로 ↓

1 수집된 요구사항을 분석해서 작성한 것으로, 사용자와 DB 개발자를 연결하는 문서

3 DB 설계 시 고려 사항 가운데 하나로, DB에 저장된 데이터 값은 제약조건을 항상 만족해야 한다는 것

6 응답자가 자유롭게 답할 수 있는 질문

연습문제

01 요구 수집 단계의 주요 업무가 아닌 것은?

① 수용 범위 결정
② 기존 문서 조사
③ 사용자 요구사항 수집
④ 범기관적 제약조건 파악

02 요구 수집 명세서를 작성할 때 포함해야 할 항목에 해당하지 않는 것은?

① 수집한 세부 내용을 포함하는 첨부 자료
② 업무 영역 분할도
③ 정보 제공자
④ 수집 담당자

03 요구 분석 단계의 주요 업무가 아닌 것은?

① 업무 영역 분할
② 상세 업무 분석
③ 트랜잭션 요구 분석 명세서 작성
④ 사용자 그룹 및 담당자 식별

04 요구 분석이 어려운 이유가 무엇인지 설명하시오.

05 요구 수집을 위한 인터뷰 시 유의 사항으로 옳지 않은 것은?

① 인터뷰 대상의 기분을 상하게 하는 일이 없도록 언행에 유의한다.
② 인터뷰는 반드시 정해진 시간 안에 마치도록 한다.
③ 닫힌 질문과 열린 질문을 적절히 혼합해서 활용한다.
④ 인터뷰할 내용을 인터뷰 대상자에게 미리 알리면 선입견을 갖게 되므로 유의한다.

06 DB 구축의 전체 단계에 걸쳐서 요구 분석 단계가 가장 중요한 이유가 무엇인지 설명하시오.

07 다음 중 요구사항의 특징에 해당하지 않는 것은?

① 요구사항은 계속 변화한다.
② 요구사항은 완전하다.
③ 요구사항은 라이프사이클이 있다.
④ 요구사항은 점차 확장된다.

08 요구사항 분석 시 고려 사항으로 옳지 않은 것은?

① 현시점에 필요한 요구사항에 초점을 맞추어 분석해야 한다.
② 요구사항의 일관성이 보장되도록 상반되는 요구사항은 조정해야 한다.
③ 요구사항이 상충되는 경우 상호 협의를 통해서 요구사항을 단일화해야 한다.
④ 업무 담당자와 주요 사용자도 요구 분석 명세서를 함께 검토해야 한다.

09 다음 중 데이터 요구 분석 명세서를 작성할 때의 유의 사항으로 옳은 것은?

① 해당 분야의 전문적인 용어를 사용해서 작성한다.
② 가능하면 구체적인 표현을 사용한다.
③ 단순한 표준 문체를 사용한다.
④ 가능하면 용어를 서로 참조하지 않도록 작성한다.

10 ( ) 안에 적합한 용어는?

> 수집된 사용자의 요구사항을 분석해서 사용자와 DB 개발자를 연결하는 중요한 문서가 되는 ( )를 정확히 작성하는 것이 중요하다.

11 다음 중 트랜잭션 요구 분석 명세서를 작성할 때의 유의 사항으로 잘못된 것은?

① 한 번에 하나 이상의 데이터 조작이 포함하도록 작성한다.
② 데이터 조작 작업은 되도록 검색, 삽입, 삭제, 변경이라는 용어를 사용해서 표현한다.
③ 데이터 조작 작업의 주체가 누구인지를 명확하게 작성한다.
④ 분할된 업무 영역별로 요구되는 데이터 조작 작업을 간단히 표현한다.

12 요구 분석 명세서를 작성하면서 '회원의 출생지'를 표현할 때 추상화 수준이 가장 적절한 것은?

① 대한민국　② 충청남도
③ 천안시　④ 천안시 서북구 불당45로 60

실습문제

01 국내 관광을 전문으로 하는 한 여행사가 앱을 활용해서 여행 예약 업무를 전산화하여 효율적으로 관리하려고 한다. 아래 요구 수집 내용 및 업무 영역 분할도를 참고해서 데이터 및 트랜잭션 요구 분석 명세서를 작성하시오. 단, 요구 수집 내용에 없는 세부 사항은 각자 조사해서 작성하시오.

1 국내 관광 전문 여행사 DB 구축을 위한 요구 수집 명세서

No.	제목	요구 수집 내용	수집 일자	정보 제공자	수집 담당자
1	여행사 대표 인터뷰	여행사 운영 전반에 대해 인터뷰함 [첨부1] 여행사 대표 인터뷰 내용 요약	24/9/9	박미옥	김은미
2	여행상품 담당자 인터뷰	업무 내용을 명확히 정의하기 위해 여행상품 담당자와 질의, 응답을 진행함 [첨부2] 여행상품 담당자 인터뷰 내용 요약	24/9/9	이경남	김은미
3	여행상품	2024년 판매된 여행상품 목록을 수집함 [첨부3] 2024년 여행상품 목록	24/9/9	이경남	김은미
4	예약 방법	기존의 여행상품 예약 방법을 조사함 [첨부4] 여행상품 예약 방법	24/9/10	이경남	김은미
5	여행상품 프로그램	여행상품별로 운영되는 프로그램 샘플을 수집함 [첨부5] 여행상품 프로그램 샘플	24/9/10	이경남	김은미

2 여행사 대표 인터뷰 내용 요약 [첨부1]

No.	인터뷰 주요 내용
1	계절별로 판매하는 여행상품 수에 큰 차이가 있음
2	계속 새로운 여행상품을 개발하고 있음
3	현재 약 30명의 직원이 근무하고 있음
4	직원별 담당 업무가 다름
5	각 여행상품은 1명의 직원이 담당하고, 직원 1명은 여러 여행상품을 담당함
6	여행사는 현재 20대의 관광버스를 소유하고 있음
7	운전기사는 일반 직원과 달리 계약직이며, 월 단위로 계약함
8	여행사 홈페이지와 앱을 통해서 보다 편리한 예약 및 취소, 결제 등이 가능하길 희망함
9	현재 판매 중인 여행상품 및 예약 상황 등을 확인할 필요가 있음
10	직원별 담당 여행상품을 확인하는 기능도 필요함

3 여행상품 담당자 인터뷰 내용 요약 [첨부2]

* 나머지 첨부 내용은 생략함

No.	인터뷰 주요 내용
1	고객 정보는 id와 이름, 주민등록번호, 휴대폰 번호, 주소 그리고 등급을 관리한다.
2	고객 등급은 '일반', '우수', '최우수'로 구분한다.
3	여행상품에 6회 이상 참여한 고객은 '최우수', 3~5회 참여한 고객은 '우수', 나머지 고객은 '일반' 등급으로 구분한다.
4	여행상품 정보는 여행 번호와 출발지, 도착지, 프로그램 정보, 시작 일시, 종료 일시, 최소 출발 인원, 최대 인원, 여행 경비, 예약금 정보를 관리한다.
5	고객이 여행상품을 예약한 날짜와 예약금 납부 여부를 관리한다.
6	고객이 여행상품을 예약한 후 24시간 안에 예약금을 결제하지 않으면 예약을 취소한다.
7	여행상품의 출발 여부는 늦어도 여행 출발 2주일 전까지 결정해야 한다.
8	여행상품의 출발이 결정된 다음 관광버스 1대와 운전기사 1명을 배정한다.
9	관광버스 정보로는 차량 번호, 좌석 수, 출고년도를 관리한다.
10	운전기사는 기사_id, 이름, 주민등록번호, 연락처, 운전 경력, 시급, 계약일, 계약 기간 정보를 관리한다.
11	여행상품의 출발이 결정된 경우, 1주일 안에 나머지 여행경비를 결제하지 않으면 예약이 취소되고, 예약금은 반환하지 않는다.
12	여행상품의 출발이 취소된 경우, 1주일 안에 고객에게 예약금을 반환해야 한다.
13	여행사 직원은 사번과 이름, 주민등록번호, 휴대폰 번호, 급여, 담당 업무, 입사일 정보를 관리한다.
14	각 직원은 자신이 담당하는 여행상품과 예약 상황을 확인할 수 있어야 한다.
15	직원의 담당 업무는 여행상품 관리(개발 포함), 예약 관리, 관광버스 배차, 직원 관리, 고객 관리로 구분한다.

4 국내 관광 전문 여행사의 업무 영역 분할도

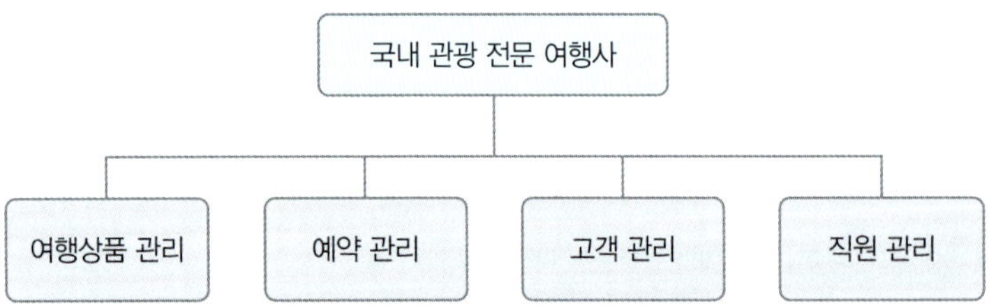

CHAPTER 04
ER 모델

학습목표

- ER 모델의 세 가지 기본 요소를 설명할 수 있다.
- 개체 관련 주요 개념을 설명할 수 있다.
- 속성의 종류와 각각의 특징을 설명할 수 있다.
- 세 가지 관계 유형을 구분해서 설명할 수 있다.
- ER 다이어그램의 표기법을 설명할 수 있다.
- 강한 개체 타입과 약한 개체 타입을 구분해서 설명할 수 있다.

01 ER 모델 개요

1 ER 모델 개념

개체-관계Entity-Relationship, ER 모델, 즉 ER 모델은 개체 타입entity type과 관계 타입relationship type을 이용해서 현실 세계의 데이터를 사람이 이해하기 쉽게 개념적으로 표현하는 개념적 데이터 모델이다. ER 모델은 1976년 피터 첸Peter Chen 박사가 제안한 것으로, 매우 단순하다는 장점 때문에 현재 가장 널리 사용되고 있으며 보통 ER 다이어그램diagram으로 표현된다. 개념적 데이터 모델은 사용자, 즉 DB 설계자를 위한 모델이므로 DBMS는 이해할 수 없다.

2 ER 모델 기본 요소

ER 모델은 개체, 관계, 속성이라는 세 가지 기본 요소로 구성되며, 각 요소의 특징은 [표 4-1]과 같다.

표 4-1 ER 모델의 세 가지 기본 요소

구분	특징
개체 (entity)	DB가 표현하려고 하는 유 · 무형의 정보 대상으로서, 현실 세계에 존재하면서 서로 구별할 수 있는 요소다.
관계 (relationship)	개체 간의 의미 있는 연결 또는 연관성을 표현하는 요소다.
속성 (attribute)	개체나 관계의 특성을 나타내는 요소로서, 이름을 가진 정보의 가장 작은 논리적 단위다.

02 개체

1 개체 개념

개체entity란 현실 세계에 존재하면서 서로 구별되는 유형 또는 무형의 정보 대상으로서, 크게 개념적 개체와 물리적 개체로 구분된다. 개념적 개체는 사건, 평가, 승진과 같이 개념적으로는 존재하지만 대개 눈에 보이지 않는 무형의 개체를 의미한다. 물리적 개체는 학생, 상품, 부동산과 같이 실제로 존재하면서 눈에 보이는 유형의 개체를 의미한다. 개체는 둘 이상의 속성attribute으로 구성되며, 파일 시스템에서 레코드에 대응한다. 예를 들어 사원이라는 개체는 사번, 이름, 입사일, 전공 등의 속성으로 구성된다. 개체는 단독으로 존재할 수 있고 정보의 역할을 한다. ER 다이어그램에서는 개체를 직사각형으로 표현하는데, 예를 들어 사원 개체는 [그림 4-1]과 같이 표현할 수 있다.

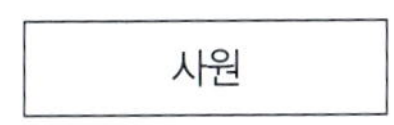

그림 4-1 사원 개체의 표현

2 개체 관련 주요 개념

개체와 관련된 중요한 개념들을 정리하면 [표 4-2]와 같다.

표 4-2 개체 관련 주요 개념들

구분	특징
개체 타입 (entity type)	개체의 이름과 개체를 구성하는 속성들을 정의한 것이다.
개체 인스턴스 (entity instance)	개체의 속성들이 구체적인 값을 가짐으로써 실체화된 것이다.
개체 집합 (entity set)	동일한 개체 타입에 속하는 개체 인스턴스들의 집합이다.
속성 (attribute)	개체의 특성을 나타내는 기본 요소다.

■ **개체 타입**

개체 타입은 개체에 대한 정의, 즉 개체의 이름과 개체를 구성하는 속성들을 정의한 것이다. 예를 들면 사원 개체 타입은 "사원(사번, 이름, 입사일, 전공)"으로 정의할 수 있다. 개체들은 개체 타입으로 분류되는데, 개체 타입은 동일한 속성들을 갖는 개체 인스턴스들을 표현하는 일종의 틀frame이라고 할 수 있다.

■ **개체 인스턴스**

개체 인스턴스는 개체의 속성들이 구체적인 값을 가짐으로써 실체화된 것으로, 개체 출현entity occurrence이라고도 부른다. 예를 들면 (241013, '김희망', 20240901, '컴퓨터공학')은 하나의 사원 개체 인스턴스에 해당한다.

■ **개체 집합**

개체 집합은 동일한 속성들을 가진 개체 인스턴스들의 집합을 의미한다. 예를 들면 (241013, '김희망', 20240901, '컴퓨터공학'), (241120, '이소망', 20240115, '기계공학') 등 250개의 개체 인스턴스가 모여 사원 개체 집합을 구성한다.

■ **속성**

속성은 개체의 특성을 나타내는 기본 요소를 말한다. 사원 개체의 경우 사번, 이름, 입사일, 전공이 각각 속성에 해당한다. [그림 4-2]는 사원 개체를 정의하는 주요 개념을 나타낸 것이다.

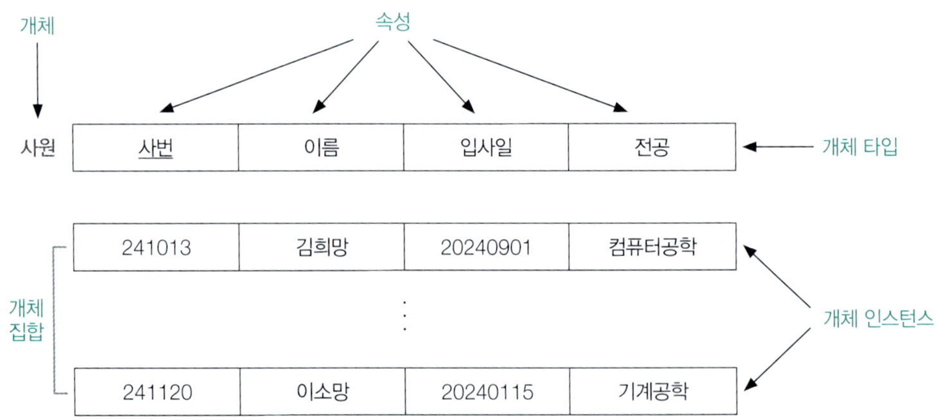

그림 4-2 사원 개체를 정의하는 주요 개념들

03 속성

1 속성 개념

속성attribute은 개체나 관계의 특성을 나타내는 기본 요소로서, 이름을 가진 정보의 가장 작은 논리적 단위다. 속성은 파일 시스템의 데이터 항목data item 혹은 필드field에 대응하며, 단독으로 존재할 때는 대개 무의미하다. 예를 들어 사원 개체를 구성하는 사번, 이름, 입사일, 전공의 4개 속성을 모두 포함하는 (241013, '김희망', 20240901, '컴퓨터공학')이라는 개체 인스턴스는 "김희망의 전공이 컴퓨터공학"이라는 정보를 제공하지만 '김희망' 또는 '컴퓨터공학'이라는 하나의 속성값만으로는 아무런 정보도 제공하지 못한다.

속성을 ER 다이어그램으로 표현할 때는 개체를 나타내는 직사각형에 실선으로 연결된 타원형으로 표현한다. 예를 들어 사원 개체의 특성을 나타내는 사번, 이름, 입사일, 전공, 휴대폰 속성은 [그림 4-3(a)]와 같이 타원 안에 속성 이름을 표현하는 것이 일반적인데, 이 책에서는 [그림 4-3(b)]와 같이 속성 이름을 타원 밖에 표시하는 방법으로 간단히 표현하였다. 각 속성이 가질 수 있는 값의 범위를 도메인domain이라고 하는데, 사번의 도메인이 정수 5자리라면 사번이 가질 수 있는 값의 범위는 이론적으로 0부터 99999까지가 된다.

(a) 타원 안에 속성 이름 표현 (b) 타원 밖에 속성 이름 표현

그림 4-3 속성이 5개인 사원 개체 타입의 표현

속성은 다음과 같이 여러 종류로 구분할 수 있다.

- 상수 속성constant attribute
- 시변 속성time varying attribute

- 단순 속성simple attribute 또는 atomic attribute
- 복합 속성composite attribute
- 단일치 속성single-valued attribute
- 다중치 속성multi-valued attribute
- 유도 속성derived attribute
- 저장 속성stored attribute
- 널 속성null attribute
- 기본키 속성primary key attribute
- 부분키 속성partial key attribute

2 상수 속성과 시변 속성

상수 속성constant attribute은 고객의 주민등록번호 속성처럼 시간이 지나도 값이 변하지 않는 속성을 의미한다. 반대로 시변 속성time varying attribute은 고객의 주소나 휴대폰 속성처럼 시간이 지남에 따라 값이 변할 수 있는 속성을 의미한다.

3 단순 속성과 복합 속성

단순 속성simple attribute 또는 atomic attribute은 더 이상 작은 구성 요소로 분해할 수 없는 속성으로 [그림 4-4]의 회원번호와 이름, 휴대폰이 단순 속성에 해당한다. 복합 속성composite attribute은 독립적인 의미가 있는 단순 속성들로 분해할 수 있는 속성으로 [그림 4-4]의 주소가 복합 속성에 해당한다. 이름fullname의 경우 성last name과 명first name이라는 2개의 속성으로 분해할 필요가 있다면, 이름도 단순 속성이 아닌 복합 속성이 될 수 있다.

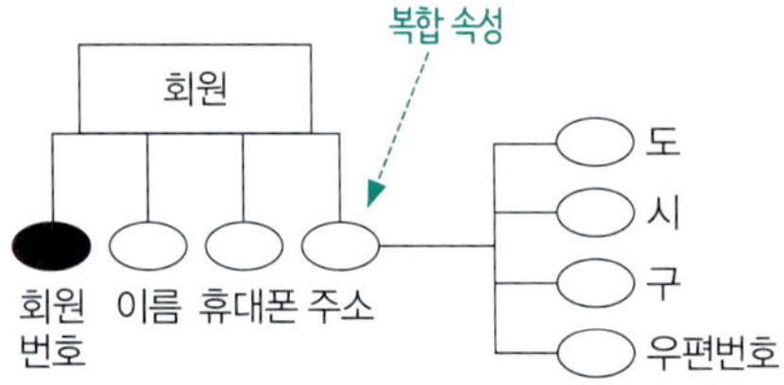

그림 4-4 복합 속성을 갖는 회원 개체 타입의 표현

4 단일치 속성과 다중치 속성

단일치 속성single-valued attribute은 특정 개체에 대해 단 하나의 값만 갖는 속성이다. 예를 들면 주민등록번호나 학번과 같은 속성은 단일치 속성에 해당한다. 반면, 다중치 속성multi-valued attribute은 특정 개체에 대해 여러 개의 값을 가질 수 있는 속성이다. 예를 들면 취미나 자격증 등의 속성은 하나 이상의 값을 가질 수 있으므로 다중치 속성에 해당한다. ER 다이어그램에서 다중치 속성을 표현할 때는 [그림 4-5]의 '취미' 속성처럼 이중선 타원으로 표시한다.

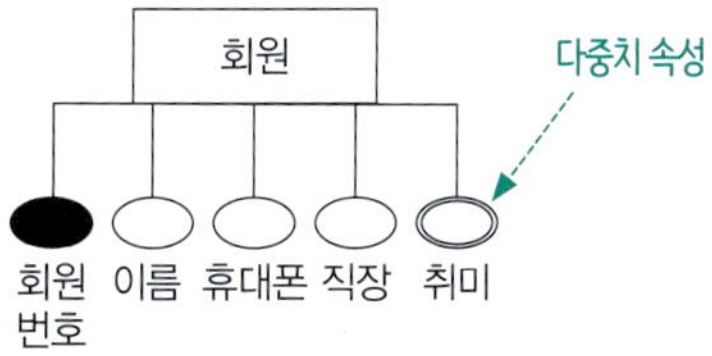

그림 4-5 다중치 속성을 갖는 회원 개체 타입의 표현

다중치 속성은 개념적으로는 존재하지만 실제로 DB에 저장하려면 약간의 변환이 필요하다. 다중치 속성의 변환 방법에 대해서는 8장에서 자세하게 설명한다.

5 유도 속성과 저장 속성

유도 속성derived attribute은 속성의 값이 그와 관련된 다른 속성의 값으로부터 유도되어 결정되는 속성을 의미한다. [그림 4-6]에서 학생 개체의 나이 속성에 해당하는 값은 생년월일 속성으로부터 계산할 수 있으므로 나이는 유도 속성에 해당한다. ER 다이어그램에서 유도 속성은 점선 타원형으로 표시한다. 한편, 유도 속성을 결정하기 위해 사용된 속성을 저장 속성stored attribute이라고 부른다.

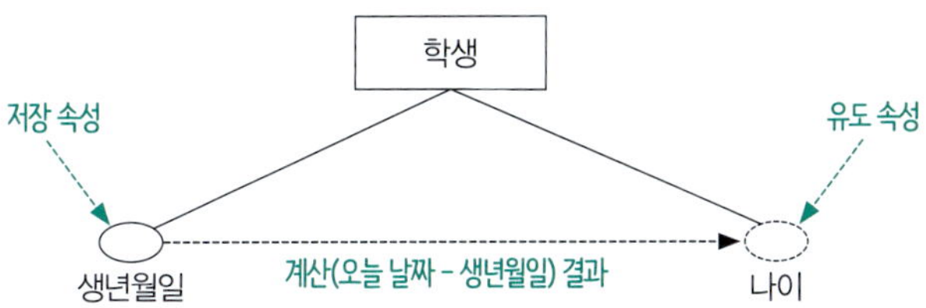

그림 4-6 유도 속성과 저장 속성을 갖는 학생 개체 타입의 표현

6 널 속성

널null 값을 갖는 속성을 별도로 구분하여 널 속성null attribute이라고 부른다. 널 값은 어떤 개체 인스턴스가 특정 속성에 대한 값을 갖고 있지 않을 때, 이를 명시적으로 표시하기 위해서 사용하는 값이다. 널 값을 갖는 경우는 다음과 같이 구분할 수 있다.

첫째, 어떤 속성의 값이 그 개체 인스턴스에 '해당되지 않는not applicable' 경우다. 예를 들면 여학생의 경우 '군필여부' 속성이 널 속성에 해당한다. 둘째, 어떤 속성의 값을 '알 수 없는unknown' 경우로, 값이 존재하지만 값이 누락missing되었거나 값의 존재 여부를 모르는not known 경우가 여기에 해당한다. 예를 들면 환자 개체의 '몸무게'나 '키' 속성은 값을 몰라서 누락할 수 있고 학생 개체의 '토익성적' 속성은 값의 존재 여부를 모를 수 있는데, 이 경우 모두 널 값을 갖는다.

7 기본키 속성과 부분키 속성

기본키primary key 속성이란 개체 집합을 구성하는 각 개체 인스턴스들을 유일하게 식별할 수 있는 속성 또는 속성들의 집합을 말하며, 주 식별자primary identifier라고도 부른다. 예를 들면 대학생 개체의 학번이 기본키 속성에 해당한다. 즉, 학번이 동일한 대학생은 없으므로 학번만 알면 각 대학생을 유일하게 식별할 수 있다. ER 다이어그램에서 기본키 속성은 일반 속성과 마찬가지로 타원형으로 표시하지만 [그림 4-7(a)]와 같이 해당 속성(번호) 이름 밑에 실선을 그어 표시하거나 [그림 4-7(b)]와 같이 검은색 타원형으로 표현해서 반드시 일반 속성과 구분해야 한다. 기본키 속성에 대해서는 7장에서 자세히 설명한다.

그림 4-7 장비 개체 타입의 기본키 속성 표현

부분키partial key 속성이란 개체를 식별할 수 있는 키를 형성하기에는 충분한 속성을 갖지 못한 약한 개체 타입의 부분적인 식별자를 의미한다. ER 다이어그램에서 부분키 속성은 기본키 속성과 달리 속성 이름 밑에 점선을 표시해서 구분하거나 회색 타원형으로 표현한다. 약한 개체 타입과 부분키에 대해서는 6절에서 자세히 설명한다.

04 관계

1 관계 개념

관계relationship는 ER 모델에서 개체 간의 의미 있는 연결 또는 연관성을 표현하는 요소로서, 개체 집합 간의 대응 관계를 표현하는 개념이다. 관계도 개체와 마찬가지로 관계 타입relationship type과 관계 인스턴스relationship instance로 구성된다. ER 다이어그램에서 관계는 [그림 4-8]과 같이 개체를 나타내는 직사각형을 실선으로 연결한 마름모로 표현한다. 이때 관계 이름은 개체 간의 관련성을 잘 나타내는 동사로 표현하는 것이 좋다.

그림 4-8 근무하다 관계 타입의 표현

[그림 4-8]은 사원 개체와 부서 개체 사이의 관련성을 '근무하다'라는 관계 타입으로 표현한 것이다. 이러한 관계 타입을 정의함으로써 사원 개체나 부서 개체만으로 표현할 수 없는 더욱 풍부한 정보를 표현할 수 있다. 즉, 어떤 사원이 어떤 부서에 근무하는지 표현할 수 있게 된다. 관계 인스턴스는 관계 타입을 구성하는 속성에 구체적인 값이 할당된 것을 의미하고, 관계 집합은 동일한 관계 타입에 속하는 관계 인스턴스의 집합을 의미한다.

2 관계 타입의 속성

관계 타입은 자체적으로 기본키 속성을 갖지 않으며, 관계가 두 개체 간의 관련성을 나타내므로 관련된 두 개체의 기본키 속성을 그대로 관계의 속성으로 갖는다. 예를 들어 [그림 4-8]에서 근무하다 관계 타입은 속성이 없는 것처럼 보이지만, 기본적으로 양쪽 개체의 기본키인 '사번'과 '부서번호'를 속성으로 갖게 된다.

관계 타입도 개체와 마찬가지로 속성을 여러 개 가질 수 있다. 즉, 관계를 설명하는 속성을 가질 수 있다. [그림 4-9]는 강의하다 관계가 '시간'과 '강의실'이라는 2개의 속성을 추가로 갖는다는 것을 표현한다.

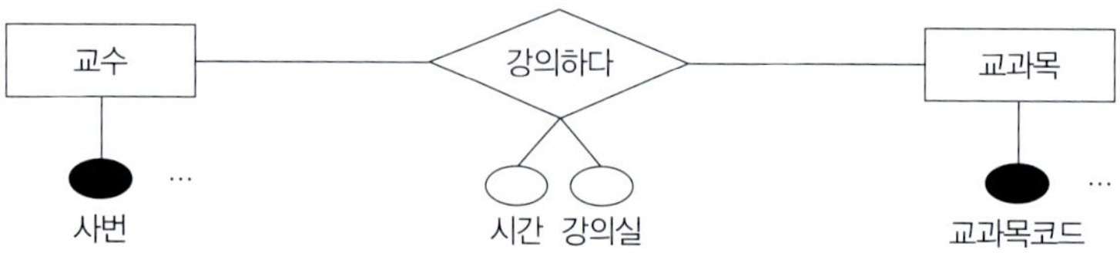

그림 4-9 2개의 관계 설명 속성을 갖는 강의하다 관계 타입의 표현

실제로 강의하다 관계는 교수 개체의 기본키 속성인 '사번'과 교과목 개체의 기본키 속성인 '교과목코드'를 포함해서 총 4개의 속성을 갖게 된다. 앞에서 언급했듯이 관계는 자체적으로 기본키 속성을 갖지 않지만, 향후 논리적 데이터 모델로 변환할 때는 기본키 속성이 필요하다. 관계 타입의 기본키를 결정하는 방법에 대해서는 8장에서 자세히 설명한다.

3 관계 유형

개체 간의 관계에는 여러 유형이 있는데, 두 개체 집합 A와 B가 서로 연관되는 개체 인스턴스의 수에 따라 다음과 같이 세 가지 유형으로 구분한다.

일대일(1:1) 유형

일대일 유형은 어느 개체를 기준으로 보더라도 개체 인스턴스 하나가 다른 개체 인스턴스 하나와만 연관성이 있는 유형이다. 예를 들면 학생 1명에게 노트북 1대를 대여하는 경우, 학생 개체와 노트북 개체 사이에 존재하는 '대여하다'라는 관계는 일대일 유형이 된다.

[그림 4-10]에서 알 수 있듯이 학생과 노트북 개체 인스턴스 가운데 '대여하다'라는 관계에 참여하지 않는 개체 인스턴스도 있을 수 있는데, 이런 관계를 '부분 참여'라고 한다. 반면, 모든 개체가 관계에 참여하는 것을 '전체 참여'라고 한다. 부분 참여와 전체 참여에 대해서는 7절에서 자세히 설명한다.

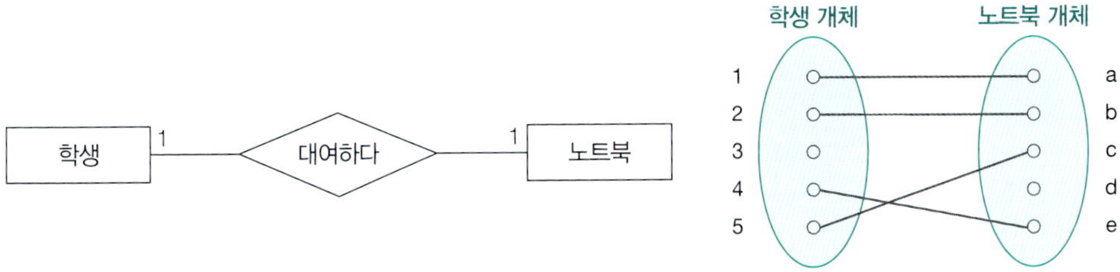

그림 4-10 일대일(1:1) 관계 유형

일대다(1:n) 또는 다대일(n:1) 유형

일대다 유형은 두 개체 가운데 어느 한 개체를 기준으로 보면 하나 이상의 개체 인스턴스와 연관성이 있고, 다른 개체를 기준으로 보면 한 개체 인스턴스와만 연관성이 있는 유형이다. [그림 4-11]과 같이 교수 1명이 학생 여러 명을 지도하고 학생은 지도교수를 1명만 갖는 경우, 교수 개체와 학생 개체 사이에 정의되는 '지도하다'라는 관계는 일대다 유형이 된다. 즉, 교수 개체를 기준으로 보면 여러 개의 학생 개체와 연관성이 있고, 학생 개체를 기준으로 보면 하나의 교수 개체와만 연관성이 있다. 이런 관계를 학생 개체를 기준으로 표현하면 다대일 유형이 된다.

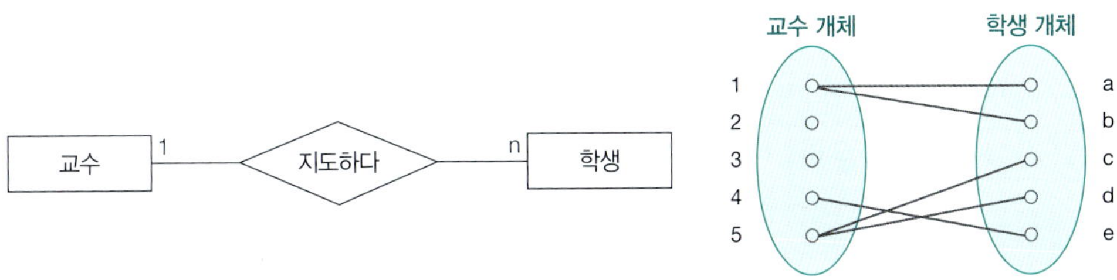

그림 4-11 일대다(1:n) 관계 유형

다대다(m:n) 유형

다대다 유형은 두 개체 가운데 어느 개체를 기준으로 보더라도 하나 이상의 개체와 연관성이 있는 유형이다. 즉, 여러 개체 인스턴스가 다른 여러 개체 인스턴스와 연관되는 유형이다. [그림 4-12]와 같이 학생 1명이 여러 교과목을 수강하고 교과목 1개를 여러 학생이 수강하는 경우, 학생 개체와 교과목 개체 사이에 존재하는 '수강하다'라는 관계는 다대다 유형이 된다.

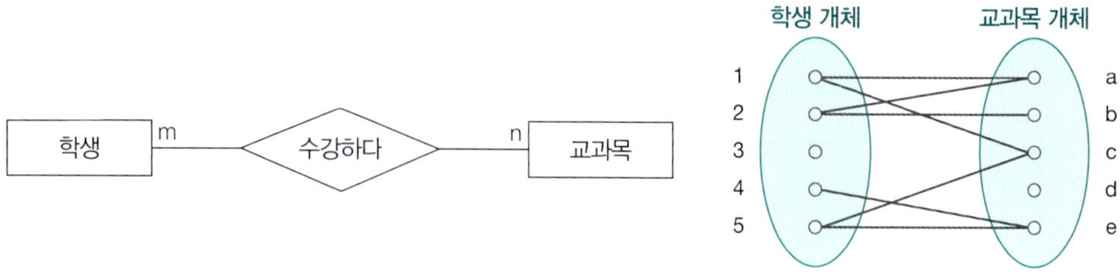

그림 4-12 다대다(m:n) 관계 유형

4 카디널리티

카디널리티cardinality는 관계에 참여하는 하나의 개체에 대해 다른 개체가 몇 개 대응하는지를 나타내는 것으로, 관계에 대응하는 개체 수를 의미한다. 카디널리티는 한 쌍의 값인 (min, max)로 표현하는데, 여기서 min은 관계에 참여하는 개체의 최소 개수, max는 최대 개수를 의미한다.

[그림 4-13]에서 강의하다 관계에 참여하는 교수 개체의 카디널리티를 (0, 3)으로 표현하였는데, 이는 교수가 휴직 등의 이유로 한 교과목도 강의하지 않을 수 있고 최대치로 3개 교과목을 강의할 수 있음을 나타낸다. 교과목 개체의 카디널리티는 (1, 1)로 표현하였는데, 한 교과목은 반드시 1명의 교수가 강의해야 함을 의미한다. 카디널리티의 최솟값min이 0이면 부분 참여, 1 이상이면 전체 참여를 의미한다.

그림 4-13 강의하다 관계에 참여하는 교수 및 교과목 개체의 카디널리티 표현

[그림 4-14]에서 수강하다 관계에 참여하는 학생 개체의 카디널리티를 (0, 7)로 표현하였는데, 이는 휴학 등의 사유로 한 교과목도 수강하지 않을 수도 있고, 한 학기에 최대 7개 교과목까지 수강할 수 있음을 나타낸다. 교과목 개체의 카디널리티를 (15, 100)으로 표현하였는데, 이는 한 교과목이 개설되려면 최소 15명의 학생이 수강해야 하고, 최대 100명까지만 수강할 수 있음을 나타낸다.

그림 4-14 수강하다 관계에 참여하는 학생 및 교과목 개체의 카디널리티 표현

5 차수

관계의 차수degree는 관계로 연결된 개체 타입의 수를 의미한다. 차수의 유형에는 1진 관계, 2진 관계, 3진 관계, n진 관계(혹은 다원 관계) 등이 있는데, 현실 세계에서 가장 흔한 관계는 2개의 개체 타입을 연결하는 2진 관계다. 1진 관계는 하나의 개체가 관계에 두 번 나타나는 것으로 [그림 4-15]에서 1진 관계는 사원과 사원 간에 '관리하다'라는 관계가 있음을 표현한 것이다. 즉, 어떤 사원(예 팀장)이 다른 사원의 관리자가 될 수 있음을 의미한다. 1진 관계는 순환 관계라고도 하는데, 순환 관계에 대해서는 4.7절에서 자세히 설명한다.

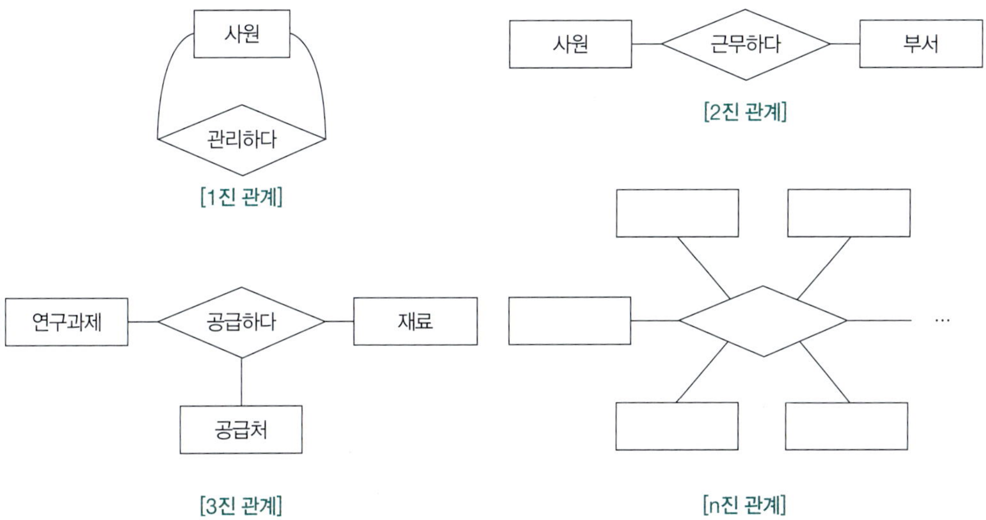

그림 4-15 관계의 차수 유형

[그림 4-15]에서 3진 관계는 연구과제와 공급처, 재료라는 3개의 개체 타입 사이에 '공급하다'라는 관련성이 있음을 표현한 것이다. 즉, 어떤 연구과제를 수행하기 위해 어떤 공급처가 어떤 재료를 공급하는지 3진 관계로 표현하고 있다. 만약 관계에 연결된 개체 타입의 수가 4개이면 4진 관계, 5개이면 5진 관계가 되는데, 이런 복잡한 관계는 가능하면 2진 관계로 변환해서 표현하는 것이 좋다.

6 다중 관계

두 개체 타입 사이에 2개 이상의 관계가 존재하는 것을 다중 관계multiple relationship라고 한다.

[그림 4-16]은 사원 개체와 과제 개체 사이에 어떤 사원이 어떤 과제에 참여하는지를 나타내는 '참여하다'라는 관계와 어떤 사원이 어떤 과제의 관리자 역할을 하는지를 나타내는 '관리하다'라는 2개의 관계를 표현한 것이다.

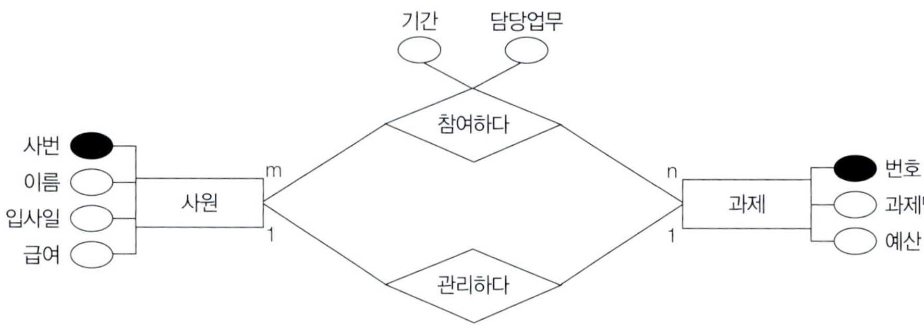

그림 4-16 사원 개체와 과제 개체 사이의 다중 관계 표현

7 순환 관계와 역할

하나의 개체 타입이 동일한 관계 타입에 두 번 참여하는 것을 순환 관계recursive relationship 또는 자기 참조 관계라고 한다. 즉, 관계의 차수가 1인 1진 관계가 순환 관계에 해당한다. [그림 4-17]은 하나 이상의 부품이 다른 부품을 구성하는 부속품이 될 수 있고, 또 다른 관점에서는 하나의 완성품을 만드는 데 하나 이상의 부품이 필요하다는 순환 관계를 표현하고 있다.

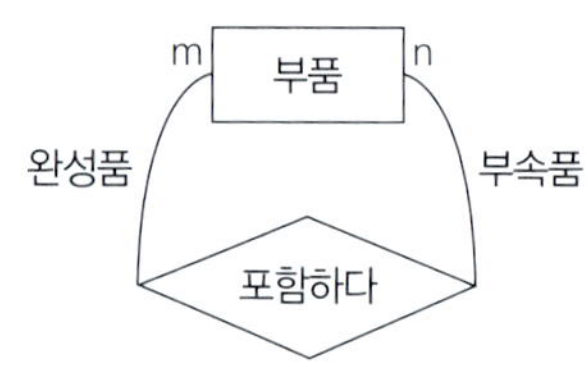

그림 4-17 순환 관계 표현

[그림 4-17]에서 관계 타입의 간선 위에 표시한 '완성품'과 '부속품'은 관계 타입의 의미를 명확히 하기 위한 역할role에 해당한다. 특히 순환 관계의 경우 하나의 개체 타입이 두 가지 역할을 하게 되므로 반드시 역할을 표기하는 것이 좋다. [그림 4-18]에서는 사원과 사원 간에 '관리하다'라는 관계가 있다. 이 관계에서 어떤 사원은 '관리자' 역할을, 어떤 사원은 '피관리자' 역할을 하며, 관리자 1명이 피관리자 여러 명을 관리하고 피관리자에게는 1명의 관리자만 있다는 것을 1:n 유형으로 표현하였다.

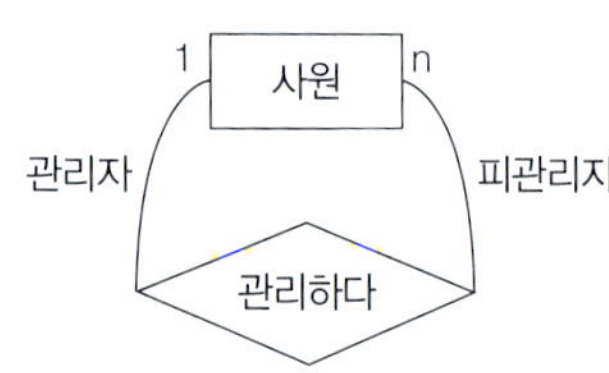

그림 4-18 순환 관계와 역할 표현

05 ER 다이어그램

1 ER 다이어그램 개념

ER 다이어그램ER Diagram은 1976년 피터 첸Peter Chen 박사가 처음 제안한 것으로, 개념적 데이터 모델인 ER 모델을 나타내는 그래픽 방식의 표현 방법이다. ER 다이어그램을 작성할 때는 다음 사항에 유의해야 한다.

- 개체 타입은 반드시 기본키 속성을 포함해야 한다.
- 기본키 속성 외에 개체 타입을 직접적으로 설명하는 속성도 표현한다.
- 코드 개체를 제외한 모든 개체 타입은 독자적으로 존재할 수 없다.
- 관계 타입은 독자적으로 존재할 수 없다.
- 기본키 속성(또는 속성 집합)은 실선으로 밑줄을 표시한다.

ER 다이어그램에는 다음과 같은 특징이 있으므로 개념적 데이터 구조를 매우 쉽게 표현할 수 있다.

- 다대다(m:n) 관계를 표현할 수 있다.
- 다원 관계를 표현할 수 있다. 즉, 3진 관계처럼 3개의 개체 타입이 하나의 관계에 연관된 것을 표현할 수 있다.
- 다중 관계를 표현할 수 있다. 즉, 두 개체 타입 사이에 둘 이상의 관계가 존재하는 것을 표현할 수 있다.
- 관계 타입을 설명하는 속성을 쉽게 표현할 수 있다.

2 ER 다이어그램 표현 기호

ER 다이어그램을 표현하는 방법에는 여러 가지가 있는데, 전통적인 피터 첸 표기법으로 작성할 때는 [표 4-3]과 같은 약속된 기호를 사용해야 한다. 단, 이 책에서는 기본키 속성을 검은색 타원형, 부분키 속성을 회색 타원형으로 표현한다. ER 다이어그램을 표현하는 다른 표기법에 대해서는 5장에서 소개한다.

표 4-3 ER 다이어그램의 표현 기호들

기호	의미	기호	의미
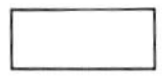	개체 타입	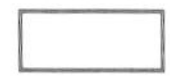	약한 개체 타입
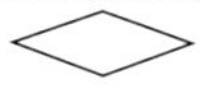	관계 타입		식별 관계 타입
	속성		다중치 속성
 	기본키 속성	 	부분키 속성
	유도 속성	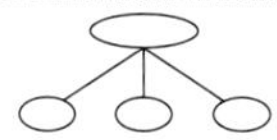	복합 속성
	관계 (부분 참여)		전체 참여
1, m, n	관계 유형		

[그림 4-19]는 교수, 학생, 교과목이라는 3개의 개체 타입과 '지도하다', '수강하다', '강의하다'라는 3개의 관계 타입을 갖는 개념적 구조를 표현한 ER 다이어그램이다. 관계에 대응하는 개체 수인 카디널리티를 (min, max) 형태로 추가하고 부분 참여와 전체 참여를 구분하여 좀 더 상세히 표현할 수 있지만, 부분 참여와 전체 참여를 구분하지 않고 간단히 표현하는 것이 일반적이다. ER 다이어그램을 작성하는 구체적인 방법은 5장에서 자세히 설명한다.

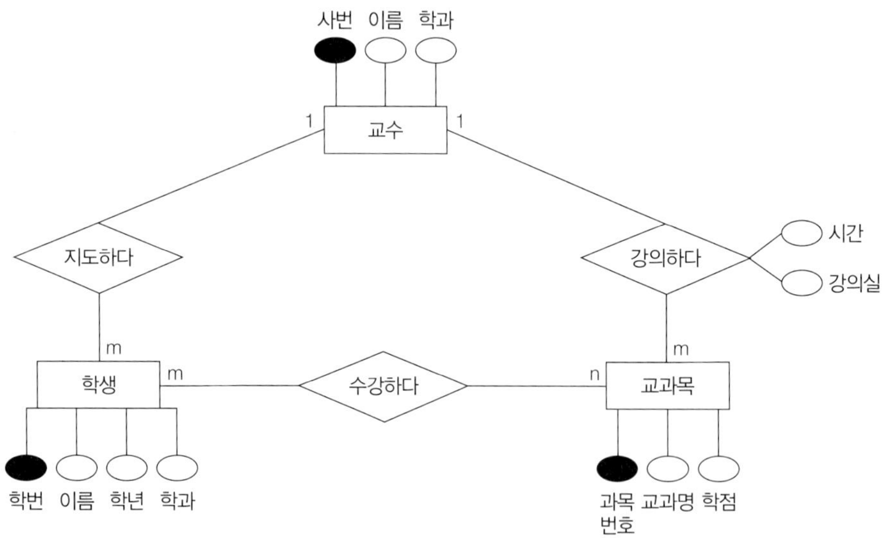

그림 4-19 ER 다이어그램 작성 사례

06 강한 개체 타입과 약한 개체 타입

1 강한 개체 타입과 약한 개체 타입 개념

강한 개체 타입strong entity type은 독자적으로 존재하면서 자신의 기본키 속성을 사용하여 고유하게 개체를 식별할 수 있는 개체 타입을 의미한다. 약한 개체 타입weak entity type은 개체를 식별할 수 있는 기본키 속성을 갖지 못해서 독자적으로는 존재할 수 없는 개체 타입을 의미한다. 따라서 약한 개체 타입이 존재하려면 반드시 이와 연관된 강한 개체 타입이 존재해야 한다. 그리고 연관된 강한 개체 타입의 기본키 속성과 약한 개체 타입의 부분키partial key 속성을 결합해야 약한 개체 타입을 고유하게 식별할 수 있다. 부분키는 약한 개체 타입 안에서만 서로 구별할 수 있는 속성을 의미하며, 구별자discriminator라고도 부른다. ER 다이어그램에서 강한 개체 타입은 일반 개체에 해당하므로 직사각형으로 표현하고, 약한 개체 타입은 이중선 직사각형으로 표현한다. 또한 약한 개체 타입의 부분키 속성은 점선으로 밑줄 표시하거나 회색 타원형으로 표현한다.

예를 들어 사원과 부양가족 간에는 '부양하다'라는 관계가 있는데, 사원의 부양가족 정보는 사원이 근무할 때만 필요하고 사원이 퇴사하면 부양가족 정보도 불필요하다. 즉, 부양가족 개체는 사원 개체가 있을 때만 존재할 수 있고, 사원이 퇴사하면 해당 사원 개체뿐 아니라 연관된 부양가족 개체도 삭제하거나 별도로 관리해야 한다. 이 경우 부양가족 개체 타입이 약한 개체가 되고, 사원 개체 타입이 이와 연관된 강한 개체 타입이 된다. [그림 4-20]과 같이 약한 개체 타입은 이중선 직사각형으로 표현한다. 한편, 부양하다 관계처럼 강한 개체 타입과 약한 개체 타입 간의 연관성을 나타내는 관계를 식별 관계 타입identifying relationship type이라 하는데, ER 다이어그램에서는 이중선 마름모로 표현한다.

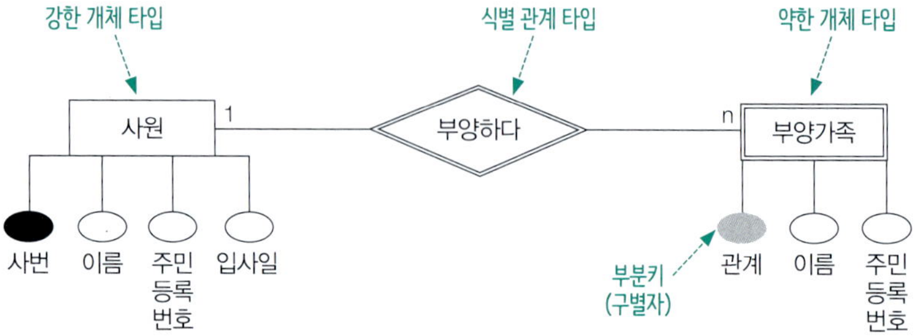

그림 4-20 강한 개체 타입과 약한 개체 타입의 표현 사례

2 존재 종속

약한 개체는 강한 개체, 즉 소유 개체가 있을 때만 존재할 수 있다. 이처럼 한 개체 타입 b의 존재가 다른 개체 타입 a의 존재에 영향을 받는 경우 'b는 a에 존재 종속existence-dependence'이라고 한다. 이때 a는 주 개체 타입dominant entity type 또는 소유 개체 타입owner entity type이라 하고, b는 종속 개체 타입subordinate entity type이라 한다. 예를 들면 [그림 4-21]은 회원의 로그인 정보를 기록하기 위한 것으로, 로그인정보 개체 타입은 회원 개체 타입에 존재 종속이다. 따라서 로그인정보 개체 타입은 종속 개체 타입(즉, 약한 개체 타입)이고, 회원 개체는 주 개체 타입(즉, 소유 개체 타입)이 된다.

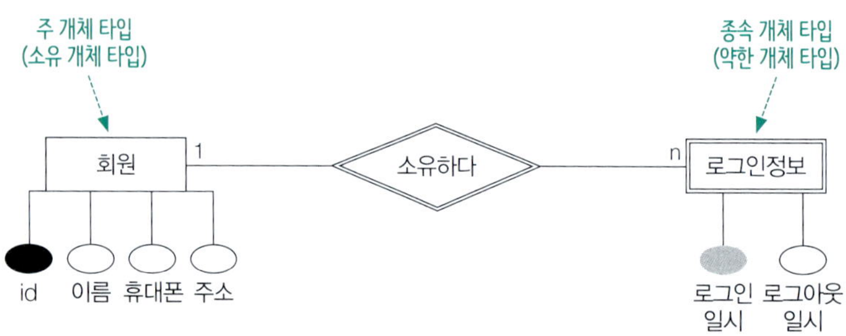

그림 4-21 주 개체 타입과 종속 개체 타입의 표현 사례

3 구별자

구별자discriminator는 하나의 강한 개체 타입에 존재 종속된 약한 개체 집합 안에서만 서로 구별할 수 있는 속성으로, 부분키partial key라고도 부른다. ER 다이어그램에서 구별자는 점선으로 밑줄을 표시해야 하는데, 이 책에서는 회색 타원형으로 표현하였다. [그림 4-20]에서 부양가족의 '관계' 속성과 [그림 4-21]의 '로그인일시' 속성이 구별자에 해당한다. 예를 들어 [그림 4-20]의 사원 개체 타입과 부양가족 개체 타입의 개체 인스턴스들을 [그림 4-22]와 같이 표현할 수 있는데, 김마리 사원의 배우자 정보를 식별할 때 부양가족 개체의 '관계' 속성이 갖는 값(즉 '배우자')만으로는 유일하게 식별되지 않음을 알 수 있다. 왜냐하면 '관계' 속성의 값이 '배우자'인 경우는 '민유식'뿐 아니라 '최정민' 등도 존재하기 때문이다. 따라서 '관계' 속성은 한 사원 개체의 부양가족 집합 안에서만 서로를 구별할 수 있는 정보를 제공하는 구별자이고, 전체 부양가족 가운데 1명을 유일하게 식별할 수 있는 기본키 속성이 되기에는 불충분하다.

사원

사번	이름	주민등록번호	입사일
20150301	김마리	…	…
20170901	홍기동	…	…
20230715	이영호	…	…

부양가족

관계	이름	주민등록번호
배우자	민유식	…
장남	민정호	…
장녀	민소민	…
부	홍창호	…
모	김정수	…
부	이창민	…
모	장영숙	…
배우자	최정민	…

그림 4-22 사원과 부양가족의 개체 인스턴스들

따라서 전체 부양가족 집합 가운데 특정 부양가족을 유일하게 식별하려면 '배우자', '장남', '장녀', '부', '모'와 같은 값을 갖는 '관계' 속성만으로는 충분하지 않으며, 소유 개체 타입인 사원 개체의 기본키 속성인 '사번' 속성과 '관계' 속성을 조합해서 식별해야 한다. 즉, '부양가족' 개체 타입의 기본키는 {사번, 관계}라는 속성 집합이 되어야 하고 [그림 4-23]과 같이 부양가족 정보가 표현되어야 한다.

사원

<u>사번</u>	이름	주민등록번호	입사일
20150301	김마리	…	…
20170901	홍기동	…	…
20230715	이영호	…	…

부양가족

<u>사번</u>	<u>관계</u>	이름	주민등록번호
20150301	배우자	민유식	…
20150301	장남	민정호	…
20150301	장녀	민소민	…
20170901	부	홍창호	…
20170901	모	김정수	…
20230715	부	이상빈	…
20230715	모	장영숙	…
20230715	배우자	최정민	…

그림 4-23 약한 개체 타입을 식별하기 위한 기본키({사번, 관계}) 표현

07 관계 참여 유형

관계의 참여 유형은 부분 참여partial participation와 전체 참여total participation로 구분된다. 전자는 선택적optional 관계, 후자는 필수적mandatory 관계에 해당한다.

1 부분 참여

부분 참여는 관계를 맺고 있는 두 개체 타입에서 한 개체 타입의 일부 개체 인스턴스만 다른 개체 타입의 개체 인스턴스와 연관되는 것을 의미한다. 부분 참여는 관계의 참여 제약조건participation constraint 가운데 선택적optional 참여에 해당한다. 카디널리티, 즉 대응하는 개체 수를 (min, max)로 표현하는 경우 min 값은 '0'이 되어야 하고 ER 다이어그램에서 개체와 관계가 일반 실선으로 연결되면 부분 참여가 명확히 표현된다. [그림 4-24]는 학생 개체 타입과 도서 개체 타입 사이에 존재하는 '대출하다' 관계를 표현한 것이다. 학생 가운데 신입생은 대출한 도서가 한 권도 없을 수 있으므로 학생 개체는 부분 참여가 되고, 학생이 한 번도 대출하지 않은 도서도 있을 수 있으므로 도서 개체 역시 부분 참여가 된다. 부분 참여의 경우 카디널리티의 min 값은 '0'이 되어야 한다. 최댓값에 상한이 없는 경우 max 값은 n으로 표현된다.

그림 4-24 부분 참여 관계 유형의 표현 사례

2 전체 참여

전체 참여는 관계를 맺고 있는 두 개체 타입에서 한 개체 타입의 모든 개체 인스턴스가 다른 개체 타입의 개체 인스턴스와 연관되는 것을 의미한다. 전체 참여는 관계의 참여 제약조건 가운데 필수적mandatory 참여에 해당한다. 카디널리티를 표현하는 경우 min 값은 '1'이 되어야 하고 ER 다이어그램에서 개체와 관계가 이중 실선으로 연결되면 전체 참여가 명확히 표현된다. [그림 4-25]는 모든 사원이 반드시 1개 부서에서 근무하므로 전체 참여로 표현하고, 모두 부서에 1명 이상 최대 20명의 사원이 근무하므로 역시 전체 참여로 표현한 것이다. 만약 근무하는 사원이 1명도 없는 신설된 부서 정보도 표현하고 싶다면 [그림 4-26]과 같이 부서 개체는 부분 참여로 표현하고, 카디널리티도 (0, 20)으로 수정해야 한다.

그림 4-25 전체 참여 관계 유형의 표현 사례

그림 4-26 전체 참여와 부분 참여 관계 유형의 표현 사례

08 강화된 ER 모델

강화된 ER Enhanced ER, EER 모델이란 더욱 완전하고 정확한 모델링을 하기 위해서 기본적인 ER 모델에 몇 가지 새로운 개념을 추가한 것이다. 확장된 ER Extended ER, EER 모델이라고도 하며, 현재 DB 설계에 널리 사용되고 있다. EER 모델은 ER 모델의 모델링 개념에 서브타입 subtype/슈퍼타입 super type, 세분화 specialization/일반화 generalization, 카테고리 category, 속성 상속 attribute inheritance 등의 개념이 추가된 것이다.

1 서브타입과 슈퍼타입 개체

한 개체 타입에 속하는 개체들을 어떤 기준에 의해 몇 개의 소규모 그룹으로 나눈 것을 원래 개체의 서브타입 subtype 개체라고 한다. 서브타입 개체는 원래 개체 타입의 하위 개체 타입으로, 원래 개체 타입의 부분집합에 해당한다. [표 4-4]는 서브타입 개체의 사례들이다.

표 4-4 서브타입 개체 사례들

No.	개체 타입	서브타입 개체
1	학생	학부생, 대학원생
2	학부생	여학생, 남학생
3	대학원생	석사과정생, 박사과정생

반면에 여러 개체 타입이 속하는 상위의 개체 타입을 슈퍼타입 super type 개체라고 한다. 슈퍼타입인지 서브타입인지는 상대적으로 결정되는데 [표 4-4]에서 학부생 개체는 학생 개체의 서브타입이면서 여학생과 남학생 개체의 슈퍼타입이 된다. [표 4-5]는 슈퍼타입 개체의 사례를 보여주는데, 마찬가지로 교직원 개체는 교수, 조교, 직원 개체의 슈퍼타입이면서 대학_구성원 개체의 서브타입이 된다.

표 4-5 슈퍼타입 개체 사례들

No.	개체 타입	슈퍼타입 개체
1	재학생, 졸업생, 교직원	대학_구성원
2	교수, 조교, 직원	교직원
3	조교수, 부교수, 정교수	교수
4	정규직, 계약직	직원

슈퍼-서브 관계(또는 IS-A 관계)는 [그림 4-27]과 같이 ER 다이어그램에서 작은 역삼각형(▽) 또는 작은 원(● 혹은 ○)으로 표현한다.

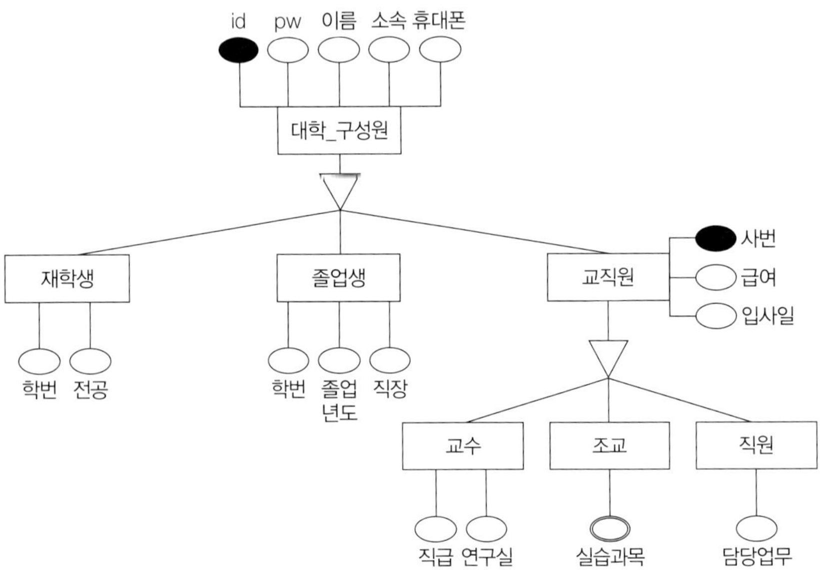

그림 4-27 슈퍼-서브 관계 표현 사례

슈퍼타입의 슈퍼타입도 슈퍼타입이 되므로 [그림 4-27]에는 다음과 같이 9개의 슈퍼-서브 관계가 존재한다.

① 대학_구성원과 재학생 관계
② 대학_구성원과 졸업생 관계
③ 대학_구성원과 교직원 관계
④ 교직원과 교수 관계
⑤ 교직원과 조교 관계
⑥ 교직원과 직원 관계
⑦ 대학_구성원과 교수 관계
⑧ 대학_구성원과 조교 관계
⑨ 대학_구성원과 직원 관계

서브타입 개체는 슈퍼타입 개체의 모든 속성을 상속받는데 이것을 속성 상속attribute inheritance이라고 한다. 예를 들면 [그림 4-27]에서 교수 개체는 직급과 연구실이라는 고유 속성 외에 id · pw · 이름 · 소속 · 휴대폰 속성과 사번 · 급여 · 입사일 속성을 갖게 되는데, 이는 대학_구성원과 교직원이라는 2개의 슈퍼타입 개체로부터 속성을 상속받은 결과다.

2 세분화와 일반화

세분화specialization란 한 개체 타입에 속하는 서브타입을 결정하는 작업을 의미하며 특수화라고도 한다. 일정한 기준에 따라 몇 가지 서브타입으로 나누고 각 서브타입의 이름과 고유 속성을 결정하는 톱다운top-down 방식, 즉 하향식의 모델링에 해당한다. 세분화를 통해 현실 세계를 더욱 정교하게 모델링함으로써 널 값을 갖는 속성을 최소화할 수 있다. [그림 4-28]에서 {교수, 조교, 직원}은 업무 유형에 따라 교직원 개체를 세분화한 것이다. 만약 3개의 서브타입으로 세분화하지 않고 하나의 교직원 개체로 표현하면, 교직원 개체는 사번 · 이름 · 근무처 속성 외에 직급 · 연구실 · 실습과목 · 담당업무 속성을 모두 가져야 한다. 그러면 교수 개체의 경우 실습과목 · 담당업무 속성이 널 값을 갖게 되고, 직원 개체의 경우 직급 · 연구실 · 실습과목 속성이 널 값을 갖게 되고, 조교 개체의 경우 직급 · 연구실 · 담당업무 속성이 널 값을 갖게 되므로 기억공간이 낭비된다.

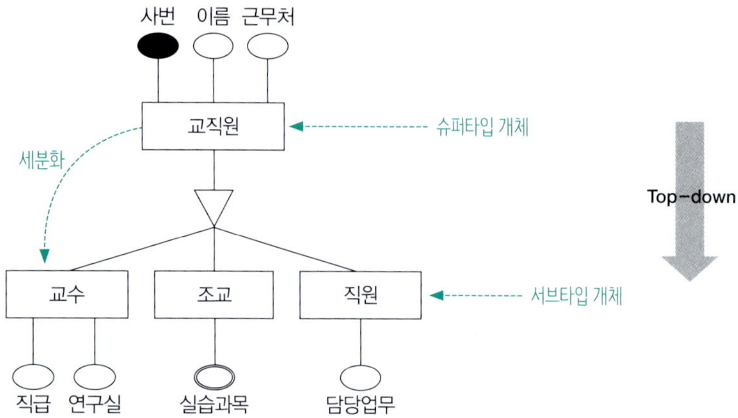

그림 4-28 세분화 사례

하나의 개체 타입은 필요에 따라 여러 가지로 세분화할 수 있다. 예를 들어 [그림 4-28]의 교직원은 계약 유형에 따라 {정규직, 계약직}으로 세분화할 수 있다. 이때 각 서브타입 개체는 반드시 다른 서브타입 개체에 없는 고유한 속성을 가져야 한다. {정규직, 계약직}으로 세분화하는 경우 정규직은 입사일, 계약직은 계약일과 계약기간이라는 고유 속성을 가질 수 있다.

일반화generalization란 세분화와 반대되는 개념으로, 여러 개체 타입의 슈퍼타입을 결정하는 작업을 의미한다. 여러 개체 타입의 공통점을 수집해서 그 공통점에 근거하여 새로운 슈퍼타입을 만드는 것으로, 모델링을 단순화할 수 있는 보텀업bottom-up 방식, 즉 상향식의 모델링에 해당한다. 예를 들면 [그림 4-29]와 같이 승용차, 트럭, 버스 개체 타입은 '운송수단'이라는 슈퍼타입 개체로 일반화할 수 있다.

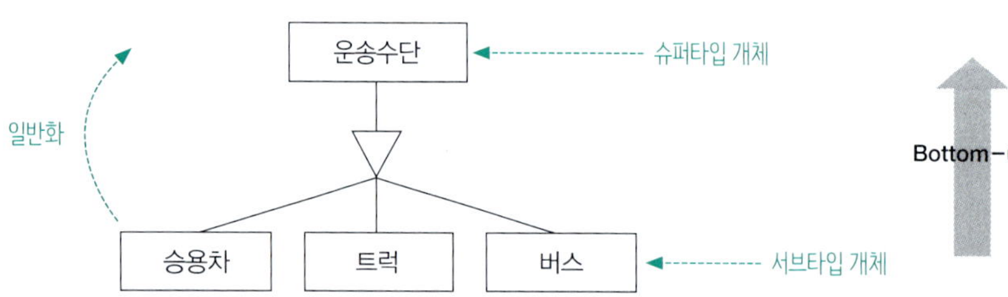

그림 4-29 일반화 사례

❸ 카테고리

카테고리category란 별개의 개체 타입의 집합을 의미하며, 합집합union 타입이라고도 한다. 예를 들면 차량 등록 DB에서 차량 소유주는 개인이나 법인 또는 은행(담보물로 소유함)이 될 수 있다. 따라서 차량소유주 카테고리는 개인, 법인, 은행이라는 서로 무관한 개체 타입의 합집합인 {개인, 법인, 은행}이 된다. ER 다이어그램에서 카테고리는 [그림 4-30]과 같이 작은 삼각형이나 원 안에 Union의 첫 자인 'U'자를 넣어 표현한다.

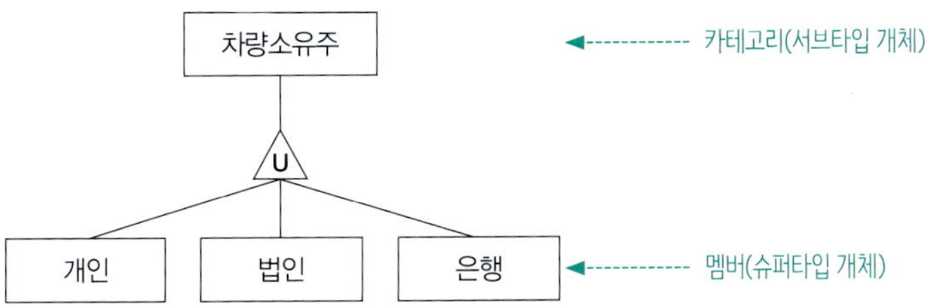

그림 4-30 카테고리 표현 사례

실제로 DB에 등록되는 차량소유주는 합집합인 {개인, 법인, 은행}의 부분집합에 해당하므로 카테고리가 서브타입 개체에 해당하고, '개인', '법인', '은행' 개체는 각각 카테고리의 멤버member이면서 동시에 슈퍼타입 개체에 해당한다. 카테고리는 둘 이상의 슈퍼타입 개체와 단 하나의 서브타입 개체가 슈퍼-서브 관계를 맺는 상황을 모델링할 때 유용하며, 카테고리에 속하는 멤버member는 슈퍼타입 개체 가운데 하나에 속해야 한다.

개념퍼즐

가로 →

1 관계를 맺고 있는 두 개체 타입에서 한 개체 타입의 일부 개체 인스턴스만 다른 개체 타입의 개체 인스턴스와 연관되는 것

6 ER 모델의 기본 요소 가운데 개체나 관계의 특성을 나타내는 요소

8 개체의 이름과 개체를 구성하는 속성들을 정의한 것

9 하나의 개체 타입이 동일한 관계 타입에 두 번 참여하는 것

11 각 속성이 가질 수 있는 값의 범위

12 ER 모델의 기본 요소 가운데 DB가 표현하려고 하는 유 · 무형의 정보 대상으로서, 현실 세계에 존재하면서 서로 구별할 수 있는 요소

세로 ↓

2 ER 모델을 나타내는 그래픽 방식의 표현 방법

3 관계에 참여하는 하나의 개체에 대해 다른 개체가 몇 개 대응하는지를 나타내는 것

4 특정 개체에 대해 여러 개의 값을 가질 수 있는 속성

5 자체적으로 개체를 식별할 수 있는 기본키 속성을 갖지 못해서 독자적으로는 존재할 수 없는 개체

7 관계로 연결된 개체 타입의 수

10 ER 모델의 기본 요소 가운데 개체 간의 의미 있는 연결 또는 연관성을 표현하는 요소

연습문제

01 ER 모델을 구성하는 세 가지 기본 요소가 아닌 것은?

① 속성　　② 관계
③ 정보　　④ 개체

02 개체 타입과 개체 인스턴스의 차이점을 설명하시오.

03 다음은 쇼핑몰 DB의 회원 개체에 필요한 속성들이다. 각 속성의 종류가 잘못 연결된 것은? 답에 대한 이유도 설명하시오.

① VIP여부 – 유도 속성
② 휴대폰번호 – 상수 속성
③ 회원_id – 기본키 속성
④ 취미 – 다중치 속성
⑤ 직업 – 널 속성

04 어떤 건물을 어떤 건축가가 건축했는지를 표현하는 ER 모델의 구성 요소 가운데 성격이 다른 것은? 답에 대한 이유도 설명하시오.

① 경력　　② 건축
③ 가격　　④ 위치

05 다음은 동아리 DB에서 회원 개체 타입과 행사 개체 타입 간의 참여하다 관계를 표현한 것이다. 적합한 관계 유형을 [　　] 안에 쓰시오.

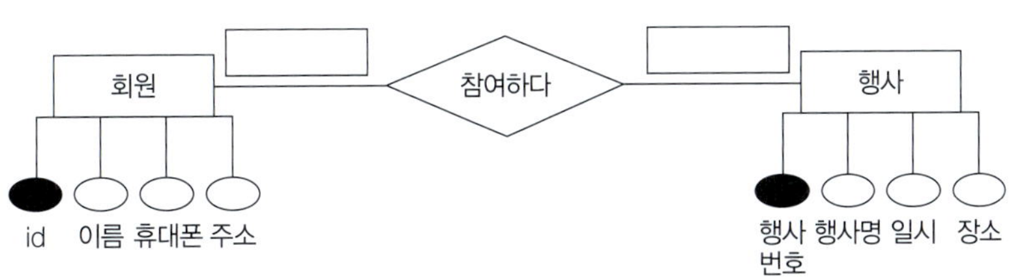

연습문제

06 다음은 경매 사이트 DB에서 작품 개체 타입과 입찰자 개체 타입 간의 낙찰되다 관계를 표현한 것이다. 적합한 관계 유형을 ☐ 안에 쓰시오.

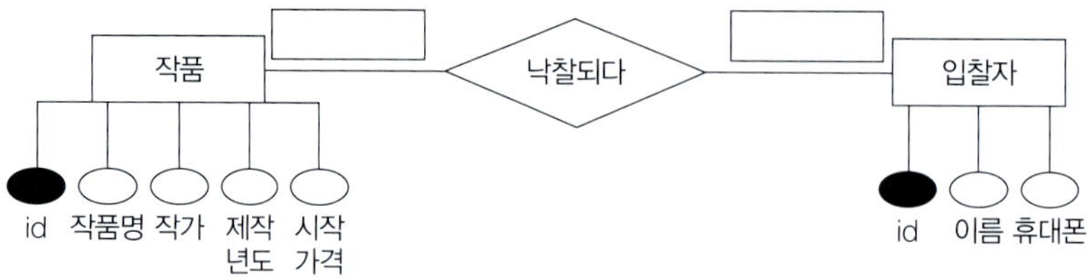

07 어떤 컴퓨터가 어떤 회사에서 생산되었는지를 표현하는 ER 모델에서 다음 각각은 어떤 구성 요소에 해당하는지 답하시오.

① 컴퓨터　② 모델명　③ 대표자　④ 회사
⑤ 생산　⑥ 생산년도　⑦ 메모리사이즈　⑧ 주소

08 은행에서 각 대출에 대한 상환 내역을 관리하려고 한다. 대출과 대출상환 간의 관계를 ER 다이어그램으로 표현하시오. 단, 대출 개체 타입의 속성은 대출번호, 대출금, 대출일자이고, 대출상환 개체 타입의 속성은 상환날짜와 금액이며, 대출이 모두 상환되면 대출상환 정보도 함께 삭제한다.

09 교수 1명이 최대 20명의 학생을 지도하고, 각 학생은 지도교수가 1명이다. 또한 교수 가운데 지도 학생이 없는 교수도 있고, 학생 가운데 아직 지도교수가 정해지지 않은 학생도 있을 수 있다. 교수 개체와 학생 개체 간의 '지도하다' 관계를 ER 다이어그램으로 표현하고, 카디널리티도 표시하시오.

10 대학입시 DB에서 수험생 개체 타입과 학과 개체 타입 간의 관계를 부분 참여와 전체 참여로 구분하여 ☐ 안에 쓰시오. 단, 모든 수험생은 반드시 학과를 선택한 후 지원해야 한다.

CHAPTER 05

개념적 설계 기초

학습목표

- 개념적 설계 단계의 주요 업무 두 가지를 설명할 수 있다.
- 개념적 스키마 모델링이 무엇인지 설명할 수 있다.
- 개체를 식별하는 방법을 설명할 수 있다.
- 관계를 식별할 때 유의할 사항을 설명할 수 있다.
- 속성을 식별하는 방법을 설명할 수 있다.
- 트랜잭션 모델링의 주요 업무를 설명할 수 있다.

01 개념적 설계 개요

요구 수집 및 분석 단계가 끝나면 개념적 설계 단계로 넘어간다. 개념적 설계란 요구 분석 명세서를 기초로 하여 사용자의 요구사항을 DB 설계자가 쉽게 이해할 수 있도록 표현하는 과정으로, 데이터 중심의 개념적 스키마 모델링과 처리 중심의 트랜잭션 모델링을 포함한다. 개념적 설계 과정을 거치는 이유는 사용자의 다양한 요구사항을 처음부터 완벽하게 반영해서 바로 DBMS가 직접 이해할 수 있는 논리적 데이터 모델로 표현하는 것이 어렵기 때문이다. 따라서 우선 개념적이고 융통성 있는 방법으로 표현함으로써, 사용자의 요구사항을 모두 만족시키는 데 필요한 데이터 및 트랜잭션이 빠짐없이 표현되었는지 쉽게 파악하는 것이 중요하다.

개념적 설계 단계에서는 다음과 같은 두 가지 주요 업무를 수행해야 한다.

1 개념적 스키마 모델링

개념적 스키마 모델링conceptual schema modeling은 데이터 요구 분석 명세서를 기초로 하여 DBMS와는 독립적인 개념적 데이터 모델, 즉 개념적 스키마conceptual schema를 표현하는 과정으로, 줄여서 개념적 모델링이라고도 부른다. 개념적 스키마 모델링의 입출력을 도식화하면 [그림 5-1]과 같다. 개념적 스키마 모델링은 데이터의 구성과 표현에 초점을 맞추므로 데이터 중심의 DB 설계에 해당한다. 현재 가장 널리 사용되는 개념적 데이터 모델은 ER 모델이고, ER 모델을 이해하기 쉽게 그래픽 방식으로 표현한 것이 ER 다이어그램이다. ER 다이어그램으로 표현한 개념적 스키마 모델링의 결과를 개념적 구조conceptual structure 또는 개념적 스키마라고 한다.

그림 5-1 개념적 스키마 모델링의 입출력 및 핵심 업무

개념적 스키마는 DBMS와 무관한 개념적 데이터 모델로 표현되므로 DB를 구현하는 데 직접 사용할 수 없다. 하지만 처음부터 정확하게 표현하기 어려운 복잡한 요구사항들을 개념적 스키마를 이용해서 좀 더 쉽고 융통성 있게 표현함으로써, DB 설계자가 점진적으로 정확하고 일관성 있는 DB를 설계하도록 지원하는 효과가 있다.

2 트랜잭션 모델링

트랜잭션 모델링transaction modeling은 트랜잭션 요구 분석 명세서를 기초로 하여 업무 단위별로 유형별 트랜잭션을 표현하는 과정이다. 트랜잭션의 유형은 크게 읽기(검색), 쓰기(삽입, 삭제, 갱신), 혼합(읽기+쓰기)으로 구분할 수 있다. 트랜잭션 모델링은 데이터 처리에 초점을 맞추므로 처리 중심의 DB 설계에 해당한다. DB가 구축된 다음 DB와 연동하는 응용 프로그램을 개발해야 DB를 제대로 활용할 수 있으므로, 설계 초기 단계부터 응용 프로그램 개발의 기초가 되는 트랜잭션을 식별하는 작업이 중요하다. 따라서 트랜잭션 모델링도 개념적 스키마 모델링만큼 중요하므로 개념적 설계 단계에서 이 두 가지를 반드시 병행하여 수행해야 한다.

02 개념적 스키마 모델링 순서

개념적 스키마 모델링은 속성들로 구성된 개체 타입과 개체 타입 간의 관계라는 추상적 개념을 이용해서 모델링하는 것이 일반적이다. 앞에서 언급한 바와 같이 주로 ER 모델을 사용해서 수행하고 모델링 결과는 ER 다이어그램으로 표현한다. 이때 가장 중요한 작업은 데이터 요구 분석 명세서를 기초로 하여 주요 개체와 관계를 식별하는 것이다. 수행 순서는 다음과 같다.

① 데이터 요구 분석 명세서를 기초로 하여 개체 타입을 식별한다.
② 개체 타입 간의 관계 타입을 식별한다.
③ 관계 타입의 유형과 카디널리티(옵션)를 결정한다.
④ 개체 타입의 속성을 식별한다.
⑤ 개체 타입의 주 식별자, 즉 기본키 속성을 결정한다.
⑥ 관계 타입의 속성을 식별한다.
⑦ 식별한 개체 타입과 관계 타입, 개체 및 관계 타입의 속성을 ER 다이어그램으로 표현한다.
⑧ ER 다이어그램이 데이터 요구 분석 명세서에 포함된 모든 요구사항을 반영하는지 검증한다.

주요 개체를 식별하는 작업이 DB 설계의 성패를 좌우하므로 ER 모델을 활용하여 개념적 스키마 모델링을 수행할 때는 특히 핵심 개체를 식별하는 데 집중해야 한다. 즉, 상대적으로 덜 중요한 개체를 식별하는 데 너무 많은 시간을 사용하지 않도록 한다. ER 모델은 추후 논리적 설계 단계에서 논리적 데이터 모델(예 관계 데이터 모델)로 변환해야 하므로, 논리적 설계와 무관하지 않다는 점을 명심해야 한다. 또한 ER 모델에 포함된 개체는 논리적 데이터 모델과 물리적 데이터 모델에도 그대로 존재해야 한다. 만약 논리적 또는 물리적 설계 단계에서 핵심 개체가 사라지거나 새로 생긴다면 ER 모델이 잘못 도출되었음을 의미하므로 이런 오류가 발생하지 않도록 유의해야 한다.

03 개체 식별

개체entity란 DB가 표현하려고 하는 유 · 무형의 정보 대상으로서, 현실 세계에 존재하면서 서로 구별될 수 있는 요소를 말한다. 개체 타입entity type은 개체에 대한 정의, 즉 개체의 이름과 개체를 구성하는 속성들을 정의한 것이다. 개념적 설계 단계에서 개체를 식별하는 일은 가장 중요하면서도 가장 어려운 일이며, 어떤 개체를 식별하느냐에 따라 속성과 관계가 달라질 수 있다. 개체 하나에 평균 4~5개 정도의 응용 프로그램이 개발되므로 개체 타입 식별이 DB 구축의 성패를 좌우한다고 해도 과언이 아니다. 개념적 설계 단계에서 모든 개체를 완벽하게 식별하기보다는 핵심적인 개체를 빠뜨리는 일이 없도록 주의해야 한다.

1 개체 식별 방법

개체를 식별하는 순서 및 방법은 다음과 같다.

1 개체 후보 식별

데이터 요구 분석 명세서에서 주로 주어나 목적어로 표현된 것이 개체 타입 후보가 될 수 있다.

2 개체 후보 검토

각 개체 후보의 실제 데이터 수와 대표 속성을 파악하고, 동음이의어나 이음동의어 등도 검토한다. 또한 동사로 표현되었는데(또는 동사화할 수 있는데) 개체로 잘못 추출된 것이 있는지 검토하고, 필요한 경우 개체 이름을 변경할 수 있다.

3 개체 타입 선정

실제 데이터, 즉 개체 인스턴스가 2개 이상 존재하고 2개 이상의 속성을 지닌 개체 후보를 개체 타입으로 선정한다. 단, 동일한 의미를 지닌 개체가 있으면 제외해야 한다. 개체 후보의 속성이 하나밖에 없다면 그 개체 후보는 다른 개체 타입의 속성으로 표현하는 것이 적절하다. 만약 개체 인스턴스의 수가 1개이고 앞으로 추가될 가능성이 없다면 그 개체는 굳이 DB에 표현할 필요가 없으므로 개체 타입으로 선정하지 않아야 한다. 또한 추후 관계 식별 단계에서 관계로 표현하는 것이 더 적합한 개체가 있으면 이 개체 역시 개체 타입에서 제외해야 한다.

2 개체 표현 방법

ER 모델을 그래픽 방식으로 표현하는 방법에는 여러 가지가 있다. 여기서는 전통적인 표현 방법인 피터 첸 표기법과 최근 많이 사용되는 IE 표기법을 간단히 소개한다.

피터 첸 표기법

피터 첸 표기법Peter Chen Notation에서 개체는 둘 이상의 속성(타원형으로 표현)과 연결된 직사각형으로 표현한다. 예를 들어 학번, 이름, 전공, 휴대폰이라는 4개의 속성을 가진 학생 개체는 [그림 5-2]와 같이 표현할 수 있다. 주 식별자, 즉 기본키 속성은 속성 이름 아래 밑줄을 그어 표현하거나 검은색 타원형으로 표현한다.

그림 5-2 학생 개체의 피터 첸 표기법

IE 표기법

IEInformation Engineering; 정보공학 표기법은 1981년 클리브 핀켈스턴Clive Finkelstein과 제임스 마틴James Martin이 공동으로 발표한 것으로, 1980년대 중반에 제임스 마틴에 의해 그 체계가 정리되면서 본격적으로 활용되기 시작하여 데이터 분석이나 DB 설계를 위한 매우 유용한 표기법으로 자리 잡게 되었다. 이 표기법은 관계의 다 측(n측)을 나타내기 위해 까마귀발 모양을 사용하기 때문에 까마귀발 표기법Crow's feet notation 또는 새발 표기법이라고도 부른다. IE 표기법은 ERWin 등 여러 CASEComputer Aided Software Engineering 도구에서 ER 모델을 표현하는 데 사용되고 있으며, IE 표기법을 약간씩 변형한 바커Barker 표기법과 IDEF1xIntegration DEFinition for Information Modeling 표기법 등이 있다. IE 표기법에서 개체는 사각형으로 표현하고, 사각형 위에 개체 이름을 표시하며, 기본키와 일반 속성을 구분해서 표현한다. [그림 5-3]은 [그림 5-2]의 학생 개체를 IE 표기법으로 표현한 것이다. 학번이 주 식별자이기 때문에 나머지 일반 속성과 구분해서 작성된 것을 알 수 있다.

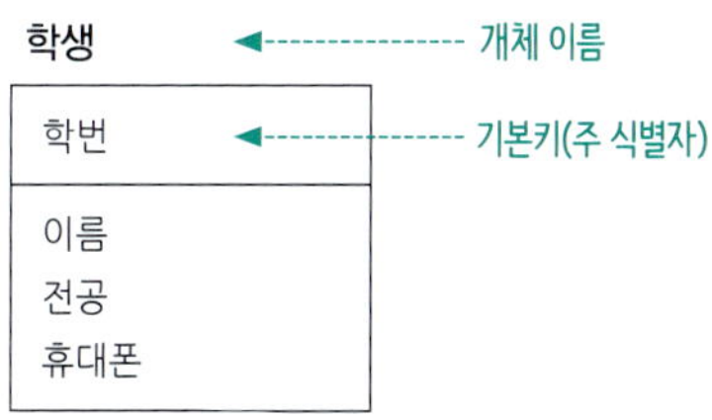

그림 5-3 학생 개체의 IE 표기법

3 개체 이름 결정 방법

개체 이름을 결정할 때는 다음과 같은 사항에 유의해야 한다.

- 개체 이름은 반드시 전체 DB 안에서 유일해야 한다.
- 현업에서 익숙한 표준 용어를 사용한다.
- 단수 명사를 사용한다.
- 가능하면 약어는 사용하지 않는다.
- 개체의 성격을 쉽게 파악할 수 있는 이름을 부여한다.
- 이름 부여 규칙을 미리 정하여 이름에 일관성을 주는 것이 좋다. 여러 개의 명사로 구성된 개체 이름이라면 '장비구매처'처럼 명사를 공백 없이 연결해서 표현하거나 '장비_구매처'처럼 명사와 명사를 밑줄로 연결해서 표현하는 등의 규칙을 정하여 일관되게 표현하길 권장한다.
- DB 구축 프로젝트와 관련된 자료 사전 또는 용어 사전을 만들어서 참조하길 권하며, 사전에 각 개체에 대한 명확한 정의를 포함시키는 것이 좋다.

4 개체 후보 식별 방법

개체 후보를 식별할 때는 다음 사항에 유의한다.

- 일단 개체가 될 가능성이 있는 모든 대상을 추출한다. 데이터 요구 분석 명세서에서 주로 주어나 목적어로 표현된 것이 개체에 해당한다.
- 유사한 개체(예 이음동의어)도 무시하지 말고 모두 추출한다. 일단 추출한 다음 업무 담당자와 협의하여 정확한 의미를 파악한 뒤, 다른 개체 후보와 합치거나 별도의 개체로 분리한다.
- 어떤 대상이 해당 개체에 속하는지가 분명해지도록 각 개체를 정의한다. 즉, 대상의 동질성 유무를 쉽게 파악할 수 있도록 정의한다. 예를 들면 '학생' 개체에서 학생을 '우리 대학에 재학 중인 사람'으로 정의하는 경우 수시 합격생이나 졸업생, 수료생은 학생 개체에 속하지 않게 된다. 만약 학생을 '우리 대학에 재학 중이거나 재학할 예정 또는 재학한 적이 있는 사람'으로 확대해서 정의하면, 수시 합격생, 졸업생, 수료생도 학생 개체에 속하게 된다.
- 업무 처리 과정을 지나치게 고려하지 않는다. 업무 처리 과정에 기초해서 개체를 추출하면 추후 업무 처리 과정이 달라지는 경우 개념적 스키마가 달라질 수 있으므로, 우선 데이터 중심 설계에 초점을 맞추어 개체 후보를 추출한다.
- 개념이 명확하지 않은 대상이 있으면 업무 담당자에게 다시 확인한다. 유사한 DB 설계에 참여한 경험을 기초로 하여 분석자가 임의로 유추하지 않도록 한다.
- 예외 상황은 무시하고 넘어간다. 예외 처리도 중요하지만 개념적 설계 단계에서는 핵심 개체를 추출하는 데 더 집중한다.
- 개체 후보 가운데 선정된 개체의 핵심적인 특징을 파악해 본다. 개체의 특징을 설명하는 속성이 적어도 2개 이상 존재해야 하며, 그렇지 않다면 최종 개체 타입에서 제외해야 한다.

5 개체 식별 사례: 온라인 쇼핑몰 DB 구축

[표 5-1]은 온라인 쇼핑몰의 데이터 요구 분석 명세서로, 앞서 3장 4절에서 사례로 제시한 바 있다. 이 데이터 요구 분석 명세서를 기초로 하여 핵심 개체를 식별하는 과정은 다음과 같다.

표 5-1 온라인 쇼핑몰 DB 구축을 위한 데이터 요구 분석 명세서

No.	요구 분석 내용	관련 업무
1	쇼핑몰 대표는 1명이다.	상품관리팀
2	주요 판매 상품은 여성복이다.	상품관리팀
3	여성복은 상의와 하의로 구분하고, 상품 이름, 사이즈, 구매처, 구매 가격, 판매 가격 등을 관리한다.	상품관리팀
4	사이즈는 대, 중, 소로 구분한다.	상품관리팀
5	동일한 상품이라도 시점에 따라 구매 가격과 판매 가격은 달라질 수 있다.	상품관리팀
6	각 상품을 구입한 구매처와 구매 금액을 관리한다.	상품관리팀
7	구매처는 이름과 연락처, 주소, 대표 이름, 사업자등록번호를 관리한다.	상품관리팀
8	1년 이상 거래가 없는 구매처 정보는 관리하지 않는다.	상품관리팀
9	고객이 상품을 구매하려면 실명 확인을 통해서 회원 가입을 해야 한다.	고객서비스팀
10	회원 가입 시에는 id와 pw, 이름, 휴대폰 번호, 주소 정보가 필요하다.	고객서비스팀
11	회원의 주소와 배송지는 다를 수 있다.	고객서비스팀
12	회원의 배송지를 최대 3개까지 기록한다.	고객서비스팀
13	상품 판매 시 판매 일자와 배송 일자, 수량 정보가 필요하다.	마케팅팀
14	동일 상품을 같은 고객에게 같은 날 여러 번 판매가 가능하다.	마케팅팀
15	동일 상품을 10개 이상 주문하는 경우 5% 할인을 적용한다.	마케팅팀

1 개체 후보 식별

데이터 요구 분석 명세서에서 주어나 목적어로 표현된 것 가운데 [표 5-2]와 같은 개체 후보를 식별할 수 있다. 이때 상품 이름, 사이즈, id, pw처럼 속성임에 분명한 단어는 처음부터 개체 후보 목록에서 제외한다. 만약 요구 분석 경험이 부족해서 개체인지 속성인지 판단하기 어렵다면, 일단 모두 개체 후보 목록에 포함시킨 다음 추후 개체 후보 검토 과정에서 제외해도 무방하다.

표 5-2 온라인 쇼핑몰 DB 구축을 위한 개체 후보 목록

No.	개체 후보
1	쇼핑몰대표
2	판매상품
3	여성복
4	사이즈
5	상품
6	구매가격
7	판매가격
8	구매처
9	구매금액
10	고객
11	실명확인
12	회원가입
13	판매

2 개체 후보 검토

[표 5-3]과 같이 각 개체 후보의 실제 데이터 수(개체 인스턴스 수)와 대표 속성을 파악해서 개체 선정 여부를 결정한다. 이때 동음이의어나 이음동의어도 검토한다. 또한 '동사'로 표현된 단어(또는 동사화할 수 있는 단어)가 개체로 잘못 추출된 경우 개체에서 제외해야 하고, 필요한 경우 개체 이름을 변경할 수 있다.

3 개체 타입 선정

개체 후보 가운데 실제 데이터 수가 1개뿐이거나 속성이 1개뿐인 것, 의미가 같은 것은 제외하고 개체 타입으로 선정한다. 선정된 개체 타입 가운데 일부는 추후 '관계'로 표현하는 것이 더 바람직할 수 있다. 즉 [표 5-4]의 개체 타입 목록은 개체 식별 단계에서 선정된 개체 타입 목록이며, 최종 개체 타입 목록은 관계를 식별한 다음 변경될 수 있다. 다중치Multi-Valued, MV 속성은 ER 다이어그램을 작성할 때 이중선 타원으로 표시해야 하므로 속성 이름 뒤에 별도로 표시할 필요가 있는데, [표 5-4]와 같이 '배송지' 속성 뒤에 (MV)를 작성해서 표시할 수 있다.

표 5-3 온라인 쇼핑몰 DB 구축을 위한 개체 후보 검토 목록

No.	개체 후보	데이터 수	대표 속성	비고	개체 타입 선정 여부
1	쇼핑몰대표	1	이름, 연락처, 주소	1개 개체만 존재	X
2	판매상품	n	-	여성복과 동일	X
3	여성복	n	구분, 상품이름, 사이즈, 구매처, 구매가격, 판매가격	상품과 동일	X
4	사이즈	n	구분	1개 속성만 존재	X
5	상품	n	구매처, 구매가격, 판매가격	여성복과 동일	O
6	구매가격	n	가격	1개 속성만 존재	X
7	판매가격	n	가격	1개 속성만 존재	X
8	구매처	n	이름, 연락처, 주소, 대표이름, 사업자등록번호		O
9	구매금액	n	가격	1개 속성만 존재	X
10	고객	n	id, pw, 이름, 휴대폰번호, 주소		O
11	실명확인	n	실명확인여부	1개 속성만 존재	X
12	회원가입	n	id, pw, 이름, 휴대폰번호, 주소, 배송지	고객과 동일	X
13	판매	n	고객id, 상품이름, 판매일자, 배송일자, 수량		O

표 5-4 온라인 쇼핑몰 DB 구축을 위한 개체 타입 목록

No.	개체 타입	속성 목록
1	상품	구분, 상품이름, 사이즈, 구매처, 판매가격, 구매가격
2	구매처	이름, 연락처, 주소, 대표이름, 사업자등록번호
3	고객	id, pw, 이름, 휴대폰번호, 주소, **배송지(MV)**
4	판매	고객id, 상품이름, 판매일자, 배송일자, 수량

04 관계 식별

1 관계 식별 방법

관계relationship는 개체 간의 의미 있는 연결 또는 연관성을 의미하는 요소로서, 관계를 제대로 식별하지 못하면 많은 개체에 동일한 속성이 중복되므로 데이터의 일관성을 보장하기 어렵다. 따라서 정확한 관계 식별이 매우 중요하다.

관계를 식별하는 방법은 다음과 같다.

- 데이터 요구 분석 명세서에서 '동사'로 표현된 부분(또는 동사화할 수 있는 부분)이 개체 간의 관련성을 표현하는 경우, 이를 관계로 식별한다.
- 앞에서 식별된 개체 가운데 '관계'로 표현해야 더 적합한 것은 관계로 전환한다.
- 관계 이름을 부여한다.
- 관계 유형을 결정하고, 필요한 경우 카디널리티도 결정한다.
- 관계를 설명하는 속성을 파악한다.
- 관계 이름과 유형, 속성 등이 포함된 관계 타입 목록을 작성한다.

2 관계 식별 시 유의 사항

관계를 식별할 때는 다음 사항에 유의한다.

- 관계는 개체 간의 상호 연관성을 표현하는 것으로, 개체와 관련된 업무 수행 규칙에 해당한다. 따라서 데이터 요구 분석 명세서에서 주로 동사 또는 동사화할 수 있는 형태로 표현되는 경우가 많다.
- 업무를 충분히 파악한 다음 전체 업무를 고려해서 넓은 시각으로 분석해야 한다.
- 업무 규칙이 변경됨에 따라 관계도 변경될 수 있음을 염두에 둔다.

- 특히 초보자가 개체와 관계를 명확히 구분하기는 쉽지 않으므로, 식별된 개체 가운데 '관계'로 표현하는 것이 적합한 단어가 있는지 검토한다.
- 관계는 기본적으로 관계에 포함된 양쪽 개체의 기본키를 속성으로 갖는다. 관계의 속성을 파악할 때는 관계를 설명하기 위해 추가로 필요한 속성을 파악하는 데 집중한다.

3 관계 표현 방법

관계를 표현하는 두 가지 방법을 소개하면 다음과 같다.

피터 첸 표기법

피터 첸 표기법에서 관계는 1개 이상의 개체를 실선으로 연결하는 마름모로 표현하고, 관계 유형을 실선 위에 표시한다. 예를 들면 교수 개체와 학생 개체 간 1:n 유형의 지도하다 관계는 [그림 5-4]와 같이 표현할 수 있다. 모든 학생에게 지도교수가 있으므로 이중 실선으로 전체 참여임을 표현했고, 일부 교수에게는 지도하는 학생이 없을 수 있으므로 일반 실선으로 부분 참여임을 표현했다. 전체 참여와 부분 참여를 구분하지 않고 표현하는 경우도 많은데, 이때는 모두 일반 실선으로 표현한다.

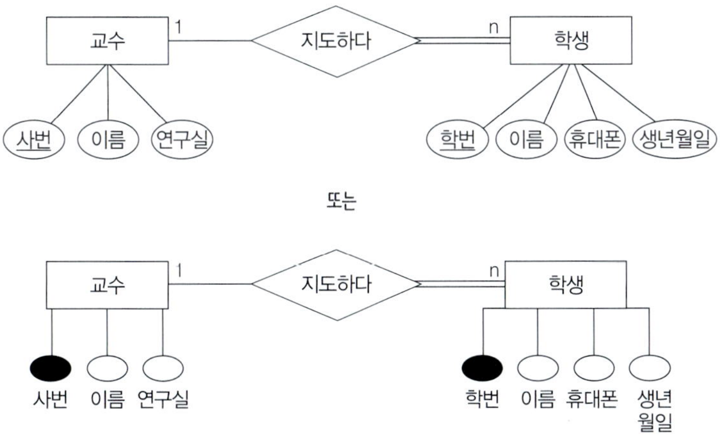

그림 5-4 지도하다 관계의 피터 첸 표기법

IE 표기법

IE 표기법에서 관계를 표현할 때는 개체를 선(비식별 관계는 점선, 식별 관계는 실선)으로 연결하고 선 위에 관계 이름을 표시한다. 또한 개체 간의 관계를 나타내는 외래키[FK, Foreign Key]를 두 개체 가운데 하나에 포함시키고, 관계의 유형을 까마귀발[crow's feet]모양으로 표현한다. 예를 들면 [그림 5-4]의 지도하다 관계를 [그림 5-5]와 같이 표현할 수 있다. 교수 개체 측의 까마귀발 모양은 1:n 유형의 관계에서 1측이 선택적(0 혹은 1)임을 표현하고, 학생 개체 측의 까마귀발 모양은 1:n 유형의 관계에서 n측이 필수적(1 혹은 n)임을 표현한 것이다. 지도하다 관계가 비식별 관계이므로 두 개체를 점선으로 연결했고, n측 개체인 학생 개체에 1측 개체인 교수 개체의 기본키 속성인 '지도교수사번'을 외래키로 포함시켰다.

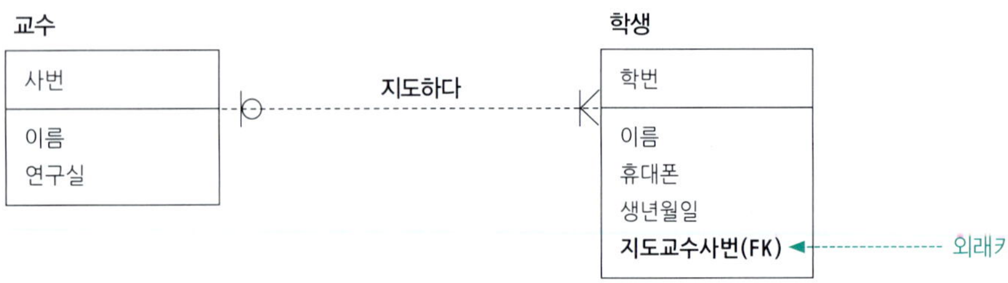

그림 5-5 지도하다 관계의 IE 표기법

IE 표기법에서 관계를 표현하는 기호를 요약하면 [표 5-5]와 같다. 다만 CASE 도구에 따라 표기법에 약간의 차이가 있다.

표 5-5 IE 표기법의 관계 표현 기호들

기호	의미
- - - - - - - -	비식별 관계
————	식별 관계
○	없음(zero)
|	하나(one)
< 혹은 >	다수(many)
○|	1측, 선택적 참여(0 혹은 1)
○< 혹은 ○K	n측, 선택적 참여(0 혹은 n)
| 혹은 ||	1측, 필수적 참여(1)
< 혹은 K	n측, 필수적 참여(1 혹은 n)

4 관계 이름 결정 방법

관계 이름을 결정할 때는 다음 사항에 유의한다.

- 가능하면 개체 간의 관련성을 나타내는 동사로 표현한다. 예를 들면 지도하다, 수강하다, 근무하다 등과 같이 표현한다.
- 현재 시제로 표현한다.
- 개체 간의 관련성이 명확하도록 표현한다.
- 관계 이름은 DB 안에서 유일해야 한다.
- 부연 설명이 필요 없는 일반적인 용어로 표현한다.

5 관계 식별 사례: 온라인 쇼핑몰 DB 구축

[표 5-1]에 제시한 온라인 쇼핑몰의 데이터 요구 분석 명세서와 [표 5-4]의 개체 타입 목록을 기초로 하여 주요 관계를 식별하는 과정은 다음과 같다.

1 관련성 분석을 통한 관계 후보 식별

[표 5-1]의 데이터 요구 분석 명세서에서 동사로 표현된 부분(또는 동사화할 수 있는 부분)이 개체 간의 관련성을 표현하는지를 [표 5-6]과 같이 분석하여 관계를 식별한다. 이 과정을 통해 '구입하다', '구매하다', '판매하다'라는 3개의 관계 후보를 식별할 수 있다.

표 5-6 온라인 쇼핑몰 데이터 요구 분석 명세서의 동사 표현에서 관련성 분석하기

No.	요구 분석 검토 항목	관련성 분석
6	각 상품을 **구입한** 구매처와 구매 금액을 관리한다.	'상품' 개체와 '구매처' 개체 간에 **'구입하다' 관계**가 있음
9	고객이 상품을 **구매하려면** 실명 확인을 통해서 회원 가입을 해야 한다.	'고객' 개체와 '상품' 개체 간에 **'구매하다' 관계**가 있음
13	상품 **판매 시** 판매 일자와 배송 일자, 수량 정보가 필요하다.	'판매일자'와 '배송일자', '수량'은 **'판매하다' 관계**의 속성임
14	동일 상품을 같은 고객에게 같은 날 여러 번 **판매**가 가능하다.	'상품' 개체와 '고객' 개체 간에 **'판매하다' 관계**가 있음

2 관계 후보 검토

[표 5-6]의 관련성 분석을 통해서 식별된 3개의 관계 후보를 검토한 결과 [표 5-7]과 같은 2개의 관계를 선정할 수 있다.

표 5-7 온라인 쇼핑몰 DB 구축을 위한 관계 후보 검토

No.	관계 후보	관련된 개체 목록	비고	관계 타입 선정 여부
1	구입하다	상품, 구매처		O
2	구매하다	고객, 상품	판매하다 관계와 동일함	X
3	판매하다	상품, 고객		O

'판매하다'는 상품 개체를 기준으로 관계 이름을 부여한 것으로, 상품을 고객에게 판매한다는 의미다. '구매하다'는 고객 개체를 기준으로 관계 이름을 부여한 것으로, 고객이 상품을 구매한다는 의미다. 따라서 이 둘은 동일한 관련성을 표현한 것이다. '구입하다'는 상품 개체를 기준으로 관계 이름을 부여한 것으로, 상품을 구매처에서 구입한다는 의미다. 이는 쇼핑몰에서 상품 개체가 가장 중요하다고 판단한 것으로, 설계자에 따라 다르게 판단할 수 있다. 만약 구매처 개체를 중심으로 해석한다면, 구매처가 상품을 공급한다는 의미로 '공급하다'라는 관계 이름을 부여할 수 있다. 이때 주의할 점은 관계 이름이 중복되지 않아야 하며 하나의 DB 안에서 반드시 유일해야 한다는 점이다.

3 관계 유형 결정

[표 5-7]의 각 관계에 포함된 두 개체 간의 관련성을 분석해서 [표 5-8]과 같이 관계 유형을 결정할 수 있다.

표 5-8 온라인 쇼핑몰 DB 구축을 위한 관계 유형 결정

No.	관계 이름	관련된 개체 목록	관계 유형
1	구입하다	상품, 구매처	N : 1
2	판매하다	상품, 고객	M : N

구입하다 관계의 경우 상품 개체를 기준으로 판단하면 한 상품은 한 구매처에서 구입하므로 관계 유형이 1:1이고, 구매처 개체를 기준으로 판단하면 한 구매처는 여러 상품을 공급하므로 관계 유형은 1:N이 된다. 따라서 [그림 5-6]과 같이 종합하면 상품 개체와 구매처 개체 간의 최종 관계 유형은 N:1이 된다.

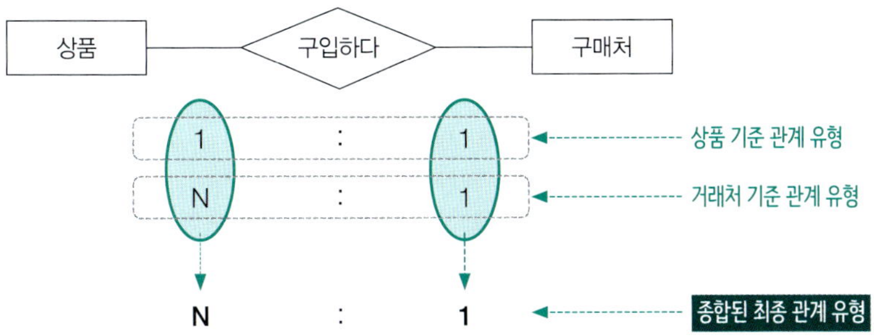

그림 5-6 구입하다 관계의 관계 유형 결정

판매하다 관계의 경우 상품 개체를 기준으로 판단하면 한 상품을 여러 고객에게 판매하므로 관계 유형이 1:N이 된다. 여기서 하나의 상품을 여러 고객에게 판매한다는 것은 동일한 상품을 여러 고객에게 판매한다는 말이 아니라 (구분, 상품이름, 사이즈, 판매가격, 구매가격)과 같은 속성으로 표현된 상품이 여러 명의 고객에게 판매될 수 있다는 의미다. 한편, 고객 개체를 기준으로 분석하면 한 고객이 여러 상품을 구매할 수 있으므로 관계 유형은 1:N이 된다. 따라서 [그림 5-7]과 같이 종합하면 상품 개체와 고객 개체 간의 최종 관계 유형은 M:N이 된다. 만약 상품이 대량 생산되는 공산품이 아니라 예술품처럼 각 상품이 유일해서 하나씩만 판매된다면, 한 상품은 한 고객에게만 판매될 수 있으므로 상품 개체와 고객 개체 간의 최종 관계 유형은 N:1이 될 것이다.

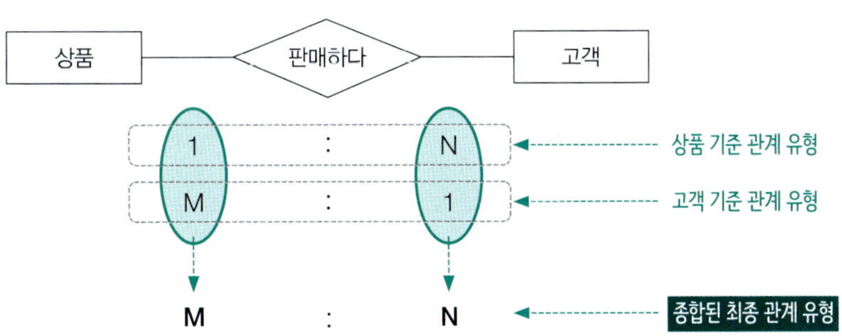

그림 5-7 판매하다 관계의 관계 유형 결정

4 관계의 설명 속성 식별

[표 5-8]의 각 관계를 설명하는 데 부가적으로 필요한 속성은 [표 5-9]와 같이 식별할 수 있다.

표 5-9 온라인 쇼핑몰 DB 구축을 위한 관계 설명 속성 결정

No.	관계 이름	관련된 개체 목록	관계 유형	관계 설명 속성
1	구입하다	상품, 구매처	N : 1	구입일자, 수량
2	판매하다	상품, 고객	M : N	판매일자, 수량, 배송일자

구입하다 관계의 경우 어떤 상품을 구매처에서 구입할 때 '구입일자'와 '수량'을 기록할 필요가 있다. '구입금액'은 상품 개체의 '구매가격'에 '수량'을 곱해서 쉽게 계산할 수 있으므로 관계의 설명 속성으로 설정하지 않아도 된다. 관계는 기본적으로 관련성이 있는 두 개체의 기본키를 속성으로 포함하기 때문에 관계 설명 속성에는 관계를 설명하기 위해 추가로 필요한 속성만 작성하면 된다. 판매하다 관계의 경우 어떤 상품을 어떤 고객에게 판매한 '판매일자'와 '수량', '배송일자'가 설명 속성에 해당한다.

5 관계 타입 목록 결정

최종적으로 [표 5-10]과 같이 작성한 관계 타입 목록을 결정한다. 즉 관계 이름과 관련된 개체 목록, 관계 유형, 관계 설명 속성을 결정하고, 비고에는 기타 참고할 내용을 작성한다.

표 5-10 온라인 쇼핑몰 DB 구축을 위한 관계 타입 목록

No.	관계 이름	관련된 개체 목록	관계 유형	관계 설명 속성	비고
1	구입하다	상품, 구매처	N : 1	구입일자, 수량	[표 5-4]의 '상품' 개체의 '구매처' 속성은 이 관계로 표현 가능함
2	판매하다	상품, 고객	M : N	판매일자, 수량, 배송일자	[표 5-4]의 '판매' 개체에 해당함

6 개체를 관계로 전환

앞에서 언급한 바와 같이, 관계를 식별한 다음 앞에서 식별한 개체 가운데 관계로 표현하는 것이 더 적합한 개체가 있으면 최종 개체 타입 목록에서 제외해야 한다. 따라서 [표 5-4]의 '판매' 개체는 상품 개체와 고객 개체 간의 판매하다 관계로 표현할 수 있으므로 개체 타입 목록에서 제외한다. 또한 상품 개체의 '구매처' 속성도 상품 개체와 구매처 개체 간의 구입하다 관계로 표현할 수 있으므로 상품 개체의 속성 목록에서 제외해야 한다. 따라서 [표 5-4]의 개체 타입 목록은 [표 5-11]과 같이 변경된다.

표 5-11 온라인 쇼핑몰 DB 구축을 위한 변경된 개체 타입 목록

No.	개체 후보	속성 목록
1	상품	구분, 상품이름, 사이즈, 판매가격, 구매가격
2	구매처	이름, 연락처, 주소, 대표이름, 사업자등록번호
3	고객	id, pw, 이름, 휴대폰번호, 주소, 배송지(MV)

05 속성 식별

1 속성 식별 방법

속성attribute은 개체나 관계의 특성을 나타내는 요소로, 이름을 가진 정보의 가장 작은 논리적 단위다. 속성은 더 이상 분리할 수 없는 데이터 값을 저장하는 곳으로, 일종의 데이터 저장소라 할 수 있다.

속성을 식별하는 방법은 다음과 같다.

- 데이터 요구 분석 명세서에서 개체를 설명하는 명사를 개체의 속성으로 식별한다.
- 데이터 요구 분석 명세서에서 관계를 설명하는 명사를 관계의 속성으로 식별한다.
- 데이터 요구 분석 명세서에서 개체의 기본키 속성을 식별할 수 없을 때는 기본키 역할을 할 속성을 추가한다.
- 데이터 요구 분석 명세서에는 없지만 개체나 관계의 특성을 설명하는 데 필요한 속성이 있다면 이 속성을 추가로 식별한다.

2 속성 식별 시 유의 사항

속성을 식별할 때는 다음 사항에 유의한다.

- 유일한 기본키, 즉 주 식별자primary identifier와 설명자descriptor, 즉 일반 속성을 구분해서 식별한다.
- 개체와 관계가 식별되면 큰 틀의 개념적 모델이 완성되지만, 속성이 식별되어야 개체의 특성이 분명해지므로 주요 속성을 모두 식별한다.
- 개체와 관계를 식별할 때 주요 속성을 먼저 식별하지만, 모든 속성이 정의되어야 개체와 관계가 완성되므로, 개념적 설계 단계에서 되도록 모든 속성을 식별하도록 한다.
- 개체와 관계를 식별할 때 함께 식별된 주요 속성의 이름이 요구 분석 명세서를 기준으로 부여되었으므로 필요한 경우 속성 이름을 변경한다.

3 식별자 관련 유의 사항

식별자는 일반 속성에 비해 그 역할이 매우 중요하므로 반드시 다음 사항에 유의해야 한다.

- 모든 개체는 반드시 하나 이상의 식별자를 포함해야 한다.
- 식별자는 반드시 유일한 값을 가져야 한다.
- 식별자는 개체가 존재하는 동안 값이 변경되지 않아야 한다.
- 식별자 역할을 할 속성이 둘 이상인 경우, 개체의 특성을 대표할 수 있는 속성을 기본키(주 식별자)로 결정한다.

4 속성 표현 방법

개체와 마찬가지로 속성을 표현하는 방법을 피터 첸 표기법과 IE 표기법으로 구분해서 설명하면 다음과 같다.

피터 첸 표기법

피터 첸 표기법에서 각 속성은 타원형으로 표현하고 개체나 관계와 실선으로 연결한다. 속성 이름은 타원형 안에 작성하는 것이 일반적이지만, 타원형 밖에 작성할 수도 있다. 예를 들면 기본키인 번호와 설명자(일반 속성)인 제목, 출판사, 출판년도, ISBN을 갖는 도서 개체는 [그림 5-8]과 같이 표현한다. 속성의 순서는 바뀌어도 무관한데, 일반적으로 기본키 속성을 맨 앞에 표시한다.

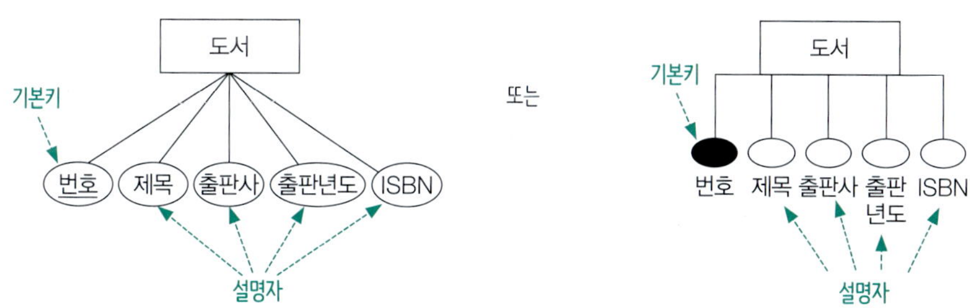

그림 5-8 속성의 피터 첸 표기법 사례

IE 표기법

IE 표기법에서는 개체를 표현하는 사각형 내부에 기본키 속성과 설명자(일반 속성)를 구분해서 표현한다. 예를 들면 [그림 5-8]의 도서 개체는 [그림 5-9]와 같이 표현할 수 있다.

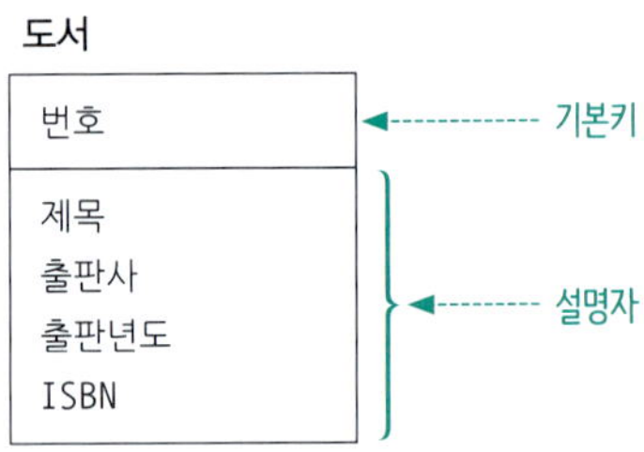

그림 5-9 속성의 IE 표기법 사례

5 속성 이름 결정 방법

속성 이름을 결정할 때는 다음 사항에 유의한다.

- 한 개체 또는 관계 안에서는 유일한 이름을 부여해야 하고, 소속된 개체나 관계가 다르면 동일한 이름을 부여할 수 있다.
- 되도록 속성 이름 앞에 개체 이름이 포함되지 않게 한다. 속성 이름에 개체 이름이 포함되어 있으면 유지보수를 할 때 불편하기 때문이다. 예를 들면 직원 개체의 이름이나 급여를 표현할 때 '직원이름'보다는 '이름'으로, '직원급여'보다는 '급여'로 표현하는 것이 좋다.
- 현업에서 익숙한 표준 용어를 사용한다.
- 약어보다는 전체 이름을 사용한다.
- 속성의 성격이 분명히 인식될 수 있도록 구체적으로 표현한다. 예를 들어 2개의 서로 다른 개체가 '가격'이라는 속성을 갖는 경우, 정확히 같은 의미가 아니라면 '구매가격', '판매가격' 등으로 구분해서 구체적으로 표현하는 것이 좋다.
- 미리 이름 부여 규칙을 정하여 일관성을 주는 것이 좋다. 예를 들어 단어와 단어는 '_'로 연결한다는 규칙을 정했다면 '제품_코드', '분류_코드' 등과 같이 속성 이름을 부여한다.
- 개체와 마찬가지로 DB 구축 프로젝트와 관련된 용어 사전을 만들어서 참조하는 것이 좋다.

6 속성 식별 사례: 온라인 쇼핑몰 DB 구축

[표 5-1]의 데이터 요구 분석 명세서를 기초로 하여 식별된 [표 5-11]의 개체 타입 목록과 [표 5-10]의 관계 타입 목록을 바탕으로 속성을 추출하는 과정은 다음과 같다.

1 개체의 속성 이름 검토

개체 식별 단계에서 식별된 속성을 검토해서 필요한 경우 속성 이름을 변경할 수 있다. [표 5-12]에서 상품 개체의 '상품명'은 '상품이름'이라는 속성 이름을 변경한 것이고, 구매처 개체의 '상호'와 '대표자'는 각각 '이름'과 '대표이름'이라는 속성 이름을 변경한 것이다. 또한 고객 개체의 '휴대폰'은 '휴대폰번호'라는 속성 이름을 변경한 것이다. 특히, 속성 이름뿐 아니라 개체와 관계 이름에는 공백이 포함되지 않아야 한다. 요구 분석 명세서는 맞춤법에 맞게 작성해서 공백이 포함될 수 있으나 속성 이름을 결정할 때는 공백이 없는 이름을 부여해야 한다.

표 5-12 온라인 쇼핑몰 DB 구축을 위한 개체와 변경된 속성 이름

No.	개체 후보	대표 속성
1	상품	구분, **상품명**, 사이즈, 판매가격, 구매가격
2	구매처	**상호**, 연락처, 주소, **대표자**, 사업자등록번호
3	고객	id, pw, 이름, **휴대폰**, 주소, 배송지(MV)

2 개체의 속성 추가 식별

개체 식별 단계에서는 대개 주요 속성만 식별하기 때문에 식별한 속성을 검토하여 필요하면 기본키나 일반 속성을 추가해야 한다. [표 5-13]에서 상품 개체의 경우 기본키 역할을 할 속성이 없어 기본키로 '상품번호' 속성을 추가했다. 구매처 개체에서는 사업자등록번호가 식별자에 해당하지만 기본키 역할을 할 '구매처번호'를 추가하고 '주요취급품목'이라는 속성을 추가했다. 고객 개체의 경우 기존 속성인 'id'가 기본키 역할을 할 수 있으며, '포인트' 속성을 추가했다.

표 5-13 온라인 쇼핑몰 DB 구축을 위한 최종 개체 타입 목록

No.	개체 타입	속성 목록	기본키
1	상품	**상품번호**, 구분, 상품명, 사이즈, 판매가격, 구매가격	상품번호
2	구매처	**구매처번호**, 상호, 연락처, 주소, 대표자, 사업자등록번호, **주요취급품목**	구매처번호
3	고객	id, pw, 이름, 휴대폰, 주소, 배송지(MV), **포인트**	id

3 관계의 속성 이름 검토

관계 식별 단계에서 식별된 속성도 검토하여 필요한 경우 속성 이름을 변경할 수 있다. [표 5-1]의 데이터 요구 분석 내용 14번에 따르면 동일한 상품을 한 고객에게 같은 날 여러 번 판매할 수 있다. 따라서 [표 5-14]와 같이 판매하다 관계의 '판매일자' 속성을 '판매일시'로 변경하여 해당 속성의 값으로 판매한 날짜뿐 아니라 시간까지 저장되도록 하였다.

표 5-14 온라인 쇼핑몰 DB 구축을 위한 관계와 속성 목록

No.	관계	관련된 개체 목록	관계 유형	관계 설명 속성 목록
1	구입하다	상품, 구매처	N : 1	구입일자, 수량
2	판매하다	상품, 고객	M : N	**판매일시**, 수량, 배송일자

4 관계의 속성 추가 식별

관계 식별 단계에서는 대개 주요 속성만 식별하기 때문에 식별한 속성을 검토해서 필요하면 관계를 설명하는 데 필요한 속성을 추가해야 한다. 또한 관계의 기본키는 관계에 포함된 양쪽 개체의 기본키에 의해 결정되지만, 필요한 경우 관계의 기본키를 대체할 속성을 추가할 수 있다.

[표 5-15]를 보면, 구입하다 관계의 경우 '구입금액' 속성을 추가했다. 만약 '상품' 개체의 '구매가격'에 '수량'을 곱해서 구입 금액을 계산할 수 있다면 '구입금액' 속성은 불필요하다. 하지만 구입 수량에 따라 할인을 받거나 기타 여러 가지 사유로 인해 단순 계산으로 정확한 구입 금액을 알 수 없다면, '구입금액' 속성을 추가해야 한다. 판매하다 관계의 경우도 마찬가지로 '결제금액' 속성의 추가 여부를 결정해야 한다. 즉, 단순히 '상품' 개체의 '판매가격'에 '수량'을 곱해서 정확한 결제 금액을 계산할 수 없다면 '결제금액' 속성을 추가해야 한다.

표 5-15 온라인 쇼핑몰 DB 구축을 위한 최종 관계 타입 목록

No.	관계 타입	관련된 개체 목록	관계 유형	관계 설명 속성 목록
1	구입하다	상품, 구매처	N : 1	구입일자, 수량, **구입금액**
2	판매하다	상품, 고객	M : N	판매일시, 수량, 배송일자, **결제금액**

06 ER 다이어그램 작성

1 ER 다이어그램 표기법

ER 다이어그램을 표현하는 방법에는 여러 가지가 있다. 여기서는 전통적인 표기법인 피터 첸 표기법과 여러 CASE 도구에서 많이 사용하는 IE 표기법을 소개한다.

피터 첸 표기법

피터 첸 표기법은 ER 모델을 표현하는 전통적인 그래픽 방식의 표현 방법이다. [그림 5-10]은 사원 개체와 부서 개체 사이에 존재하는 1:n 유형의 근무하다 관계를 표현한 것이다. 세부적으로 구분하면 부서 개체는 전체 참여(필수적 참여, 이중 실선으로 표현)이고, 사원 개체는 부분 참여(선택적 참여, 단일 실선으로 표현)임을 표현하고 있다. 즉, 모든 부서 개체는 근무하다 관계에 반드시 한 번 이상 나타나야 하지만, 사원 개체는 근무하다 관계에 나타나지 않을 수 있음을 의미한다. 즉, 모든 부서에는 1명 이상의 사원이 근무하지만, 사원의 경우 아직 근무할 부서가 정해지지 않은 수습사원이 있을 수 있음을 나타낸 것이다.

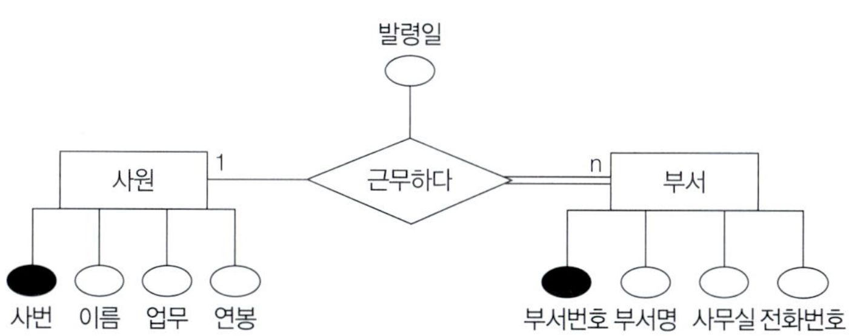

그림 5-10 1:N 관계 유형의 피터 첸 표기법 사례

[그림 5-11]은 학생 개체와 교과목 개체 사이에 존재하는 m:n 유형의 수강하다 관계를 표현한 것으로, 학생 개체는 전체 참여이고, 교과목 개체는 부분 참여임을 표현하고 있다. 즉, 모든 학생은 한 교과목 이상 수강해야 하지만, 어떤 교과목은 수강생이 1명도 없을 수 있음을 의미한다. 만약 학생 가운데 한 과목도 수강하지 않는 학생이 존재한다면 학생 개체도 부분 참여로 표현한다.

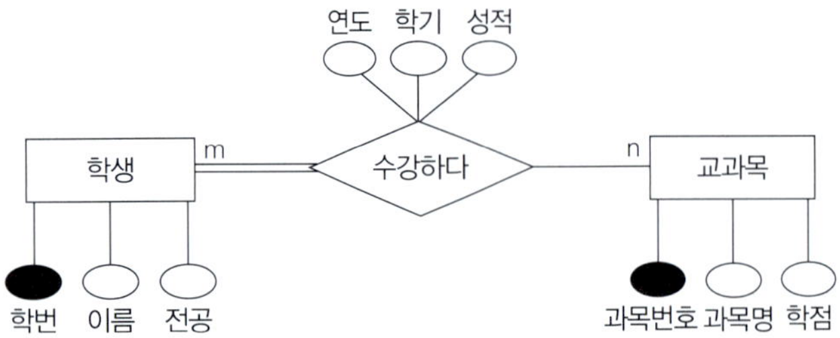

그림 5-11 M:N 관계 유형의 피터 첸 표기법 사례

IE 표기법

앞에서 언급한 바와 같이 IE 표기법은 여러 CASE 도구에서 ER 모델을 표현하기 위해 사용되는 표기 방법이다. [그림 5-12]는 [그림 5-10]을 IE 표기법으로 표현한 것이다. 부서 개체 측의 까마귀발 모양은 1:n 유형의 관계에서 1측이 필수적임을 표현하고, 사원 개체 측의 까마귀발 모양은 n측이 선택적임을 표현한다. 이때 명심할 점은 관계가 1:n 유형인 경우 n측 개체에 1측 개체의 기본키를 외래키로 포함시켜야 하고, 관계를 설명하는 속성이 있는 경우 그 속성도 모두 n측 개체에 포함시켜야 한다는 점이다.

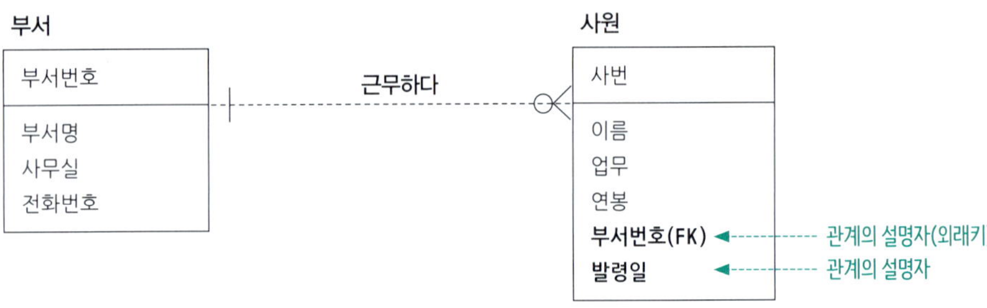

그림 5-12 1:N 관계 유형의 IE 표기법 사례

[그림 5-13]은 [그림 5-11]을 IE 표기법으로 표현한 것이다. 학생 개체 측의 까마귀발 모양은 m:n 유형의 관계에서 m측이 필수적임을 표현하고, 교과목 개체 측의 까마귀발 모양은 m:n 유형의 관계에서 n측이 선택적임을 표현한다.

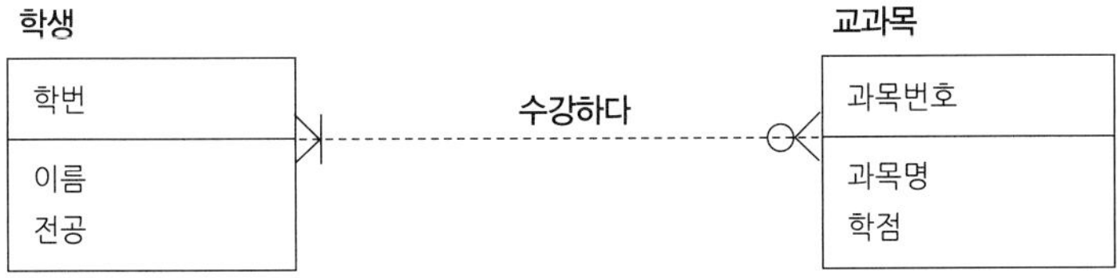

그림 5-13 M:N 관계 유형의 IE 표기법 사례

하지만 [그림 5-13]은 m:n 유형인 수강하다 관계의 기본키와 설명자를 표현할 수 없다는 단점이 있다. [그림 5-13]의 단점을 해결하기 위해 [그림 5-14]와 같이 '수강하다'라는 관계 개체를 생성해서 표현할 수 있다. 관계 개체도 일반 개체와 마찬가지로 표현한다. 다만 관계 개체의 기본키는 기본적으로 m:n 관계에 포함된 양쪽 개체의 기본키가 조합된 것이므로, 학생 개체의 식별자인 '학번' 속성과 교과목 개체의 식별자인 '과목번호' 속성이 조합된 {학번, 과목번호}가 수강하다 관계의 기본키가 된다. 관계를 설명하는 별도의 설명자가 없는 경우라면 관계 개체는 기본키만으로 구성될 수 있다. 관계 개체를 생성할 때는 [그림 5-14]와 같이 학생 개체와 수강하다 관계 개체, 교과목 개체와 수강하다 관계 개체 사이의 관계 표현이 1:n 유형으로 바뀐다는 점에 특히 유의해야 한다.

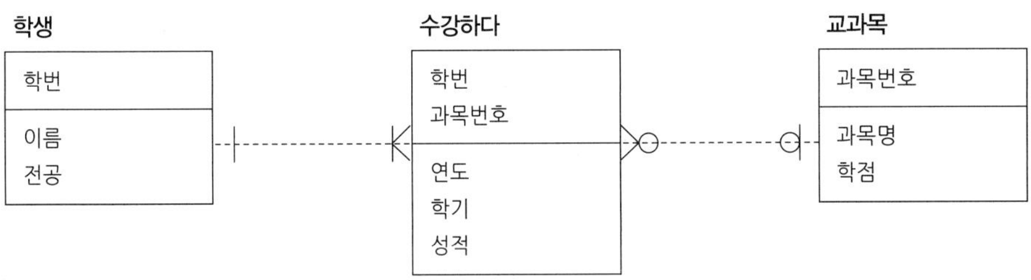

그림 5-14 관계 개체를 이용한 M:N 관계 유형의 IE 표기법

앞의 두 사례에서 확인할 수 있듯이 IE 표기법은 관계를 정확히 표현하는 데 한계가 있다. 특히 m:n 유형의 관계를 표현하기 위해 관계 개체를 생성하려면 먼저 관계의 기본키가 결정되어야 한다. 하지만 관계의 기본키는 논리적 설계 단계에서 결정하는 것이 일반적이고, 단순히 m:n 관계에 포함된 양쪽 개체의 기본키가 조합된 것을 관계 개체의 기본키로 선택하는 것이 부적절한 경우도 많다. 1:n 유형의 관계도 설명자가 많은 경우 별도의 개체를 생성해서 표현하는 것이 바람직한데, 이 경우 ER 다이어그램이 매우 복잡해질 수 있다. 따라서 개념적 설계 단계에서는 전통적인 피터 첸 표기법으로 ER 다이어그램을 표현하도록 권장한다.

2 ER 다이어그램 작성 단계

ER 다이어그램은 앞에서 식별한 개체, 관계, 속성 목록을 기초로 하여 작성하는 것이므로 반드시 [표 5-16]과 같은 순서대로 작성해야 하는 것은 아니다. 하지만 필요한 정보를 빠뜨리지 않도록 가능하면 이 순서대로 작성할 것을 권장한다.

표 5-16 ER 다이어그램 작성 단계

단계	주요 내용	주의 사항
1	개체 타입 표현	식별한 모든 개체 타입을 개체의 중요도와 업무 흐름에 따라 왼쪽에서 오른쪽으로, 위에서 아래로 배치한다.
2	개체 타입 간의 관계 표현	개체 타입 간의 관계를 확인해서 연결하고, 관계 이름은 가능하면 '동사'로 표현한다.
3	관계 타입의 유형 표현	개체 타입 간의 관계 유형(1:1, 1:n, m:n)을 표시한다.
4	관계 타입의 카디널리티 표현	관계 타입의 유형에 카디널리티를 추가하여 표시한다. (생략 가능)
5	개체 타입의 속성 표현	개체 타입은 2개 이상의 속성을 포함해야 하고, 반드시 기본키 속성이 있어야 한다. 기본키는 밑줄 등을 이용해서 구분하여 표시한다.
6	관계 타입의 속성 표현	관계 타입을 설명하는 속성이 있는 경우, 설명 속성을 관계 타입과 연결한다.

3 ER 다이어그램 작성 전 체크리스트

ER 다이어그램은 논리적 모델링의 기초가 되므로 ER 다이어그램을 작성하기 전에 [표 5-17]과 같은 체크리스트를 이용해서 개체, 관계, 속성이 정확히 식별되고 표현되었는지 다시 한 번 확인하는 것이 좋다. 확인할 내용이 있다면 얼마든지 추가할 수 있다.

표 5-17 ER 다이어그램 작성 전 체크리스트

	No.	내용	확인
개체	1	실제 데이터가 1개만 존재하는 개체가 식별되었는가?	예 / 아니요
	2	속성이 1개인 개체가 식별되었는가?	예 / 아니요
	3	개체 이름이 중복되었는가?	예 / 아니요
	4	각 개체의 기본키가 결정되었는가?	예 / 아니요
	5	각 개체를 설명하는 일반 속성이 모두 식별되었는가?	예 / 아니요
	6	개체 가운데 관계로 표현하면 더 적합한 것이 있는가?	예 / 아니요

	No.	내용	확인
관계	1	관계를 설명하는 설명자(일반 속성)가 모두 식별되었는가?	예 / 아니요
	2	관계 이름이 동사로 표현되었는가?	예 / 아니요
	3	관계 이름이 현재 시제로 표현되었는가?	예 / 아니요
	4	관계 이름이 개체 간의 관련성을 명확히 표현하고 있는가?	예 / 아니요
	5	관계 이름이 중복되었는가?	예 / 아니요
	6	관계 유형을 정확히 결정하였는가?	예 / 아니요
속성	No.	내용	확인
	1	속성 이름에 개체나 관계 이름이 포함되었는가?	예 / 아니요
	2	속성 이름으로 의미가 불분명한 약어가 사용되었는가?	예 / 아니요
	3	속성의 성격을 명확히 인식하기에 쉬운 이름이 부여되었는가?	예 / 아니요
	4	속성 이름을 부여하는 데 일정한 규칙이 있는가?	예 / 아니요

4 ER 다이어그램 작성 사례: 온라인 쇼핑몰 DB 구축

온라인 쇼핑몰의 DB 구축을 위한 ER 모델은 [표 5-13]의 최종 개체 타입 목록과 [표 5-15]의 최종 관계 타입 목록을 기초로 하여 [표 5-16]의 작성 단계에 따라 다음과 같이 ER 다이어그램으로 표현할 수 있다.

1 개체 타입 표현

[표 5-13]을 기초로 하여 맨 먼저 [그림 5-15]와 같이 개체 타입을 직사각형으로 표현해서 균형 있게 배치한다.

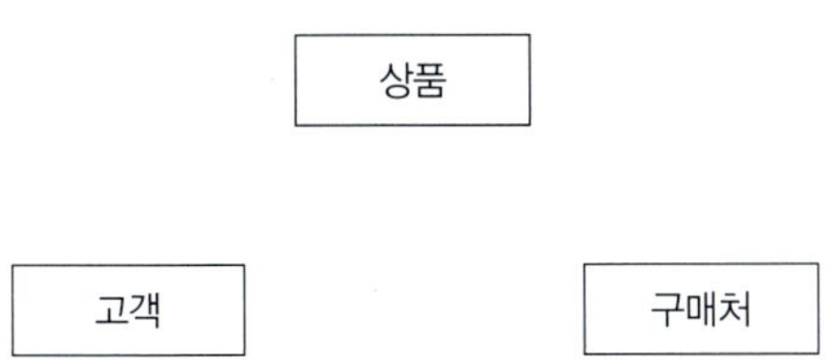

그림 5-15 개체 타입 표현

2 개체 타입 간의 관계 표현

[표 5-15]를 기초로 하여 [그림 5-16]과 같이 개체 타입 간의 관계를 마름모로 표현해서 개체 타입과 연결한다.

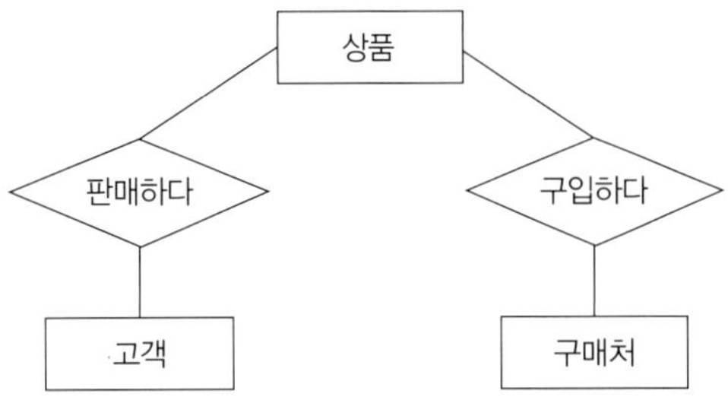

그림 5-16 개체 타입 간의 관계 표현

3 관계 타입의 유형 표현

[표 5-16]을 기초로 하여 [그림 5-17]과 같이 관계의 유형을 표시한다. 관계 유형은 1:1, 1:N, M:N으로 구분되는데, 특히 1:N 유형의 경우 1측과 N측을 정확히 구분해서 표시해야 한다.

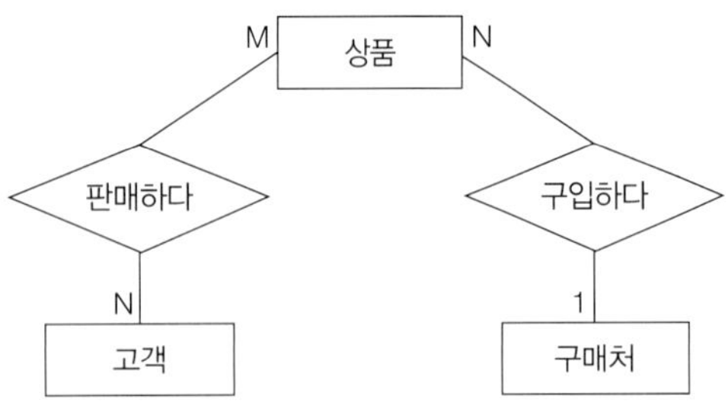

그림 5-17 관계 타입의 유형 표현

4 관계 타입의 카디널리티 표현

[그림 5-18]과 같이 관계 유형에 카디널리티를 추가하여 표시할 수 있다. 고객은 상품을 하나도 구매하지 않거나 어떤 상품을 여러 번 구매할 수 있으므로 선택적 참여(부분 참여)에 해당하여 카디널리티가 (0, N)이 되고, 상품은 하나도 판매되지 않거나 여러 개가 판매될 수 있기 때문에 역시 부분 참여에 해당하여 카디널리티가 (0, M)이 된다. 한편 각 상품은 반드시 하나의 구매처에서 구매하므로 필수적 참여(전체 참여)에 해당하여 카디널리티가 (1, 1)이 되고, 모든 구매처는 하나 이상의 상품을 공급하기 때문에 역시 전체 참여에 해당하여 카디널리티가 (1, N)이 된다.

관계 타입의 카디널리티를 표시하는 대신 [그림 5-19]처럼 부분 참여는 실선, 전체 참여는 이중 실선으로 표시할 수 있다.

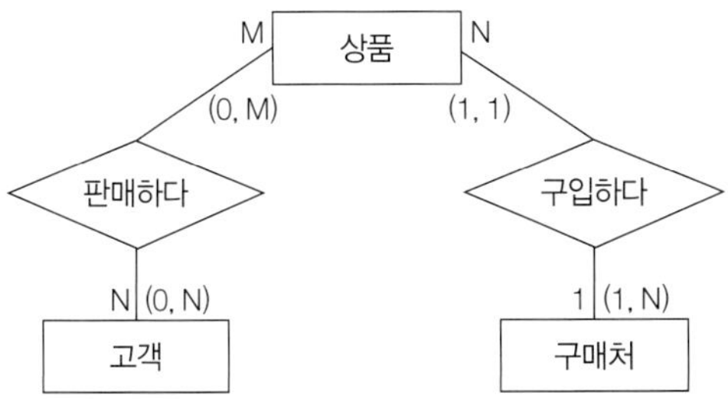

그림 5-18 관계 타입의 카디널리티 표현

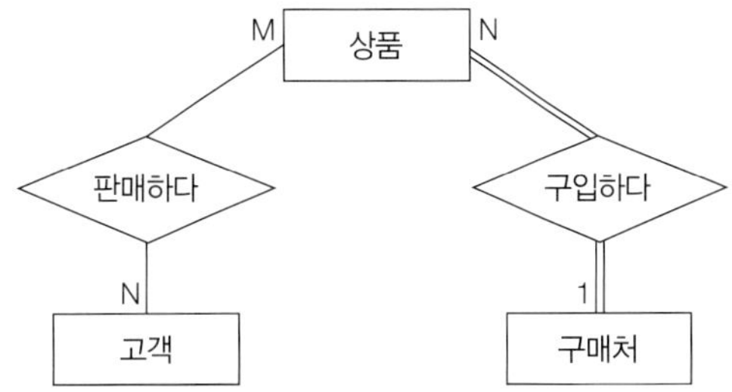

그림 5-19 개체 타입의 부분 참여와 전체 참여 표현

5 개체 타입의 속성 표현

[표 5-13]을 기초로 하여 각 개체 타입을 구성하는 속성을 [그림 5-20]과 같이 표시할 수 있다. 특히 기본키는 검은색 타원으로, 배송지 같은 다중치 속성은 이중선 타원으로 구분해서 표시해야 한다.

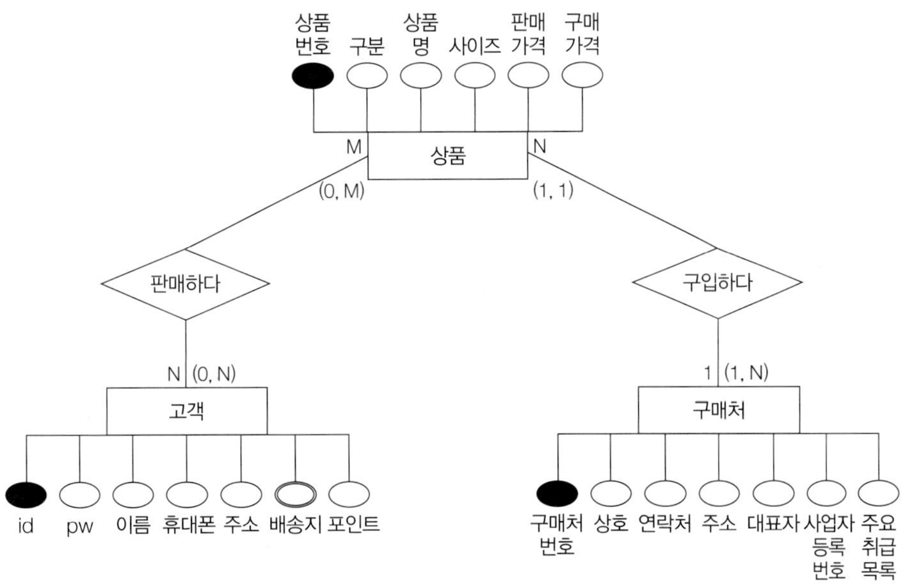

그림 5-20 개체 타입의 속성 표현

6 관계 타입의 속성 표현

마지막으로 [표 5-15]를 기초로 하여 관계 타입을 설명하는 속성을 [그림 5-21]과 같이 표현하면 최종 ER 다이어그램이 완성된다.

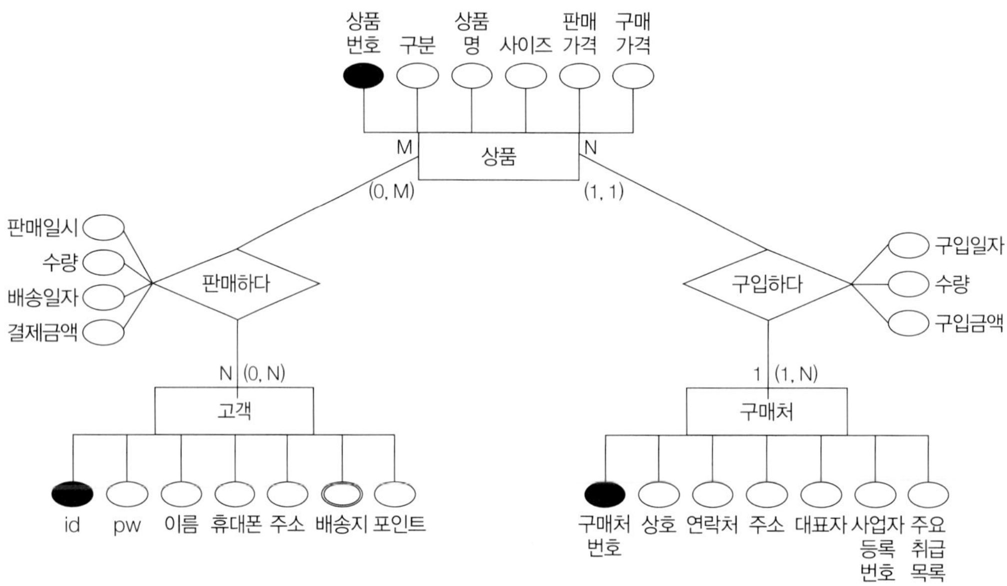

그림 5-21 온라인 쇼핑몰 DB 구축을 위한 최종 ER 다이어그램

07 개념적 스키마 모델링 사례

1 환자 기록 관리를 위한 개념적 스키마 모델링

어떤 병원에서 의사와 환자, 환자의 진료 기록과 검사 기록을 관리하기 위해 [표 5-18]과 같은 데이터 요구 분석 명세서를 작성하였다.

표 5-18 환자 기록 관리를 위한 데이터 요구 분석 명세서

No.	요구 분석 내용
1	의사는 의사 번호와 이름, 진료 과목, 휴대폰 정보를 관리한다.
2	환자는 환 자번호와 이름, 휴대폰, 주민등록번호를 관리한다.
3	의사가 환자를 진료한 일시와 진단명, 처방을 기록한다.
4	환자의 검사 내역(검사 일시, 검사 종류, 검사 결과)을 기록한다.
5	환자의 검사를 어떤 의사가 언제 의뢰했는지 기록한다.
6	의사의 담당 진료 과목은 1개 이상이다.

[표 5-18]을 기초로 하여 개념적 스키마 모델링을 수행하는 과정은 다음과 같다.

1 개체 후보 식별

[표 5-18]의 요구 분석 내용을 하나씩 검토하여 주어와 목적어로 표현된 것을 중심으로 개체 후보를 식별하면 [표 5-19]와 같다.

표 5-19 환자 기록 관리를 위한 개체 후보 목록

No.	개체 후보	No.	개체 후보
1	의사	4	검사
2	환자	5	담당진료과목
3	검사내역	6	-

2 개체 후보 검토

각 개체 후보의 개체 인스턴스 수(실존하는 데이터 수)와 대표 속성 등을 파악해서 개체 후보를 검토하면 [표 5-20]과 같다.

표 5-20 환자 기록 관리를 위한 개체 후보 검토 목록

No.	개체 후보	데이터 수	대표 속성	비고	개체 타입 선정 여부
1	의사	n	의사번호, 이름, 진료과목, 휴대폰		O
2	환자	n	환자번호, 이름, 휴대폰, 주민등록번호		O
3	검사내역	n	검사일시, 검사종류, 검사결과		O
4	검사	n	-	검사내역과 동일	X
5	담당진료과목	n	진료과목	다중치 속성 1개	X

3 개체 타입 선정

[표 5-20]과 같이 개체 후보를 검토한 결과 [표 5-21]과 같은 개체 타입이 선정되었다. '진료과목' 속성은 다중치 속성이므로 (MV)로 표시하였다.

표 5-21 환자 기록 관리를 위한 개체 타입 목록

No.	개체 타입	속성 목록
1	의사	의사번호, 이름, **진료과목(MV)**, 휴대폰
2	환자	환자번호, 이름, 휴대폰, 주민등록번호
3	검사내역	검사일시, 검사종류, 검사결과

4 관계 후보 식별 및 검토

[표 5-18]의 3, 4, 5번째 요구 분석 내용이 개체 간의 관련성을 동사로 표현하고 있으므로 [표 5-22]와 같은 관계 후보를 식별할 수 있다. 또한 3개의 관계에 포함된 개체 목록이 서로 다르므로 모두 관계 타입으로 선정할 수 있다.

표 5-22 환자 기록 관리를 위한 관계 후보 식별 및 검토

No.	관계 후보	관련된 개체 목록	관계 타입 선정 여부
1	진료하다	의사, 환자	O
2	기록하다	환자, 검사내역	O
3	의뢰하다	의사, 검사내역	O

5 관계 유형 및 설명 속성 식별

[표 5-22]에서 선정된 관계의 유형과 설명 속성을 식별하면 [표 5-23]과 같다.

표 5-23 환자 기록 관리를 위한 관계의 유형 및 설명 속성 결정

No.	관계 타입	관련된 개체 목록	관계 유형	관계 설명 속성
1	진료하다	의사, 환자	M : N	진료일자, 진단명, 처방
2	기록하다	환자, 검사내역	1 : N	-
3	의뢰하다	의사, 검사내역	1 : N	의뢰일시

6 최종 개체 타입 결정

[표 5-21]의 '검사내역' 개체에는 식별자 역할을 할 속성이 없으므로 식별자 역할을 할 '검사번호' 속성을 추가하고, '검사종류'와 '검사결과' 속성은 간단히 '종류'와 '결과'로 이름을 변경해서 [표 5-24]와 같은 최종 개체 타입 목록을 선정한다.

표 5-24 환자 기록 관리를 위한 최종 개체 타입 목록

No.	개체 타입	속성 목록	기본키
1	의사	의사번호, 이름, 진료과목(MV), 휴대폰	의사번호
2	환자	환자번호, 이름, 휴대폰, 주민등록번호	환자번호
3	검사내역	**검사번호**, 검사일시, **종류**, **결과**	검사번호

7 최종 관계 타입 결정

[표 5-23]의 관계 타입 가운데 '기록하다' 관계는 개체 간의 연관성이 좀 더 명확해지도록 '보유하다'로 이름을 변경해서 [표 5-25]와 같은 최종 관계 타입을 결정한다.

표 5-25 환자 기록 관리를 위한 최종 관계 타입 목록

No.	관계 타입	관련된 개체 타입 목록	관계 유형	관계 설명 속성
1	진료하다	의사, 환자	M : N	진료일시, 진단명, 처방
2	**보유하다**	환자, 검사내역	1 : N	-
3	의뢰하다	의사, 검사내역	1 : N	의뢰일시

8 ER 다이어그램 작성

[표 5-24]와 [표 5-25]를 기초로 하여 작성한 ER 다이어그램은 [그림 5-22]와 같다.

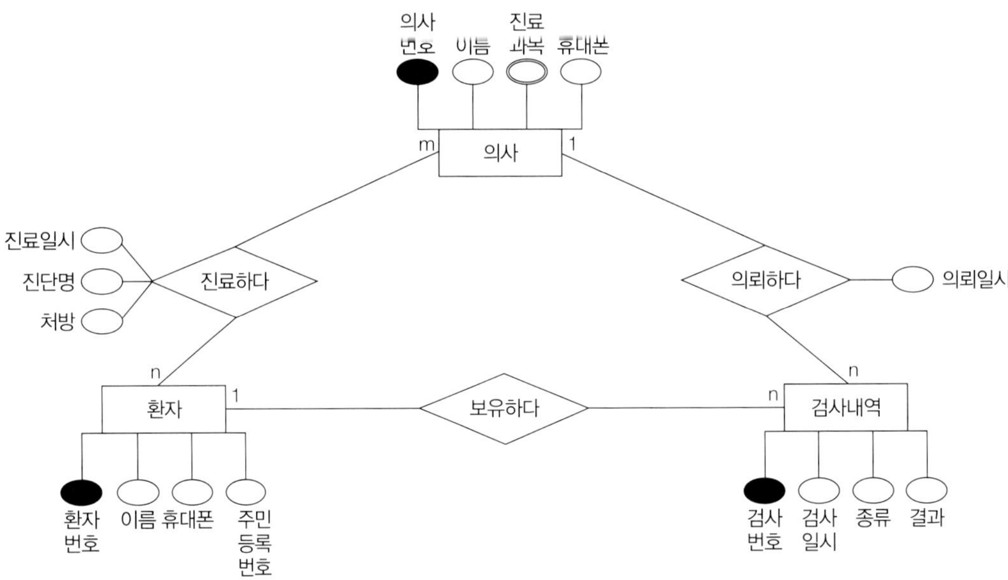

그림 5-22 환자 기록 관리를 위한 ER 다이어그램

2 회원 게시판 관리를 위한 개념적 스키마 모델링

어느 쇼핑몰의 회원 게시판을 관리하기 위해 [표 5-26]과 같은 데이터 요구 분석 명세서를 작성하였다.

표 5-26 쇼핑몰의 회원 게시판 관리를 위한 데이터 요구 분석 명세서

No.	요구 분석 내용
1	회원은 회원 번호, 이름, 가입일, 생년월일, 휴대폰 번호, 주소 정보가 필요하다.
2	현재 상품 문의용 게시판과 불만 접수용 게시판을 운영한다.
3	게시판은 게시판 번호와 이름이 필요하다.
4	회원은 원하는 게시판에 게시글을 등록할 수 있다.
5	게시글은 제목과 내용, 작성 일시 정보가 필요하다.
6	회원은 게시글에 댓글을 달 수 있다.
7	댓글은 내용과 작성 일시가 필요하다.
8	회원이 댓글을 신고할 수 있다.
9	댓글을 신고할 때는 신고 사유와 신고 일시가 필요하다.

[표 5-26]을 기초로 하여 개념적 스키마 모델링을 수행하는 과정은 다음과 같다.

3진 관계를 활용한 모델링

1 개체 후보 식별

[표 5-26]의 요구 분석 내용을 하나씩 검토하여 주어와 목적어로 표현된 것을 중심으로 개체 후보를 식별하면 [표 5-27]과 같다.

표 5-27 쇼핑몰의 회원 게시판 관리를 위한 개체 후보 목록

No.	개체 후보	No.	개체 후보
1	회원	4	게시판
2	상품문의용게시판	5	게시글
3	불만접수용게시판	6	댓글

2 개체 후보 검토

각 개체 후보의 개체 인스턴스 수와 대표 속성 등을 파악해서 개체 후보를 검토하면 [표 5-28]과 같다.

표 5-28 쇼핑몰의 회원 게시판 관리를 위한 개체 후보 검토 목록

No.	개체 후보	데이터 수	대표 속성	비고	개체 타입 선정 여부
1	회원	n	회원번호, 이름, 가입일, 생년월일, 휴대폰번호, 주소		O
2	상품문의용게시판	1	번호, 이름	게시판과 동일	X
3	불만접수용게시판	1	번호, 이름	게시판과 동일	X
4	게시판	2	번호, 이름		O
5	게시글	n	제목, 내용, 작성일시		O
6	댓글	n	내용, 작성일시		O

3 개체 타입 선정

[표 5-28]과 같이 개체 후보를 검토한 결과 [표 5-29]와 같은 개체 타입이 선정되었다.

표 5-29 쇼핑몰의 회원 게시판 관리를 위한 개체 타입 목록

No.	개체 타입	속성 목록
1	회원	회원번호, 이름, 가입일, 생년월일, 휴대폰번호, 주소
2	게시판	번호, 이름
3	게시글	제목, 내용, 작성일시
4	댓글	내용, 작성일시

4 관계 후보 식별

[표 5-26]의 4, 6, 8번째 요구 분석 내용이 개체 간의 관련성을 동사로 표현하고 있으므로 [표 5-30]과 같은 관계 후보를 식별할 수 있다.

표 5-30 쇼핑몰의 회원 게시판 관리를 위한 관계 후보 목록

No.	관계 후보	관련된 개체 목록
1	등록하다	회원, 게시판, 게시글
2	달다	회원, 게시글, 댓글
3	신고하다	회원, 댓글

5 관계 후보 검토

[표 5-30]의 관계 후보 가운데 중복 여부 등을 검토해서 [표 5-31]과 같이 관계 타입을 선정할 수 있다.

표 5-31 쇼핑몰의 회원 게시판 관리를 위한 관계 후보 검토 목록

No.	관계 후보	관련된 개체 목록	비고	관계 타입 선정 여부
1	등록하다	회원, 게시판, 게시글	3진 관계	O
2	달다	회원, 게시글, 댓글	3진 관계	O
3	신고하다	회원, 댓글		O

6 관계 유형 및 설명 속성 식별

[표 5-31]과 같이 선정된 관계의 유형 및 설명 속성을 식별하면 [표 5-32]와 같다.

표 5-32 쇼핑몰의 회원 게시판 관리를 위한 관계의 유형 및 설명 속성 결정

No.	관계 타입	관련된 개체 목록	관계 유형	관계 설명 속성
1	등록하다	회원, 게시판, 게시글	L:M:N	-
2	달다	회원, 게시글, 댓글	L:M:N	-
3	신고하다	회원, 댓글	M:N	사유, 일시

등록하다 관계의 관계 유형은 L:M:N이다. [그림 5-23]과 같이 각 개체를 기준으로 다른 두 개체와의 관계를 분석한 다음, 이들을 종합해서 최종 관계 유형을 결정한 것이다.

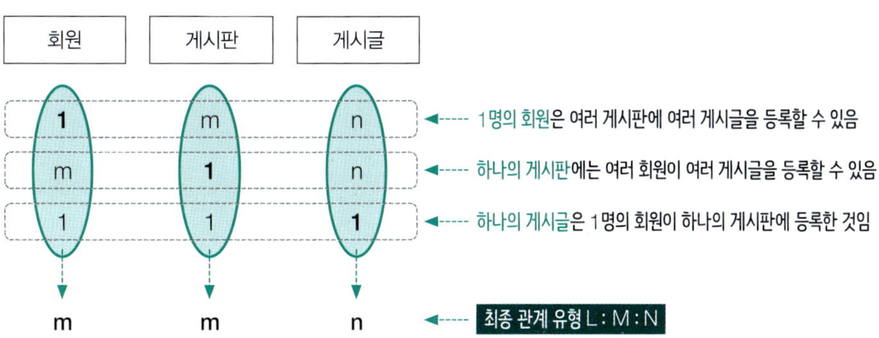

그림 5-23 등록하다 관계의 관계 유형 결정

달다 관계의 관계 유형도 L:M:N이다. [그림 5-24]와 같이 각 개체를 기준으로 다른 두 개체와의 관계를 분석해서 종합한 결과다.

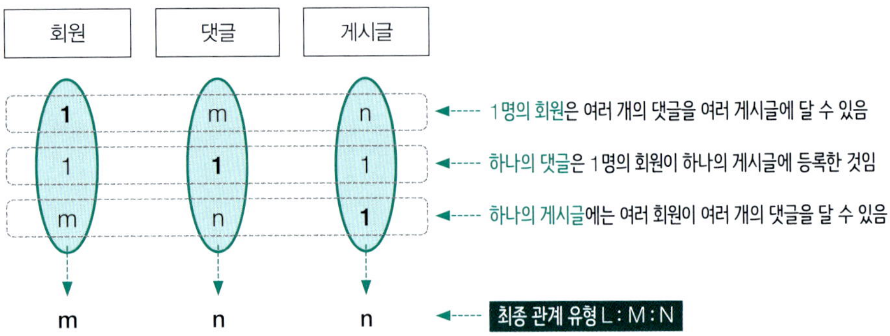

그림 5-24 달다 관계의 관계 유형 결정

7 최종 개체 타입 결정

회원 개체 타입의 '휴대폰번호' 속성을 간단히 '휴대폰'으로 변경하고 게시글 개체 타입에는 기본키 역할을 할 속성이 없으므로 '번호' 속성을 추가하였다. 기본키를 추가한 최종 개체 타입 목록은 [표 5-33]과 같다.

표 5-33 쇼핑몰의 회원 게시판 관리를 위한 최종 개체 타입 목록

No.	개체 타입	속성 목록	기본키
1	회원	회원번호, 이름, 가입일, 생년월일, **휴대폰**, 주소	회원번호
2	게시판	번호, 이름	번호
3	게시글	**번호**, 제목, 내용, 작성일시	번호
4	댓글	번호, 내용, 작성일시	번호

8 최종 관계 타입 결정

[표 5-32]의 관계 타입을 검토하여 관련성의 의미가 명확해지도록 달다 관계의 이름을 '댓글달다'로 변경하였다. 최종 관계 타입 목록은 [표 5-34]와 같다.

표 5-34 쇼핑몰의 회원 게시판 관리를 위한 최종 관계 타입 목록

No.	관계 타입	관련된 개체 타입 목록	관계 유형	관계 설명 속성
1	등록하다	회원, 게시판, 게시글	L : M : N	-
2	**댓글달다**	회원, 댓글, 게시글	L : M : N	-
3	신고하다	회원, 댓글	M : N	사유, 일시

9 ER 다이어그램 작성

[표 5-33]과 [표 5-34]를 기초로 하여 작성한 ER 다이어그램은 [그림 5-25]와 같다.

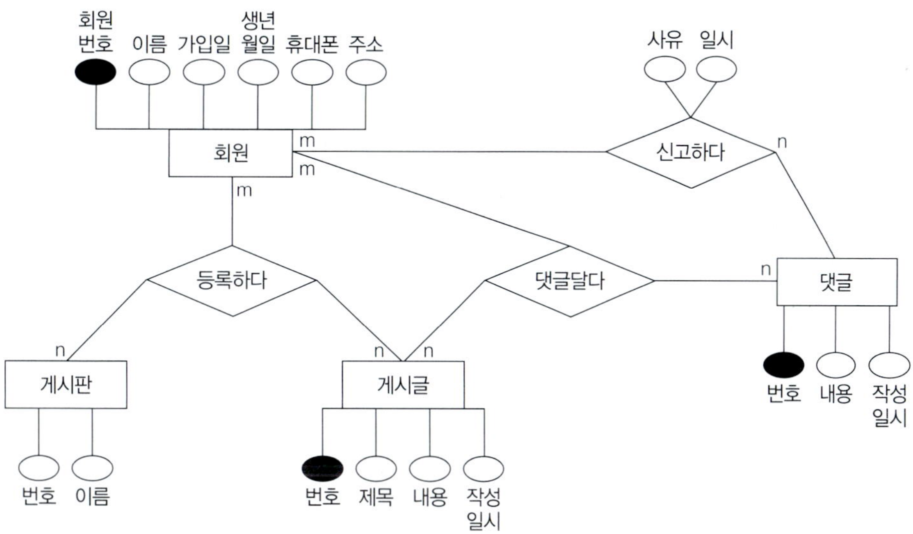

그림 5-25 쇼핑몰의 회원 게시판 관리를 위한 ER 다이어그램

2진 관계로 변환한 모델링

1 3진 관계를 2진 관계로 변환

[표 5-34]에서 알 수 있듯이 '등록하다'와 '댓글달다'는 3개의 개체 타입과 관련된 3진 관계인데, 3진 관계는 추후 논리적 모델로 변환할 때 복잡성을 증가시킨다. 따라서 가능하다면 [표 5-35]와 같이 2진 관계로 변환하는 것이 좋다.

표 5-35 2진 관계로 변환한 최종 관계 타입 목록

No.	관계 타입	관련된 개체 타입 목록	관계 유형	관계 설명 속성
1	게시글_작성하다	회원, **게시글**	1 : N	-
2	등록하다	**게시글**, 게시판	N : 1	-
3	댓글_작성하다	회원, **댓글**	1 : N	-
4	댓글달다	**댓글**, 게시글	N : 1	-
5	신고하다	회원, 댓글	M : N	사유, 일시

[표 5-34]의 등록하다 관계는 게시글 개체 타입을 기준으로 2개의 2진 관계로 분할할 수 있다. 즉, 회원이 게시글을 작성하고, 게시글을 게시판에 등록한다는 2개의 2진 관계로 변환할 수 있다. [표 5-34]의 댓글달다 관계도 회원이 댓글을 작성하고, 댓글은 어떤 게시글에 달린 것이라는 2개의 2진 관계로 변환할 수 있다.

2 ER 다이어그램 작성

[표 5-33]과 [표 5-35]를 기초로 하여 ER 다이어그램을 작성하면 [그림 5-26]과 같다.

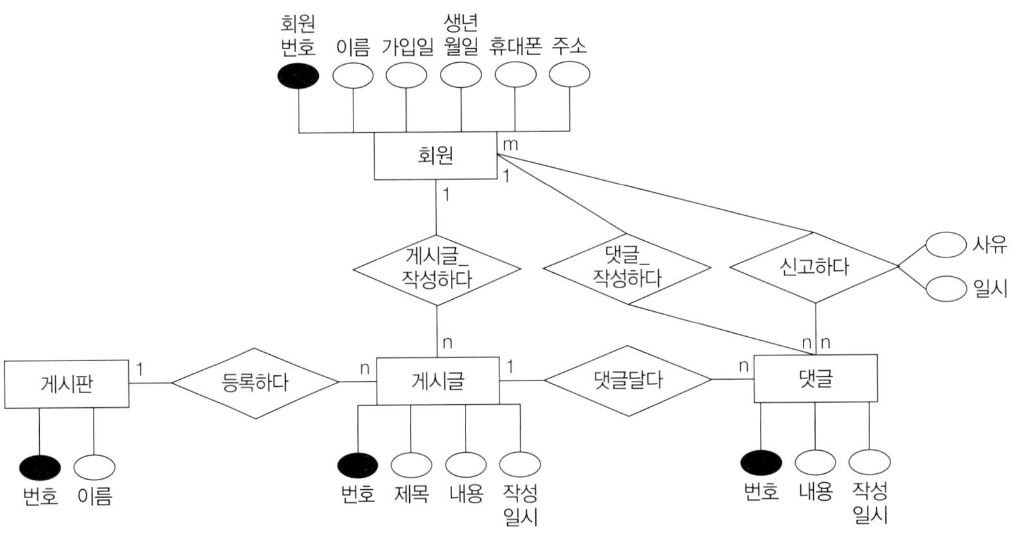

그림 5-26 3진 관계를 2진 관계로 변환한 ER 다이어그램

댓글 신고 기능이 없는 경우의 모델링

1 개체 후보 검토

게시판에 댓글 신고 기능이 없다고 가정하고 [표 5-28]에서 검토한 개체 후보를 다시 검토하면 [표 5-36]과 같다. 즉, 댓글 신고 기능이 없으므로 '댓글' 개체는 회원과 게시글 간의 관계로 표현할 수 있다.

표 5-36 댓글 신고 기능이 없는 경우의 개체 후보 검토 목록

No.	개체 후보	데이터 수	주요 속성	비고	개체 타입 선정 여부
1	회원	n	회원번호, 이름, 가입일, 생년월일, 휴대폰번호, 주소		O
2	상품문의용게시판	1	번호, 이름	게시판과 동일	X
3	불만접수용게시판	1	번호, 이름	게시판과 동일	X
4	게시판	2	번호, 이름		O
5	게시글	n	제목, 내용, 작성일시		O
6	댓글	n	내용, 작성일시	**관계로 표현**	**X**

2 관계 타입 선정

게시판에 댓글 신고 기능이 없으므로 [표 5-35]에서 신고하다 관계를 제외해야 하고, 댓글 개체가 삭제되었으므로 댓글_작성하다 관계와 댓글달다 관계는 수정이 불가피하다. 따라서 [표 5-37]과 같이 '회원'이 '게시글'에 바로 댓글을 다는 댓글달다 관계로 수정하였다. 한 회원이 여러 게시글에 댓글을 달 수 있고, 하나의 게시글에 여러 회원이 댓글을 달 수 있으므로 이 관계를 종합하면 댓글달다의 관계 유형은 M:N이 된다.

표 5-37 댓글 신고 기능이 없는 경우의 관계 타입 목록

No.	관계 타입	관련된 개체 타입 목록	관계 유형	관계 설명 속성
1	게시글_작성하다	회원, 게시글	1 : N	-
2	등록하다	게시글, 게시판	M : 1	-
3	**댓글달다**	**회원, 게시글**	**M : N**	-

3 최종 개체 타입 결정

[표 5-36]에서 검토한 바와 같이 댓글 개체가 삭제되었으므로 [표 5-38]과 같이 3개의 개체 타입이 최종 선정되었다. 앞에서 설명했듯이, 게시글 개체 타입에는 기본키 역할을 할 속성이 없으므로 '번호' 속성을 추가해야 한다.

표 5-38 댓글 신고 기능이 없는 경우의 최종 개체 타입 목록

No.	개체 타입	주요 속성	기본키
1	회원	회원번호, 이름, 가입일, 생년월일, 휴대폰, 주소	회원번호
2	게시판	번호, 이름	번호
3	게시글	**번호**, 제목, 내용, 작성일시	번호

4 최종 관계 타입 결정

댓글 개체의 속성인 '내용'과 '작성일시'는 댓글달다 관계를 설명하는 속성으로 포함시켜 [표 5-39]와 같은 최종 관계 타입을 결정한다.

표 5-39 댓글 신고 기능이 없는 경우의 최종 관계 타입 목록

No.	관계 타입	관련된 개체 타입 목록	관계 유형	관계 설명 속성
1	작성하다	회원, 게시글	1 : N	-
2	등록하다	게시글, 게시판	M : 1	-
3	댓글달다	회원, 게시글	M : N	**내용, 작성일시**

5 ER 다이어그램 작성

[표 5-38]과 [표 5-39]를 기초로 하여 ER 다이어그램을 작성하면 [그림 5-27]과 같다.

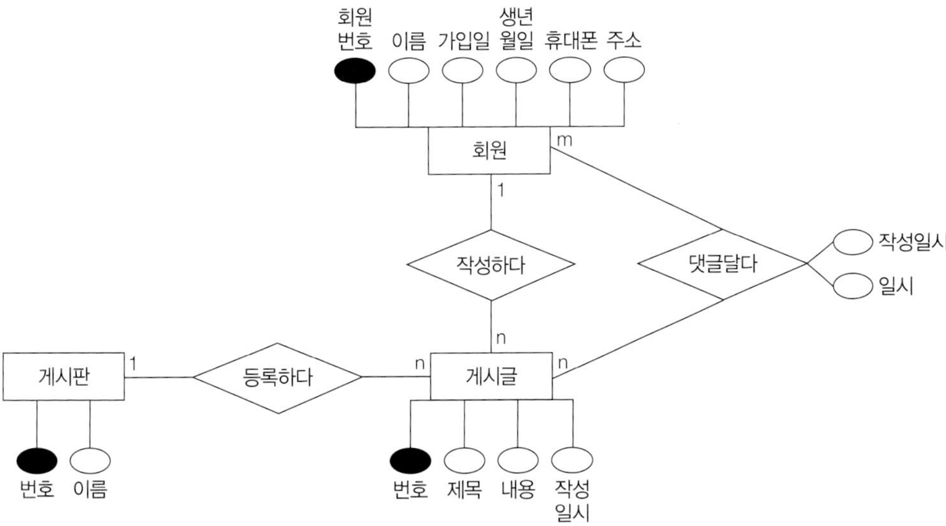

그림 5-27 댓글 신고 기능이 없는 경우의 ER 다이어그램

08 트랜잭션 모델링

1 트랜잭션 개념

트랜잭션transaction은 DB에서 하나의 논리적 기능을 수행하기 위한 작업의 기본 단위로서, 데이터의 일관성을 보장하기 위해 서로 밀접하게 관련되어 분리할 수 없는 하나 이상의 데이터 조작 명령문으로 구성된다. 즉, DB의 일관성과 무결성이 유지되는 상태에서 요청된 작업을 완수하기 위한 하나의 논리적 작업 단위다. 예를 들어 은행 고객 A가 B의 계좌에 10만 원을 이체하는 트랜잭션은 A의 계좌에서 10만 원을 감소시키는 명령문과 B의 계좌에 10만 원을 증가시키는 명령문으로 구성된다. 따라서 이 두 명령문이 모두 성공해야 이체 트랜잭션이 완성되며, 어느 하나라도 실패하면 실제로 DB에는 이체 정보가 반영되지 않는다. 또 다른 예를 들어보자. 호텔 예약 사이트에서 사용자가 객실 하나를 예약하는 트랜잭션은 예약 가능한 객실이 남아 있는지 확인하는 명령문, 사용자의 예약 정보를 삽입하는 명령문, 예약 가능한 객실 수를 하나 감소시키는 명령문으로 구성된다. 이 역시 세 명령문이 모두 성공해야 객실 예약이 완성되며, 어느 하나라도 실패하면 실제로 DB에는 예약 정보가 반영되지 않는다.

2 트랜잭션 모델링의 주요 업무

트랜잭션 모델링의 주요 업무는 트랜잭션 요구 분석 명세서를 기초로 하여 업무 단위별로 유형별 트랜잭션 명세서를 작성하고, 요구 분석 내용 가운데 ER 다이어그램이나 트랜잭션 명세서에 표현하기 어려운 운영상의 제약사항을 정의하는 것이다. 트랜잭션 모델링을 요약하면 [그림 5-28]과 같다.

그림 5-28 트랜잭션 모델링의 입출력

트랜잭션 모델링은 데이터 처리에 초점을 맞춘 처리 중심 설계에 해당한다. 주요 트랜잭션을 선정하여 기능적 특성을 DB 설계 초기에 파악함으로써 추후 구현 단계에서 트랜잭션을 처리하는 응용 프로그램을 작성하기 위한 기초 자료를 제공할 수 있다. 특히 개념적 스키마 모델링에서는 표현하기 어려운 운영상의 제약사항을 정의하는 일이 중요하다. 트랜잭션 모델링을 수행하면서 트랜잭션에 필요한 모든 정보가 개념적 스키마에 포함되어 있는지 확인하고, 부족한 정보가 있으면 추가할 수 있으므로 개념적 스키마 모델링 못지않게 중요하다.

3 트랜잭션 명세서 및 제약사항 작성 방법

트랜잭션 모델링의 산출물은 트랜잭션 명세서와 운영상의 제약사항 목록이다. 먼저 DB 설계에 반영해야 하는 주요 트랜잭션을 식별한 다음, 각 트랜잭션의 내부적인 제어 흐름을 파악해서 트랜잭션의 유형을 구분하고, 입력 및 출력 데이터를 [표 5-40]과 같이 작성할 수 있다.

표 5-40 상품 관리 업무 관련 트랜잭션 명세서

유형	상품 관리 업무 관련 트랜잭션	입력	출력
검색	각 상품의 재고를 검색한다.	상품번호	재고수량
	각 상품의 구매처와 평균 구매 가격을 검색한다.	상품번호	구매처정보, 평균구매가격
삽입	새로운 상품 정보를 입력한다.	상품정보	상품정보
혼합	월 판매량이 x개 이하인 상품을 검색해서 별도의 상품 목록으로 관리한다.	x값	상품목록

트랜잭션 명세서의 양식은 명확히 정해진 것은 없다. 입출력 정보 외에 트랜잭션의 상대적 중요도를 상중하로 표시하거나 예상 실행 빈도수 등을 추가로 작성해서 추후 물리적 DB 설계 및 응용 프로그램 개발의 기초 자료로 활용할 수 있다.

트랜잭션 모델링 단계에서 트랜잭션의 유형은 다음과 같이 분류할 수 있다.

- **읽기 트랜잭션**: 데이터를 수정하지 않고 검색retrieval하는 작업
- **쓰기 트랜잭션**: 데이터를 삽입insert/삭제delete/갱신update해서 데이터를 수정하는 작업
- **혼합 트랜잭션**: 데이터 읽기와 쓰기가 모두 포함된 작업

트랜잭션 명세서를 작성할 때 트랜잭션의 유형에 읽기와 쓰기 대신 검색, 삽입, 삭제, 갱신을 명확히 구분하여 작성해도 된다. 또한 입력과 출력 정보를 생략하고 간단히 작성할 수도 있다.

제약사항이란 요구 분석 내용 가운데 ER 다이어그램이나 트랜잭션 명세서에 표현하기 어려운 운영상의 제약사항을 의미하며, 속성이 갖는 값에 대한 제약조건은 해당되지 않는다. 트랜잭션 명세서와 마찬가지로 추후 응용 프로그램을 작성할 때 중요한 역할을 하므로 가능하면 빠짐없이 작성하는 것이 좋다. 다만, 운영상의 제약사항이 ER 다이어그램에 간접적으로 표현되는 경우가 많으므로 각 제약사항이 ER 다이어그램에 표현되었는지 잘 파악해서 작성할 필요가 있다. 예를 들어 [그림 5-29]의 ER 다이어그램에는 [표 5-41]에 제시한 바와 같이 일부 제약사항이 함축되어 있으므로, ER 다이어그램에 함축된 것은 굳이 운영상의 제약사항 목록에 명시할 필요는 없다.

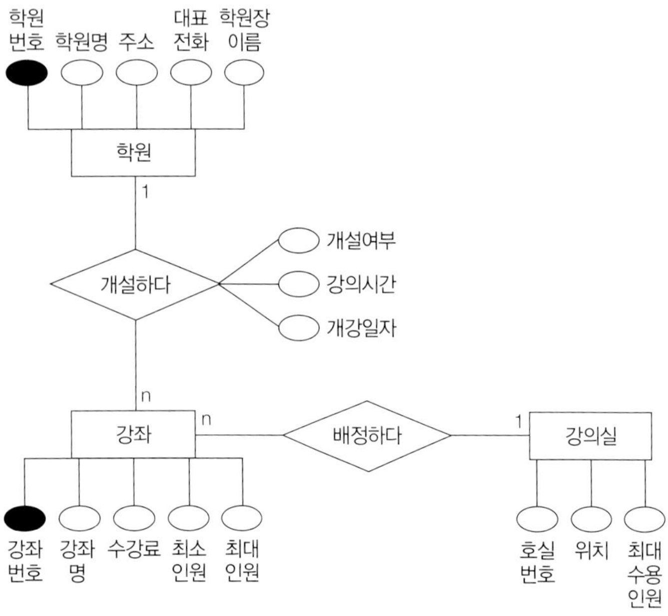

그림 5-29 학원 DB 구축을 위한 ER 다이어그램의 일부

표 5-41 ER 다이어그램에 함축된 제약사항 검토 사례

No.	운영상의 제약사항	ER 다이어그램에 함축된 내용	제약사항 해당 여부
1	현재 30개 정도의 강좌를 운영하고 있으나, 지속적으로 확대할 계획이다.	강좌 개체 타입이 있으므로 강좌 개체 인스턴스를 얼마든지 추가할 수 있음	X
2	강좌 개설이 확정되면 강의실이 배정된다.	강좌 개체 타입과 강의실 개체 타입 간의 관계 유형이 n:1이므로 한 강좌에 하나의 강의실이 배정됨은 표현하고 있으나, 강의실 배정 시점은 알 수 없음	O
3	강좌명이 같은 강좌라도 수강료나 최대 인원이 다르면 새로운 강좌로 개설한다.	강좌 개체 타입의 식별자가 '강좌명'이 아니므로 강좌명이 동일한 강좌가 존재할 수 있으며, '수강료'나 '최대인원'이 다르면 새로운 강좌로 개설될 수 있음	X
4	강좌명이 같은 강좌가 여러 번 개설될 수 있으나, 한 분기에는 한 반만 개설된다.	강좌 개체 타입이 있으나 분기별로 한 반만 개설된다는 제약은 표현할 수 없음	O

4 트랜잭션 모델링 사례: 온라인 쇼핑몰 DB 구축

3장 5절에서 온라인 쇼핑몰 DB 구축을 위한 트랜잭션 요구 분석 명세서([표 3-8]~[표 3-11])를 작성하였다. 이를 기초로 하여 업무 단위별로 유형별 트랜잭션 명세서를 작성하고, ER 다이어그램이나 트랜잭션 명세서에 표현하기 어려운 운영상의 제약사항을 정의하는 과정은 다음과 같다.

1 먼저 업무별로 각 트랜잭션이 어떤 유형에 해당하는지 분류한다. 예를 들어 상품 관리 업무에 대한 트랜잭션 요구 분석 명세서([표 3-8])를 기초로 하여 트랜잭션의 유형을 분류하면 [표 5-42]와 같다.

표 5-42 온라인 쇼핑몰 DB 구축을 위한 상품 관리 업무 관련 트랜잭션의 유형 분류

No.	요구 분석 내용	트랜잭션 유형
1	상품 관리 담당자가 새로운 상품 정보를 삽입한다.	삽입
2	상품 관리 담당자가 판매 중단된 상품 정보를 삭제한다.	삭제
3	쇼핑몰 대표가 상품의 판매 가격을 변경할 수 있다.	갱신
4	쇼핑몰 대표가 상품별 재고를 검색할 수 있다.	검색

2 각 업무에 대한 유형별 트랜잭션 명세서를 [표 5-43]~[표 5-46]과 같이 작성한다.

표 5-43 온라인 쇼핑몰 DB 구축을 위한 상품 관리 업무 관련 트랜잭션 명세서

유형	요구 분석 내용	입력	출력
검색	쇼핑몰 대표가 상품별 재고를 검색할 수 있다.	상품번호	재고수량
삽입	상품 관리 담당자가 새로운 상품 정보를 삽입한다.	상품정보	상품정보
삭제	상품 관리 담당자가 판매 중단된 상품 정보를 삭제한다.	상품번호	-
갱신	쇼핑몰 대표가 상품의 판매 가격을 변경할 수 있다.	상품번호	상품정보

표 5-44 온라인 쇼핑몰 DB 구축을 위한 구매처 관리 업무 관련 트랜잭션 명세서

유형	요구 분석 내용	입력	출력
검색	쇼핑몰 대표가 기존 구매처 정보를 검색한다.	상호	구매처정보
삽입	상품 관리 담당자가 새로운 구매처 정보를 삽입한다.	구매처정보	구매처정보
삭제	1년 이상 거래가 없는 구매처 정보는 삭제한다.	구매처번호	-
갱신	상품 관리 담당자가 기존 구매처의 주소 및 연락처 정보를 변경할 수 있다.	구매처번호	구매처정보

표 5-45 온라인 쇼핑몰 DB 구축을 위한 고객 관리 업무 관련 트랜잭션 명세서

유형	요구 분석 내용	입력	출력
검색	쇼핑몰 대표가 월별로 가장 많이 구매한 고객을 검색할 수 있다.	년, 월	고객정보
삽입	신규 고객은 자신의 이름과 휴대폰 번호, 주소, 배송지 정보를 삽입한다.	고객정보	고객정보
삭제	1년 이상 거래가 없는 고객 정보는 삭제한다.	고객번호	-
갱신	고객은 자신의 휴대폰 번호와 주소, 배송지 정보를 변경할 수 있다.	고객번호	고객정보
혼합	탈퇴한 고객 정보는 삭제한다.	고객번호	고객정보

표 5-46 온라인 쇼핑몰 DB 구축을 위한 판매 관리 업무 관련 트랜잭션 명세서

유형	요구 분석 내용	입력	출력
검색	쇼핑몰 대표가 일별 판매 내역(상품별 판매 수량 및 금액)을 검색할 수 있다.	년, 월, 일	판매내역
	쇼핑몰 대표가 월별 판매 내역(상품별 판매 수량 및 금액)을 검색할 수 있다.	년, 월	판매내역
	쇼핑몰 대표가 분기별로 고객별 구매 내역(구매 상품명과 수량, 누적 구매액)을 검색할 수 있다.	년, 분기	고객별 구매내역
삽입	고객이 상품을 구매한 내역(수량, 배송지, 주문 일시, 배송 날짜 등)을 삽입한다.	고객번호, 구매내역	고객번호, 구매내역

요구 분석한 내용 가운데 ER 다이어그램이나 트랜잭션 명세서에 표현하기 어려운 운영상의 제약사항은 [표 5-47]과 같다.

표 5-47 온라인 쇼핑몰 DB 구축을 위한 운영상의 제약사항

No.	제약사항
1	고객이 상품을 구매하려면 실명 확인을 통해서 회원 가입을 해야 한다.
2	동일 상품을 같은 날 같은 고객에게 여러 번 판매 가능하다.
3	동일 상품을 10개 이상 주문하는 경우 5% 할인을 적용한다.

09 개념적 설계 사례

1 개념적 스키마 모델링

3장 7.3절에서 문화센터 DB 구축을 위한 데이터 요구 분석 명세서를 작성하였다. 이를 기초로 하여 개체와 관계를 식별하는 과정은 다음과 같다.

1 개체 후보 식별

데이터 요구 분석 명세서([표 3-14]~[표 3-18])에 포함된 요구 분석 내용을 하나씩 검토하여 주어와 목적어로 표현된 것을 중심으로 개체 후보를 식별하면 [표 5-48]과 같다. '회원번호'처럼 목적어로 표현되었으나 속성임에 분명한 것은 개체 후보로 식별하지 않았다.

표 5-48 문화센터 DB 구축을 위한 개체 후보 목록

No.	개체 후보	No.	개체 후보
1	문화센터	8	강좌
2	센터장	9	강의실
3	회원	10	수강료
4	강사	11	수료여부
5	재능기부	12	수료
6	재능	13	신청자
7	강사등급	14	-

2 개체 후보 검토

각 개체 후보를 검토해서 개체 타입의 선정 여부를 판단하면 [표 5-49]와 같다. 여기서 문화센터 개체의 데이터 수가 n인 이유는 [표 3-14]에서 알 수 있듯이 내년에 다른 지역에 문화센터가 오픈될 계획이고, 추후 문화센터가 더 오픈될 수 있기 때문이다. 이처럼 데이터 수를 판단할 때는 현재 상황뿐 아니라 가까운 미래까지 고려해야 한다.

표 5-49 문화센터 DB 구축을 위한 개체 후보 검토 목록

No.	개체 후보	데이터 수	대표 속성	비고	개체 타입 선정 여부
1	문화센터	n	센터명, 주소, 대표전화		O
2	센터장	n	-	속성 없음	X
3	회원	n	회원번호, 이름, 비밀번호, 생년월일, 휴대폰번호, 주소		O
4	강사	n	강사번호, 이름, 주민등록번호, 휴대폰번호, 주소, 경력, 강사료, 강사등급		O
5	재능기부		-	재능과 동일	X
6	재능	n	-	속성 없음	X
7	강사등급	3	등급구분, 경력기준, 강사료		O
8	강좌	n	강좌번호, 강좌명, 수강료, 개강일자, 강의시간, 강의요일, 시작시간, 최소인원, 최대인원		O
9	강의실	n	호실번호, 위치, 최대수용인원		O
10	수강료	n	-	강좌의 속성	X
11	수료여부	n	-	속성 없음	X
12	수료	n	-	속성 없음	X
13	신청자	n	-	회원과 동일	X

3 개체 타입 선정

[표 5-49]와 같이 개체 후보를 검토한 결과 일단 [표 5-50]과 같은 개체 타입이 선정되었다. 개체 후보 검토 결과 '센터장'은 문화센터의 속성으로, '재능'은 강사의 속성으로 표현하는 것이 적절하므로 개체에서 제외했다. '수강료' 등 나머지 개체 후보도 속성으로 표현하는 것이 적절하므로 개체에서 제외했다.

표 5-50 문화센터 DB 구축을 위한 개체 타입 목록

No.	개체 타입	속성 목록
1	문화센터	센터명, 주소, 대표전화, **센터장이름**
2	회원	회원번호, 이름, 비밀번호, 생년월일, 휴대폰번호, 주소
3	강사	강사번호, 이름, 주민등록번호, 휴대폰번호, 주소, 경력, 강사료, 강사등급, **재능**
4	강사등급	등급구분, 경력기준, 강사료
5	강좌	강좌번호, 강좌명, 수강료, 개강일자, 강의시간, 강의요일, 시작시간, 최소인원, 최대인원
6	강의실	호실번호, 위치, 최대수용인원

4 관계 후보 식별

데이터 요구 분석 명세서에 포함된 요구 분석 내용을 하나씩 검토하여 [표 5-51]과 같이 동사로 표현된 부분을 관계 후보로 식별하였다. 요구 분석 내용에 관련성 있는 개체가 정확히 기술되지 않은 경우도 많으므로, 요구 분석 내용을 글자 그대로 파악하기보다는 각 내용에 함축된 의미를 이해하고 판단하는 것이 중요하다.

표 5-51 문화센터 DB 구축을 위한 관계 후보 목록

No.	관계 후보	관련된 개체 목록	비고
1	개설하다	문화센터, 강좌	[표 3-14]의 5번 내용
2	가입하다	회원, 문화센터	[표 3-15]의 1번 내용
3	수강하다	회원, 강좌	[표 3-15]의 3번 내용
4	결정하다	강사, 등급	[표 3-16]의 6번 내용
5	담당하다	강사, 강좌	[표 3-16]의 7번 내용
6	배정하다	강좌, 강의실	[표 3-17]의 4번 내용
7	신청하다	회원, 강좌	[표 3-18]의 1번 내용
8	수강하다	강사, 강좌	[표 3-18]의 6번 내용

5 관계 후보 검토

관계 후보 가운데 서로 다른 연관성이 같은 이름으로 표현된 것이 있는지, 아니면 동일한 연관성이 서로 다른 이름으로 표현된 것이 있는지 등을 검토해서 [표 5-52]와 같이 관계 타입을 선정한다.

표 5-52 문화센터 DB 구축을 위한 관계 후보 검토 목록

No.	관계 후보	관련된 개체 목록	비고	관계 타입 선정 여부
1	개설하다	문화센터, 강좌		O
2	가입하다	회원, 문화센터		O
3	수강하다	회원, 강좌	7번과 의미가 중복됨, 8번과 이름이 중복됨	X
4	결정하다	강사, 등급		O
5	담당하다	강사, 강좌		O
6	배정하다	강좌, 강의실		O
7	신청하다	회원, 강좌	3번과 의미가 중복됨	O
8	수강하다	강사, 강좌	3번과 이름이 중복됨 ('강사_수강하다'로 이름 변경)	O

6 관계 타입 선정

[표 5-52]와 같이 관계 후보를 검토하여 [표 5-53]과 같이 7개의 관계 타입을 선정하고, 일부 관계는 의미가 명확하도록 관계 이름을 변경하였다. 또한 데이터 요구 분석 명세서를 기초로 하여 각 관계의 유형과 관계를 설명하는 속성까지 식별하였다. 개설하다 관계의 경우 각 강좌의 최소 수강 인원에 미달하면 강좌 개설이 취소될 수 있으므로 관계의 속성으로 '확정여부' 속성을 추가하였다. 또한 [표 3-15]에 "회원 가입 시 입회비 1만 원을 납부해야 한다."라는 요구가 있으므로, 가입하다 관계에 '입회비납부여부' 속성을 추가하였다. 신청하다 관계의 경우 [표 3-18]에 "수강료를 납부해야 수강 신청이 완료된다."라는 요구가 있으므로 '수강료납부여부' 속성을 추가하고, "강좌 기간의 80% 이상 출석해야 수료를 인정한다."라는 요구가 있으므로 '출석일수'와 '수료여부' 속성을 추가했다. 또한 "어떤 강좌의 신청자가 많은 경우 선착순으로 마감한다."라는 요구사항이 있으므로 '신청순서' 속성을 추가했다. 강사의 등급은 한 번만 결정되는 것이 아니라 경력에 따라 변경될 수 있으므로 강사 개체와 등급 개체 간의 등급결정하다 관계의 유형을 m:n으로 결정하고, 관계 설명 속성으로 '결정일자'를 추가하였다. 강사_수강하다

관계의 경우 [표 3-18]에 "재능을 기부한 강사가 다른 강좌를 수강할 때는 분기별 1회에 한해서 수강료를 면제해 준다."라는 요구가 있으므로 '수강료면제여부' 속성을 추가했다.

표 5-53 문화센터 DB 구축을 위한 관계 타입 목록

No.	관계 타입	관련된 개체 목록	관계 유형	관계 설명 속성
1	개설하다	문화센터, 강좌	1 : N	확정여부
2	가입하다	회원, 문화센터	M : N	가입일자, 입회비납부여부
3	신청하다	회원, 강좌	M : N	수강료납부여부, 신청순서, 출석일수, 수료여부
4	등급결정하다	강사, 등급	M : N	결정일자
5	담당하다	강사, 강좌	1 : N	-
6	배정하다	강좌, 강의실	N : 1	-
7	강사_수강하다	강사, 강좌	M : N	수강료면제여부

7 최종 개체 타입 결정

관계 타입을 선정한 후 일부 개체가 관계로 변경될 수 있고, 일부 속성이 추가되거나 삭제 · 변경될 수 있다. 이를 반영해서 작성한 최종 개체 타입 목록은 [표 5-54]와 같다. 특히 ER 다이어그램 작성의 기초가 될 수 있도록 기본키 항목을 넣고, 문화센터 개체처럼 기본키 역할을 할 속성이 없는 경우 기본키 역할을 할 설계 속성을 추가하였다. 회원 개체의 생년월일 속성은 추후 회원 인증 등을 위해 '주민등록번호' 속성으로 변경하였다. 강사 개체의 강사등급 속성은 등급결정하다 관계로 표현할 수 있고, 강사료 속성은 강사등급 개체의 속성이므로 강사 개체에서 삭제했다. 강사 개체의 재능 속성은 다중치 속성임을 표시하였다.

표 5-54 문화센터 DB 구축을 위한 최종 개체 타입 목록

No.	개체 타입	속성 목록	기본키
1	문화센터	**센터번호**, 센터명, 주소, 대표전화, 센터장이름	센터번호
2	회원	회원번호, 이름, 비밀번호, **주민등록번호**, 휴대폰번호, 주소	회원번호
3	강사	강사번호, 이름, 주민등록번호, 휴대폰번호, 주소, 경력, **재능(MV)**	강사번호
4	강사등급	등급구분, 경력기준, 강사료	등급구분
5	강좌	강좌번호, 강좌명, 수강료, 개강일자, 강의시간, 강의요일, 시작시간, 최소인원, 최대인원	강좌번호
6	강의실	호실번호, 위치, 최대수용인원	호실번호

8 최종 관계 타입 결정

최종 개체 타입을 결정한 후 일부 관계가 변경될 수 있고, 관계의 속성이 추가되거나 삭제 · 변경될 수 있으므로 다시 한 번 검토해서 [표 5-55]와 같이 최종 관계 타입 목록을 작성한다. 강사가 강좌를 수강한 경우에도 수료여부를 기록할 필요가 있으므로 강사_수강하다 관계에 '수료여부' 속성을 추가했다. 최종 관계 타입 목록은 ER 다이어그램을 작성할 때 기초가 되므로 특히 관계 유형이 정확히 결정되었는지 다시 검토할 필요가 있다.

표 5-55 문화센터 DB 구축을 위한 최종 관계 타입 목록

No.	관계 타입	관련된 개체 목록	관계 유형	관계 설명 속성
1	개설하다	문화센터, 강좌	1 : N	확정여부
2	가입하다	회원, 문화센터	M : N	가입일자, 입회비납부여부
3	신청하다	회원, 강좌	M : N	수강료납부여부, 신청순서, 출석일수, 수료여부
4	등급결정하다	강사, 등급	M : N	결정일자
5	담당하다	강사, 강좌	1 : N	-
6	배정하다	강좌, 강의실	N : 1	-
7	강사_수강하다	강사, 강좌	M : N	수강료면제여부, **수료여부**

9 ER 다이어그램 작성 전 체크리스트

최종 개체 및 관계 타입 목록을 기초로 하여 ER 다이어그램을 작성하기 전에 [표 5-56]과 같이 개체, 관계, 속성을 재검토한다.

표 5-56 문화센터 DB 구축을 위한 ER 다이어그램 작성 전 체크리스트

구분	No.	내용	확인
개체	1	실제 데이터가 1개만 존재하는 개체가 식별되었는가?	아니요
	2	속성이 1개인 개체가 식별되었는가?	아니요
	3	개체 이름이 중복되었는가?	아니요
	4	각 개체의 기본키가 결정되었는가?	예
	5	각 개체를 설명하는 일반 속성이 모두 식별되었는가?	예
	6	개체 가운데 관계로 표현하면 더 적합한 것이 있는가?	아니요
	No.	내용	확인
관계	1	관계를 설명하는 설명자(일반 속성)가 모두 식별되었는가?	예
	2	관계 이름이 동사로 표현되었는가?	예
	3	관계 이름이 현재 시제로 표현되었는가?	예
	4	관계 이름이 개체 간의 관련성을 명확히 표현하고 있는가?	예
	5	관계 이름이 중복되었는가?	아니요
	6	관계 유형을 정확히 결정하였는가?	예
	No.	내용	확인
속성	1	속성 이름에 개체나 관계 이름이 포함되었는가?	아니요
	2	속성 이름으로 의미가 불분명한 약어가 사용되었는가?	아니요
	3	속성의 성격을 명확히 인식하기에 쉬운 이름이 부여되었는가?	예
	4	속성 이름을 부여하는 데 일정한 규칙이 있는가?	예

10 ER 다이어그램 작성

[표 5-54]와 [표 5-55]를 기초로 하여 ER 다이어그램을 작성하면 [그림 5-30]과 같다. 특히 1:n 관계 유형은 어떤 개체가 n측인지를 확인해서 정확히 표현해야 한다. 만약 1측과 n측이 바뀌면 ER 다이어그램으로 표현한 개념적 스키마 모델링 결과가 완전히 다른 정보를 제공하게 되므로 각별히 유의한다.

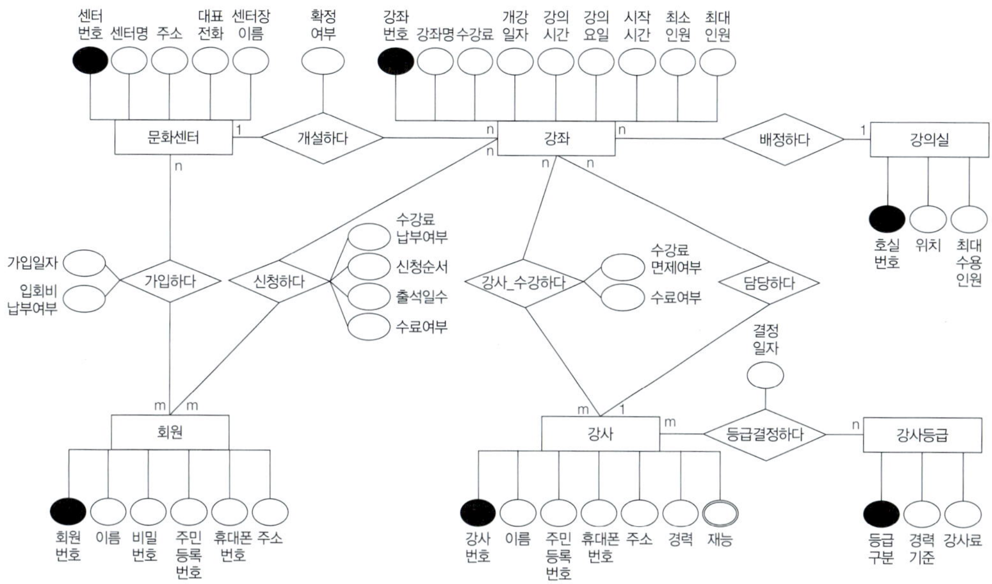

그림 5-30 문화센터 DB 구축을 위한 ER 다이어그램

2 트랜잭션 모델링

3장 7.4절에서 문화센터 DB 구축을 위한 트랜잭션 요구 분석 명세서([표 3-19]~[표 3-22])를 작성하였다. 이를 기초로 하여 업무별로 트랜잭션의 유형을 구분해서 작성하면 [표 5-57]~[표 5-60]과 같다. 여기서는 입출력을 생략하고 트랜잭션 위주로 간단히 작성하였다.

표 5-57 문화센터의 회원 관리 업무 관련 유형별 트랜잭션 명세서

유형	트랜잭션
삽입	회원 가입 시 자신의 이름, 비밀번호, 생년월일, 휴대폰번호, 주소를 삽입한다.
삭제	담당자가 탈퇴한 회원 정보를 삭제한다.
갱신	회원이 자신의 비밀번호와 주소, 휴대폰번호를 변경할 수 있다.

표 5-58 문화센터의 강사 관리 업무 관련 유형별 트랜잭션 명세서

유형	트랜잭션
검색	담당자가 어떤 강사가 언제, 어떤 강좌를 강의했는지 검색한다.
	담당자가 현재 강의하고 있는 강사 명단을 검색한다.
	담당자가 각 강사의 재능을 검색한다.
삽입	담당자가 신규 강사 정보를 삽입한다.
삭제	담당자가 5년 이상 강의하지 않은 강사 정보를 삭제한다.
갱신	강사는 자신의 휴대폰번호와 주소를 변경할 수 있다.
	담당자가 강사의 강사등급을 변경할 수 있다.
	담당자가 강사등급에 따른 시간당 강사료를 변경할 수 있다.
	담당자가 강사등급을 결정하는 경력기준을 변경할 수 있다.

표 5-59 문화센터의 강좌 관리 업무 관련 유형별 트랜잭션 명세서

유형	트랜잭션
검색	담당자가 현재 개설 중인 모든 강좌 목록을 검색한다.
	회원이 문화센터에서 현재 개설 중인 모든 강좌 목록을 검색한다.
	담당자가 최소 수강 인원 미달로 인해 폐강된 강좌를 검색한다.
	담당자가 특정 강좌를 담당하는 강사를 검색한다.
삽입	담당자가 새로 개설한 강좌 정보를 삽입한다.
갱신	담당자가 수강 신청 시작 전에 강좌의 수강료를 변경할 수 있다.

표 5-60 문화센터의 수강 관리 업무 관련 유형별 트랜잭션 명세서

유형	트랜잭션
검색	담당자가 각 강좌의 수강생 명단을 검색한다.
	회원이 자신이 수강한 강좌의 수료여부를 검색할 수 있다.
	강사가 자신이 강의한 강좌의 수료생 명단을 검색한다.
	담당자가 각 강좌의 수강생 가운데 강사 명단을 검색한다.
	담당자가 폐강이 결정된 강좌를 검색한다.
삽입	강좌 개설이 확정되면 담당자가 배정된 강의실 정보를 삽입한다.
	담당자가 새로운 강의실 정보를 삽입한다.
삭제	담당자가 폐강이 결정된 강좌의 수강신청 정보는 삭제한다.

요구 분석 내용 가운데 ER 다이어그램이나 트랜잭션 명세서에 표현하기 어려운 운영상의 제약사항은 [표 5-61]과 같이 제약사항 명세서에 작성한다.

표 5-61 문화센터 운영상의 제약사항 명세서

No.	제약사항
1	회원이 가입하면 유일한 회원번호를 자동으로 부여한다.
2	회원이 탈퇴해도 입회비는 돌려주지 않는다.
3	1명의 강사는 같은 분기에 최대 2개 강좌까지 담당할 수 있다.
4	수강 신청이 시작된 이후에는 수강료를 변경할 수 없다.
5	강좌 개설이 확정된 후 강의실이 배정된다.
6	동일한 강좌는 여러 번 개설될 수 있으나, 한 분기에는 한 반만 개설된다.
7	강좌 기간의 80% 이상 출석해야 수료를 인정한다.
8	강좌 개설이 취소된 경우 회원에게 수강료를 전액 환불한다.
9	회원은 개강 이전에는 수강 신청을 취소할 수 있다.
10	재능을 기부한 강사가 다른 강좌를 수강할 때는 분기별 1회에 한해서 수강료를 면제해 준다.

개념퍼즐

가로 →

1 요구 분석 내용 가운데 ER 다이어그램이나 트랜잭션 명세서에 표현하기 어려운 운영상의 제약사항

3 DB에서 하나의 논리적 기능을 수행하기 위한 작업의 기본 단위

4 데이터 요구 분석 명세서를 기초로 하여 DBMS와는 독립적인 개념적 데이터 모델, 즉 개념적 스키마를 표현하는 것

8 개체나 관계의 특성을 나타내는 요소

9 피터 첸 표기법에서 속성을 표현하는 기호

세로 ↓

2 트랜잭션 요구 분석 명세서를 기초로 하여 업무 단위별로 유형별 트랜잭션을 표현하는 것

4 DB가 표현하려고 하는 유 · 무형의 정보 대상으로서, 현실 세계에 존재하면서 서로 구별될 수 있는 요소

5 피터 첸 표기법에서 개체를 표현하는 기호

6 개체 간의 의미 있는 연결 또는 연관성을 의미하는 요소

7 피터 첸 표기법에서 관계를 표현하는 기호

연습문제

01 개념적 설계 단계의 두 가지 주요 업무가 무엇인지 설명하시오.

02 ER 모델을 활용해서 개념적 스키마 모델링을 수행하는 순서를 바르게 나열하시오.

ⓐ 개체 타입의 속성을 식별한다.

ⓑ 개체 타입 간의 관계 타입을 식별한다.

ⓒ 관계 타입의 속성을 식별한다.

ⓓ 관계 타입의 유형과 카디널리티(옵션)를 결정한다.

ⓔ 데이터 요구 분석 명세서를 기초로 하여 핵심 개체 타입을 식별한다.

ⓕ 개체 타입의 주 식별자, 즉 기본키 속성을 결정한다.

ⓖ ER 다이어그램이 데이터 요구 분석 명세서에 포함된 모든 요구사항을 반영하는지 검증한다.

ⓗ 식별한 개체 타입과 관계 타입, 개체 및 관계 타입의 속성을 ER 다이어그램으로 표현한다.

03 다음 중 개체 식별 방법에 대한 설명이 잘못된 것은?

① 데이터 요구 분석 명세서에서 주로 주어나 목적어로 표현된 것이 개체 후보가 된다.

② 개체 후보를 검토하면서 개체 이름을 변경할 수 있다.

③ 실제 데이터 수가 2개 이상 존재해야 최종 개체가 된다.

④ 동일한 의미를 갖는 개체도 이름이 다르면 최종 개체가 된다.

04 다음 중 개체 이름을 결정할 때의 유의 사항이 잘못 설명된 것은?

① 가능하면 약어를 사용해서 간단히 표현한다.

② 이름의 일관성을 위해 이름 부여 규칙을 미리 정하는 것이 좋다.

③ 단수 명사를 사용한다.

④ 현업에서 익숙한 표준 용어를 사용한다.

05 다음 중 관계 식별과 관련된 설명이 잘못된 것은?

① 데이터 요구 분석 명세서에서 주로 동사로 표현된 부분을 관계로 식별한다.

② 식별된 개체 가운데 관계로 표현하는 것이 적합한 것은 관계로 전환한다.

③ 관계는 개체와 관련된 업무 수행 규칙에 해당한다.

④ 한 번 설정된 관계는 변경하기 어려우므로 신중히 결정해야 한다.

연습문제

06 다음 중 속성 식별과 관련된 설명이 잘못된 것은?

① 데이터 요구 분석 명세서에서 개체나 관계를 설명하는 명사를 개체의 속성으로 식별한다.

② 데이터 요구 분석 명세서에서 개체의 기본키 속성을 식별할 수 없을 때는 기본키 역할을 할 속성을 추가한다.

③ 개념적 설계 단계에서는 주요 속성만 식별한다.

④ 필요한 경우 속성 이름을 변경할 수 있다.

07 ( ) 안에 적합한 단어는?

> 피터 첸 표기법에서 관계는 1개 이상의 개체를 실선으로 연결하는 ( )로 표현하고, ( )을 실선 위에 표시한다.

08 다음 중 관계 이름을 결정할 때의 유의 사항이 잘못 설명된 것은?

① 개체 간의 관련성이 명확하도록 표현한다.

② 현업에서 통용되는 전문 용어로 표현한다.

③ 관계 이름은 DB 안에서 유일해야 한다.

④ 가능하면 개체 간의 관련성을 나타내는 동사로 표현한다.

09 식별자에 대한 설명이 잘못된 것은?

① 식별자는 개체가 존재하는 동안 값이 변경될 수 있다.

② 식별자는 반드시 유일한 값을 가져야 한다.

③ 개체의 특성을 대표할 수 있는 식별자를 기본키로 결정한다.

④ 모든 개체는 반드시 하나 이상의 식별자를 포함해야 한다.

10 속성 이름을 결정할 때의 유의 사항이 잘못 설명된 것을 모두 고르시오.

① DB 안에서는 유일한 이름을 부여해야 한다.

② 속성 이름 앞에 개체 이름이 포함되지 않아야 한다.

③ 현업에서 익숙한 표준 용어를 사용한다.

④ 유지보수를 위해 전체 이름보다는 약어를 사용한다.

11 개념적 설계 단계에서 아래 ER 다이어그램을 작성한 다음에 정의한 제약사항으로 적절한 것은?

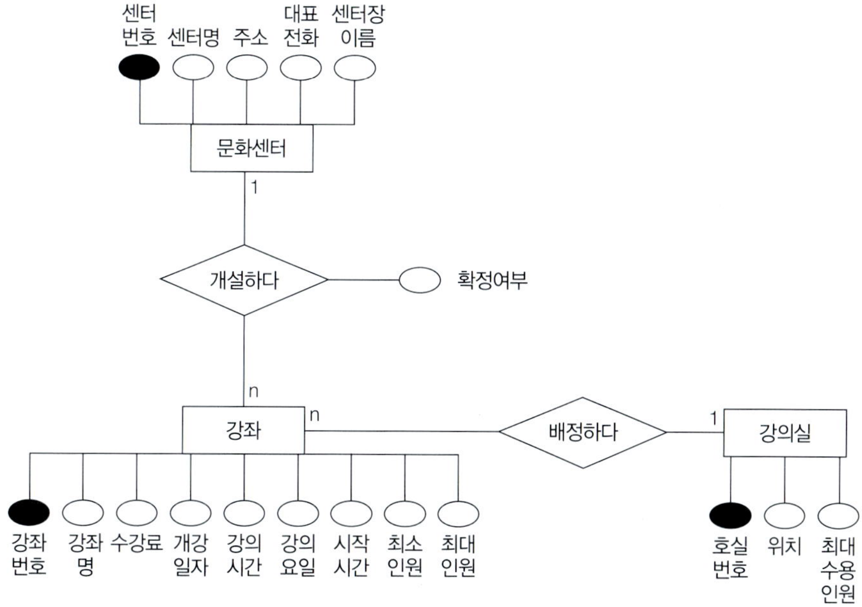

① 각 문화센터의 센터장은 1명이다.

② 강좌마다 강의실이 1개씩 배정된다.

③ 강좌명이 동일한 강좌라도 개강 일자가 다르면 새로운 강좌로 본다.

④ 강좌명이 동일한 강좌는 여러 번 개설될 수 있으나 한 분기에는 한 번만 개설된다.

12 트랜잭션 모델링의 필요성에 대한 설명이 잘못된 것은?

① DB 설계 초기에 주요 트랜잭션의 기능적 특성을 파악할 수 있다.

② 추후 구현 단계에서 트랜잭션을 처리하는 응용 프로그램을 작성하는 기초 자료가 된다.

③ 데이터의 구성과 표현을 파악할 수 있다.

④ 트랜잭션에 필요한 모든 정보가 개념적 스키마에 포함되어 있는지 확인할 수 있다.

실습문제

01 여러 개의 모바일 게임을 서비스하고 있는 어떤 게임 회사에서 회원들이 게임한 이력을 관리하려고 한다. 아래 요구 분석 내용을 고려하여 개념적 스키마 모델링하는 과정을 완성하시오.

0 요구 분석 내용

① 게임 회사는 여러 개의 모바일 게임을 제공하고 있다.

② 회원 가입을 하려면 id와 pw를 설정해야 하고, 이름과 닉네임, 휴대폰 번호가 필요하다.

③ 게임 정보는 게임 번호와 게임명, 현재 버전, 최초 출시일, 현재 버전 출시일을 관리한다.

④ 회원이 각 게임을 언제 시작해서 언제 종료했으며, 몇 점을 획득했는지 이력을 기록한다

1 개체 후보 식별

No.	개체 후보
1	
2	
3	
4	
5	
6	
7	

2 개체 후보 검토

No.	개체 후보	데이터 수	주요 속성	비고	개체 타입 선정 여부
1					
2					
3					
4					
5					
6					
7					

3 개체 타입 선정

No.	개체 타입	속성 목록
1		
2		
3		

4 관계 후보 식별

No.	관계 후보	관련된 개체 목록
1		

5 관계 후보 검토

No.	관계 후보	관련된 개체 목록	비고	관계 타입 선정 여부
1				

6 관계 타입 선정

No.	관계 타입	관련된 개체 목록	관계 유형	관계 설명 속성
1				

7 최종 개체 타입 목록

No.	개체 타입	속성 목록	기본키
1			
2			

8 최종 관계 타입 목록

No.	관계 타입	관련된 개체 목록	관계 유형	관계 설명 속성
1				

9 ER 다이어그램 작성 전 체크리스트

	No.	내용	확인
개체	1	실제 데이터가 1개만 존재하는 개체가 식별되었는가?	
	2	속성이 1개인 개체가 식별되었는가?	
	3	개체 이름이 중복되었는가?	
	4	각 개체의 기본키가 결정되었는가?	
	5	각 개체를 설명하는 일반 속성이 모두 식별되었는가?	
	6	개체 가운데 관계로 표현하면 더 적합한 것이 있는가?	
관계	No.	내용	확인
	1	관계를 설명하는 설명자(일반 속성)가 모두 식별되었는가?	
	2	관계 이름이 동사로 표현되었는가?	
	3	관계 이름이 현재 시제로 표현되었는가?	
	4	관계 이름이 개체 간의 관련성을 명확히 표현하고 있는가?	
	5	관계 이름이 중복되었는가?	
	6	관계 유형을 정확히 결정하였는가?	
속성	No.	내용	확인
	1	속성 이름에 개체나 관계 이름이 포함되었는가?	
	2	속성 이름으로 의미가 불분명한 약어가 사용되었는가?	
	3	속성의 성격을 명확히 인식하기에 쉬운 이름이 부여되었는가?	
	4	속성 이름을 부여하는 데 일정한 규칙이 있는가?	

10 ER 다이어그램

02 국내 관광을 전문으로 하는 한 여행사의 앱에서 여행에 대한 예약 업무를 전산화하여 효율적으로 관리하려고 한다. 아래 데이터 및 트랜잭션 요구 분석 명세서를 기초로 하여 개념적 스키마 모델링 및 트랜잭션 모델링을 수행하는 과정을 완성하시오.

A 데이터 요구 분석 명세서

- 여행상품 관리 업무를 위한 데이터 요구 분석 명세서

No.	요구 분석 내용
1	여행상품 정보는 여행번호와 출발지, 도착지, 프로그램 정보, 시작일시, 종료일시, 최소출발인원, 최대인원, 여행경비, 예약금 정보를 관리한다.
2	계절별로 판매하는 여행상품 수에 큰 차이가 있다.
3	새로운 여행상품을 계속 개발하고 있다.
4	각 여행상품은 1명의 직원이 담당하고, 직원 1명은 여러 여행상품을 담당한다.
5	여행사는 현재 20대의 관광버스를 소유하고 있다.
6	관광버스 정보는 차량번호, 좌석수, 출고년도를 관리한다.

실습문제

- 예약 관리 업무를 위한 데이터 요구 분석 명세서

No.	요구 분석 내용
1	고객이 여행상품을 예약한 날짜와 예약금 납부 여부를 관리한다.
2	고객이 여행상품을 예약한 후 24시간 안에 예약금을 결제하지 않으면 예약을 취소한다.
3	여행상품의 출발 여부는 늦어도 여행 출발 2주일 전까지 결정해야 한다.
4	여행상품의 출발이 결정된 다음 관광버스 1대와 운전기사 1명을 배정한다.
5	여행상품의 출발이 결정된 경우, 1주일 안에 나머지 여행경비를 납부하지 않으면 예약이 취소되고, 예약금은 반환하지 않는다.
6	여행상품의 출발이 취소된 경우, 1주일 안에 고객에게 예약금을 반환해야 한다.

- 고객 관리 업무를 위한 데이터 요구 분석 명세서

No.	요구 분석 내용
1	고객 정보는 id와 이름, 휴대폰, 주소 그리고 등급을 관리한다.
2	고객 등급은 '일반', '우수', '최우수'로 구분한다.
3	여행상품에 6회 이상 참여한 고객은 '최우수', 3~5회 참여한 고객은 '우수', 나머지 고객은 '일반' 등급으로 구분한다.

- 직원 관리 업무를 위한 데이터 요구 분석 명세서

No.	요구 분석 내용
1	직원은 사번과 이름, 생년월일, 휴대폰, 급여, 담당업무, 입사일 정보를 관리한다.
2	직원의 담당업무는 여행상품 관리(개발 포함), 예약 관리, 관광버스 배차, 직원 관리, 고객 관리로 구분한다.
3	운전기사는 기사_id, 이름, 생년월일, 휴대폰, 운전경력, 시급, 계약일, 계약기간 정보를 관리한다.
4	현재 약 30명의 직원이 근무하고 있다.
5	직원별로 담당 업무가 다르다.
6	운전기사는 일반 직원과 달리 계약직이며, 월 단위로 계약한다.

B 트랜잭션 요구 분석 명세서

• 여행상품 관리 업무를 위한 트랜잭션 요구 분석 명세서

No.	요구 분석 내용
1	업무 담당자가 새로 개발한 여행상품 정보를 삽입한다.
2	직원은 자신이 담당하는 여행상품을 검색할 수 있다.
3	대표가 직원별 담당 여행상품을 검색할 수 있다.
4	대표가 현재 판매 중인 모든 여행상품을 검색할 수 있다.
5	업무 담당자는 새로 구입한 관광버스 정보를 삽입한다.
6	업무 담당자가 폐차된 관광버스 정보를 삭제한다.

• 예약 관리 업무를 위한 트랜잭션 요구 분석 명세서

No.	요구 분석 내용
1	고객이 여행상품의 예약 일자 정보를 삽입한다.
2	직원은 자신이 담당하는 여행상품의 예약 상황을 검색할 수 있다.
3	직원은 자신이 담당하는 여행상품의 예약 고객을 검색할 수 있다.
4	직원은 자신이 담당하는 여행상품 가운데 출발 확정된 상품을 검색할 수 있다.
5	직원은 자신이 담당하는 여행상품 가운데 출발 취소된 상품을 검색할 수 있다.
6	직원은 자신이 담당하는 여행상품의 예약 고객의 예약금 납부 여부를 검색할 수 있다.
7	직원은 자신이 담당하는 여행상품 가운데 출발 확정된 상품을 예약한 고객의 여행경비 결제 여부를 검색할 수 있다.
8	직원은 자신이 담당하는 여행상품에 배정된 관광버스와 운전기사를 검색할 수 있다.

실습문제

• 고객 관리 업무를 위한 트랜잭션 요구 분석 명세서

No.	요구 분석 내용
1	새로 가입한 고객 정보를 삽입한다.
2	탈퇴한 고객 정보를 삭제한다.
3	고객은 자신의 휴대폰과 주소 정보를 변경할 수 있다.
4	고객은 자신이 예약한 여행상품을 검색할 수 있다.
5	여행상품에 참여한 횟수에 따라 고객 등급을 자동으로 변경한다.

• 직원 관리 업무를 위한 트랜잭션 요구 분석 명세서

No.	요구 분석 내용
1	업무 담당자가 신입 회원 정보를 삽입한다.
2	업무 담당자가 퇴직 회원 정보를 삭제한다.
3	직원은 자신의 휴대폰 정보를 변경할 수 있다.
4	업무 담당자가 직원 담당업무를 변경할 수 있다.
5	업무 담당자가 새로 계약한 운전기사 정보를 삽입한다.
6	업무 담당자가 계약 해지한 운전기사 정보를 삭제한다.
7	운전기사는 자신의 휴대폰 정보를 변경할 수 있다.
8	업무 담당자가 운전기사의 시급을 변경할 수 있다.
9	업무 담당자가 직원 명단을 검색할 수 있다.
10	업무 담당자가 계약한 운전기사 명단을 검색할 수 있다.

개념적 스키마 모델링

1 개체 후보 식별

* 개체 후보는 얼마든지 추가될 수 있음

No.	개체 후보
1	
2	
3	
4	
5	
6	
7	
8	

2 개체 후보 검토

* 개체 후보는 얼마든지 추가될 수 있음

No.	개체 후보	데이터 수	주요 속성	비고	개체 타입 선정 여부
1					
2					
3					
4					
5					
6					
7					
8					

실습문제

3 개체 타입 선정

* 개체 타입은 얼마든지 추가될 수 있음

No.	개체 타입	속성 목록
1		
2		
3		
4		
5		
6		

4 관계 후보 식별

* 관계 후보는 얼마든지 추가될 수 있음

No.	관계 후보	속성 목록
1		
2		
3		
4		

5 관계 후보 검토

* 관계 후보는 얼마든지 추가될 수 있음

No.	관계 후보	관련된 개체 목록	비고	관계 타입 선정 여부
1				
2				
3				
4				

6 관계 타입 선정

* 관계 타입은 얼마든지 추가될 수 있음

No.	관계 타입	관련된 개체 목록	관계 유형	관계 설명 속성
1				
2				
3				
4				

7 최종 개체 타입 목록

* 개체 타입은 얼마든지 추가될 수 있음

No.	개체 타입	속성 목록	기본키
1			
2			
3			
4			
5			
6			

8 최종 관계 타입 목록

* 관계 타입은 얼마든지 추가될 수 있음

No.	관계 타입	관련된 개체 목록	관계 유형	관계 설명 속성
1				
2				
3				
4				

9 ER 다이어그램 작성 전 체크리스트

	No.	내용	확인
개체	1	실제 데이터가 1개만 존재하는 개체가 식별되었는가?	
	2	속성이 1개인 개체가 식별되었는가?	
	3	개체 이름이 중복되었는가?	
	4	각 개체의 기본키가 결정되었는가?	
	5	각 개체를 설명하는 일반 속성이 모두 식별되었는가?	
	6	개체 가운데 관계로 표현하면 더 적합한 것이 있는가?	
	No.	내용	확인
관계	1	관계를 설명하는 설명자(일반 속성)가 모두 식별되었는가?	
	2	관계 이름이 동사로 표현되었는가?	
	3	관계 이름이 현재 시제로 표현되었는가?	
	4	관계 이름이 개체 간의 관련성을 명확히 표현하고 있는가?	
	5	관계 이름이 중복되었는가?	
	6	관계 유형을 정확히 결정하였는가?	
	No.	내용	확인
속성	1	속성 이름에 개체나 관계 이름이 포함되었는가?	
	2	속성 이름으로 의미가 불분명한 약어가 사용되었는가?	
	3	속성의 성격을 명확히 인식하기에 쉬운 이름이 부여되었는가?	
	4	속성 이름을 부여하는 데 일정한 규칙이 있는가?	

10 ER 다이어그램

트랜잭션 모델링

1 여행상품 관리 업무를 위한 유형별 트랜잭션

* 유형별로 하나 이상의 트랜잭션이 존재하거나 없을 수도 있음

유형	트랜잭션
삽입	
삭제	
갱신	
검색	
혼합	

2 예약 관리 업무를 위한 유형별 트랜잭션

* 유형별로 하나 이상의 트랜잭션이 존재하거나 없을 수도 있음

유형	트랜잭션
삽입	
삭제	
갱신	
검색	
혼합	

실습문제

3 고객 관리 업무를 위한 유형별 트랜잭션

* 유형별로 하나 이상의 트랜잭션이 존재하거나 없을 수도 있음

유형	트랜잭션
삽입	
삭제	
갱신	
검색	
혼합	

4 직원 관리 업무를 위한 유형별 트랜잭션

* 유형별로 하나 이상의 트랜잭션이 존재하거나 없을 수도 있음

유형	트랜잭션
삽입	
삭제	
갱신	
검색	
혼합	

5 운영상의 제약사항 정의

* 제약사항은 얼마든지 추가될 수 있음

번호	제약사항
1	
2	
3	
4	
5	
6	
7	

CHAPTER 06

개념적 설계 심화

학습목표

- 개체의 심화 요소를 나열할 수 있다.
- 관계의 심화 요소를 나열할 수 있다.
- 슈퍼-서브 타입의 정제 기준 및 방법을 설명할 수 있다.
- 속성을 개체로 전환할 수 있다.
- 개체와 관계, 속성을 검증할 수 있다.

01 개체 심화 요소

더욱 세분화된 개념적 스키마 모델링을 하기 위해 개체를 키 개체, 메인 개체, 액션 개체, 약한 개체, 코드 개체, 관계 개체와 같은 개체 심화 요소로 나눌 수 있다. 다만 개체 심화 요소를 구분하는 기준은 다소 주관적이며, 앞의 여섯 가지 유형 외에 다른 유형의 심화 요소가 추가될 수 있다.

1 키 개체

키 개체key entity는 해당 업무에서 원래부터 존재하는 개체다. 즉 다른 개체와의 관련성에 의해 생성된 개체가 아닌, 원래 독립적으로 존재하는 개체를 의미한다. 키 개체는 다른 개체의 부모 개체가 되므로 가장 먼저 추출해야 한다. 부모 개체는 다른 개체가 파생되는 근원이 되는 개체로, 다른 개체와 무관하게 독립적으로 존재한다. 자식 개체는 부모 개체로부터 파생된 개체로, 반드시 부모 개체가 존재해야 생성된다. 예를 들면 회사 DB에서 '사원'과 '부서' 개체, 대학 DB에서 '학생'과 '교과목'과 '교수' 개체, 홈쇼핑 DB에서 '고객'과 '상품' 개체는 모두 다른 개체와 무관하게 존재하는 개체이므로 키 개체에 해당한다.

2 메인 개체

메인 개체main entity는 키 개체 간의 업무적 관련성으로 인해 생성되는 개체로, 해당 업무에서 핵심적으로 관리되는 데이터로부터 추출된다. 메인 개체는 ER 모델에서 대개 '관계'에 해당하며, 부모 개체를 갖는 파생 개체이지만 업무의 중심 역할을 한다. 예를 들면 회사 DB에서 '근무하다' 관계는 '사원' 개체와 '부서' 개체 간의 관련성에 따라 생성된 메인 개체이고, 보험 DB에서 '계약하다' 관계는 '고객' 개체와 '보험상품' 개체 간의 관련성에 따라 생성된 메인 개체에 해당한다. 메인 개체와 뒤에서 설명할 관계 개체 간에는 차이점 있는데, 관계 개체는 두 개체 간의 M:N 관계로 인해 생성되는 개체이고, 메인 개체는 1:1 유형과 1:N 유형의 관련성까지 모두 포함하는 개체라는 점이다.

3 액션 개체

액션 개체action entity는 메인 개체로부터 파생되어 내용이 자주 바뀌는 개체로서, 초기 분석 단계에서는 잘 드러나지 않지만 모델링을 세분화하는 단계에서 도출된다. 예를 들면 홈쇼핑 DB에서 주문하다 관계(메인 개체)에서 파생된 '상세주문내역' 개체와 배송하다 관계(메인 개체)에서 파생된 '배송상태이력' 개체는 모두 초기 분석 단계에서는 쉽게 도출되지 않는 액션 개체에 해당한다. [표 6-1]에 키 개체와 메인 개체, 액션 개체 간의 상호 관련성을 이해할 수 있는 몇 가지 사례를 제시하였다.

표 6-1 키 개체, 메인 개체, 액션 개체의 사례

키 개체	메인 개체	액션 개체
교수, 학생	지도하다	지도내역
사원, 부서	근무하다	근무평가
고객, 사고	청구하다	청구내역
고객, 보험상품	계약하다	진행상태
업체, 건물명	공사하다	진척사항

4 약한 개체

약한 개체weak entity는 독립적으로 존재하지 못하고 소유 개체owner entity가 있어야 존재할 수 있는 개체다. 약한 개체에는 고유한 식별자가 없기 때문에 자신의 구분자(부분키)를 소유 개체의 식별자와 결합해서 복합 식별자를 기본키를 지정해야 한다. 예를 들면 회사 DB에서 '부양가족' 개체는 '사원' 개체를 소유 개체로 하는 약한 개체이고, 대학 DB에서 '보호자' 개체는 '학생' 개체를 소유 개체로 하는 약한 개체다. 또한 포탈 DB에서 '접속기록' 개체는 '고객' 개체를 소유 개체로 하는 약한 개체에 해당한다.

5 코드 개체

코드 개체code entity는 정보를 간단히 표현하기 위한 기호를 나타내는 개체로서, 실제 업무에서 사용하는 코드도 있지만 데이터를 효율적으로 표현하기 위해서 생성하는 경우도 있다. 예를 들어 [표 6-2]의 전공코드 개체는 컴퓨터공학, 전자공학, 기계공학 전공 등을 CE, EE, ME와 같은 영문 약자로 표현한 것이고, [표 6-3]의 부품코드 개체는 CPU, 메모리 등의 부품명을 001, 002와 같은 숫자로 표현한 것이다.

표 6-2 전공코드 개체

코드	전공 이름
CE	컴퓨터공학
EE	전자공학
ME	기계공학
DE	디자인공학
AE	자동차공학
…	…

표 6-3 부품코드 개체

코드	부품명
001	CPU
002	메모리
003	프로세스
004	그래픽 카드
005	하드 드라이브
…	…

코드는 주로 영문 약자나 숫자 등으로 표현하는데, 너무 많은 코드 개체를 식별하면 개념적 스키마 모델링이 지나치게 복잡해진다. 따라서 사용하는 모든 코드 개체를 반드시 개념적 설계 단계에서 식별할 필요는 없으며, 필요한 경우 논리적 설계 단계에서 추가해도 된다. 또한 ER 다이어그램을 작성할 때 코드 개체는 다른 개체와 관계를 맺지 않고 독자적으로 표현할 수 있다.

6 관계 개체

관계 개체association entity는 두 개체 간의 M:N 관계로 인해 생성되는 개체로 교차 개체라고 부르기도 하는데, 메인 개체가 관계 개체인 경우가 많다. ER 모델을 피터 첸 표기법으로 표현하면 M:N 관계를 마름모로 쉽게 표현할 수 있다. 반면 IE 표기법에서 M:N 관계를 정확히 표현하려면 반드시 관계 개체를 생성해서 표현해야 한다. 이때 관계 개체의 기본키는 기본적으로 양쪽 개체의 기본키를 조합해서 지정해야 한다. 예를 들면 문화센터 DB에서 '회원' 개체와 '강좌' 개체 사이에 M:N 관계를 맺는 '신청하다' 관계 개체는 다음과 같이 표현할 수 있다.

피터 첸 표기법

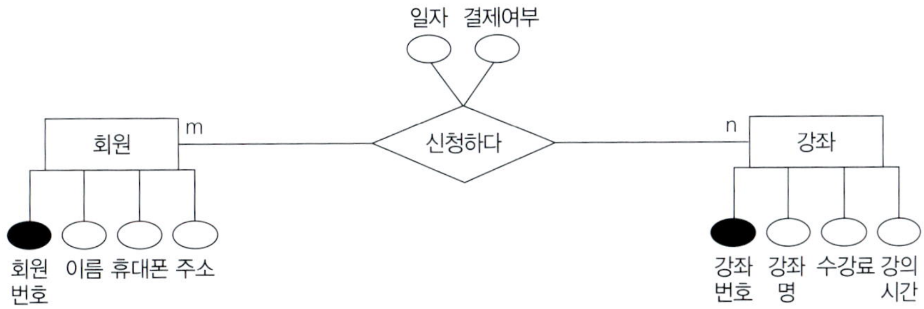

그림 6-1 신청하다 관계 개체의 피터 첸 표기법

IE 표기법

[그림 6-2]와 같이 M : N 관계 유형을 까마귀발로 표현하고, 간단히 관계 이름만 기술해서 표현할 수 있다. 하지만 이렇게 표현하면 신청하다 관계의 설명자(일자, 결제여부)와 기본키({회원번호, 강좌번호})를 표현할 수 없다는 단점이 있다.

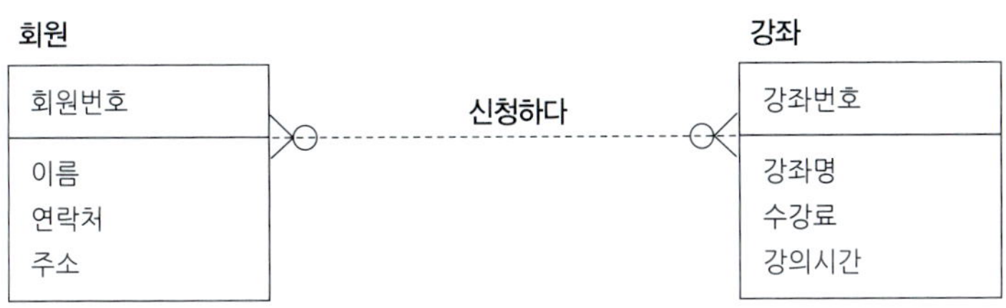

그림 6-2 신청하다 관계 개체의 기본적인 IE 표기법

[그림 6-3]과 같이 관계 개체를 추가하면 관계의 설명자와 기본키를 모두 표현할 수 있다. 이때 양 개체와 각각 1 : N 관계를 설정해서 표현해야 한다.

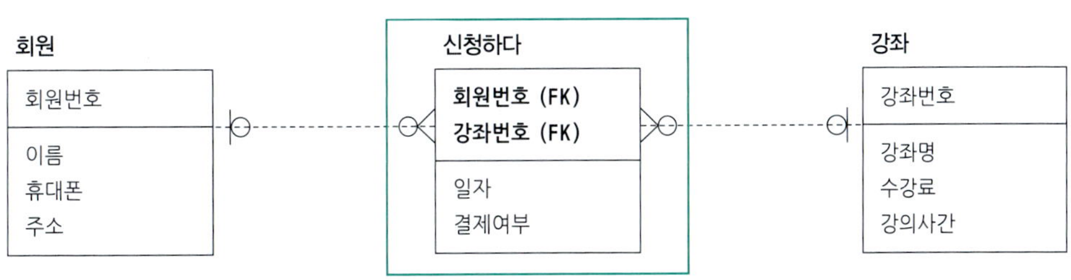

그림 6-3 신청하다 관계 개체를 추가한 IE 표기법

한편, 한 회원이 같은 강좌를 여러 번 신청할 수 있다면 신청하다 관계의 기본키는 {회원번호, 강좌번호}로는 불충분하고, 일자 속성까지 추가해서 {회원번호, 강좌번호, 일자}가 되어야 한다. 이처럼 IE 표기법으로 관계 개체를 정확히 표현하려면 관계의 기본키가 결정되어야 하는데, 관계의 기본키는 주로 논리적 설계 단계에서 확정된다. 따라서 개념적 스키마 모델링 단계에서는 피터첸 표기법으로 표현하길 권장한다. 관계의 기본키 설정 방법에 대해서는 8장에서 자세히 설명한다.

02 관계 심화 요소

더욱 세분화된 개념적 스키마 모델링을 하기 위해 관계도 병렬 관계, 직렬 관계, 순환 관계로 나눌 수 있다.

1 병렬 관계

병렬 관계parallel relationship는 두 개체 간에 2개 이상의 관계가 존재하는 것으로, 다중 관계라고도 부른다. 예를 들어 사원 개체와 부서 개체 사이에 '근무하다'와 '관리하다'라는 2개의 관계가 존재한다면, 사원 개체와 부서 개체 사이에 병렬 관계가 존재한다고 하고 [그림 6-4]와 같이 표현할 수 있다. 여기서 사원 개체는 근무하다 관계에 모든 사원 개체가 참여하는 전체 참여가 되지만, 관리하다 관계에는 일부 사원, 즉 부서장 사원만 참여하므로 부분 참여가 된다.

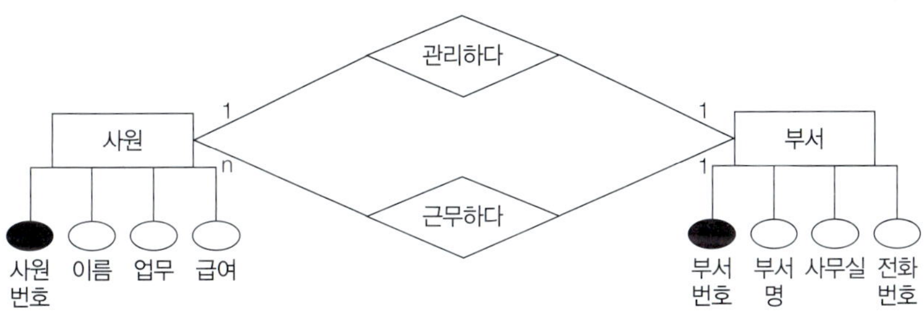

그림 6-4 사원 개체와 부서 개체 간의 병렬 관계 표현

또 다른 예를 들어보자. 부서 개체와 공사 개체 사이의 관련성을 분석했을 때 어떤 부서는 공사를 발주하고, 어떤 부서는 공사를 감독하고, 또 어떤 부서는 공사의 정산을 담당한다면 [그림 6-5]와 같이 3개의 병렬 관계로 표현할 수 있다. 한 공사는 하나의 발주 부서에서 발주하고, 하나의 관리 부서에서 감독하고, 하나의 정산 부서에서 정산한다. 한편, 각각의 부서는 하나 이상의 공사를 발주 · 감독 · 정산한다. 따라서 부서와 공사 간의 관계 유형은 모두 1:N 유형이 된다.

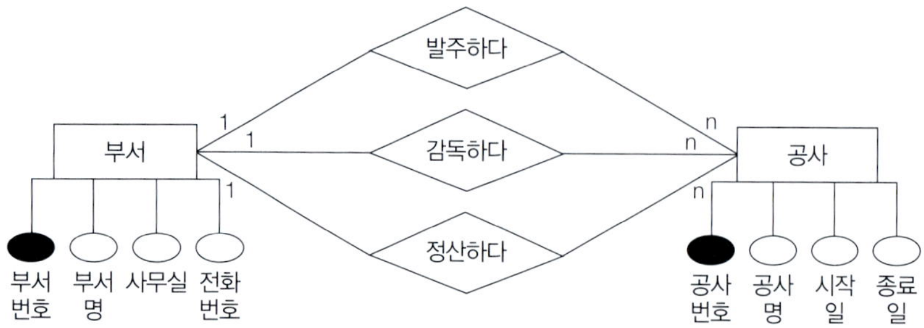

그림 6-5 부서 개체와 공사 개체 간의 병렬 관계 표현

2 직렬 관계

직렬 관계serial relationship는 병렬 관계로 나열한 여러 관계를 하나의 상위 개념으로 통합해서 M:N 관계로 변환하여 표현한 것이다. 예를 들면 [그림 6-5]의 '발주하다', '감독하다', '정산하다'라는 3개의 병렬 관계를 [그림 6-6]과 같이 상위 개념인 '관리하다'라는 하나의 직렬 관계로 통합해서 표현할 수 있다. 한 공사에 대해 3개 부서가 발주 · 감독 · 정산 업무를 나누어 관리하는 것으로, 한 부서가 여러 공사를 관리하고 하나의 공사가 여러 부서에 의해 관리되므로 관계 유형은 M:N이 된다. 이때 어떤 부서의 관리 업무가 '발주', '감독', '정산' 가운데 어떤 것인지를 구분하기 위해 관리하다 관계의 속성으로 '관리유형'을 추가하였다.

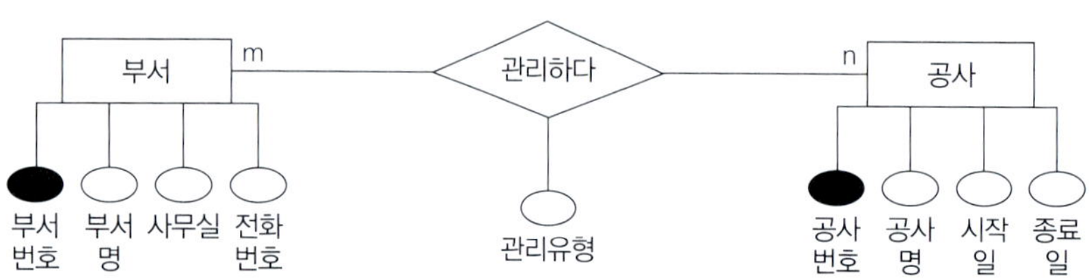

그림 6-6 부서 개체와 공사 개체 간의 직렬 관계 표현

직렬 관계로 표현하면 부서 개체와 공사 개체 사이에 새로운 관계가 추가되었을 때 유연하게 대처할 수 있다. 예를 들어 '감리하다'라는 관계가 추가된다면 '관리유형' 속성이 갖는 값에 '감리'를 추가하여 쉽게 표현할 수 있다. 반면에 병렬 관계로 표현하면 '감리하다'라는 관계를 새로 추가해야 하므로 유연성이 떨어진다.

3 순환 관계

순환 관계self relationship는 한 개체가 다른 개체가 아닌 자기 자신과 맺는 관계를 의미하는데, 일대다(1:N) 순환 관계와 다대다(M:N) 순환 관계로 구분할 수 있다.

일대다(1:N) 순환 관계

일대다 순환 관계는 기관의 조직도나 관리자 정보처럼 계층구조를 모델링할 때 주로 발생한다. 예를 들면 [그림 6-7]과 같이 계층구조를 갖는 사원의 관리자 정보를 일대다 순환 관계로 모델링할 수 있다. 사장, 팀장, 대리, 평사원 모두 동일한 속성을 갖는 '사원' 개체로 표현할 수 있고, 사원과 사원 간의 관련성은 '관리하다'라는 관계로 표현할 수 있다. 또한 1명의 사원이 여러 명의 사원을 관리하고 있으므로 관계 유형은 1:N이 된다. 이때 1측 사원이 관리자가 되고 N측 사원은 피관리자가 된다.

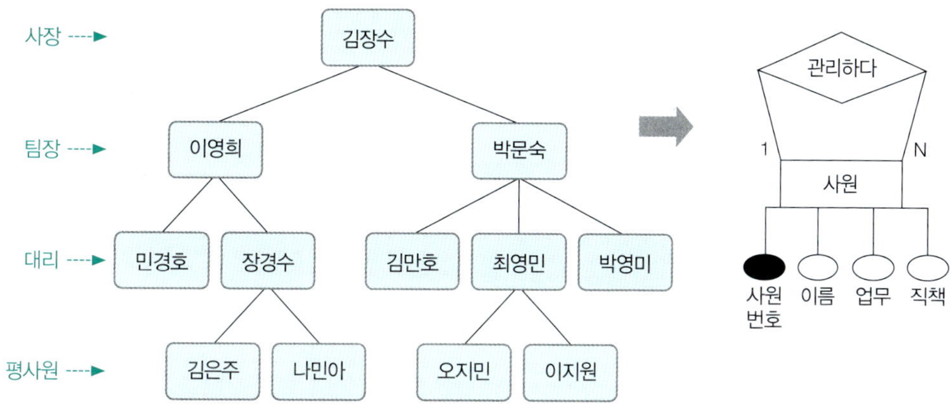

그림 6-7 사원의 관리자 정보를 표현한 일대다 순환 관계

다대다(M:N) 순환 관계

다대다 순환 관계는 선수 과목이나 장비의 구성 부품 정보와 같은 네트워크 구조를 모델링할 때 주로 발생한다. 예를 들어 대학에서 먼저 수강해야 하는 교과목을 나타내는 선수 과목 관계는 계층구조가 아닌 다소 복잡한 네트워크 구조로 표현할 수 있는데, 이 구조를 모델링하면 [그림 6-8]과 같이 M:N 순환 관계로 표현할 수 있다. 데이터 구조의 선수 과목은 C언어와 C++언어 두 교과목인데, 이런 관계는 반드시 하나의 부모 노드만 가져야 하는 계층구조로는 표현

할 수 없다. 또한 한 교과목이 여러 교과목의 선수 과목이 될 수도 있고, 동시에 여러 개의 선수 과목을 가질 수도 있으므로 관계 유형은 M:N이 된다.

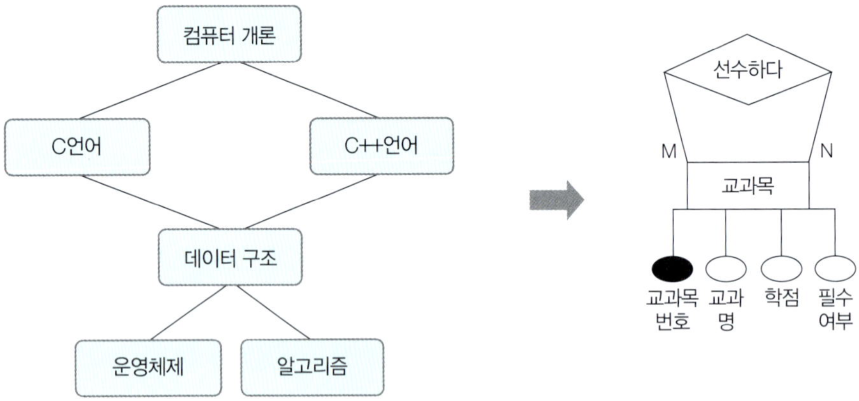

그림 6-8 선수 과목 관계를 표현한 다대다 순환 관계

또 다른 예를 들면, 장비에서 구성 부품 간의 관계 역시 복잡한 네트워크 구조를 가지므로 [그림 6-9]와 같이 M:N 순환 관계로 모델링할 수 있다.

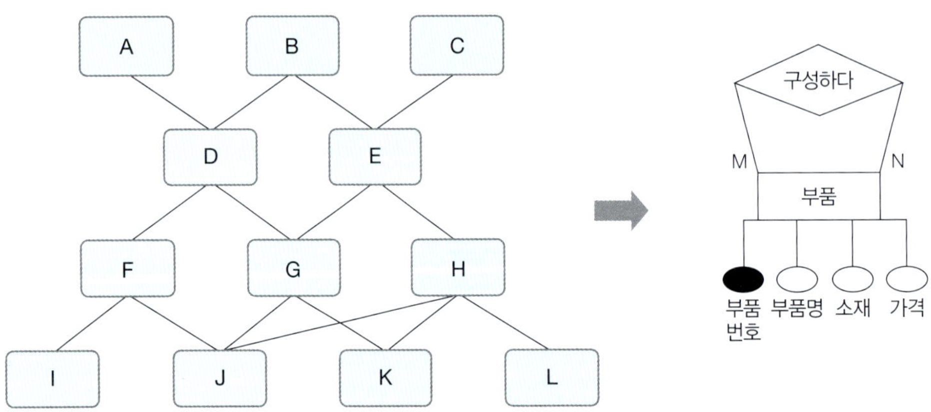

그림 6-9 구성 부품 간의 관계를 표현한 다대다 순환 관계

03 속성 심화 요소

더욱 세분화된 개념적 스키마 모델링을 하기 위해 속성의 유형을 기초 속성, 설계 속성, 유도 속성으로 나눌 수 있다.

1 기초 속성

기초 속성basic attribute은 업무로부터 도출된 일반적인 속성이다. 기초 속성은 대개 데이터 요구 분석 명세서에 포함되어 있으며, 현업에서 정보를 제공해야 속성이 유지될 수 있다. 예를 들면 상품 개체 타입의 '상품명', '가격', '제조사' 등이 기초 속성에 해당한다.

2 설계 속성

설계 속성designed attribute은 원래는 존재하지 않았지만 필요에 따라 설계자가 추가한 속성이다. 대개 데이터 요구 분석 명세서에는 포함되어 있지 않고, 설계를 진행하면서 새로 생성되는 속성이다. 대부분의 코드 속성이나 기본키 역할을 하도록 추가된 '일련번호' 같은 속성이 설계 속성에 해당한다. 예를 들면 예약 개체의 '예약번호', 고객 개체의 '고객번호', 주문하다 관계의 '주문번호' 등은 모두 기본키 역할을 하도록 설계자가 추가한 설계 속성에 해당한다. 또한 어떤 제조사 DB의 부품 개체의 경우 동일한 부품이 없어 데이터 요구 분석 명세서에 포함된 '부품명' 속성이 기본키 역할을 할 수 있으나, 관리의 편의성을 위해 설계자가 '부품번호'라는 설계 속성을 추가할 수 있다.

3 유도 속성

유도 속성derived attribute은 다른 속성으로부터 계산 등의 가공 처리를 하여 생성된 속성이며 추출 속성이라고도 부른다. 유도 속성의 값을 결정하기 위해 사용된 속성을 저장 속성stored attribute이라 하며, 저장 속성의 값이 변경되면 유도 속성도 함께 변경되어야 한다. 유도 속성은 중복의 의미가 있으므로 일반적으로 개념적 스키마 모델링 단계에서는 식별하지 않으며, 반드시 필요한 경우라면 별도로 정리해 두었다가 구현 단계에서 참조하는 것이 좋다. 예를 들면 회원 개체의 '나이' 속성의 값은 '생년월일' 속성으로부터 계산될 수 있고, 사원 개체의 '근무기간' 속성의 값은 '입사일' 속성으로부터 계산될 수 있으므로 모두 유도 속성에 해당한다. 이때 '생년월일' 속성이나 '입사일' 속성은 저장 속성에 해당한다.

04 관계 행렬 활용

관계 행렬relationship matrix은 개체 타입 간의 관계를 정의하기 위해 사용하는 보조 도구다. 관계 행렬을 작성해서 분석하는 방법은 다음과 같다.

① 개체 타입을 가장 상위 행과 가장 좌측 열에 모두 표시한다.
② 개체 타입 간의 관계 유무를 셀cell에 표시한다.
③ 일차적으로 조금이라도 관련성이 있으면 모두 표시한다.
④ 상관관계가 없으면 셀에 '–'을 표시한다.
⑤ 순환 관계는 대각선 셀에 표시한다.
⑥ 식별된 관계에 구체적인 이름을 부여한다.
⑦ 관계 이름을 부여할 때 1열의 개체 타입이 주어가 되도록 한다.
⑧ 관계 행렬의 내용을 참조해서 최종 관계를 판단한다.

어느 부품 판매업체의 DB 구축을 위해 고객, 부품, 주문서, 창고라는 4개의 개체 타입을 식별하였다. 이들 개체 타입 간의 관계를 식별하기 위해 먼저 개체 간의 관련성을 분석하면 [표 6-4]와 같다. 이 표에서 부품과 부품 개체 타입 간의 순환 관계가 대각선 셀에 표시된 것을 확인할 수 있다.

표 6-4 개체 타입 간의 관련성 분석을 위한 관계 행렬

개체 타입 \ 개체 타입	고객	부품	주문서	창고
고객	-	O	O	-
부품	-	O	O	O
주문서	-	O	-	-
창고	-	O	-	-

[표 6-4]의 관련성 분석을 기초로 하여 식별된 관계에 구체적인 이름을 부여해서 관계 행렬을 완성하면 [표 6-5]와 같다.

표 6-5 식별된 관계에 이름을 부여한 관계 행렬

개체 타입 \ 개체 타입	고객	부품	주문서	창고
고객	-	주문하다	제출하다	-
부품	-	구성하다	포함되다	보관하다
주문서	-	발주하다	-	-
창고	-	보관하다	-	-

부품과 창고 개체 타입 간의 관련성이 창고와 부품 개체 타입 간의 관련성과 동일하므로 관계 이름을 동일하게 '보관하다'로 부여하였다. 한편, 부품과 주문서 개체 타입 간의 관계는 '포함되다'로, 주문서와 부품 개체 타입 사이의 관계는 '발주하다'로 각각 다른 이름을 부여했는데, 이는 두 개체 사이에 병렬 관계가 존재함을 의미한다. 구성하다 관계는 부품 개체 타입이 자기 자신과 관계를 맺는 순환 관계다.

05 슈퍼-서브 타입 정제

더욱 완전한 개념적 모델을 생성하려면 지금까지 작성한 ER 모델을 정제할 필요가 있다. 먼저 슈퍼-서브 타입을 정제하는 방법에 대해 살펴보자.

1 슈퍼-서브 타입 정제 방법

슈퍼-서브 타입을 정제하기 전에 다음 사항을 검토한다. 다음 사항에 해당하는 경우 굳이 슈퍼-서브 타입으로 표현할 필요가 없다.

- 서브타입 개체에 독자적으로 고유한 속성이 없거나 독자적인 관계가 없는 경우, 별도의 개체로 표현하지 않고 슈퍼타입 개체의 속성으로 표현한다. 예를 들어 학생 개체가 학부생과 대학원생이라는 2개의 서브 개체를 갖는다고 모델링했지만 학부생과 대학원생 개체가 갖는 속성이 모두 동일한 경우, 슈퍼타입인 학생 개체에 '구분' 속성을 하나 추가해서 속성 값으로 '학부생'인지 '대학원생'인지 표현할 수 있다.
- 서브타입으로 분할된 개체 수가 너무 많은 경우, 각각의 개체를 독립된 개체 타입으로 분리하는 것이 좋다.
- 서브타입으로 분할했을 때 개념적 스키마 모델링이 너무 복잡해지면 차라리 분할하지 않는 편이 좋다.

슈퍼-서브 타입을 정제하는 방법은 다음과 같이 세 가지로 구분할 수 있다.

- 슈퍼타입 개체를 기준으로 정제하는 방법
- 서브타입 개체를 기준으로 정제하는 방법
- 슈퍼타입과 서브타입 개체를 기준으로 정제하는 방법

2 슈퍼타입 개체 기준 정제 방법

다음 세 가지 경우에 해당하면 슈퍼타입 개체를 기준으로 정제할 수 있다.

- 응용 프로그램에서 서브타입을 구분해서 처리하지 않는 경우
- 서브타입 개체에 속하는 데이터를 명확히 구분하기 어려운 경우
- 서브타입 개체에 포함되는 속성의 수가 매우 적은(1~2개) 경우

슈퍼타입 개체를 기준으로 정제할 때는 [표 6-6]과 같은 순서로 진행한다.

표 6-6 슈퍼타입 개체 기준 정제 방법

순서	정제 방법
1	서브타입 개체에 있던 속성을 모두 슈퍼타입 개체로 이동한다.
2	서브타입 개체와 연결된 모든 관계를 슈퍼타입 개체와 연결한다.
3	서브타입 개체를 모두 삭제한다.

예를 들어 대부분의 응용 프로그램에서 정규직과 계약직을 구분하지 않고 처리하고 계약직도 일정 기간 후에 정규직으로 전환될 수 있다면, [그림 6-10]과 같이 '정규직'과 '계약직'이라는 2개의 서브타입 개체를 '직원'이라는 하나의 슈퍼타입 개체에 통합할 수 있다.

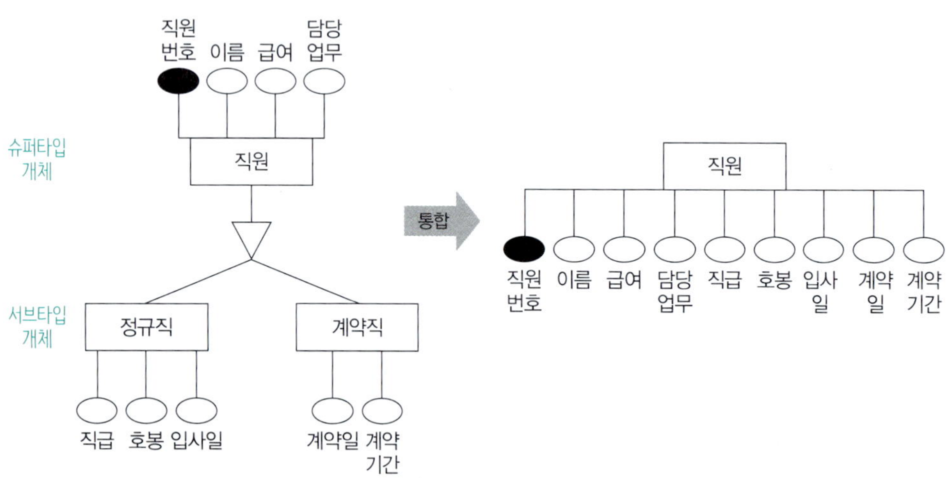

그림 6-10 슈퍼타입 개체 기준 정제 사례

[그림 6-10]에서 슈퍼타입 개체인 직원을 기준으로 정제할 때, 서브타입 개체인 정규직의 '직급', '호봉', '입사일' 속성과 또 다른 서브타입 개체인 계약직의 '계약일', '계약기간' 속성을 모두 직원 개체에 포함시켜야 한다. 만약 정규직과 계약직을 구분할 필요가 있다면, 직원 개체에 '구분' 속성을 추가할 수 있다. 한편, 서브타입 개체와 연결된 관계도 통합해야 하는데 [그림 6-11]과 같이 각 서브타입 개체가 연결된 관계를 슈퍼타입 개체와 연결한 후 서브타입 개체를 모두 삭제해야 한다. [그림 6-11]은 속성을 생략하고 간단히 표현한 것으로, 각 서브타입 개체가 프로젝트 개체와 '정규_참여하다'와 '계약_참여하다'라는 관계가 있으나, 슈퍼타입 개체로 통합되었으므로 이 두 관계를 '참여하다'라는 하나의 관계로 통합한 것을 나타낸다.

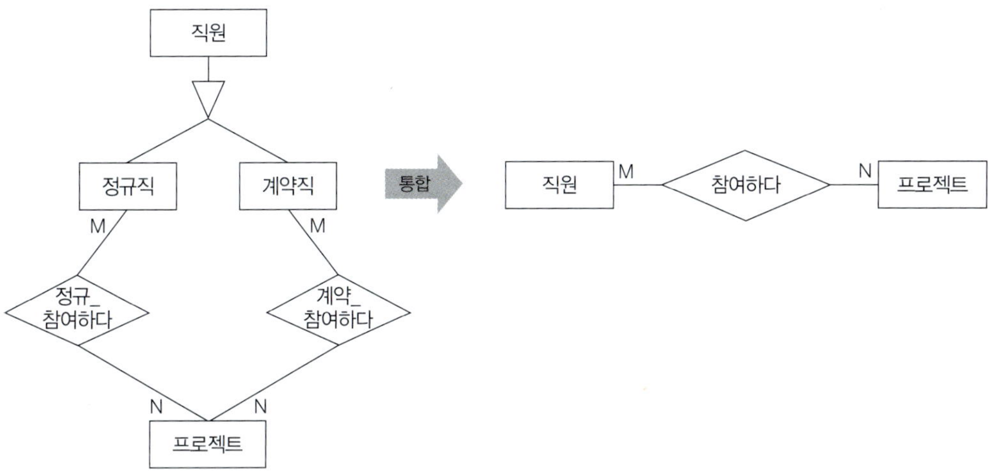

그림 6-11 슈퍼타입 개체 기준의 관계 통합 사례

3 서브타입 개체 기준 정제 방법

다음 세 가지 경우에 해당하면 서브타입 개체를 기준으로 정제할 수 있다.

- 슈퍼타입 개체에 속하는 속성의 수가 적은 경우
- 슈퍼타입 개체와 관련된 관계가 적은 경우
- 슈퍼타입 개체에 접근하는 응용 프로그램의 수가 적은 경우

서브타입 개체를 기준으로 정제할 때는 [표 6-7]과 같은 순서로 진행한다.

표 6-7 서브타입 개체 기준 정제 방법

순서	정제 방법
1	슈퍼타입 개체에 속하는 모든 속성을 각각의 서브타입 개체로 이동한다.
2	슈퍼타입 개체와 연결된 관계를 각각의 서브타입 개체에 연결한다.
3	슈퍼타입 개체를 삭제한다.

예를 들어 대부분의 응용 프로그램에서 정규직과 계약직을 확실히 구분해서 처리한다면, [그림 6-12]와 같이 '직원'이라는 슈퍼타입 개체를 '정규직'과 '계약직'이라는 2개의 서브타입 개체에 통합할 수 있다.

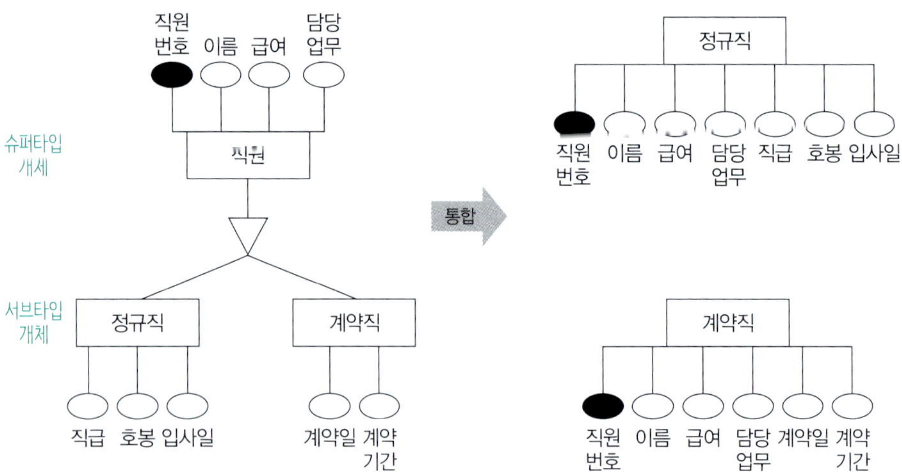

그림 6-12 서브타입 개체 기준 정제 사례

[그림 6-12]에서 서브타입 개체를 기준으로 정제할 때, 슈퍼타입 개체인 직원의 '직원번호', '이름, '급여', 담당업무'라는 속성을 각각의 서브타입 개체에 모두 포함시킨 점에 유의해야 한다. 한편, 슈퍼타입 개체와 연결된 관계도 구분해야 하는데 [그림 6-13]과 같이 슈퍼타입 개체에 연결된 관계를 각 서브타입 개체와 연결한 후 슈퍼타입 개체를 삭제해야 한다. 즉, 서브타입 개체를 기준으로 통합했으므로 각 서브타입 개체와 부서 개체를 직접 연결하여 '정규_근무하다'와 '계약_근무하다'라는 관계로 분리하고, 슈퍼타입 개체는 삭제한 것이다. 이때 두 관계 타입의 이름을 반드시 서로 다르게 부여해야 한다.

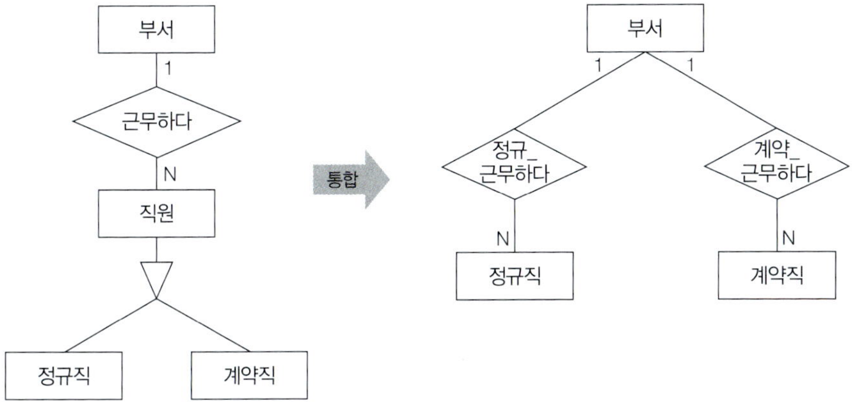

그림 6-13 서브타입 개체 기준의 관계 분리 사례

4 슈퍼타입과 서브타입 개체 기준 정제 방법

다음 세 가지 경우에 해당하면 슈퍼타입과 서브타입 개체 모두를 기준으로 정제하는 것이 좋다.

- 데이터 모델의 유연성을 보장해야 하는 경우
- 서브타입 개체를 구분해서 처리하는 응용 프로그램과 구분 없이 처리하는 응용 프로그램의 수가 비슷한 경우
- 추후 다양한 응용 프로그램이 추가될 예정인 경우

슈퍼타입과 서브타입 개체를 기준으로 정제할 때는 [표 6-8]과 같은 순서로 진행한다.

표 6-8 슈퍼타입과 서브타입 개체 기준 정제 방법

순서	정제 방법
1	슈퍼타입과 서브타입 개체를 각각 **개별 개체 타입으로 분리**한다.
2	**슈퍼타입 개체의 기본키를 서브타입 개체의 기본키로 추가한다.**

예를 들어 정규직과 계약직을 확실히 구분해서 처리하는 응용 프로그램과 둘을 구분 없이 처리하는 응용 프로그램의 수가 비슷하고 추후 다양한 응용 프로그램이 추가될 예정이라면, 먼저 [그림 6-14]와 같이 슈퍼타입인 '직원' 개체와 서브타입인 '정규직' 및 '계약직' 개체를 각각 개별 개체로 분리한다.

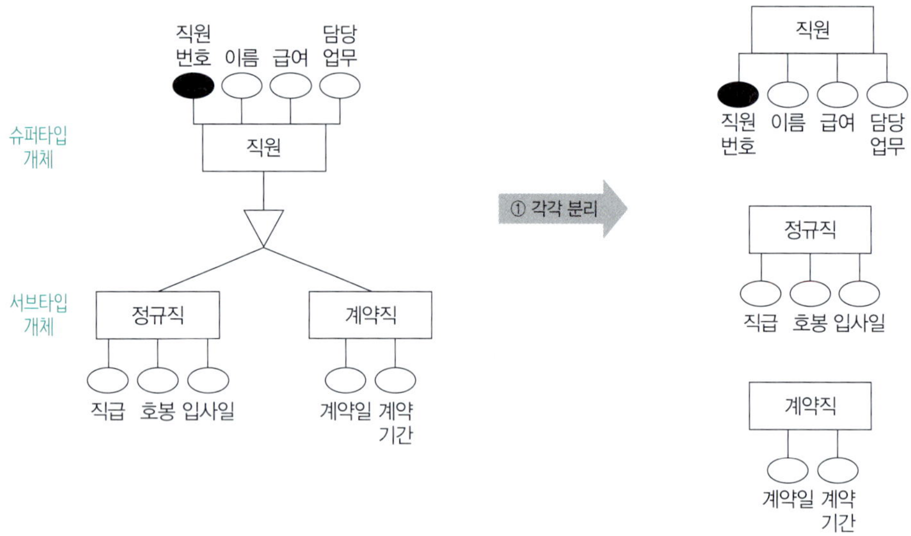

그림 6-14 슈퍼타입과 서브타입 개체 기준 정제 1단계 사례

다음으로, [그림 6-15]와 같이 슈퍼타입 개체의 기본키인 '직원번호' 속성을 서브타입 개체의 기본키로 추가한다. 이렇게 하면 추후 기본키를 이용해서 상호 참조할 수 있다.

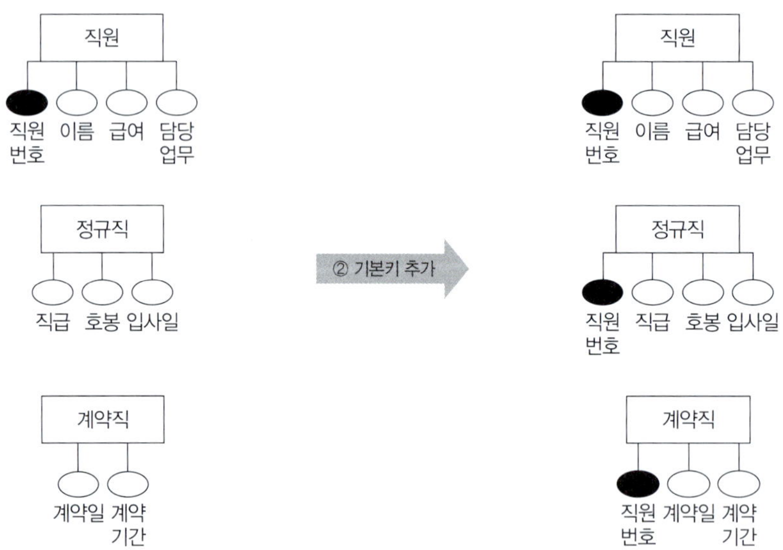

그림 6-15 슈퍼타입과 서브타입 개체 기준 정제 2단계 사례

06 카테고리 정제

더욱 완전한 ER 모델을 생성하려면 카테고리를 정제하는 작업도 중요하다.

1 카테고리 개념

4장에서 소개했듯이, 카테고리category는 별개의 개체 타입들의 집합을 의미한다. 예를 들면 '담보' 카테고리는 '부동산', '동산', '자동차'라는 서로 무관한 개체 타입의 합집합인 {부동산, 동산, 자동차}이고, 이를 ER 다이어그램으로 표현하면 [그림 6-16]과 같다. 실제로 DB에 등록되는 담보는 합집합인 {부동산, 동산, 자동차}의 부분집합이므로 카테고리가 서브타입 개체에 해당하고 '부동산', '동산', '자동차' 개체는 각각 카테고리의 멤버member이자 슈퍼타입 개체에 해당한다.

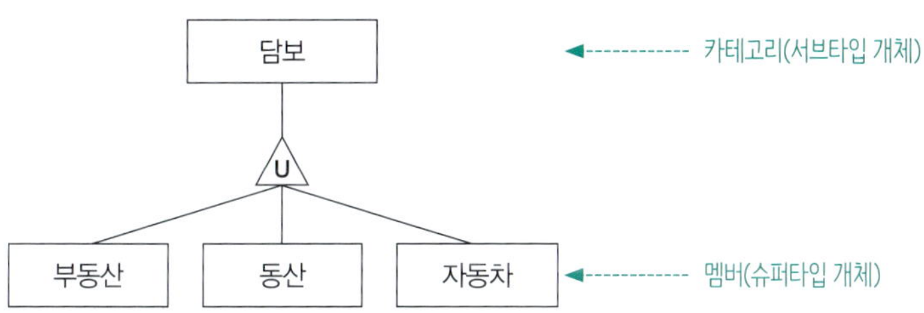

그림 6-16 담보 카테고리 표현

2 카테고리 정제 방법

카테고리를 정제하는 방법은 [표 6-9]와 같다.

표 6-9 카테고리 정제 방법

순서	정제 방법
1	카테고리(서브타입 개체)를 독립된 개체로 만들고, 기본키를 포함시킨다.
2	카테고리에 속하는 모든 개체 타입(슈퍼타입 개체)을 카테고리 개체와 각각 1:N 관계로 연결한다.

예를 들면 [그림 6-17]과 같이 '차량소유주'라는 카테고리를 독립된 개체로 만들어서 '개인'과 '법인'이라는 슈퍼타입 개체와 각각 1:N 관계로 연결한다. 즉, 하나의 차량 소유주는 단 하나의 개인 또는 법인과 관련되므로 개인 및 법인 개체는 1측에 해당하고, 하나의 개인 또는 법인은 하나 이상의 차량을 등록할 수 있으므로 차량소유주 개체는 관계의 N측에 해당한다. 특히, 카테고리를 독립된 개체로 만들 때 '등록번호'라는 기본키를 추가한 점에 유의해야 한다.

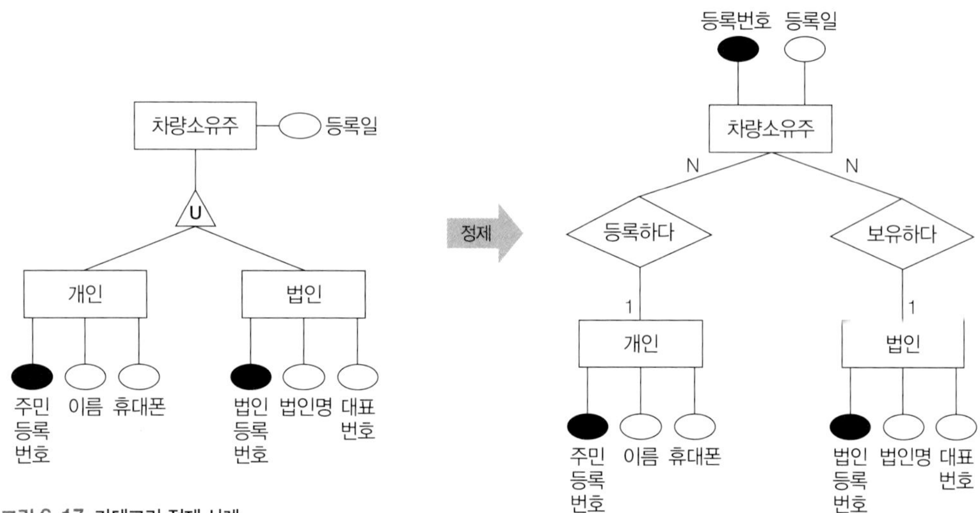

그림 6-17 카테고리 정제 사례

07 속성을 개체로 전환

ER 모델을 정제할 때 많은 개체 인스턴스가 널 값을 갖는 속성 그룹이 있는 경우 또는 많은 속성을 특징별로 그룹핑할 수 있는 경우에는 해당 속성들을 개체로 전환할 필요가 있다.

1 널 값을 갖는 속성 그룹 전환하기

많은 개체 인스턴스가 널null 값을 갖는 속성 그룹은 별도의 개체로 분리하고, 원래 개체와 1:1 관계로 연결하는 것이 바람직하다. 예를 들어 [그림 6-18]과 같이 '군번', '병과', '최종계급', '최종근무지'와 같은 군 이력 관련 속성 그룹을 포함하는 지원자 개체 타입의 경우, 미필자나 여성은 해당 속성들이 모두 널 값을 갖게 된다. 따라서 [그림 6-19]와 같이 군 이력 관련 속성들을 모아서 별도의 '군필자' 개체를 생성하고, 지원자 개체와 1:1 관계로 연결하는 것이 좋다. 만약 별도 개체로 분리한 속성 그룹에 기본키 속성이 없으면 기본키 역할을 할 설계 속성을 추가해야 한다. 이때 지원자 개체는 부분 참여가 되고, 군필자 개체는 전체 참여가 된다.

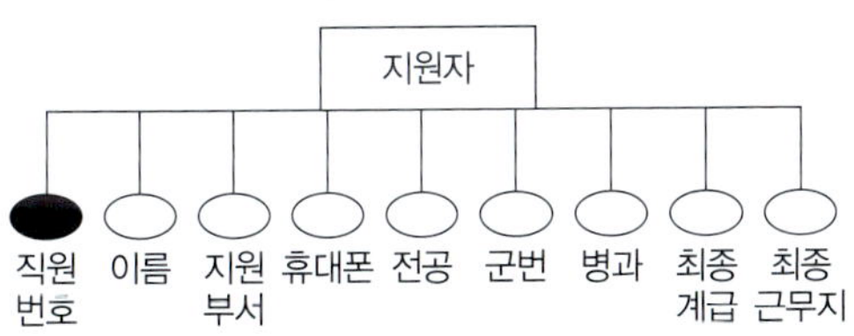

그림 6-18 군 이력 관련 속성을 포함하는 지원자 개체

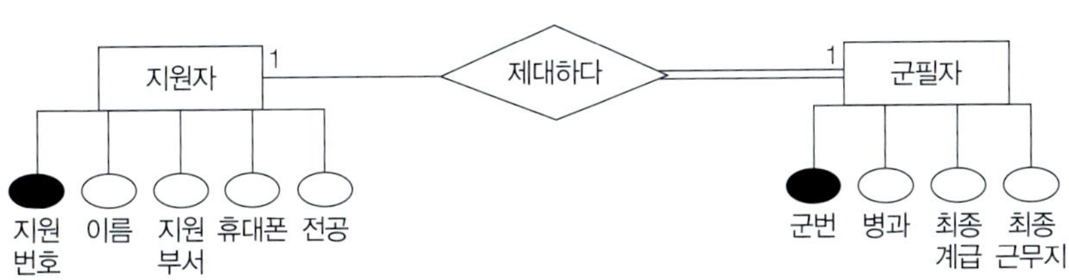

그림 6-19 널 값을 갖는 속성들을 개체로 변환한 사례

2 특징별 그룹핑이 가능한 속성 그룹 전환하기

속성의 수가 많으면서 특징별로 그룹핑할 수 있는 경우, 특징 그룹별로 별도의 개체로 분리할 수 있다. 예를 들면 [그림 6-20]과 같이 '사번', '이름' 등의 개인 신상 정보와 '호봉', '기본급' 등의 급여 정보, '최종학력', '전공' 등의 학력 정보로 그룹핑할 수 있는 많은 속성을 갖는 사원 개체의 경우, [그림 6-21]과 같이 '사원신상', '급여정보', '학력정보'라는 별도의 개체로 분리할 수 있다. 이때 분리한 각 개체에는 사원 개체와 동일한 기본키('사번')를 포함시켜서 상호 참조할 수 있도록 한다.

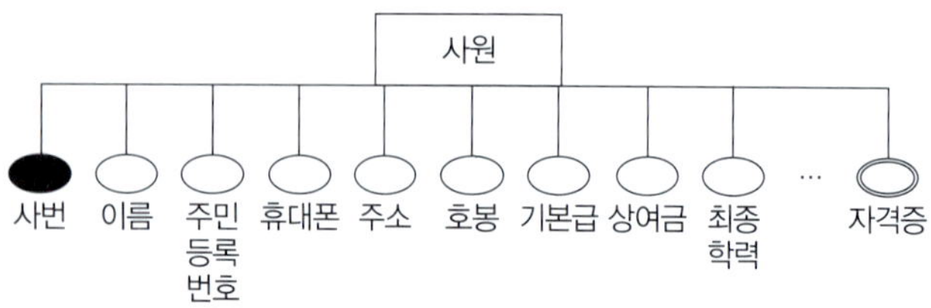

그림 6-20 개인 신상 정보, 급여 정보, 학력 정보를 포함하는 사원 개체

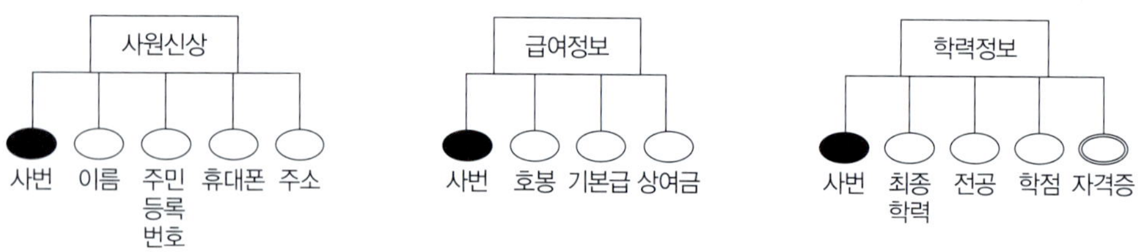

그림 6-21 사원신상, 급여정보, 학력정보라는 별도의 개체로 분리한 사례

또한 원래 사원 개체와 연결된 관계는 관련성에 따라 분리된 개체 가운데 하나를 선택해서 연결해야 한다.

08 개체 · 관계 · 속성 검증

더욱 완전한 ER 모델을 생성하려면 ER 모델에 포함된 개체, 관계, 속성이 적절한지 다시 한 번 검증할 필요가 있다.

1 개체 검증 방법

[표 6-10]과 같은 질문을 통해 개념적 스키마 모델링 단계에서 식별한 개체가 적절한지 검증한다. 필요하다면 질문을 얼마든지 추가할 수 있다.

표 6-10 개체 검증을 위한 질문

No.	질문 내용	응답
1	유용한 정보를 제공하는가?	예 / 아니요
2	다른 개체와 구분되는가?	예 / 아니요
3	기본키를 포함하고 있는가?	예 / 아니요
4	속성의 수가 2개 이상인가?	예 / 아니요
5	실제 데이터(개체 인스턴스)가 2개 이상 존재하는가?	예 / 아니요
6	다른 개체와 관련성이 있는가?	예 / 아니요

업무에 활용되지 않거나 데이터가 변하지 않는 개체는 유용한 정보를 제공하지 않으므로 삭제해야 한다. 다른 개체와 명확히 구분되지 않는 개체라면 이름만 다른 중복된 개체일 가능성이 크므로 이런 개체도 삭제한다. 기본키가 없는 개체는 데이터의 일관성과 무결성을 보장하지 못하므로 반드시 기본키 역할을 할 설계 속성을 추가해야 한다. 속성이 하나밖에 없는 개체는 다른 개체의 속성으로 표현하는 것이 바람직하다. 데이터가 하나밖에 없는 개체는 업무적으로 관리할 필요가 없는 개체일 가능성이 크기 때문에 삭제한다. 예를 들어 서울에 소재한 'ABC'라는 무역 회사의 DB를 구축하면서 (회사명, 주소, 연락처, 업종)이라는 속성으로 구성된 '회사'라는

개체 타입을 식별했다고 하자. 이 경우 실제로는 ('ABC', '서울시 강남구 언주로', '02-1234-5678', '무역')과 같은 데이터 하나만 존재하므로 굳이 '회사'라는 개체 타입을 관리할 필요가 없다. 또한 일부 코드 개체나 통계용 개체를 제외하면 모든 개체는 하나 이상의 다른 개체와 관계를 맺어야 한다. 다른 개체와 관계를 맺지 않는 개체라면 관계로 전환해야 할 가능성이 크다.

2 관계 검증 방법

[표 6-11]과 같은 질문을 통해 개념적 스키마 모델링 단계에서 식별한 관계가 적절한지 검증한다. 필요하다면 질문을 추가하거나 삭제할 수 있다.

표 6-11 관계 검증을 위한 질문

No.	질문 내용	응답
1	관계가 현재 업무 규칙에 적절한가?	예 / 아니요
2	관계 이름이 두 개체 사이의 업무적 연관성을 구체적으로 표현하는가?	예 / 아니요
3	관계의 유형이 적절한가?	예 / 아니요
4	관계의 카디널리티가 적절한가?	예 / 아니요
5	필수/선택 여부, 즉 전체 참여와 부분 참여가 적절한가?	예 / 아니요

관계 이름은 두 개체 간의 연관성을 표현하는 동사로 쓰는 것이 일반적이다. 특히, ER 다이어그램을 작성할 때 관계의 카디널리티나 전체 참여와 부분 참여 구분은 생략하는 경우가 많으므로 이때는 4번, 5번 질문을 삭제할 수 있다.

3 속성 검증 방법

[표 6-12]와 같은 질문을 통해 개념적 스키마 모델링 단계에서 식별한 속성이 적절한지 검증한다. 역시 필요하다면 질문을 얼마든지 추가할 수 있다.

표 6-12 속성 검증을 위한 질문

No.	질문 내용	응답
1	각각 다른 의미를 갖는 여러 개의 속성을 묶어서 하나의 속성으로 정의하였는가?	예 / 아니요
2	모든 개체가 동일한 값을 갖고 있는가?	예 / 아니요
3	코드 값을 갖는 속성의 경우, 현업에서 통상적으로 사용되는 코드 값을 갖는가?	예 / 아니요
4	전산 처리에 필요한 플래그(flag) 형태의 속성인가?	예 / 아니요

각각 다른 의미를 갖는 여러 개의 속성을 묶어서 하나의 속성으로 정의했다면 각각을 별개의 속성으로 구분해야 한다. 예를 들어 '연락처'라는 속성이 휴대폰 번호와 집 전화번호, 사무실 전화번호라는 세 가지 의미를 모두 포함하고 있다면 '휴대폰 번호'와 '집전화번호', '사무실전화번호'라는 3개의 속성으로 구분하는 것이 좋다. 모든 개체가 동일한 하나의 값만 갖는 속성이 있다면 제거해야 한다. 예를 들어 '한국인' 개체 타입의 '국적' 속성은 '대한민국'이라는 하나의 값만 가지므로 유명무실하다. 따라서 이런 속성은 삭제하는 것이 바람직하다. 만약 코드 값을 갖는 속성이 현업에서 통상적으로 사용되는 코드 값을 갖지 않는다면 오히려 현업에 혼란을 줄 수 있으므로 이때는 코드를 사용하지 않는 편이 좋다. 플래그flag란 어떤 상태의 진위를 나타낼 때 사용하는 값이나 변수를 의미한다. 예를 들면 사원별로 연봉 협상이 완료되었는지 표시하기 위한 '연봉협상여부' 속성은 모든 사원의 연봉 협상이 완료된 이후에는 불필요한 플래그 속성에 해당하므로 삭제하는 것이 바람직하다.

09 심화 요소를 활용한 개념적 스키마 모델링 사례

1 코드 개체와 약한 개체 활용 사례: 교수 업적 관리

교수의 실적 평가 및 승진 내역을 관리하기 위해 요구사항을 수집을 하여 [표 6-13]과 같은 데이터 요구 분석 명세서를 작성하였다.

표 6-13 교수 업적 관리를 위한 데이터 요구 분석 명세서

No.	요구 분석 내용
1	교수는 사번, 이름, 입사년도, 현 직급, 주민등록번호, 주소, 휴대폰 번호, 소속 학과, 연구실, 연구실 전화번호 정보가 필요하다
2	현 직급은 [표 6-14]와 같은 직급 코드로 표현한다.
3	각 교수의 실적 내역을 기초로 매년 1월 실적을 평가한다.
4	실적 평가 결과는 교육 점수, 연구 점수, 산학 점수 그리고 최종 등급으로 구성된다.
5	최종 등급은 1~5등급으로 구분된다.
6	각 교수의 실적 내역을 기초로 승진 여부를 평가한다.
7	승진 내역은 년월, 이전 직급, 승진 직급, 승진 소요 기간(월)을 포함한다.
8	실적 내역은 순번, 날짜(년월일), 실적 코드, 내용, 인정 점수를 포함한다.
9	실적 내역은 실적 평가와 승진의 기초가 된다.
10	실적 코드는 [표 6-15]와 같이 분류한다.
11	승진 여부 평가는 매년 3월과 9월에 수행한다.

표 6-14 교수 직급 코드

코드	직급명
1	조교수
2	부교수
3	정교수
4	대우교수
5	겸임교수
6	명예교수

표 6-15 교수 실적 코드

코드	실적 구분
01	국외논문
02	국내논문
03	교내연구과제
04	교외연구과제
…	…
75	저서

교수 업적을 관리하기 위한 개념적 스키마 모델링 과정과 결과는 다음과 같다.

[표 6-13]의 데이터 요구 분석 명세서에서 주어나 목적어로 표현된 개체 후보를 식별한 다음, 개체 후보를 검토해서 최종 선정한 개체 타입은 [표 6-16]과 같다.

표 6-16 교수 업적 관리를 위한 최종 개체 타입 목록

No.	개체 타입	속성 목록	비고	기본키
1	교수	사번, 이름, 입사년도, 현직급, 주민등록번호, 주소, 휴대폰, 소속학과, 연구실, 연구실전화번호		사번
2	직급코드	코드, 직급명	코드 개체	코드
3	실적평가결과	년도, 교육점수, 연구점수, 산학점수, 최종등급	약한 개체 (소유 개체: 교수)	년도(부분키)
4	승진내역	년월, 이전직급, 승진직급, 소요기간	약한 개체 (소유 개체: 교수)	년월(부분키)
5	실적내역	순번, 날짜, 실적코드, 내용, 인정점수	약한 개체 (소유 개체: 교수)	순번(부분키)
6	실적코드	코드, 실적구분	코드 개체	코드

[표 6-16]에서 알 수 있듯이 '실적평가결과', '승진내역', '실적내역' 개체는 모두 교수 개체 타입을 소유 개체로 하는 약한 개체다. 이들 약한 개체는 그 자체에 기본키 역할을 할 속성이 없으므로 소유 개체의 기본키인 '사번'에 자신의 부분키를 결합하여 기본키로 삼는다.

[표 6-13]의 데이터 요구 분석 명세서에서 개체 타입 간의 관련성을 표현하는 동사를 분석하여 관계 후보를 식별한 다음, 관계 후보를 검토하여 최종 선정한 관계 타입은 [표 6-17]과 같다.

일부 관계 이름은 개체 간의 관련성이 명확히 전달될 수 있도록 적절히 변경하였다.

표 6-17 교수 업적 관리를 위한 최종 관계 타입 목록

No.	관계	관련된 개체 타입 목록	관계 유형	관계 설명 속성	기본키
1	평가받다(식별관계)	교수, 실적평가결과	1 : n	-	{사번, 년도}
2	기록하다(식별관계)	교수, 승진내역	1 : n	-	{사번, 년월}
3	준비하다(식별관계)	교수, 실적내역	1 : n	-	{사번, 순번}

[표 6-17]에서 알 수 있듯이 식별된 관계는 모두 소유 개체와 약한 개체 사이의 식별 관계에 해당하며, 관계 유형은 모두 1:N이다.

[표 6-16]과 [표 6-17]을 기초로 하여 ER 다이어그램을 작성하면 [그림 6-22]와 같다. 개체는 모두 다른 개체와 하나 이상의 관련성이 있어야 하고, 코드 개체 역시 예외가 아니다. 이 사례에서 직급코드 개체는 교수 개체와, 실적코드 개체는 실적내역 개체와 관련성이 있다. 일반적으로 하나의 코드 개체가 여러 다른 개체와 관련성이 있는 경우가 많은데, 이 경우 코드 개체까지 모두 관계를 표현하면 ER 다이어그램의 관계선이 너무 복잡해져서 가독성이 나빠진다. 따라서 코드 개체에 대한 관계선은 생략하는 경우가 많다. [그림 6-22]에서도 '직급코드'와 '실적코드' 개체는 관계선을 생략하였다.

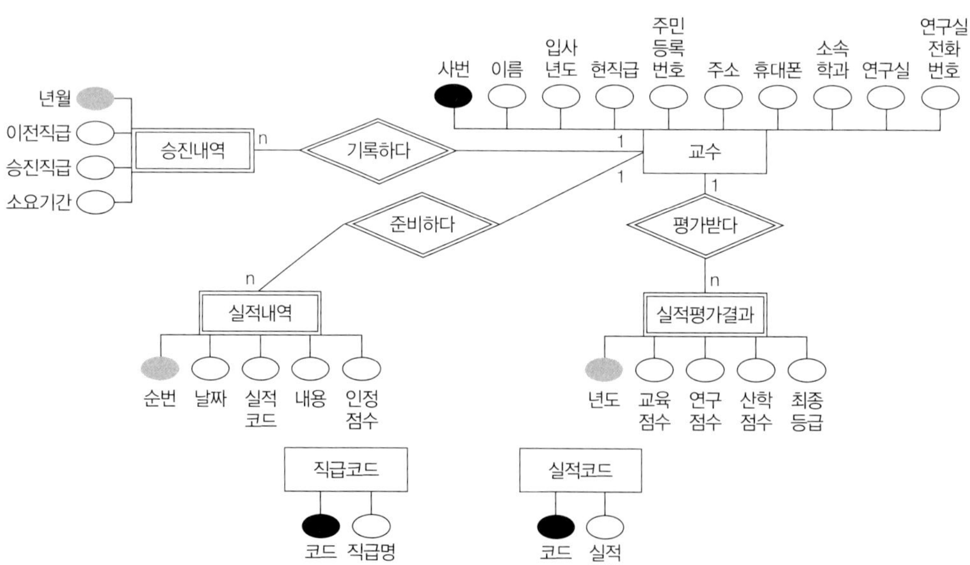

그림 6-22 교수 업적 관리를 위한 ER 다이어그램

2 순환 관계와 코드 개체 활용 사례: 클럽 회원 관리

회원 1명의 추천을 받아야 가입할 수 있는 클럽의 회원을 관리하기 위해 요구사항을 수집하여 [표 6-18]과 같은 데이터 요구 분석 명세서를 작성하였다.

표 6-18 클럽 회원 관리를 위한 데이터 요구 분석 명세서

No.	요구 분석 내용
1	다른 회원의 추천이 있어야 회원 가입이 가능하다.
2	회원은 회원 번호와 이름, 주소, 휴대폰, 가입일, 등급 정보가 필요하다.
3	회원 등급은 플래티늄, 블랙, 실버로 구분한다.
4	회원 등급별로 가입 회비는 각각 20만 원, 10만 원, 5만 원이다.
5	회원 등급별로 가입 회비는 변경될 수 있다.
6	회원을 추천한 회원이 누구인지 알 수 있어야 한다.
7	회원을 추천한 날짜도 기록한다.
8	1명의 회원이 최대 3명의 회원을 추천할 수 있다.

클럽 회원 관리를 위한 개념적 스키마 모델링 과정과 결과는 다음과 같다.

[표 6-18]의 데이터 요구 분석 명세서에서 주어로 표현된 '회원'과 '등급'을 개체 후보로 식별하고, 이 중 등급은 '등급코드'라는 코드 개체로 정의하여 [표 6-19]와 같은 최종 개체 타입을 선정하였다.

표 6-19 클럽 회원 관리를 위한 최종 개체 타입 목록

No.	개체 타입	속성 목록	비고	기본키
1	회원	회원번호, 이름, 주소, 휴대폰, 가입일, 등급_코드		회원번호
2	등급코드	코드, 등급, 회비	코드 개체	코드

[표 6-18]에서 회원과 회원 간의 추천하다 관계를 식별해서 [표 6-20]과 같은 관계 타입을 선정하였다. 회원과 등급코드 개체 간에도 '결정되다'라는 관련성을 식별할 수 있으나, 회원 개체 타입에 있는 '등급_코드' 속성의 값이 '등급코드' 개체에 의해 결정되므로 굳이 관계로 식별하지 않아도 된다.

표 6-20 클럽 회원 관리를 위한 최종 관계 타입 목록

No.	관계	관련된 개체 타입 목록	관계 유형	관계 설명 속성	기본키
1	추천하다	회원(추천회원), 회원(피추천회원)	1 : n(순환관계)	추천일	회원번호(피추천회원)

[표 6-20]에서 알 수 있듯이 추천하다 관계는 관련된 두 개체가 모두 회원 개체인 순환 관계다. [표 6-18]의 7번 요구 분석 내용에 기술된 추천 날짜, 즉 '추천일'을 관계의 설명 속성으로 식별하였다.

[표 6-19]와 [표 6-20]을 기초로 하여 ER 다이어그램을 작성하면 [그림 6-23]과 같다.

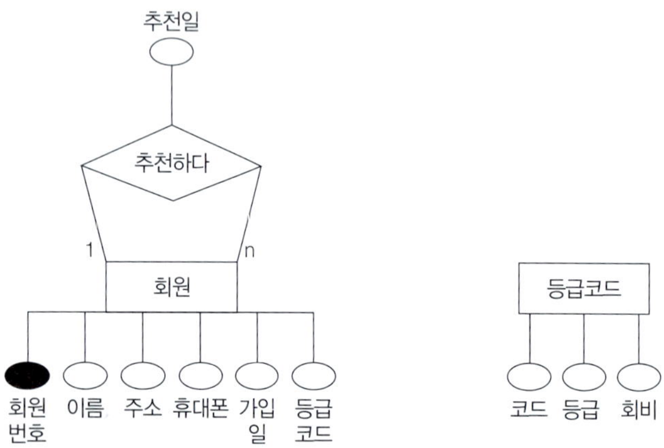

그림 6-23 클럽 회원 관리를 위한 ER 다이어그램

3 슈퍼-서브 타입 개체 활용 사례: 주방용품 업체 사원 관리

주방용품을 개발 · 생산 · 판매하는 어떤 업체의 사원을 관리하기 위해 [표 6-21]과 같은 데이터 요구 분석 명세서를 작성하였다.

표 6-21 주방용품 업체의 사원 관리를 위한 데이터 요구 분석 명세서

No.	요구 분석 내용
1	사원은 사번과 이름, 생년월일, 휴대폰, 입사일, 급여 정보가 필요하다.
2	사원의 업무에 따라 개발자, 생산자, 판매원으로 구분된다.
3	개발자는 최종 학력, 주전공 그리고 등록한 특허 정보가 필요하다.
4	개발자가 등록한 특허가 여러 개 있는 경우도 있다.
5	1개의 특허를 2명 이상의 개발자가 공동 등록할 수 있다.
6	특허는 특허 번호와 출원 번호, 출원일, 등록일, 발명 명칭 정보가 필요하다.
7	생산자는 정규직과 계약직으로 구분된다.
8	생산자는 공통적으로 경력 정보가 필요하다.
9	정규직 생산자는 직급과 직책 정보가 필요하다.
10	계약직 생산자는 계약일, 계약 기간과 주당 근무시간 정보가 필요하다.
11	판매원은 경력과 근무지 정보가 필요하다.
12	사원의 업무별로 급여 체계와 승진 시스템이 서로 다르다.
13	정규직 판매원과 계약직 판매원의 급여 체계도 서로 다르다.

이 업체의 사원 관리를 위한 개념적 스키마 모델링 과정과 결과는 다음과 같다.

[표 6-21]의 데이터 요구 분석 명세서에서 주로 주어로 표현된 개체 후보를 식별한 다음, 개체 후보를 검토하여 최종 선정한 개체 타입은 [표 6-22]와 같다.

표 6-22 주방용품 업체의 사원 관리를 위한 최종 개체 타입 목록

No.	개체 타입	속성 목록	비고	기본키
1	사원	사번, 이름, 생년월일, 휴대폰, 입사일, 급여		사번
2	개발자	최종학력, 주전공	사원의 서브 개체	사번
3	특허	특허번호, 출원번호, 출원일, 등록일, 발명명칭		특허번호
4	생산자	경력	사원의 서브 개체	사번
5	정규직생산자	직급, 직책	생산자의 서브 개체	사번
6	계약직생산자	계약일, 계약기간, 주당근무시간	생산자의 서브 개체	사번
7	판매원	경력, 근무처	사원의 서브 개체	사번

[표 6-22]에서 알 수 있듯이 개발자 · 생산자 · 판매원 개체는 모두 사원 개체의 서브 개체이고, 정규직생산자와 계약직생산자 개체는 생산자 개체의 서브 개체다.

[표 6-21]에서 개체 타입 간의 관련성을 표현하는 동사를 분석해서 관계 후보를 식별한 다음, 관계 후보를 검토하여 최종 선정한 관계 타입은 [표 6-23]과 같다.

표 6-23 주방용품 업체의 사원 관리를 위한 최종 관계 타입 목록

No.	관계	관련된 개체 타입 목록	관계 유형	관계 설명 속성	기본키
1	등록하다	개발자, 특허	m : n	-	{사번, 특허번호}

[표 6-22]와 [표 6-23]을 기초로 ER 다이어그램을 작성하면 [그림 6-24]와 같다.

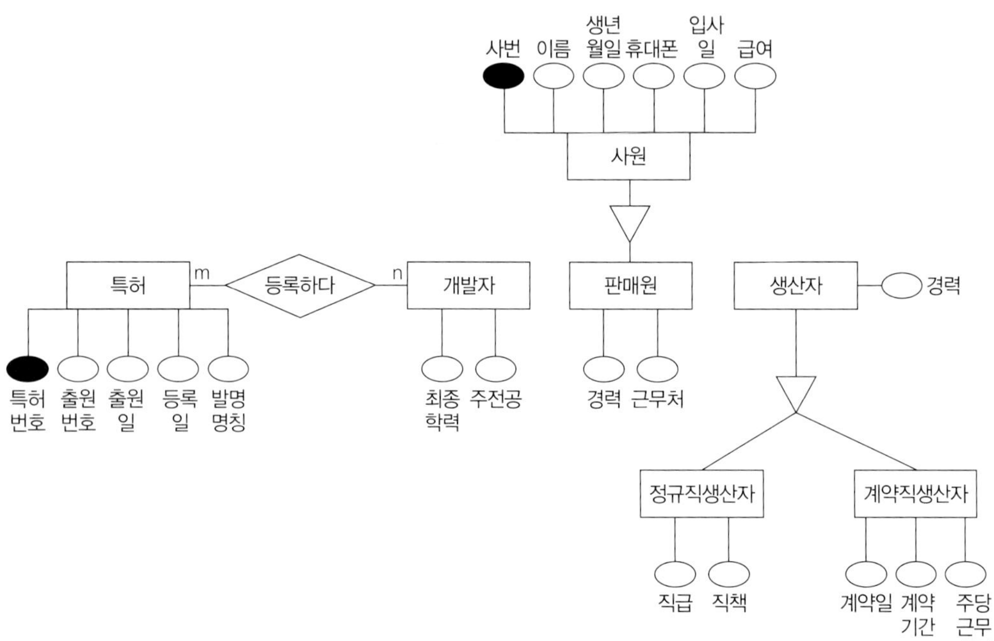

그림 6-24 주방 제품 업체의 사원 관리를 위한 ER 다이어그램

[표 6-21]의 12번과 13번 요구 분석 내용에 따르면 사원의 업무별로 급여 체계와 승진 시스템이 서로 다르고, 정규직 생산자와 계약직 생산자의 급여 체계도 서로 다르다. 따라서 대부분의 응용 프로그램이 개발자와 판매원, 정규직생산자와 계약직생산자라는 서브 타입 개체를 확실히 구분해서 처리한다고 판단할 수 있으므로 [그림 6-25]와 같이 서브 타입 개체를 기준으로 통합하여 ER 다이어그램을 정제할 수 있다.

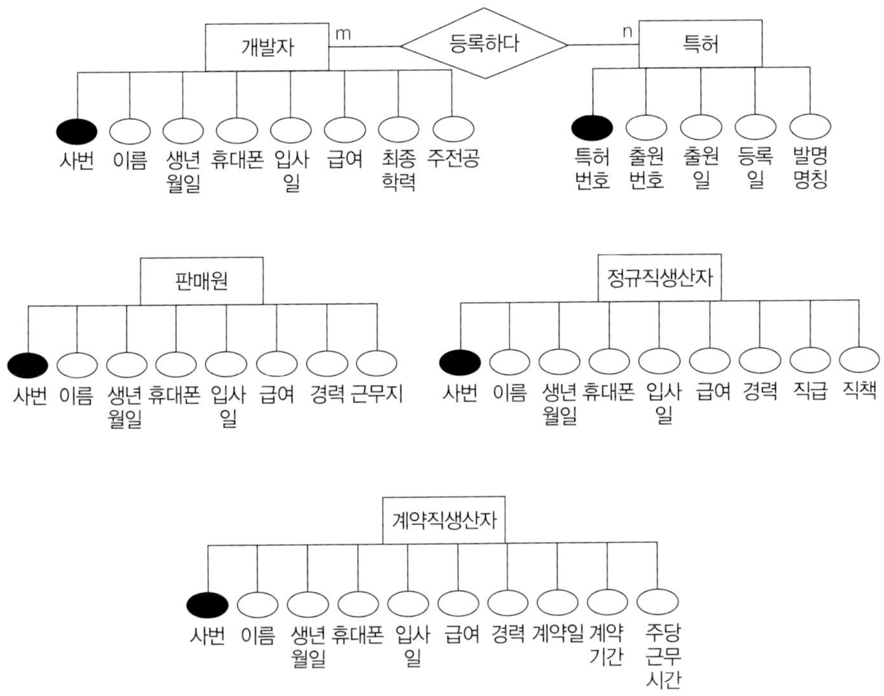

그림 6-25 주방용품 업체의 사원 관리를 위한 정제된 ER 다이어그램

4 약한 개체 활용 사례: 학습용 인터넷 게임 회원 관리

영어 학습용 인터넷 게임을 개발하는 회사에서 회원의 로그인/로그아웃 시간과 게임할 때마다 달성한 점수를 기록하고, 달성한 점수에 따라 등급을 구분하려고 한다. 이에 대한 요구사항을 수집하여 [표 6-24]와 같은 데이터 요구 분석 명세서를 작성하였다.

표 6-24 학습용 인터넷 게임 회사의 회원 관리를 위한 데이터 요구 분석 명세서

No.	요구 분석 내용
1	영어 학습용 게임을 하기 위해서는 회원 가입을 해야 한다.
2	회원 가입을 위해서는 id와 pw를 설정하고, 이름과 생년월일, 휴대폰 번호, 직업, 최종 학력을 필수적으로 입력해야 한다.
3	회원 등급은 월 단위로 달성한 점수의 평균을 기준으로 매월 1일 새로 결정한다.
4	회원 등급은 Gold, Silver, Bronze로 구분하고, 평균 90점 이상 달성하면 Gold, 평균 75점 이상 90점 미만 달성하면 Silver, 나머지는 Bronze 등급을 부여한다.
5	회원 등급의 변화 내역을 확인할 수 있어야 한다.
6	회원이 로그인한 시간과 로그아웃한 시간을 모두 기록해야 한다.
7	회원이 한 번 접속해서 게임을 여러 번 할 수 있다.
8	게임 점수는 회원이 게임을 한 번 종료할 때마다 기록한다.
9	각 회원의 월별 최고점과 최저점을 알 수 있어야 한다.
10	회원이 탈퇴하면 회원 정보와 로그인 기록 및 게임 점수를 모두 삭제한다.

게임 회원을 관리하기 위한 개념적 스키마 모델링 과정과 결과는 다음과 같다.

[표 6-24]의 데이터 요구 분석 명세서에서 주어나 목적어로 표현된 '게임', '회원', '회원등급', '게임점수', '로그인기록', '점수' 등을 개체 후보로 식별한 다음, 개체 후보를 검토하여 최종 선정한 개체 타입은 [표 6-25]와 같다.

표 6-25 학습용 인터넷 게임 회사의 회원 관리를 위한 최종 개체 타입 목록

No.	개체 타입	속성 목록	비고	기본키
1	회원	id, pw, 이름, 생년월일, 휴대폰, 직업, 최종학력		id
2	회원등급	년월, 평균점수, 등급	회원의 약한 개체	년월(부분키)
3	로그인기록	로그인일시, 로그아웃일시	회원의 약한 개체	로그인일시(부분키)
4	게임점수	종료일시, 점수	회원의 약한 개체	종료일시(부분키)

[표 6-24]에서 주로 동사로 표현된 개체 타입 간의 관련성을 분석해서 관계 후보를 식별한 다음, 관계 후보를 검토하여 최종 선정한 관계 타입은 [표 6-26]과 같다.

표 6-26 학습용 인터넷 게임 회사의 회원 관리를 위한 최종 관계 타입 목록

No.	관계 타입	관련된 개체 타입 목록	관계 유형	관계 설명 속성
1	접속하다(식별관계)	회원, 로그인기록	1:n	-
2	기록하다(식별관계)	회원, 게임점수	1:n	-
3	결정하다(식별관계)	회원, 회원등급	1:n	-

[표 6-25]와 [표 6-26]을 기초로 하여 ER 다이어그램을 작성하면 [그림 6-26]과 같다.

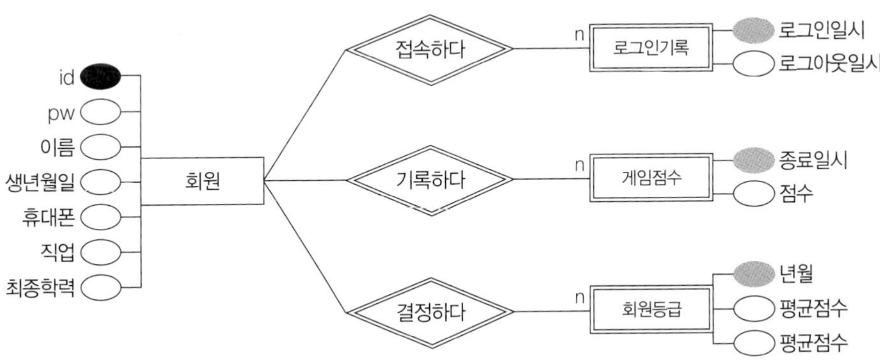

그림 6-26 학습용 인터넷 회사의 회원 관리를 위한 ER 다이어그램

개념퍼즐

가로 →

4 별개의 개체 타입들의 집합

5 원래는 존재하지 않았지만 필요에 따라 설계자가 추가한 속성

8 두 개체 간의 M : N 관계로 인해 생성되는 개체

10 독립적으로 존재하지 못하고 소유 개체가 있어야 존재할 수 있는 개체

11 관계를 맺고 있는 두 개체 타입에서 한 개체 타입의 일부 개체 인스턴스만 다른 개체 타입의 개체 인스턴스와 연관되는 것

세로 ↓

1 한 개체가 다른 개체가 아닌 자기 자신과 맺는 관계

2 업무로부터 도출된 일반적인 속성

3 다른 속성으로부터 계산 등의 가공 처리를 하여 생성된 속성

6 두 개체 간에 존재하는 2개 이상의 관계

7 키 개체 간의 업무적 관련성으로 인해 생성되는 개체

9 정보를 간단히 표현하기 위한 기호를 나타내는 개체

연습문제

01 다음 중 개체 심화 요소에 대한 설명으로 적절하지 않는 것은?

① 키 개체는 다른 개체의 부모 개체가 되므로 가장 먼저 추출해야 한다.

② 관계 개체는 ER 모델에서 대개 관계에 해당한다.

③ 코드 개체는 정보를 간단히 표현하기 위한 기호를 나타내는 개체다.

④ 약한 개체는 소유 개체가 있어야 존재할 수 있는 개체다.

02 키 개체와 메인 개체의 차이점을 설명하시오.

03 관계 개체와 메인 개체의 차이점을 설명하시오.

04 다음과 같은 병렬 관계를 직렬 관계로 변환하여 ER 다이어그램으로 표현하시오.

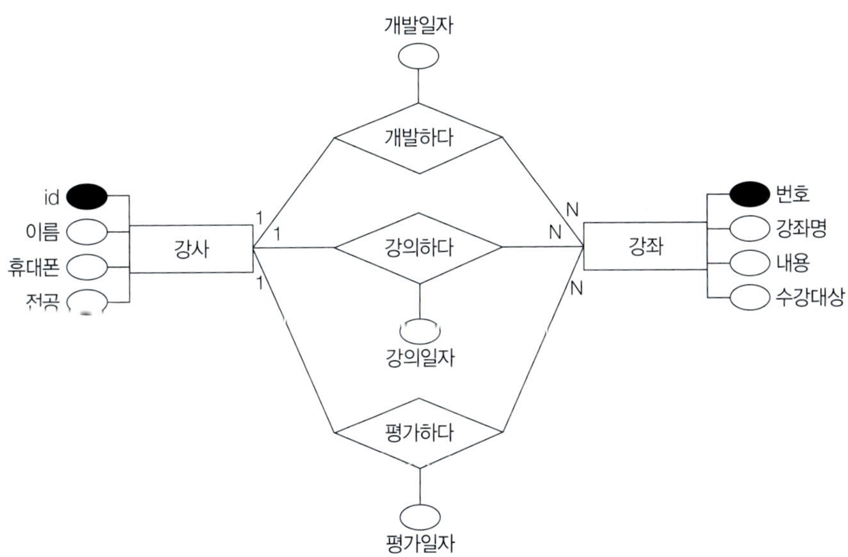

05 ( ) 안에 적합한 단어는?

원래 존재하지는 않았지만 필요에 따라 설계자가 추가한 속성을 (　　　　　　　) 속성이라고 한다.

06 슈퍼-서브 타입을 정제할 때 어떤 경우에 슈퍼타입 개체를 기준으로 통합하는지 설명하시오.

07 일반회원과 VIP회원을 처리하는 모든 응용 프로그램이 명확히 구분되고, 추후 추가될 응용 프로그램도 마찬가지다. 아래 슈퍼-서브 타입을 바르게 정제한 결과를 ER 다이어그램으로 표현하시오.

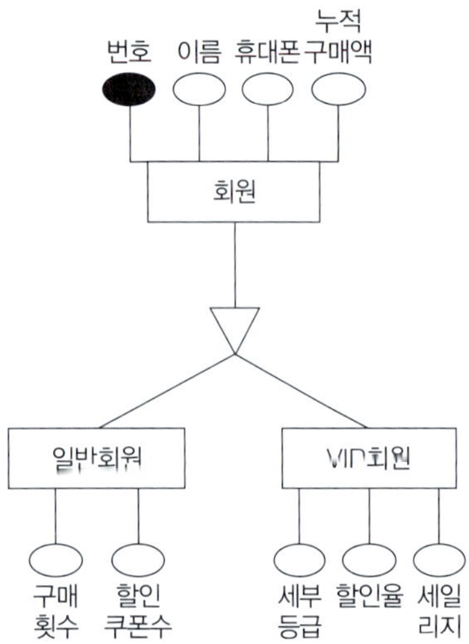

08 사원 가운데 일부는 관리자이므로 유일한 '관리자번호'와 '직책', '임명일자', '임명기간' 속성이 필요하여 아래와 같이 사원 개체를 표현했는데, 사원 가운데 관리자의 비율은 5% 미만이다. 이 ER 모델을 좀 더 효율적으로 정제해서 ER 다이어그램으로 표현하시오.

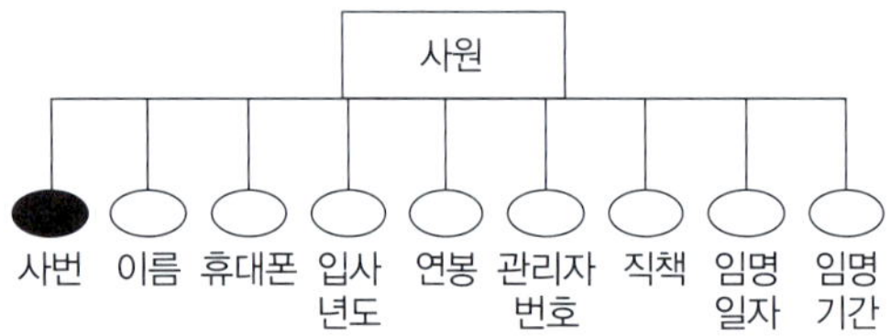

09 다음과 같이 책을 분류하기 위한 도서 코드code 개체 타입을 ER 다이어그램으로 표현하시오.

> 도서 코드
> 1: 인문, 2: 공학, 3: 미술, 4: 음악, 5: 취미, ...

10 다음 중 속성을 검증하는 방법으로 적절하지 않는 것은?

① 각각 의미가 다른 여러 개의 속성을 묶어서 하나의 속성으로 정의한 것이라면 다중치 속성으로 표현해야 한다.

② 모든 개체가 동일한 하나의 값만 갖는 속성이 있다면 제거해야 한다.

③ 코드 값을 갖는 속성이 현업에서 통상적으로 사용되는 코드 값이 아니면 코드 사용을 삼가야 한다.

④ 전산 처리에 필요한 플래그flag 형태의 속성은 제외해야 한다.

실습문제

01 어떤 자동차 보험회사에서 고객이 등록한 자동차의 사고 내역을 관리하려고 한다. 제공한 요구 수집 및 분석 결과를 기초로 하여 개념적 설계(개념적 스키마 모델링과 트랜잭션 모델링) 과정을 완성하시오.

요구 수집 및 분석 내용

1 자동차 보험회사의 DB 구축을 위한 요구 수집 명세서

No.	요구 수집 내용	수집 일자	정보 제공자	수집 담당자
1	보험회사 김용수 대리와 업무 전반에 대해 인터뷰함 [첨부1] 김용수 대리 인터뷰 내용 요약	2024. 9. 23.	김용수	강정민
2	보험회사 안민호 차장과 질의 응답을 통해 업무 내용을 명확히 결정함 [첨부2] 안민호 차장과 질의응답 내용 요약	2024. 9. 24.	안민호	강정민
3	2024년 8월 자동차 등록 카드 샘플 수집함 [첨부3] 자동차 등록 카드 샘플	2024. 9. 25.	김용수	박문구
4	2024년 8월 고객 등록 카드 샘플 수집함 [첨부4] 고객 등록 카드 샘플	2024. 9. 25.	김용수	박문구
5	2024년 8월 사고 내역 수집함 [첨부5] 사고 내역 샘플	2024. 9. 25.	김용수	박문구

[첨부 1] 김용수 대리 인터뷰 내용 요약

내용: 보험회사 업무 전반에 대해 김용수 대리와 인터뷰한 내용을 요약함
일자: 2024. 9. 23.
장소: 보험회사 회의실
참석자: 보험회사 김용수 대리, DB 개발자 강정민

No.	인터뷰 주요 내용
1	고객은 고객 번호와 이름, 휴대폰 번호, 주소 정보를 관리한다.
2	고객은 일반인과 사업자로 구분한다.
3	자동차는 등록 번호와 차종, 차명, 모델년도 정보가 필요하다.
4	사고가 발생하면 사고 번호와 발생 일시, 장소, 사고 내용, 과실 비율 정보를 기록한다.
5	일반인 고객과 사업자 고객의 보험 처리 프로세스는 서로 다르다.

[첨부 2] 안민호 차장과의 질의 응답 내용 요약

내용: 불명확한 업무 내용을 명확히 하기 위해 김용수 차장과 질의 응답한 내용을 요약함
일자: 2024. 9. 24.
장소: 보험회사 회의실
참석자: 보험회사 김용수 차장, DB 개발자 강정민

No.	질문 내용	응답 내용
1	일반인 고객과 사업자 고객을 구분하는 이유가 있나요?	보험 가입 조건이 달라서 업무가 서로 분리되어 있음
2	사업자 고객은 어떤 특징이 있나요?	사업자등록번호와 업종, 주당 평균 운행 거리 정보가 추가로 필요함
3	일반인 고객만 갖는 특징도 있나요?	차량의 주요 용도와 직장 정보가 추가로 필요함
4	여러 대의 자동차를 등록하는 고객이 있나요?	있음
5	보험을 갱신하지 않으면 자동차 정보를 삭제해도 되나요?	예
6	보험 처리가 끝나면 사고 기록을 삭제하나요?	아니요

* [첨부3]~[첨부5]는 생략하였음

실습문제

2 업무 영역 분할도

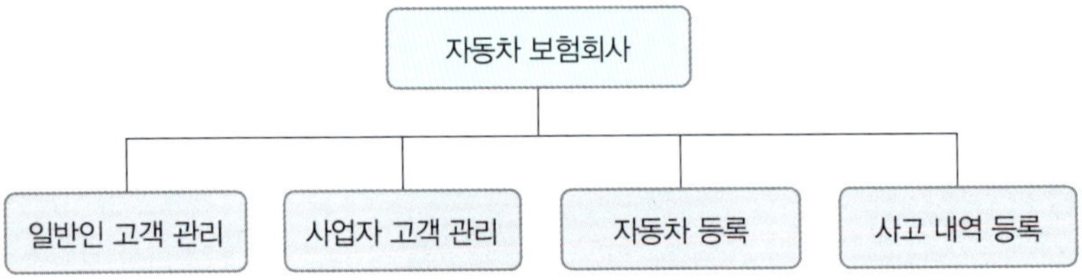

* 보험 처리 업무는 고려하지 않았음

3 데이터 요구 분석 명세서

- 공동사항

No.	요구 분석 내용
1	고객은 일반인과 사업자로 구분한다.
2	고객의 고객 번호와 이름, 휴대폰 번호, 주소를 관리한다.
3	추후 보험 처리에 필요한 정보만 필요하다.
4	회사 및 업무 담당자 정보는 고려하지 않는다.

- 일반인 고객 관리 업무를 위한 데이터 요구 분석 명세서

No.	요구 분석 내용
1	일반인 고객의 고객 번호와 이름, 휴대폰 번호, 주소를 관리한다.
2	일반인 고객은 자동차의 주요 용도와 직장명 정보를 추가로 관리한다.
3	자동차의 주요 용도는 출퇴근용과 주말용으로 구분한다.
4	일반인 고객은 여러 대의 자동차를 등록할 수 있다.
5	자동차를 여러 대 등록한 경우, 각 자동차의 용도가 다를 수 있다.
6	각 자동차를 등록한 날짜 정보도 필요하다.

• 사업자 고객 관리 업무를 위한 데이터 요구 분석 명세서

No.	요구 분석 내용
1	사업자 고객의 고객 번호와 이름, 휴대폰 번호, 주소를 관리한다.
2	사업자 고객은 사업자등록번호와 업종, 자동차의 주당 평균 운행 거리 정보가 추가로 필요하다.
3	업종은 여객운송업, 화물운송업, 유통업, 배달업, 택시업 등으로 구분한다.
4	한 사업자 고객이 다수의 자동차를 등록할 수 있다.
5	다수를 등록한 경우 각 자동차의 주당 평균 운행 거리 정보가 다를 수 있다.
6	각 자동차를 등록한 날짜 정보도 필요하다.

• 자동차 등록 업무를 위한 데이터 요구 분석 명세서

No.	요구 분석 내용
1	자동차는 등록 번호와 차종, 차명, 모델년도 정보가 필요하다.
2	고객이 자동차를 등록한 날짜 정보도 필요하다.
3	일반인 고객의 자동차인 경우 차량별 주요 용도가 필요하다.
4	일반인 고객이 자동차의 주요 용도를 변경할 수 있다.
5	자동차의 주요 용도를 변경하려면 업무 담당자의 승인이 필요하다.
6	업무 담당자가 자동차의 주요 용도의 변경을 승인한 후에는 최소 3개월이 지나야 다시 변경할 수 있다.
7	사업자 고객의 자동차인 경우 차량별 주당 평균 운행 거리 정보가 필요하다.

• 사고 내역 등록 업무를 위한 데이터 요구 분석 명세서

No.	요구 분석 내용
1	사고가 발생하면 사고 번호와 발생 일시, 장소, 사고 내용, 과실 비율 정보를 기록한다.
2	사고가 발생하면 유일한 사고 번호를 부여한다.
3	사고 내용과 과실 비율은 변경될 수 있으나 사고 처리 완료 이후에는 변경할 수 없다.
4	자동차를 삭제하면 자동차 정보와 사고 기록도 삭제한다.
5	사고별로 사고 처리 진행 상황을 기록한다.
6	사고 처리 진행 상황은 '처리중' 또는 '완료'로 구분한다.

4 트랜잭션 요구 분석 명세서

• 일반인 고객 관리 업무를 위한 트랜잭션 요구 분석 명세서

No.	요구 분석 내용
1	신규 일반인 고객 정보를 삽입한다.
2	탈퇴한 일반인 고객 정보는 삭제한다.
3	일반인 고객은 자신의 주소나 휴대폰 번호, 직장명을 직접 갱신할 수 있다.
4	일반인 고객은 자신이 등록한 자동차 정보를 검색할 수 있다.
5	일반인 고객은 자신의 사고 내역을 확인할 수 있다.
6	업무 담당자가 일반인 고객 정보를 검색할 수 있다.
7	업무 담당자가 월별 신규 일반인 고객 정보를 검색할 수 있다.

• 사업자 고객 관리 업무를 위한 트랜잭션 요구 분석 명세서

No.	요구 분석 내용
1	신규 사업자 고객 정보를 삽입한다.
2	탈퇴한 사업자 고객 정보는 삭제한다.
3	사업자 고객은 자신의 주소나 휴대폰 번호를 직접 갱신할 수 있다.
4	사업자 고객은 자신이 등록한 자동차 정보를 검색할 수 있다.
5	사업자 고객은 자신의 사고 내역을 확인할 수 있다.
6	업무 담당자가 사업자 고객 정보를 검색할 수 있다.
7	업무 담당자가 사업자 고객의 업종과 사업자등록번호를 갱신할 수 있다.
8	업무 담당자가 월별 신규 사업자 고객 정보를 검색할 수 있다.

• 자동차 등록 업무를 위한 트랜잭션 요구 분석 명세서

No.	요구 분석 내용
1	고객은 자신의 자동차 정보를 새로 삽입할 수 있다.
2	고객은 자신이 등록한 자동차 정보를 검색할 수 있다.
3	사업자 고객이 등록한 자동차의 주당 평균 운행 거리 정보는 갱신할 수 없다.
4	업무 담당자는 등록된 자동차 목록을 월별로 검색할 수 있다.
5	업무 담당자는 등록된 자동차 목록을 일별로 검색할 수 있다.
6	업무 담당자는 일반인 고객의 자동차 용도 변경 신청을 승인할 수 있다.
7	업무 담당자는 폐차된 자동차 정보를 삭제한다.

• 사고 내역 등록 업무를 위한 트랜잭션 요구 분석 명세서

No.	요구 분석 내용
1	사고가 발생하면 업무 담당자가 사고 관련 정보를 삽입한다.
2	업무 담당자가 사고 정보를 입력할 때 유일한 사고 번호가 자동으로 삽입된다.
3	업무 담당자가 자동차별로 사고 기록을 검색할 수 있다.
4	업무 담당자가 사고 내용과 과실 비율을 갱신할 수 있다.
5	업무 담당자가 자동차를 삭제하면 해당 사고 기록도 같이 삭제한다.
6	업무 담당자가 사고 처리 완료된 사고 기록만 따로 검색할 수 있다.

실습문제

개념적 설계 과정 완성하기

(1) 개념적 스키마 모델링

1 개체 후보 식별

* 개체 후보 수는 얼마든지 가감될 수 있음

No.	개체 후보	No.	개체 후보
1		6	
2		7	
3		8	
4		9	
5		10	

2 개체 후보 검토

* 개체 후보 수는 얼마든지 가감될 수 있음

No.	개체 후보	데이터 수	주요 속성	비고	개체 타입 선정 여부
1					
2					
3					
4					
5					
6					
7					
8					
9					
10					

3 개체 타입 선정

* 개체 타입 수는 얼마든지 가감될 수 있음

No.	개체 타입	속성 목록
1		
2		
3		
4		
5		

4 관계 후보 식별

* 관계 후보 수는 얼마든지 가감될 수 있음

No.	관계 후보	관련된 개체 목록
1		
2		
3		
4		

5 관계 후보 검토

* 관계 후보 수는 얼마든지 가감될 수 있음

No.	관계 후보	관련된 개체 목록	비고	관계 타입 선정 여부
1				
2				
3				
4				

6 관계 타입 선정

* 관계 타임 수는 얼마든지 가감될 수 있음

No.	관계 타입	관련된 개체 목록	관계 유형	관계 설명 속성
1				
2				
3				
4				

실습문제

7 최종 개체 타입 결정

* 최종 개체 타입 수는 얼마든지 가감될 수 있음

No.	개체 타입	속성 목록	식별자
1			
2			
3			
4			

8 최종 관계 타입 결정

* 최종 관계 타입 수는 얼마든지 가감될 수 있음

No.	관계 타입	관련된 개체 목록	관계 유형	관계 설명 속성
1				
2				
3				
4				

9 ER 다이어그램 작성

(2) 트랜잭션 모델링

1 일반인 고객 관리 업무 관련 유형별 트랜잭션

* 유형별로 하나 이상의 트랜잭션이 존재하거나 없을 수 있음

유형	트랜잭션
삽입	
삭제	
갱신	
검색	
혼합	

2 사업자 고객 관리 업무 관련 유형별 트랜잭션

유형	트랜잭션
삽입	
삭제	
갱신	
검색	
혼합	

3 자동차 등록 업무 관련 유형별 트랜잭션

유형	트랜잭션
삽입	
삭제	
갱신	
검색	
혼합	

실습문제

4 사고 내역 등록 업무 관련 유형별 트랜잭션

유형	트랜잭션
삽입	
삭제	
갱신	
검색	
혼합	

5 운영상의 제약사항 정의

* 제약사항은 얼마든지 추가될 수 있음

번호	제약사항
1	
2	
3	

CHAPTER 07
관계 데이터 모델

학습목표

- 관계 데이터 모델을 정의할 수 있다.
- 관계 데이터 모델의 주요 용어들을 설명할 수 있다.
- 릴레이션의 특징을 나열할 수 있다.
- 키의 종류를 나열하고, 각각의 특징을 설명할 수 있다.
- 무결성 제약조건에 대해 설명할 수 있다.

01 관계 데이터 모델 개요

관계 데이터 모델relational data model은 DB를 2차원 테이블table, 즉 릴레이션relation의 집합으로 모델링하는 논리적 데이터 구조로, 1970년에 IBM의 코드E. F. Codd 박사가 처음 제안하였다. 외형적으로 보면 단순한 2차원 테이블 구조이지만, 이론적으로 보면 수학의 릴레이션과 집합set 개념을 근간으로 하는 구조다. 2차원 테이블은 행row과 열column로 구성되는데, 행은 레코드record에 해당하고 열은 필드filed 또는 항목item에 해당한다. 테이블의 첫 행, 즉 맨 윗줄에는 각 열의 이름을 표시한다. 이런 형태의 테이블을 관계 데이터 모델에서는 '릴레이션'이라고 부른다. 예를 들면 관계 데이터 모델에서 사원 릴레이션은 [그림 7-1]과 같은 2차원 테이블 형태로 표현할 수 있다.

사원 릴레이션

사번	이름	입사일	부서	휴대폰
1101	김정아	2021-03-02	100	010-3452-0022
1102	이기원	2021-03-15	100	010-1478-1287
1103	박영종	2022-01-10	200	010-3214-1234
1201	최강희	2022-09-01	300	010-1122-3344
1202	조현수	2023-10-05	100	010-5566-4321
1203	박제성	2023-03-01	200	010-3452-3457
1312	김민수	2023-07-15	300	010-2340-0023
1314	이정숙	2024-01-10	200	010-3420-0991

그림 7-1 사원 릴레이션 사례

관계 데이터 모델의 특징은 다음 두 가지로 요약할 수 있다.

- 개체와 관계가 모두 2차원 테이블, 즉 릴레이션으로 표현된다.
- ER 모델을 관계 데이터 모델로 변환하는 것이 매우 쉽다.

하지만 일반적인 테이블 개념과 릴레이션 개념이 정확히 일치하는 것은 아니다. 릴레이션과 테이블의 차이점은 다음 세 가지로 요약할 수 있다.

- 릴레이션은 다소 추상적인 개념abstract concept이고, 테이블은 릴레이션을 표현하는 구체적인 표현 방법이다.
- 하나의 릴레이션은 여러 형태의 테이블로 표현될 수 있다.
- 테이블은 중복되는 행을 허용하지만, 릴레이션은 수학의 집합 개념을 기초로 하므로 중복되는 행을 허용하지 않는다.

관계 데이터 모델과 관련된 주요 용어를 정리하면 [표 7-1]과 같다.

표 7-1 관계 데이터 모델 관련 주요 용어들

용어	의미
투플 (tuple)	릴레이션의 각 행(row)을 의미하며, 개체 인스턴스(entity instance)에 대응한다.
속성 (attribute)	릴레이션의 각 열(column)을 의미하며, 이름을 가진 정보의 가장 작은 논리적인 단위다.
도메인 (domain)	하나의 속성이 취할 수 있는 모든 값의 집합을 의미한다. (데이터 타입, 크기, 형식, 제한 범위, Not Null 여부 등으로 정의됨)
기수 (cardinality)	하나의 릴레이션이 갖는 투플의 수를 의미한다.
차수 (degree)	하나의 릴레이션이 갖는 속성의 수를 의미한다.
릴레이션 (relation)	행과 열로 구성된 2차원 테이블 구조로서, 릴레이션 스키마와 릴레이션 인스턴스가 합쳐진 개념이다. (릴레이션 = 릴레이션 스키마 + 릴레이션 인스턴스)
릴레이션 스키마 (relation schema)	릴레이션을 구성하는 속성들의 집합을 의미한다.
릴레이션 인스턴스 (relation instance)	릴레이션을 구성하는 투플들의 집합을 의미한다.
키 (key)	투플들을 유일(unique)하게 식별할 수 있는 속성 또는 속성들의 집합을 의미한다.

예를 들어 대학 동아리의 회원 릴레이션에서 주요 용어들을 살펴보면 [그림 7-2]와 같다.

그림 7-2 대학 동아리의 회원 릴레이션에서 본 주요 용어들

[그림 7-2]의 회원 릴레이션에서 릴레이션 스키마는 간단히 '회원(회원번호, 이름, 학년, 학과)'와 같이 리스트list 형태로 표현할 수 있다. 릴레이션 인스턴스는 5개의 투플로 구성되어 있다. 즉, {(001, 김민수, 3, 디자인), (005, 이영미, 4, 컴퓨터), (017, 장명희, 3, 전자), (025, 송도민, 2, 전기), (120, 민현주, 1, 컴퓨터)}와 같이 5개의 투플로 구성된 집합이다. 회원번호의 도메인이 3자리 정수이므로 1부터 999까지 표현할 수 있다. 학년 도메인의 경우 정수 1자리면 충분하다. 회원 릴레이션의 현재 기수는 5이고, 차수는 4이며, '회원번호' 속성이 키가 될 수 있다. 현재 데이터만 보면 '이름' 속성으로도 회원들을 유일하게 식별할 수 있지만, 향후 이름이 동일한 회원이 추가될 수 있으므로 이름 속성은 키로 적합하지 않다. 이처럼 키 속성은 현재 데이터만 고려해서 결정하면 안 된다.

02 릴레이션의 개념과 특성

릴레이션이란 행과 열로 구성된 2차원 테이블 구조로서, 릴레이션 스키마와 릴레이션 인스턴스가 합쳐진 개념이다.

> 릴레이션 = 릴레이션 스키마 + 릴레이션 인스턴스

1 릴레이션 스키마

릴레이션 스키마relation schema는 릴레이션을 구성하는 속성들의 집합이다. 릴레이션 R이 n개의 도메인(D_1, D_2, ⋯, D_n)에 대해 정의될 때, 릴레이션 스키마는 릴레이션 이름 R과 속성들 A_1, A_2, ⋯, A_n의 집합으로 구성되며, 편의상 R(A_1, A_2, ⋯, A_n)으로 표기한다.

> 릴레이션 R의 릴레이션 스키마
> = R(A_1, A_2, ... , A_n)

이때 속성 Ai의 값은 도메인 D_i와 정확히 대응해야 한다. 릴레이션 스키마는 시간이 흘러도 변하지 않는 정적인 성질을 띠며, 릴레이션 타입과 같은 의미를 갖는다. 릴레이션 스키마는 릴레이션 내포intension 또는 릴레이션 스킴scheme이라고도 부른다.

릴레이션 스키마를 정의하는 방법에는 도메인을 정의한 다음 정의된 도메인을 이용해서 정의하는 빙법, 도메인 정의를 생략하고 속성 이름과 함께 도메인을 직접 기술하는 방법이 있다. 예를 들어 [그림 7–3]의 사원 릴레이션에 대한 릴레이션 스키마를 정의할 때 [그림 7–4]처럼 먼저 도메인을 정의한 다음, 정의된 도메인을 이용해서 정의할 수 있다. 또는 [그림 7–5]와 같이 별도의 도메인 정의를 생략하고, 속성 이름과 함께 도메인을 직접 기술할 수도 있다. 즉 INTEGER(4), CHAR(20), INTEGER(3), DATE가 각각 해당 속성의 도메인에 해당한다. 일반적으로 도메인 정의를 생략한 [그림 7–5]의 방법을 사용한다.

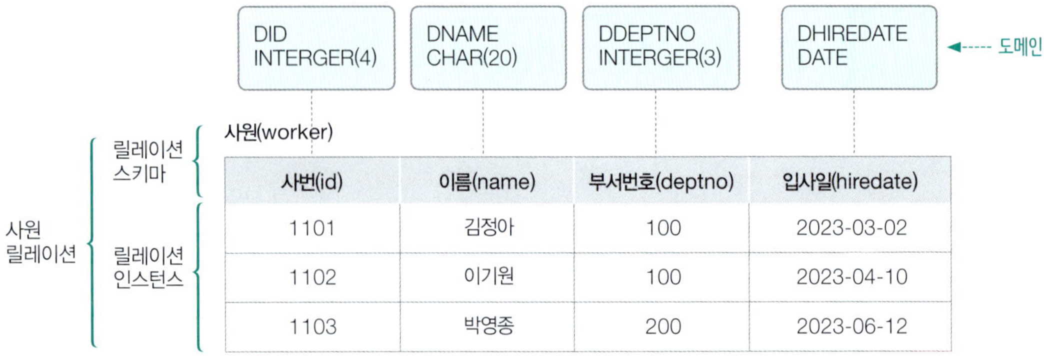

그림 7-3 사원 릴레이션과 도메인

```
DCL    DOMAIN    DID             INTEGER(4);
DCL    DOMAIN    DNAME           CHAR(20);
DCL    DOMAIN    DDEPTNO         INTEGER(3);
DCL    DOMAIN    DHIREDATE       DATE;

DCL    RELATION  worker
              (id          DOMAIN      DID,
               name        DOMAIN      DNAME,
               deptno      DOMAIN      DDEPTNO,
               hiredate    DOMAIN      DHIREDATE);
```

도메인 정의

그림 7-4 도메인 정의에 기초한 릴레이션 스키마 정의 사례

```
DCL    RELATION    worker
              (id            INTEGER(4),
               name          CHAR(20),
               deptno        INTEGER(3),
               hiredate      DATE);
```

그림 7-5 도메인 정의를 생략한 릴레이션 스키마 정의 사례

2 릴레이션 인스턴스

릴레이션 인스턴스relation instance는 릴레이션을 구성하는 투플들의 집합으로, 릴레이션의 내용에 해당한다. 즉, 어느 한 시점에 릴레이션 R이 포함하고 있는 투플들의 집합이다. 하나의 투플은 릴레이션 스키마에 정의된 각 속성에 대응하는 값인 $\langle V_1, V_2, \cdots, V_n \rangle$으로 구성된다. 이때 V_i는 속성 A_i의 값으로, 도메인 D_i에 속하는 값이다.

$$\text{릴레이션 R의 릴레이션 인스턴스} = \{\langle V_1, V_2, \cdots, V_n \rangle\} \quad (V_i \in D_i)$$

릴레이션 인스턴스는 삽입, 삭제, 갱신 등으로 인해 시간이 지나면 변경될 수 있는 동적인 성질을 띠며, 릴레이션의 값을 의미한다. 릴레이션 인스턴스는 릴레이션 외연extension이라고도 부르며, 단순히 릴레이션이라고 하면 보통 릴레이션 인스턴스를 의미한다.

3 릴레이션 R의 정의

릴레이션 R을 수학적으로 정의하면, 다음과 같이 n개 도메인 $D_1, D_2, \ldots, D_n$(일부 도메인은 같을 수도 있음)에 대한 카티션 프로덕트cartesian product의 부분집합으로 정의할 수 있다.

$$R \subseteq D_1 \times D_2 \times \cdots \times D_n (D_i : i\text{번째 도메인})$$

예를 들면 [그림 7-3]의 사원 릴레이션에서 사번과 부서번호라는 2개 속성만 고려하여 카티션 프로덕트를 한 경우 [그림 7-6]에서 알 수 있듯이 6개의 투플이 가능한데, 실제로 사원 릴레이션에 포함된 투플은 그 부분집합인 3개다. 현재 사번과 부서번호에 있는 속성 값이 아닌 도메인(사번은 4자리 정수, 부서번호는 3자리 정수)에 대해서 카티션 프로덕트를 한 결과는 훨씬 더 많은 값을 포함하게 된다.

사번
1101
1102
1103

×

부서번호
100
200

=

사번	부서번호
1101	100
1101	200
1102	100
1102	200
1103	100
1103	200

사번과 부서번호의 카티션 프로덕트 결과

부분집합 →

사번	부서번호
1101	100
1102	200
1103	300

사원 릴레이션에 실제로 포함된 투플들

그림 7-6 사번과 부서번호의 카티션 프로덕트 결과 및 실제 투플 비교

릴레이션은 릴레이션 스키마와 릴레이션 인스턴스가 합쳐진 개념이다. [그림 7-3]의 사원 릴레이션을 보면 릴레이션 스키마와 릴레이션 인스턴스들로 구성된 것을 확인할 수 있다.

4 릴레이션의 특성

릴레이션은 외형적으로 보면 2차원 테이블 구조이지만, 특성 면에서 보면 테이블과 큰 차이가 있다. 릴레이션에는 다음과 같은 특성이 있다.

■ **투플의 유일성**uniqueness of tuples

하나의 릴레이션에 포함된 투플들은 모두 서로 다르다는 것이다. 릴레이션은 수학적으로 볼 때 투플들을 원소로 갖는 집합set이기 때문에 중복된 투플이 존재할 수 없다. 릴레이션에는 항상 투플을 유일하게 식별할 수 있는 키key가 존재해야 한다.

■ **투플의 무순서성**no ordering of tuples

하나의 릴레이션에 포함된 투플들 간의 순서에는 아무런 의미가 없다는 것이다. 릴레이션이 집합이므로 이는 당연한 특성이라고 할 수 있다. 그러므로 동일한 투플들이 저장된 순서만 다르다고 해서 다른 릴레이션이 될 수 없다.

■ **속성의 무순서성**no ordering of attributes

하나의 릴레이션을 구성하는 속성들의 순서에는 아무런 의미가 없다는 것이다. 속성은 위치(순서)가 아닌 '이름'에 의해서 참조된다. 따라서 릴레이션 스키마를 정의할 때, 속성들의 순서가 다르다고 해서 새로운 릴레이션이 정의되는 것은 아니다.

■ **속성의 유일성**uniqueness of attributes

하나의 릴레이션에서 이름이 같은 속성은 존재할 수 없다는 것이다. 하지만 다른 릴레이션에는 이름이 같은 속성이 존재할 수 있으며, 속성의 이름이 같다고 해서 반드시 도메인이 동일할 필요는 없다.

■ 속성의 원자성atomicity of attributes

릴레이션 인스턴스의 모든 속성은 원자 값atomic value만 가질 수 있다는 것이다. 원자 값은 논리적으로 더 이상 분해할 수 없는 값을 의미하며, 여러 타입의 값을 갖는 속성을 직접 표현하는 것이 불가능하다. 즉, 수치형numeric type, 문자형character type, 날짜형date type, 논리형logical type과 같은 원시적 데이터 타입의 값만 표현할 수 있다. 한편, 널 값null value은 원자 값으로 간주한다.

03 관계 데이터베이스

관계 DB relational database는 관계 데이터 모델을 기반으로 하는 DB를 가리키는 것으로, 릴레이션들의 집합으로 구성된다. 관계 DB의 각 릴레이션은 하나 이상의 투플로 구성되고, 여러 릴레이션과 서로 다양한 관련성을 맺고 있다. 사용자 입장에서 보면 관계 DB는 시간에 따라 내용이 변할 수 있는 테이블 형태로 DB를 표현한 것이며, 관계 DB 스키마 relational database schema에 의해서 정의된다. 관계 DB 스키마는 하나 이상의 릴레이션 스키마와 무결성 제약조건으로 정의된다.

관계 DB 스키마 = {릴레이션 스키마} + {무결성 제약조건}

관계 DB 인스턴스는 관계 DB 스키마에 의해 정의된 릴레이션 인스턴스들의 집합이라고 할 수 있는데, 이를 간단히 관계 DB라고 한다. 이 릴레이션 인스턴스들은 모두 무결성 제약조건을 만족시켜야 한다.

예를 들어 [그림 7-7]과 같이 '사원', '부서', '근무하다'라는 3개의 릴레이션 스키마로 정의된 어떤 회사의 관계 DB에 포함된 릴레이션 인스턴스들의 일부를 표현하면 [그림 7-8]과 같다. 관계 DB 스키마에는 [그림 7-7]과 같은 릴레이션 스키마 외에 무결성 제약조건도 정의해야 하는데, 무결성 제약조건에 대해서는 5절에서 자세히 설명한다. [그림 7-7]에서 '(FK)'로 표현한 것은 외래키 Foreign Key, FK임을 명시한 것으로, 외래키에 대해서는 4절에서 자세히 설명한다.

사원(<u>사번</u>, 이름, 입사일, 호봉, 휴대폰)
부서(<u>부서번호</u>, 부서명, 부서장(FK), 사무실, 전화번호)
근무하다(<u>사번(FK)</u>, 부서번호(FK), 직책)

그림 7-7 회사 관계 DB의 릴레이션 스키마

사원 릴레이션

사번	이름	입사일	호봉	휴대폰
1101	김정아	2022-03-01	20	010-3452-0022
1102	이기원	2022-03-01	18	010-1478-1287
1103	박영종	2022-09-01	15	010-3214-1234
1201	최강희	2023-02-01	21	010-1122-3344
1202	조현수	2023-03-15	14	010-5566-4321
1203	박제성	2022-09-01	17	010-3452-3457
1312	김민수	2024-01-15	10	010-2340-0023
1314	이정숙	2024-02-10	10	010-3420-0991

부서 릴레이션

부서번호	부서명	부서장	사무실	전화번호
100	기획실	1101	A402	02-233-1233
200	비서실	1102	A501	02-455-1221
300	총무부	1201	B311	041-567-3454
400	인사부	1203	B201	041-344-6776
500	자재부		A102	02-458-45012

근무하다 릴레이션

사번	부서번호	직책
1101	100	부장
1102	200	과장
1103	200	대리
1201	300	부장
1202	300	대리
1203	400	과장
1312	100	사원
1314	400	사원

그림 7-8 회사 관계 DB의 릴레이션들

관계 DB는 사용자 관점에서 쉽게 이해할 수 있도록 [그림 7-8]과 같이 2차원 테이블 형태로 표현하지만, 실제로 저장 장치에 저장되는 내부 형태는 크게 다르다. 일반적으로 릴레이션이 파일에 해당된다고 이해할 수 있으나 일반 파일과는 큰 차이가 있다. 예를 들면 일반 파일은 내용이 동일한 레코드들을 얼마든지 포함할 수 있지만, 릴레이션 파일은 내용이 서로 다른 레코드들만 포함한다. 또한 릴레이션 파일에서는 레코드의 순서에 아무런 의미가 없으며, 레코드 타입을 구성하는 필드(속성)들의 순서에도 아무런 의미가 없다. 즉, [그림 7-9]의 부서1 릴레이션과 부서2 릴레이션은 [그림 7-8]의 부서 릴레이션과 동일한 릴레이션이다.

부서1 릴레이션

부서번호	부서명	부서장	사무실	전화번호
500	자재부		A102	02-458-45012
400	인사부	1203	B201	041-344-6776
300	총무부	1201	B311	041-567-3454
200	비서실	1102	A501	02-455-1221
100	기획실	1101	A402	02-233-1233

부서2 릴레이션

부서번호	부서명	전화번호	사무실	부서장
100	기획실	02-233-1233	A402	1101
200	비서실	02-455-1221	A501	1102
300	총무부	041-567-3454	B311	1201
400	인사부	041-344-6776	B201	1203
500	자재부	02-458-45012	A102	

그림 7-9 부서1과 부서2 릴레이션

04 데이터베이스 키

1 키의 개념과 종류

키key는 릴레이션을 구성하는 각 투플을 데이터 값에 의해 유일하게 식별할 수 있는 속성 또는 속성들의 집합이다. 키는 세부적인 특성에 따라 [표 7-2]와 같이 후보키, 슈퍼키, 기본키, 대체키 등으로 구분할 수 있다.

표 7-2 키의 종류

종류	특징
후보키(candidate key)	키 가운데 유일성(uniqueness)과 최소성(minimality)을 모두 만족하는 속성 집합이다.
슈퍼키(super key)	유일성은 만족하지만 최소성은 만족하지 않는 속성 집합이다.
기본키(primary key)	• 후보키 가운데 업무에 적합하게 선택된 하나의 키(대개 DB 설계자가 지정함) • 널 값을 가질 수 없고, 중복되지 않는 유효한 값을 가져야 한다. • 단일 속성으로는 유일성이 만족되지 않아 2개 이상의 속성으로 구성한 기본키를 복합키(composite key)라고 부른다.
대체키(alternative key)	기본키를 제외한 나머지 후보키들
외래키(foreign key)	릴레이션 간의 관계를 정의하는 키로서, 하위 릴레이션(참조 릴레이션)에서 상위 릴레이션(피참조 릴레이션)의 기본키를 외래키로 포함하게 된다.

2 후보키

후보키candidate key는 릴레이션 $R(A_1, A_2, \cdots, A_n)$의 전체 속성 집합 A의 부분집합이면서, 유일성uniqueness과 최소성minimality을 모두 만족하는 속성 집합으로 정의할 수 있다. 만약 릴레이션 R의 한 속성 집합인 $K(\{A_i, A_j, \cdots, A_k\})$가 전체 속성 집합 A의 부분집합이면서 다음과 같은 두 가지 성질을 만족하면, K는 릴레이션 R의 후보키가 될 수 있다.

- **유일성**: K는 각 투플을 유일하게 식별할 수 있어야 한다.

- **최소성**: K는 각 투플을 유일하게 식별하는 데 필요한 최소의 속성만 포함해야 한다. 즉 K가 둘 이상의 속성으로 구성된 경우, 그 가운데 어떤 속성을 제거하면 각 투플을 유일하게 식별할 수 없어야 한다.

[그림 7-10]의 학생 릴레이션에서 '학번'과 '휴대폰' 속성은 학생들을 유일하게 식별하므로 후보키가 될 수 있다. '{이름, 학과}'라는 속성 집합도 현재 학생 릴레이션이 포함한 투플만 고려하면 각 투플을 유일하게 식별하므로 후보키가 될 수 있을 것으로 보인다. 하지만 향후 이름과 학과가 동일한 학생이 추가될 가능성이 있으므로 '{이름, 학과}'라는 속성 집합은 유일성을 만족하지 않는다고 판단해야 하고, 따라서 후보키가 될 수 없다. '{학번, 이름}', '{학번, 학과}' 등의 속성 집합도 각 투플을 유일하게 식별하지만 '학번'만으로도 유일하게 식별할 수 있으므로 최소성을 만족하지 않아서 후보키가 될 수 없다.

학생 릴레이션

학번	이름	학과	휴대폰	지도교수
2021102301	김정호	컴퓨터	010-3452-0022	20133
2021202410	이기남	전자	010-1478-1287	21024
2022101701	박영수	컴퓨터	010-3214-1234	20133
2022201105	최영희	전자	010-1122-3344	21024
2022302015	조민수	전기	010-5566-4321	22115
2022402007	박주성	정보통신	010-3452-3457	21024
2023101105	김정호	기계	010-2340-0023	20133
2023302730	이정민	전기	010-3420-0991	22115

그림 7-10 학생 릴레이션 사례

3 슈퍼키

슈퍼키super key는 유일성은 만족하지만 최소성을 만족하지 않는 속성 집합으로, 예를 들면 [그림 7-10]의 학생 릴레이션에서 '{학번, 이름}'이라는 속성 집합은 슈퍼키에 해당한다. 왜냐하면 유일성은 만족하지만 '이름'이라는 속성 없이 '학번'만으로도 각 투플을 유일하게 식별할 수 있으므로 최소성을 만족하지 않기 때문이다. 그밖에 '{학번, 학과}', '{학번, 지도교수}', '{휴대폰, 이름}' 등의 속성 집합이 슈퍼키에 해당한다.

4 기본키

모든 릴레이션에는 최소 1개 이상의 후보키가 있어야 하며, 후보키 가운데 DB 설계자가 지정한 하나의 후보키를 기본키primary key로 삼는다. 기본키는 릴레이션에 포함된 모든 투플을 유일하게 식별해야 하므로 널 값을 가질 수 없고, 항상 유효한 값을 가져야 한다. [그림 7-10]에서 알 수 있듯이 릴레이션을 표현할 때 기본키는 속성 이름 아래 밑줄을 그어서 표시하는 것이 일반적이다. 이 예에서는 '휴대폰'보다 학생 릴레이션의 특성을 대표할 수 있는 '학번'이 기본키로 더 적합하다. 만약 '주민등록번호'가 속성에 추가된다면 유일성과 최소성을 모두 만족하므로 후보키가 될 수 있지만, 개인 정보 보호의 중요성이 강조되는 최근 흐름을 고려하여 주민등록번호처럼 보안이 요구되는 속성은 기본키로 설정하지 않는 것이 좋다.

5 대체키

만약 한 릴레이션에 후보키가 여러 개라면, 기본키로 선택된 후보키를 제외한 나머지 후보키를 대체키alternative key라고 부른다. 기본키가 널 값을 가질 수 없는 반면, 대체키는 널 값을 가질 수 있다.

6 외래키

참조 릴레이션 R의 어떤 속성 집합 FK가 피참조 릴레이션 S의 기본키일 때, 이 FK를 참조 릴레이션 R의 외래키foreign key라고 한다. 예를 들면 [그림 7-8]의 부서 릴레이션에서 '부서장' 속성은 사원 릴레이션의 기본키인 '사번' 속성을 참조하는 것으로, 외래키에 해당한다. 외래키에는 다음과 같은 특징이 있다.

- 외래키를 포함하는 릴레이션 R을 참조 릴레이션referencing relation, 외래키가 참조하는 기본키를 포함하는 릴레이션 S를 피참조 릴레이션referenced relation이라고 한다. 릴레이션 R은 외래키를 통해 릴레이션 S를 참조한다.
- 외래키의 도메인은 피참조 릴레이션 S의 기본키의 도메인과 같다.
- 외래키의 값은 피참조 릴레이션 S에 존재하는 값 또는 널 값을 가질 수 있다.
- 외래키는 하나 이상의 릴레이션을 서로 연결해서 사용할 때 필요한 키다.
- 참조 릴레이션 R과 피참조 릴레이션 S가 동일한 릴레이션인 경우도 있다.

외래키의 유형은 다음과 같이 크게 세 가지로 구분할 수 있다.

■ 외래키가 다른 릴레이션의 기본키를 참조하는 경우

[그림 7-11]에서 사원1 릴레이션의 '부서번호' 속성은 부서 릴레이션의 기본키인 '번호' 속성을 참조하는 외래키다. 이런 유형의 외래키가 가장 일반적이며, 외래키인 '부서번호' 속성은 반드시 피참조 릴레이션의 기본키가 갖는 값을 가져야 한다. 즉, 현재 데이터를 기준으로 부서번호가 {100, 200, 300} 이외의 값을 갖는 사원 정보는 삽입할 수 없다. 다만, 외래키는 널 값을 가질 수 있는데, 사원1 릴레이션에서 '최종철' 사원의 경우 아직 부서가 정해지지 않은 신입사원이므로 부서번호를 널 값으로 비워두고 삽입하는 것이 가능하다.

사원1 릴레이션

사원번호	이름	부서번호
2106	김창섭	200
3426	박영권	300
3011	이수민	100
1003	조민희	100
3427	최종철	

외래키

부서 릴레이션

번호	부서명	사무실
100	영업부	201
200	기획실	305
300	개발부	101

기본키

그림 7-11 피참조 릴레이션(부서)의 기본키(번호)를 참조하는 외래키(부서번호)

■ 외래키가 동일한 릴레이션의 기본키를 참조하는 경우

[그림 7-12]에서 사원2 릴레이션의 '관리자번호' 속성은 사원의 관리자를 나타낸다. 관리자 역시 사원 중 하나이므로 '관리자번호' 속성은 동일한 사원2 릴레이션의 기본키인 '사번' 속성을 참조하는 외래키가 된다. 이처럼 외래키는 동일한 릴레이션의 기본키를 참조할 수 있으며, 다른 릴레이션의 기본키를 참조할 때처럼 기본키의 값 또는 널 값만 가질 수 있다. [그림 7-12]에서 '이수민'은 회사 대표이므로 관리자가 따로 없어 '관리자번호' 속성을 널 값으로 표현하였다.

사원2 릴레이션

사번	이름	관리자번호	부서번호
2106	김창섭	3426	200
3426	박영권	3011	300
3011	이수민		100
1003	조민희	3011	100
3427	최종철	2106	300

기본키 외래키

그림 7-12 동일 릴레이션(사원2)의 기본키(사번)를 참조하는 외래키(관리자번호)

■ 외래키가 기본키의 구성 요소가 되는 경우

개체 간의 관련성을 표현하는 관계 릴레이션에서는 기본키가 외래키로 구성되는데, 기본키의 구성 요소가 되는 외래키는 널 값을 가질 수 없다. [그림 7-13]의 수강하다 릴레이션은 학생 릴레이션과 교과목 릴레이션 간의 관련성을 나타낸다. 여기서 수강하다 릴레이션의 기본키는 {학번, 교과목}이라는 복합키이고, '학번'과 '교과목'은 각각 학생 릴레이션의 기본키인 '학번' 속성과 교과목 릴레이션의 기본키인 '교과목번호' 속성을 참조하는 외래키다.

2개 속성으로 구성된 복합키 {학번, 교과목}

학생 릴레이션

학번	이름	…
110002	홍길동	…
124036	김영희	…

기본키

수강하다 릴레이션

학번	교과목	학점
110002	C310	A0
110002	C313	B+
124036	C345	B0
124036	C310	A+

외래키 외래키

교과목 릴레이션

교과목번호	교과명
C310	DB
C313	DB
C345	OS

기본키

그림 7-13 기본키({학번, 교과목})의 구성 요소가 되는 외래키(학번과 교과목번호)

05 무결성 제약조건

무결성 제약조건integrity constraint은 DB에 저장된 데이터의 정확성과 일관성을 유지하기 위해 DB가 항상 만족해야 하는 조건을 의미한다. 관계 데이터 모델은 일관성 있는 DB 상태를 유지하기 위해 묵시적 또는 명시적으로 무결성 제약조건을 정의할 수 있다. 무결성 제약조건이 중요한 이유는 사용자에 의한 여러 유형의 DB 갱신이 DB의 일관성을 헤치지 않도록 보장하기 때문이다. 즉, DB의 상태가 현실 세계에서 허용되는 상태만 나타낼 수 있도록 보장하는 수단이 된다. 묵시적 또는 명시적으로 무결성 제약조건을 정의하면 DB가 갱신될 때마다 DBMS가 자동으로 무결성 제약조건의 만족 여부를 검사한다. 따라서 별도의 응용 프로그램을 이용하여 일관성이나 정확성 조건을 따로 검사할 필요가 없다.

1 무결성 제약조건 구분

무결성 제약조건은 개체 무결성, 참조 무결성, 도메인 무결성 등으로 구분할 수 있다.

■ 개체 무결성 제약조건Entity Integrity Constraint

기본키는 투플들을 유일하게 식별하기 위해서 널null 값을 가질 수 없다는 제약조건이다. 한 릴레이션에 포함되는 투플들은 반드시 서로 구별되어야 하므로 기본키는 널 값이 아닌 유효한 값을 가져야만 투플들을 유일하게 식별하는 개체 식별자entity identifier 역할을 할 수 있다. 예를 들어 회원 가입을 할 때 중복되는 'id'를 입력하면 회원 가입을 할 수 없는 이유는 'id'가 회원 개체의 기본키이기 때문이다. 개체 무결성 제약조건은 별도로 정의하지 않아도 릴레이션을 정의할 때 기본키를 정의하면 묵시적으로 정의된다.

■ 참조 무결성 제약조건Referential Integrity Constraint

외래키는 반드시 피참조 릴레이션의 기본키 값 또는 널 값을 가져야 한다는 제약조건이다. 외래키는 참조할 수 없는 값을 가질 수 없다는 의미로, 이 제약조건을 위배하는 경우 두 릴레이션은 서로 참조할 수 없게 된다. 따라서 외래키는 개체 참조entity reference를 의미한다. 예를 들어 [그림 7-11]에서 '부서번호' 속성 값으로 '400'을 갖는 사원 투플을 삽입하는 경우, 이 값은 피참조 릴레이션인 부서 릴레이션의 '번호' 속성 값에 없으므로 참조 무결성 제약조건을 위배한다. 따라서 DBMS는 오류 메시지를 출력하고 해당 데이터를 삽입하지 않는다. 한편 [그림 7-11]의 '최종철' 사원처럼 아직 부서가 결정되지 않은 경우, 외래키가 널 값을 가짐으로써 참조할 대상이 없음을 표현할 수 있다. 참조 무결성 제약조건 역시 별도로 정의하지 않아도 릴레이션을 정의할 때 외래키를 정의하면 묵시적으로 정의된다.

■ **도메인 무결성 제약조건**Domain Integrity Constraint

각 속성은 반드시 미리 정의된 도메인에 존재하는 값을 가져야 한다는 제약조건이다. 각 속성은 데이터 타입과 크기, 널 값 허용 여부, 고유 값 여부, 디폴트 값, 속성 값이 만족해야 하는 특정 조건 등을 만족하는 값을 가져야 한다는 의미다. 예를 들어 [그림 7-11]에서 사원1 릴레이션의 '사원번호' 속성의 데이터 타입과 크기가 정수 4자리로 정의된 경우, 속성 값은 1부터 9999 사이의 값만 가질 수 있다. 만약 이 범위를 벗어나 15763이라는 사원번호를 갖는 사원 데이터를 삽입하려고 시도하면, 도메인 무결성 제약조건을 위배한 것이므로 DBMS가 오류 메시지를 출력하고 해당 데이터를 삽입하지 않는다.

2 무결성 제약조건 정의 방법

앞에서 언급한 바와 같이 DB에 저장된 데이터의 정확성과 일관성을 유지하기 위해 릴레이션을 정의할 때 무결성 제약조건을 정의하는 일이 매우 중요하다. 이때 다음과 같이 묵시적 또는 명시적으로 정의할 수 있다.

■ **묵시적 정의 방법**

릴레이션을 정의할 때 기본키와 외래키를 정의하면 개체 무결성과 참조 무결성이 묵시적으로 정의되고, 각 속성의 데이터 타입과 데이터 크기를 정의하면 도메인 무결성 제약조건도 일부 묵시적으로 정의된다. 묵시적으로 정의된 무결성 제약조건의 경우 DB가 갱신될 때마다 DBMS가 자동으로 제약조건의 만족 여부를 검사하므로 별도로 응용 프로그램을 작성해서 검사할 필요가 없다.

■ 명시적 정의 방법

묵시적으로 정의되는 무결성 제약조건 이외에, 데이터의 정확성과 일관성 유지를 위해서 특정 속성이 만족해야 하는 도메인 무결성 제약조건은 명시적으로 정의해야 한다. 즉, 널 값 허용 여부(NOT NULL 제약조건), 고유 값 여부(UNIQUE 제약조건), 디폴트 값(DEFAULT 제약조건), 속성 값이 만족해야 하는 특정 조건(CHECK 제약조건) 등은 릴레이션을 정의할 때 명시적으로 정의해야 한다. 이렇게 정의된 명시적 무결성 제약조건 역시 DB가 갱신될 때마다 DBMS가 자동으로 제약조건의 만족 여부를 검사하므로 응용 프로그램을 이용해서 별도로 검사할 필요가 없다. 한편, DBMS가 자동으로 검사하는 제약조건 외에 특정 조직의 비즈니스 규칙 및 정책 등과 관련된 무결성 제약조건은 반드시 응용 프로그램을 작성해서 별도로 처리해야 한다.

3 무결성 제약조건 정의 사례

앞에서 소개한 '사원', '부서', '근무하다'라는 3개의 릴레이션을 포함하는 관계 DB 스키마를 정의할 때 [그림 7-8]과 같은 릴레이션 스키마 외에 무결성 제약조건도 함께 정의해야 한다. 개체 무결성과 참조 무결성은 각 릴레이션의 기본키와 외래키를 정의하면 묵시적으로 정의되며, 각 릴레이션에 대해 명시적으로 정의할 수 있는 무결성 제약조건은 [표 7-3]과 같다.

표 7-3 무결성 제약조건의 명시적 정의 사례

릴레이션	제약조건	제약 유형
사원	이름, 입사일, 휴대폰 속성은 널 값을 가질 수 없다.	NOT NULL
	휴대폰 속성은 유일한 값을 가져야 한다.	UNIQUE
	호봉 속성은 10부터 30 사이의 정수 값만 가질 수 있다.	CHECK
	호봉 속성의 기본 값은 10이다.	DEFAULT
부서	부서명과 전화번호 속성은 널 값을 가질 수 없다.	NOT NULL
	사무실 속성은 유일한 값을 가져야 한다.	UNIQUE
근무하다	부서번호와 직책 속성은 널 값을 가질 수 없다.	NOT NULL

사원 릴레이션의 '사번'과 부서 릴레이션의 '부서번호'는 기본키이므로 NOT NULL과 UNIQUE 제약조건이 묵시적으로 정의된다. 따라서 이 두 속성에 대해 NOT NULL과 UNIQUE 제약조건을 명시적으로 정의할 필요는 없다. 또한 '호봉' 속성처럼 2개 이상의 무결성 제약조건을 정의할 수도 있다. 호봉 속성의 데이터 타입과 크기가 'INTEGER(2)'로 정의되면 1부터 99까지의 값을 가질 수 있는데, [표 7-3]의 예시처럼 10에서 30 사이의 값만 갖도록 제한하기 위해서는 CHECK 제약조건을 명시적으로 정의해야 한다. 한편, 근무하다 릴레이션의 '부서번호' 속성은 외래키이므로 묵시적으로 널 값을 가질 수 있다. 따라서 널 값을 허용하지 않으려면 반드시 명시적으로 NOT NULL 제약조건을 정의해야 한다. 제약조건을 정의하는 방법에 대해서는 9장에서 더 구체적으로 설명한다.

개념퍼즐

가로 ➡

1 행과 열로 구성된 2차원 테이블 구조

2 DB를 2차원 테이블, 즉 릴레이션의 집합으로 모델링하는 논리적 데이터 구조

3 논리적으로 더 이상 분해할 수 없는 값

4 후보키 가운데 업무에 적합하게 선택된 하나의 키

5 하나의 릴레이션이 갖는 속성의 수

7 DB에 저장된 데이터의 정확성과 일관성을 유지하기 위해 DB가 항상 만족해야 하는 조건

8 릴레이션 간의 관계를 정의하는 키

10 릴레이션의 각 행을 의미하며, 개체 인스턴스에 대응하는 것

11 유일성은 만족하지만 최소성을 만족하지 않는 속성 집합

12 하나의 속성이 취할 수 있는 모든 값의 집합

세로 ↓

1 릴레이션을 구성하는 속성들의 집합

4 하나의 릴레이션이 갖는 투플의 수

6 키 가운데 유일성과 최소성을 모두 만족하는 속성 집합

9 기본키를 제외한 나머지 후보키들

연습문제

01 다음 중 관계 데이터 모델에 대한 설명이 잘못된 것은?

① DB를 릴레이션의 집합으로 모델링하는 논리적 데이터 구조다.

② 릴레이션은 매우 구체적인 개념이다.

③ 개체와 관계가 모두 2차원 테이블, 즉 릴레이션으로 표현된다.

④ ER 모델을 관계 데이터 모델로 변환하는 것이 매우 쉽다.

02 다음 중 릴레이션 개념과 일반적인 테이블 개념의 차이점을 바르게 설명한 것은?

① 하나의 릴레이션은 여러 형태의 테이블로 표현될 수 있다.

② 하나의 릴레이션은 한 가지 형태의 테이블로 표현될 수 있다.

③ 테이블은 중복되는 행을 허용하지 않는다.

④ 릴레이션은 중복되는 행을 허용한다.

03 관계 데이터 모델과 관련된 용어와 설명을 바르게 연결하시오.

① 투플 ⓐ 하나의 릴레이션이 갖는 속성의 수

② 기수 ⓑ 릴레이션의 각 행row을 의미함

③ 차수 ⓒ 하나의 속성이 취할 수 있는 모든 값의 집합

④ 도메인 ⓓ 하나의 릴레이션이 갖는 투플의 수

04 다음 중 릴레이션 스키마와 릴레이션 인스턴스의 차이점을 잘못 설명한 것은?

① 릴레이션 스키마는 릴레이션을 구성하는 속성들의 집합이다.

② 릴레이션 인스턴스는 릴레이션을 구성하는 투플들의 집합이다.

③ 릴레이션 스키마는 시간이 흘러도 변하지 않는 정적인 성질을 갖는다.

④ 릴레이션 인스턴스는 시간이 흘러도 변하지 않는 정적인 성질을 갖는다.

05 다음 두 릴레이션은 동일한 릴레이션인가 서로 다른 릴레이션인가? 답에 대한 이유도 설명하시오.

사번	이름	사무실	휴대폰
01223	장경구	A112	010-9876-2121
02355	김민숙	B344	010-1234-5678
05378	이장수	A322	010-2266-9988

사번	사무실	이름	휴대폰
01223	A112	장경구	010-9876-2121
02355	B344	김민숙	010-1234-5678
05378	A322	이장수	010-2266-9988

연습문제

06 각 ( ) 안에 적합한 단어는?

후보키는 (   )과 (   )을 만족하는 속성 집합이어야 한다.

07 다음 학생 릴레이션에서 후보키가 될 수 있는 속성을 모두 선택한 다음, 기본키를 하나 결정하시오.

이름	주민등록번호	학번	id	휴대폰	이수학점	주소
김정욱	800321-2233445	20111002	edpark	010-9433-7495	40	서울시
이기원	811123-1234000	20222012	dream12		18	천안시
박문구	810923-1000222	20201025	Kimmk	010-2341-2312	62	대전시
...	...	...	...	...	...	...

08 다음은 상담사와 피상담자 간의 관련성을 나타내는 상담하다 릴레이션이다. 기본키로 가장 적절한 속성은 무엇인지 답하시오.

상담하다 릴레이션

상담사_id	피상담자_id	상담일시	상담유형
102	1203921	202403021030	성적
102	2384910	202403021120	취업
103	1302037	202403020930	취업
103	1302037	202403030930	대인관계
103	2647595	202403031100	성적
104	2384910	202403040920	대인관계
102	1203921	202403040930	교우관계
...	...	...	...

09 다음은 온라인 콘텐츠 수강생들의 수강 내역을 나타내는 수강하다 릴레이션이다. 기본키로 가장 적절한 속성은 무엇인지 답하시오.

수강하다 릴레이션

콘텐츠_id	수강생_id	수료여부	수강차시
C110	1203921	미수료	2023_1차시
C110	2384910	수료	2023_1차시
C113	1302037	미수료	2023_2차시
C113	1302037	수료	2023_3차시
C113	2647595	수료	2023_3차시
C124	2384910	미수료	2024_1차시
C110	1203921	수료	2024_1차시
...	...	...	...

10 다음 사원 릴레이션에 아직 사번이 정해지지 않은 신입사원 정보를 삽입할 수 있는지 답하시오. 답에 대한 이유도 설명하시오.

상담하다 릴레이션

사번	이름	입사일	호봉	휴대폰
1101	김정아	2015-03-01	20	010-3452-0022
1102	이기원	2017-01-01	18	010-1478-1287
1103	박영종	2015-09-01	15	010-3214-1234
1201	최강희	2014-02-01	21	010-1122-3344
1202	조현수	2021-03-15	14	010-5566-4321
1203	박제성	2018-09-01	17	010-3452-3457
1312	김민수	2024-03-01	10	010-2340-0023
1314	이정숙	2014-03-01	10	010-3420-0991

연습문제

11 다음 두 릴레이션이 위반한 무결성 제약조건은 무엇인지 답하시오. 답에 대한 이유도 설명하시오.

사원 릴레이션

사번	이름	동아리번호	호봉	휴대폰
1101	김정아	100	20	010-3452-0022
1102	이기원	100	18	010-1478-1287
1103	박영종	200	15	010-3214-1234
1201	최강희	400	21	010-1122-3344
1202	조현수	600	14	010-5566-4321
1203	박제성	300	17	010-3452-3457
1312	김민수		10	010-2340-0023
1314	이정숙	500	10	010-3420-0991

동아리 릴레이션

번호	동아리명	대표	활동
100	메아리	1101	등산 모임
200	수린이	1103	수영 모임
300	달리자	1203	마라톤 모임
400	떠나자	1201	여행 모임
500	문사철	1314	독서 모임

CHAPTER 08

논리적 설계 기초

학습목표

- 논리적 설계 단계의 주요 업무를 설명할 수 있다.
- ER 다이어그램을 릴레이션 스키마로 변환하는 과정을 설명할 수 있다.
- 개체와 관계를 릴레이션 스키마로 변환할 수 있다.
- 다중치 속성을 릴레이션 스키마로 변환할 수 있다.
- 일대일 및 일대다 관계 릴레이션을 단순화할 수 있다.

01 논리적 설계 개요

논리적 설계logical design란 개념적 설계 단계의 결과물을 DBMS가 이해할 수 있도록 변환하는 과정으로, 데이터 중심의 논리적 스키마 모델링과 처리 중심의 트랜잭션 인터페이스 설계를 포함한다. 선정한 DBMS를 이용해서 DB를 구축하려면 먼저 ER 다이어그램으로 표현된 개념적 스키마를 DBMS가 이해할 수 있는 논리적 데이터 모델, 즉 논리적 스키마로 변환해야 한다. 이 때문에 논리적 설계 과정이 필요하다.

논리적 설계 단계에서는 다음과 같은 두 가지 주요 업무를 수행해야 한다.

1 논리적 스키마 모델링

논리적 스키마 모델링logical schema modeling은 데이터 중심 DB 설계 관점으로, 개념적 스키마(ER 다이어그램)를 논리적 스키마로 변환한 다음, 정규화normalization 과정을 통해 논리적 스키마를 더욱 바람직한 형태로 변환하고, 무결성 제약조건을 정의하는 과정이다. 정규화에 대해서는 10장에서 자세히 설명한다. 만약 오라클과 같은 관계형 DBMS를 선정했다면, 논리적 스키마를 관계 데이터 모델, 즉 릴레이션 스키마로 표현해야 한다. 관계 데이터 모델을 기반으로 한 논리적 스키마 모델링의 입출력을 도식화하면 [그림 8-1]과 같다.

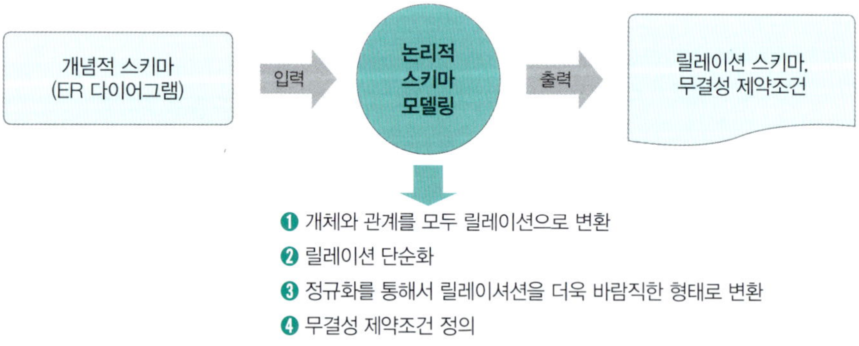

그림 8-1 관계 데이터 모델에 기반한 논리적 스키마 모델링의 입출력 및 핵심 업무

2 트랜잭션 인터페이스 설계

트랜잭션 인터페이스transaction interface 설계는 처리 중심 DB 설계 관점으로, 개념적 설계 단계에서 작성한 업무 단위의 유형별 트랜잭션 명세서를 기초로 하여, 사용자 그룹별 접근 가능한 데이터 범위와 DB 서버에 접근하는 방법 등을 결정해서 트랜잭션의 전체적인 골격과 인터페이스를 정의하는 과정이다. 트랜잭션 인터페이스 설계는 추후 DB와 연동하는 응용 프로그램 등을 개발할 때 필요한 것으로, 이 책에서는 자세히 다루지 않았다.

02 릴레이션 스키마 변환

릴레이션 스키마relation schema는 관계 데이터 모델의 기본이 되는 릴레이션을 구성하는 속성들의 집합으로, 릴레이션 이름과 속성 이름들로 표현할 수 있다. 릴레이션 스키마는 선정한 DBMS의 데이터 정의어DDL로 기술할 수도 있지만, 리스트 형태나 테이블 형태로 간단히 표현하는 것이 일반적이다. ER 다이어그램으로 표현된 개념적 스키마를 릴레이션 스키마로 변환하는 과정을 요약하면 [그림 8-2]와 같다.

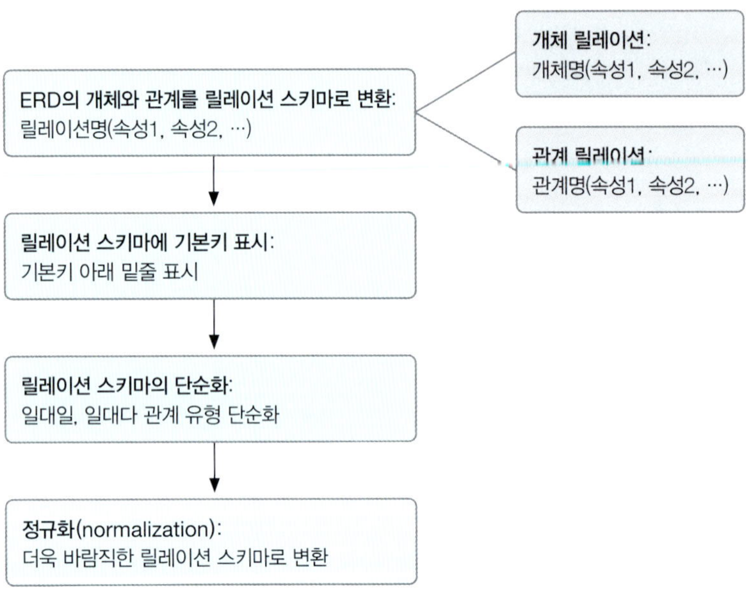

그림 8-2 릴레이션 스키마 변환 과정

개체와 관계를 릴레이션 스키마로 변환하는 방법에는 차이가 있으며, 다중치 속성도 별도의 릴레이션으로 변환해야 한다. 개체와 관계, 다중치 속성을 릴레이션 스키마로 변환하는 방법에 대해 자세히 살펴보자.

03 개체 타입의 변환

ER 다이어그램을 릴레이션 스키마로 변환하려면 ER 다이어그램에 포함된 각 개체와 관계를 대응하는 릴레이션 스키마로 변환해야 한다. 먼저 개체의 경우 다음과 같이 단순 속성을 갖는 개체, 복합 속성을 갖는 개체, 약한 개체로 구분하여 변환한다.

1 단순 속성을 갖는 개체 타입의 변환

단순 속성만 포함하는 개체 타입의 경우 개체를 구성하는 모든 속성이 릴레이션의 속성이 되고, 후보키 가운데 업무의 특성에 적합한 하나를 선택해서 기본키로 결정한다. 개념적 스키마 모델링 단계에서 기본키를 결정한 경우라면 그 기본키를 그대로 유지할 수 있다. [그림 8-3]의 변환 사례에서 알 수 있듯이 리스트 형태나 테이블 형태로 표현할 수 있는데, 간단히 리스트 형태로 표현하는 것이 일반적이다. 기본키는 속성 이름 아래 밑줄을 표시하거나 속성 이름 뒤에 '(PK)'를 작성해서 구분한다.

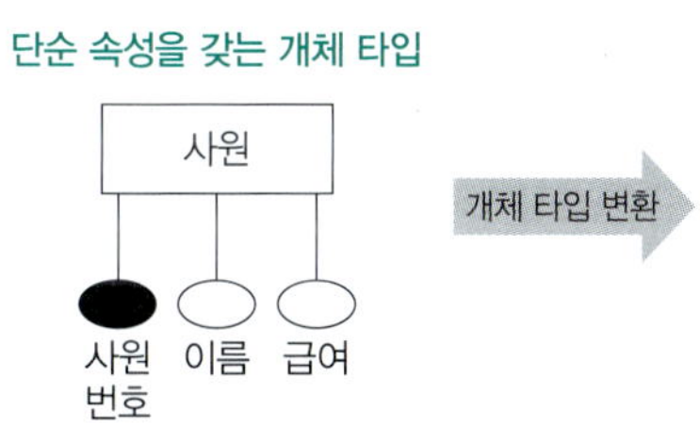

릴레이션 스키마

① 리스트 형태로 표현

사원(사원번호, 이름, 급여) 혹은
사원(사원번호(PK), 이름, 급여)

② 테이블 형태로 표현

사원

사원번호	이름	급여

그림 8-3 단순 속성을 갖는 개체 타입의 변환 사례

2 복합 속성을 갖는 개체 타입의 변환

복합 속성을 포함하는 개체 타입의 경우 해당 복합 속성이 일반 속성인지, 기본키 속성인지를 구분해서 변환한다. 두 경우 모두 복합 속성을 구성하는 모든 속성이 릴레이션의 속성이 된다.

복합 속성이 일반 속성인 경우

[그림 8-4]와 같이 복합 속성인 '급여'가 일반 속성인 경우, '급여' 대신 복합 속성을 구성하는 '기본급'과 '상여금' 속성을 모두 사원 릴레이션에 포함시켜야 한다.

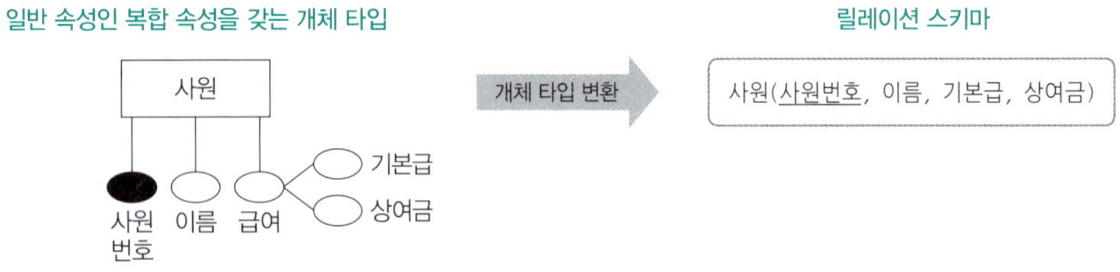

그림 8-4 복합 속성이 일반 속성인 개체 타입의 변환 사례

복합 속성이 기본키인 경우

[그림 8-5]와 같이 기본키인 '사원번호' 속성이 '부서번호'와 '순서'라는 2개의 속성으로 구성된 복합 속성인 경우, 복합 속성을 구성하는 모든 속성이 기본키(복합키)가 되어야 한다.

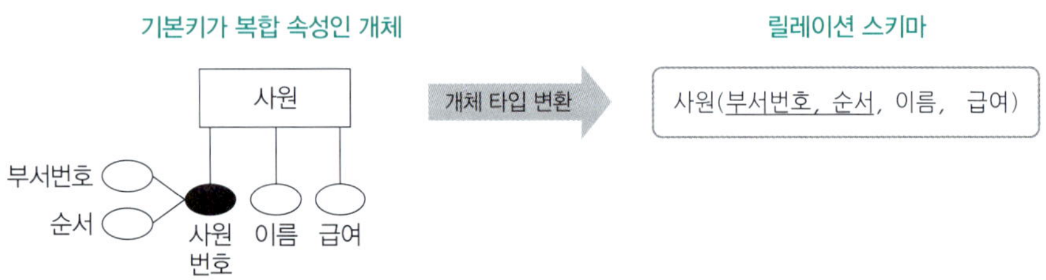

그림 8-5 복합 속성이 기본키인 개체의 변환 사례

특히 릴레이션 스키마를 표현할 때 기본키를 구성하는 모든 속성 아래 밑줄을 연결해서 표시한다는 점에 주의해야 한다. 밑줄을 연결하지 않고 따로 그으면 각 속성이 후보키라는 표시가 되므로 의미가 달라진다. 예를 들면 '사원(부서번호, 순서, 이름, 기본급, 상여금)'과 '사원(부서번호, 순서, 이름, 기본급, 상여금)'이라는 릴레이션 스키마는 서로 다른 의미를 갖는다. 전자는 '부서번호'와 '순서'라는 2개의 속성 집합이 기본키(복합키)임을 의미하고, 후자는 '부서번호'나 '순서' 가운데 하나가 기본키가 될 수 있음을 의미한다.

3 약한 개체 타입의 변환

약한 개체 타입은 소유 개체 타입 없이는 존재할 수 없으므로 [표 8-1]에서 확인할 수 있듯이 릴레이션 스키마로 변환하는 방법이 일반 개체와는 큰 차이가 있다. 특히, 약한 개체 타입의 기본키를 결정하는 방법, 식별 관계 타입에 대한 주의 사항에 유념한다.

표 8-1 약한 개체 타입 변환 방법 및 주의 사항

구분	내용
릴레이션 스키마 변환	소유 개체 타입 E를 갖는 약한 개체 타입 W에 대한 릴레이션 R을 생성하고, W에 속한 모든 단순 속성을 릴레이션 R에 포함시킨 다음, **소유 개체 타입 E의 기본키를 약한 개체 타입 W의 외래키(Foreign Key, FK)로 포함**시킨다.
기본키 결정	약한 개체 타입에 해당하는 릴레이션 R에서 소유 개체 타입에 해당하는 릴레이션을 참조하는 **외래키**와 약한 개체 타입의 **부분키**(partial key)를 **조합한 속성 집합**이 기본키(복합키)가 된다.
주의 사항	약한 개체 타입에 소유 개체 타입의 기본키가 외래키로 포함될 때 식별 관계 타입이 간접적으로 표현된다. 따라서 별도로 **식별 관계 타입을 릴레이션 스키마로 변환할 필요가 없다.**

[그림 8-6]의 사례에서 알 수 있듯이 사원 개체 타입과 부양가족 개체 타입 사이에 '부양하다'라는 식별 관계가 있지만, 이 식별 관계 타입을 별도의 릴레이션 스키마로 변환할 필요가 없다. 대신 약한 개체 타입인 부양가족 개체를 변환할 때 소유 개체 타입인 사원 개체의 기본키인 '사원번호'를 외래키(FK)로 포함시킴으로써 식별 관계 타입이 간접적으로 표현된다. 또한 외래키인 '사원번호'와 약한 개체 타입의 부분키인 '관계' 속성을 조합한 '{사원번호, 관계}'가 약한 개체 타입의 기본키가 된다.

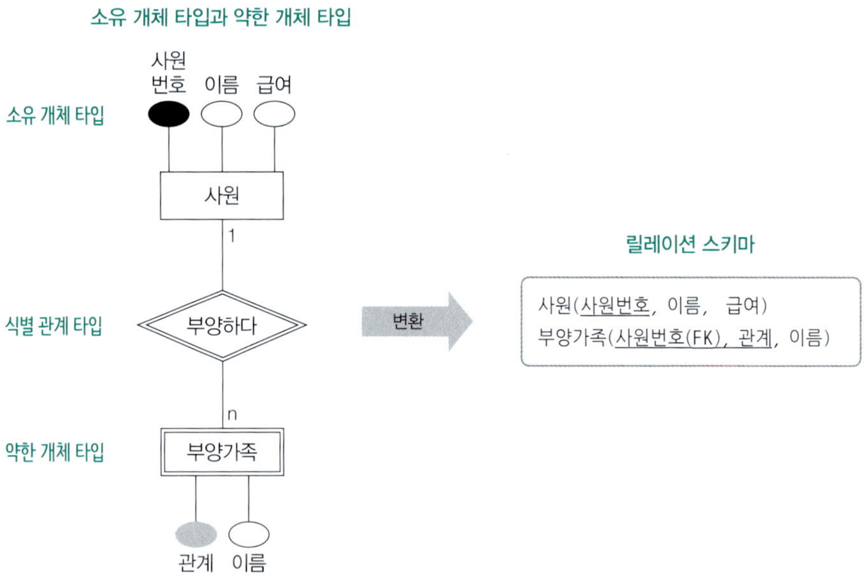

그림 8-6 약한 개체 타입의 변환 사례

04 관계 타입의 변환

관계 타입을 릴레이션 스키마로 변환하는 방법은 개체 타입 변환 방법과 큰 차이가 있다. 2진 관계의 경우 '관계에 속하는 개체들의 기본키 속성'과 '관계를 설명하는 속성'이 모두 관계 릴레이션의 속성이 된다. 다만, 관계의 유형(일대일, 일대다, 다대다)에 따라 기본키를 결정하는 방법에 큰 차이가 있으므로 변환 시 유의해야 한다.

1 일대일(1:1) 관계 타입의 변환 방법

일대일 유형의 관계 타입은 [표 8-2]에서 설명한 방법에 따라 릴레이션 스키마로 변환할 수 있다. 특히, 관계에 포함된 양쪽 개체 타입의 기본키를 모두 관계 릴레이션의 외래키로 포함시킨다는 점에 유의한다.

표 8-2 일대일 유형 관계 타입의 변환 방법 및 주의 사항

구분	내용
릴레이션 스키마 변환	관계에 속하는 개체들의 기본키 속성과 관계를 설명하는 속성(있는 경우)을 모두 관계 릴레이션의 속성으로 표현한다. 이때 관계에 포함된 개체들의 기본키는 모두 관계 릴레이션의 외래키가 된다.
기본키 결정	관계에 포함된 양쪽 개체의 기본키 가운데 하나가 관계 타입의 기본키가 된다.
주의 사항	업무의 특성을 고려해서 기본키를 결정해야 한다.

[그림 8-7]의 사례에서 확인할 수 있듯이, 관리하다 관계 타입은 두 가지 형태의 릴레이션 스키마로 변환할 수 있다.

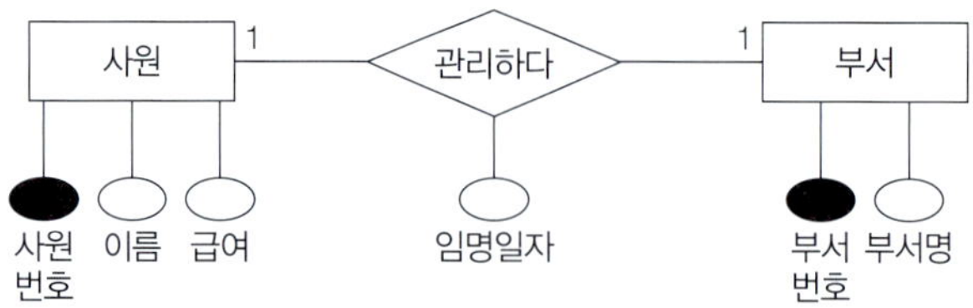

릴레이션 스키마

관계 타입 변환

① 관리하다(사원번호(FK), 부서번호(FK), 임명일자)
혹은
② 관리하다(부서번호(FK), 사원번호(FK), 임명일자)

그림 8-7 일대일 관계 타입의 변환 사례

한편, 일대일 관계 타입의 기본키를 결정할 때는 업무 특성을 고려해야 한다. [그림 8-8]에서 알 수 있듯이, 관리하다 릴레이션에서 '사원번호'와 '부서번호' 속성이 모두 유일성과 최소성을 만족하므로 둘 다 후보키가 된다. 둘 중 어느 것을 기본키로 선택하느냐는 업무 처리의 특성에 따라 달라질 수 있다. 업무를 처리할 때 부서 번호로 부서장을 확인하는 경우가 많다면 '부서번호'를 기본키로 정의하는 것이 좋다. 하지만 어떤 사원이 어느 부서의 부서장을 맡고 있는지 확인하는 경우가 많다면 '사원번호'를 기본키로 정의하는 것이 좋다. 다만 향후 수행할 릴레이션 단순화까지 고려한다면 '부서번호'를 기본키로 선택하는 것이 적절하다.

관리하다 릴레이션

사원번호	부서번호	임명일자
1234	100	01/02/2020
2553	200	03/02/2020
3612	300	09/01/2021
4155	400	10/15/2020
…	…	…

그림 8-8 관리하다 릴레이션의 개체 인스턴스들

2 일대다(1:n) 관계 타입의 변환 방법

일대다 유형의 관계 타입은 [표 8-3]에서 설명한 방법에 따라 릴레이션 스키마로 변환할 수 있다. 특히, n측 개체 타입의 기본키가 관계 릴레이션의 기본키가 된다는 점에 유의한다.

표 8-3 일대다 유형 관계 타입의 변환 방법 및 주의 사항

구분	내용
릴레이션 스키마 변환	관계에 속하는 개체들의 기본키 속성과 관계를 설명하는 속성(있는 경우)을 모두 관계 릴레이션의 속성으로 표현한다. 이때 관계에 포함된 개체들의 기본키는 모두 관계 릴레이션의 외래키가 된다.
기본키 결정	관계에 포함된 개체 가운데 **n측 개체 타입의 기본키**가 관계 릴레이션의 기본키가 된다.
주의 사항	1측 개체의 기본키는 관계 릴레이션에 중복해서 나타나므로, 변환된 관계 릴레이션의 기본키가 될 수 없다.

[그림 8-9]의 사례에서 알 수 있듯이, 근무하다 릴레이션은 양쪽 개체 타입의 기본키인 '사원번호'와 '부서번호' 속성을 모두 외래키로 포함한다. 이때 n측 개체의 기본키인 '사원번호'가 관계 릴레이션의 기본키가 된다.

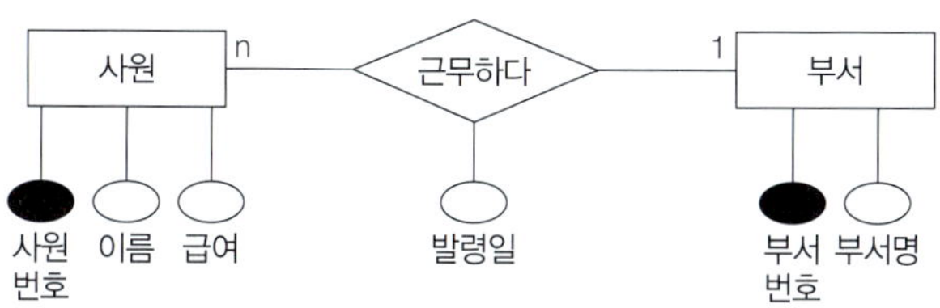

릴레이션 스키마

관계 타입 변환 → 근무하다(<u>사원번호(FK)</u>, 부서번호(FK), 발령일)

그림 8-9 일대다 관계 타입의 변환 사례

[그림 8-10]을 보면 1측 개체의 기본키('부서번호')는 근무하다 릴레이션에 동일한 값이 여러 번 나타난다. 즉, 사원번호 11135, 11233, 12336이 모두 100번 부서에 근무하기 때문에 부서번호 '100'이 중복되어 나타난다. 따라서 1측 개체인 부서 개체의 기본키인 '부서번호'는 일대다 관계 타입의 기본키가 될 수 없음을 알 수 있다.

근무하다 릴레이션

사원번호	부서번호
11135	100
11233	100
12336	100
12476	200
...	...

부서번호 '100'이 중복됨

그림 8-10 근무하다 릴레이션의 개체 인스턴스들

3 다대다(m:n) 관계 타입의 변환 방법

다대다 유형의 관계 타입은 [표 8-4]에서 설명한 방법에 따라 릴레이션 스키마로 변환할 수 있다. 특히, 관계 릴레이션의 기본키가 관계에 포함된 양쪽 개체 타입의 기본키가 조합된 속성 집합이라는 점에 유의한다.

표 8-4 다대다 유형 관계 타입의 변환 방법 및 주의 사항

구분	내용
릴레이션 스키마 변환	관계에 속하는 개체들의 기본키 속성과 관계를 설명하는 속성(있는 경우)을 모두 관계 릴레이션의 속성으로 표현한다. 이때 관계에 포함된 개체들의 기본키는 모두 관계 릴레이션의 외래키가 된다.
기본키 결정	기본적으로 관계에 포함된 **양쪽 개체 타입의 기본키를 구성하는 모든 속성으로 구성된 속성 집합**이 기본키(복합키)가 된다.
주의 사항	양쪽 개체 타입의 기본키들만으로 구성된 **속성 집합이 유일성을 만족하지 않으면,** 유일성을 만족시킬 수 있도록 다른 속성을 포함시키거나 기본키 역할을 할 설계 속성을 추가할 수 있다.

[그림 8-11]에서 수강하다 관계는 사원이 각 교육과정을 한 번씩만 수강할 수 있음을 표현한다. 따라서 이 관계 릴레이션의 기본키는 사원 개체 타입의 기본키인 '사원번호'와 교육과정 개체 타입의 기본키인 '과정번호'가 조합된 '{사원번호, 과정번호}'가 된다.

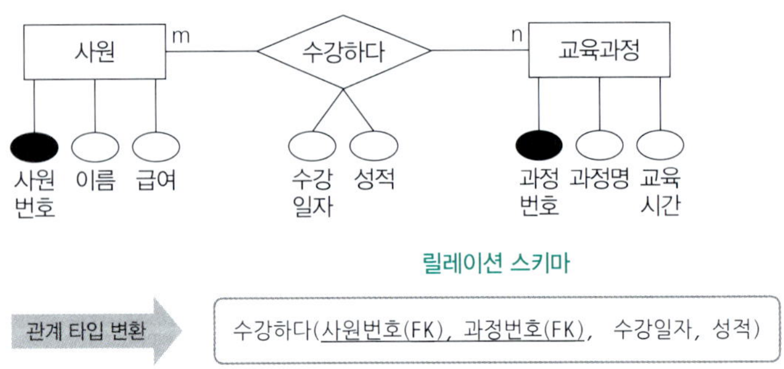

그림 8-11 다대다 관계 타입의 변환 사례(1)

한편, [그림 8-12]에서 강의하다 관계는 여러 명의 강사가 여러 교육과정을 다른 일자에 여러 번 강의할 수 있는 관계를 표현한다. 그림에서 알 수 있듯이 이 관계 릴레이션에서는 양쪽 개체의 기본키를 조합한 '{강사번호, 과정번호}'만으로 유일성을 만족할 수 없다. 즉, 같은 강사가 같은 교육과정을 다른 일자에 여러 번 강의할 수 있으므로 '강의일자' 속성을 포함시켜야 유일성을 만족시킬 수 있다.

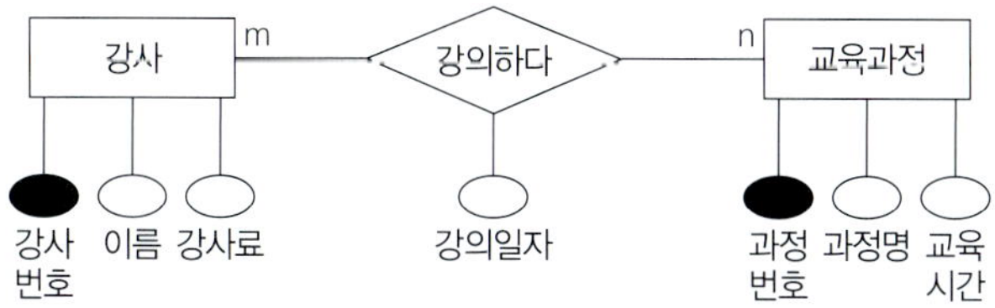

릴레이션 스키마

관계 타입 변환

강의하다(강사번호(FK), 과정번호(FK), 강의일자)

그림 8-12 다대다 관계 타입의 변환 사례(2)

[그림 8-13]의 데이터, 즉 개체 인스턴스를 확인하면 '강사번호'와 '과정번호' 속성의 조합만으로는 기본키가 될 수 없는 이유를 명확히 확인할 수 있다. 그림에서 ❶과 ❷의 데이터를 비교하면 같은 강사가 같은 강의를 다른 일자에 여러 번 강의할 수 있음을 알 수 있는데, 만약 '{강사번호, 과정번호}'를 기본키로 설정하면 데이터 ❷는 기본키가 중복되므로 삽입할 수 없다. 따라서 '강의일자' 속성까지 포함한 '{강사번호, 과정번호, 강의일자}'를 기본키로 삼아야 유일성이 만족되어 ❷ 데이터를 삽입할 수 있다.

강의하다 릴레이션

강사번호	과정번호	강의일자	
4572	100	11/10/2023	❶
2523	200	12/15/2023	
4572	100	01/10/2024	❷
4572	300	02/15/2024	
...	...	...	

그림 8-13 강의하다 릴레이션의 개체 인스턴스들

[그림 8-12]의 강의하다 릴레이션 스키마는 기본키가 3개의 속성으로 구성되어 있어 다소 복잡하다. 따라서 복합키를 대체할 설계 속성인 '번호' 속성을 추가해서 릴레이션 스키마를 다음과 같이 변경할 수 있다.

강의하다(번호, 강사번호(FK), 과정번호(FK), 강의일자)

4 순환 관계 타입의 변환

순환 관계가 일대다 순환 관계인지, 다대다 순환 관계인지에 따라 관계를 변환하는 방법에 차이가 있다.

일대다(1:n) 순환 관계 타입의 변환 방법

일대다 순환 관계는 [표 8-5]에서 설명한 방법에 따라 릴레이션 스키마로 변환할 수 있다. 특히, 외래키의 이름이 중복되지 않도록 유의한다.

표 8-5 일대다 순환 관계 타입의 변환 방법 및 주의 사항

구분	내용
릴레이션 스키마 변환	① 관계 릴레이션의 속성으로 관계에 속하는 개체의 **기본키를 외래키로 2개 포함**시킨 후, 이름이 중복되지 않게 변경하고, 관계를 설명하는 속성(있는 경우)도 관계 릴레이션에 포함시킨다. ② 관계를 설명하는 속성의 수가 많지 않은 경우, 관계 릴레이션을 별도로 생성하지 않고 **개체 릴레이션에 개체의 기본키를 외래키로 포함**시켜서 순환 관계를 표현한다. 이때 관계를 설명하는 속성(있는 경우)도 개체 릴레이션에 포함시킨다.
기본키 결정	**n측 개체 타입의 기본키**가 관계 릴레이션의 기본키가 된다.
주의 사항	개체의 기본키를 외래키로 2개 포함시킬 때 속성 이름이 중복되지 않도록 반드시 1개는 **이름을 변경**해야 한다.

[그림 8-14]는 1명의 사원(관리자)이 여러 사원(피관리자)을 관리하는 일대다 순환 관계를 표현한 것으로, 먼저 사원 개체 릴레이션과 관리하다 관계 릴레이션 스키마로 각각 변환한다. 이때 관리하다 관계 릴레이션의 속성으로 사원 개체 릴레이션의 기본키인 '사원번호'를 2개 포함시킨 다음, 이름이 중복되지 않도록 1측을 '관리자사원번호'로 변경한다. 그리고 관계의 설명 속성인 '관리시작일자'도 포함시킨다.

사원 릴레이션과 관리하다 릴레이션의 기본키가 동일한데, 이런 경우 하나의 릴레이션으로 단순화할 수 있다. 즉, 사원 릴레이션에 '관리자사원번호'와 '관리시작일자' 속성을 포함시켜서 하나의 릴레이션으로 표현할 수 있다. 만약 두 릴레이션을 구성하는 속성 수가 많다면, 굳이 단순화하여 하나의 릴레이션으로 표현하지 않아도 된다. 하지만 이 사례처럼 개체의 속성과 관계 설명 속성의 수가 모두 많지 않다면, 처음부터 관계 릴레이션을 생성하지 않고 개체 릴레이션

에 개체(1측)의 기본키를 외래키로 포함시키고, 관계 설명 속성(있는 경우)까지 포함시켜서 하나의 릴레이션으로 표현할 수 있다. 단, 기본키와 외래키의 이름이 중복되지 않도록 반드시 외래키의 이름을 변경해야 한다.

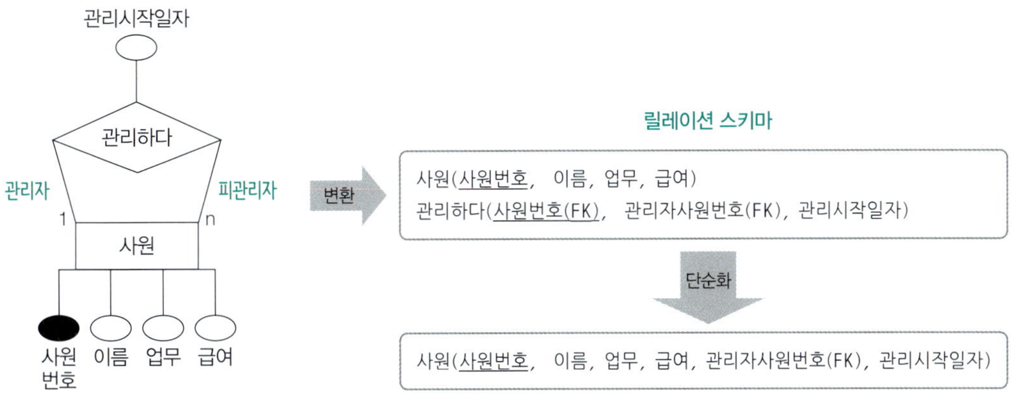

그림 8-14 일대다 순환 관계의 변환 사례

다대다(m:n) 순환 관계 타입 변환 방법

다대다 유형의 순환 관계는 [표 8-6]에서 설명한 방법에 따라 릴레이션 스키마로 변환할 수 있다. 특히, 동일한 기본키를 참조하는 외래키 2개의 이름을 서로 다르게 지정해야 한다는 점에 유의한다.

표 8-6 다대다 순환 관계 타입의 변환 방법 및 주의 사항

구분	내용
릴레이션 스키마 변환	**관계 릴레이션을 별도로 생성**한 후, 개체의 **기본키를 2개의 외래키로 포함**시키고, 관계를 설명하는 속성(있는 경우)도 관계 릴레이션에 포함시킨다.
기본키 결정	**2개의 외래키로 구성된 속성 집합**이 관계 릴레이션의 기본키가 된다.
주의 사항	동일한 기본키가 2개 추가되므로 반드시 서로 이름이 달라야 한다.

[그림 8-15]의 선수하다 관계는 많은 교과목이 여러 다른 교과목의 선수 과목이 되는 다대다 순환 관계를 표현한 것이다. 어떤 교과목의 선수 과목들을 표현하기 위해 교과목 개체의 기본키('교과목번호')를 관계 릴레이션에 2개의 외래키('선수교과목번호', '후수교과목번호')로 포함시켰으며, 이 두 외래키가 조합되어 기본키가 된다. 이때 '선수교과목번호'와 '후수교과목번호'는 둘 다 교과목 개체의 기본키인 '교과목번호'를 참조한다.

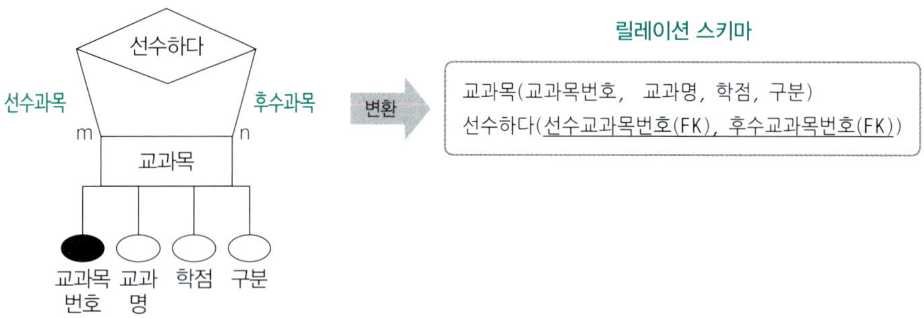

그림 8-15 다대다 순환 관계 타입의 변환 사례

5 3진 관계 타입 변환

3진 관계는 [표 8-7]에서 설명한 방법에 따라 릴레이션 스키마로 변환할 수 있다. 특히, 기본키를 결정할 때 유일성 만족 여부를 확인한다는 점에 유의한다.

표 8-7 3진 관계 타입의 변환 방법 및 주의 사항

구분	내용
릴레이션 스키마 변환	① 3진 관계 타입에 대한 릴레이션을 생성한다. ② 관계 타입에 참여하는 모든 개체 타입의 기본키를 관계 릴레이션에 외래키로 포함시킨다. ③ 관계를 설명하는 속성(있는 경우)도 관계 릴레이션에 포함시킨다.
기본키 결정	기본적으로 **외래키들로 구성된 속성 집합**이 관계 릴레이션의 기본키가 되지만, 3진 관계 타입에서는 기본키가 복잡하므로 기본키 역할을 대체할 **설계 속성을 추가**하는 것이 바람직하다.
주의 사항	외래키들로 구성된 복합키가 유일성을 만족하지 않으면, 유일성을 만족시킬 수 있도록 다른 속성을 포함시키거나 기본키 역할을 할 설계 속성을 추가한다.

[그림 8-16]의 과제수행하다 관계는 하나의 과제를 수행할 때 많은 사원과 여러 부서가 참여하고 많은 장비가 필요함을 표현한 것이다. 기본적으로 이 관계에 참여하는 세 개체의 기본키로 구성된 '{사원번호, 부서번호, 장비번호}'가 관계 릴레이션의 기본키가 된다. 그런데 만약 동일한 사원과 동일한 부서가 참여하고 동일한 장비가 필요한 과제를 다른 날짜에 여러 개 수행할 수 있다면, {사원번호, 부서번호, 장비번호}만으로는 유일성을 보장할 수 없으므로 '시작일자' 속성을 추가한 '{사원번호, 부서번호, 장비번호, 시작일자}'가 기본키가 되어야 한다. 이때 '과제번호'라는 설계 속성을 추가해서 복잡한 기본키의 역할을 대체하도록 하는 것이 바람직하다.

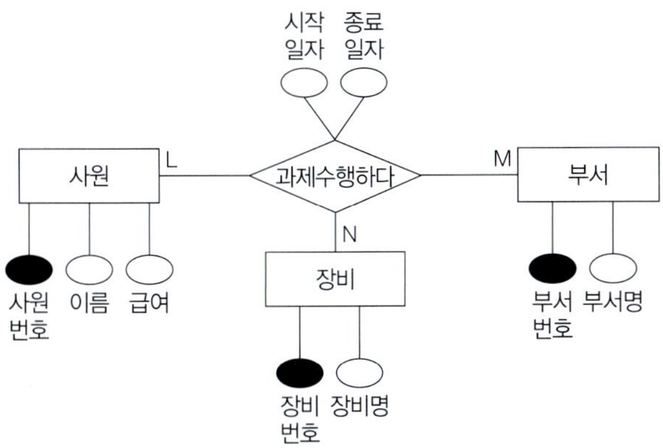

릴레이션 스키마

변환

① 과제수행하다(사원번호(FK), 부서번호(FK), 장비번호(FK), 시작일자, 종료일자)

혹은

② 과제수행하다(과제번호, 사원번호(FK), 부서번호(FK), 장비번호(FK), 시작일자, 종료일자)

그림 8-16 3진 관계 타입의 변환 사례

05 다중치 속성의 변환

하나의 속성이 여러 개의 값을 가질 수 있는 다중치 속성은 [표 8-8]에서 설명하듯이 별도의 릴레이션으로 변환해야 한다. 특히, 릴레이션 이름과 다중치 속성의 이름이 서로 달라야 한다는 점에 유의한다.

표 8-8 다중치 속성의 변환 방법 및 주의 사항

구분	내용
릴레이션 스키마 변환	① 다중치 속성을 표현하기 위해 **별도의 릴레이션**을 생성한다. ② 다중치 속성을 갖는 개체 타입의 **기본키를 외래키로 포함**시킨다.
기본키 결정	**외래키와 다중치 속성으로 구성된 속성 집합**이 기본키가 된다.
주의 사항	다중치 속성을 표현하기 위한 릴레이션 이름과 다중치 속성 이름은 반드시 서로 달라야 한다.

[그림 8-17]은 여러 개의 취미를 값으로 가질 수 있는 '취미'라는 다중치 속성을 포함한 회원 개체를 릴레이션 스키마로 변환한 사례다. 다중치 속성을 표현하기 위해 생성한 릴레이션 이름이 '취미'이므로 각각의 다중치 속성 값을 표현하기 위한 속성의 이름은 '취미종류'로 지정했다. 또한, 외래키인 '회원번호'와 다중치 속성인 '취미종류'로 구성된 {회원번호(FK), 취미종류}가 기본키가 된다.

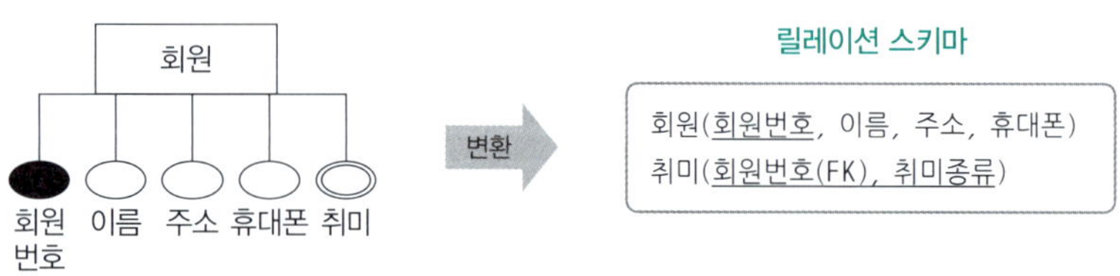

그림 8-17 다중치 속성의 변환 사례

06 슈퍼-서브 타입의 변환

슈퍼-서브 타입의 경우 6장 5절에서 소개한 정제 방법을 고려해서 릴레이션으로 변환해야 한다. 먼저 슈퍼타입 개체를 기준으로 정제한 경우, 슈퍼타입 개체로 통합되어 하나의 개체 타입으로 변환되므로 일반적인 개체 타입 변환과 동일한 방법으로 변환하면 된다. 서브타입 개체를 기준으로 정제한 경우, 각각의 서브타입 개체로 통합되어 서브타입 개체 수만큼 별개의 개체 타입으로 변환된다. 따라서 각 개체 타입을 일반적인 개체 타입의 변환과 동일한 방법으로 변환하면 된다. 예를 들어 [그림 8-18]과 같이 2개의 서브타입 개체로 정제된 경우, 각각을 릴레이션 스키마로 변환하면 된다.

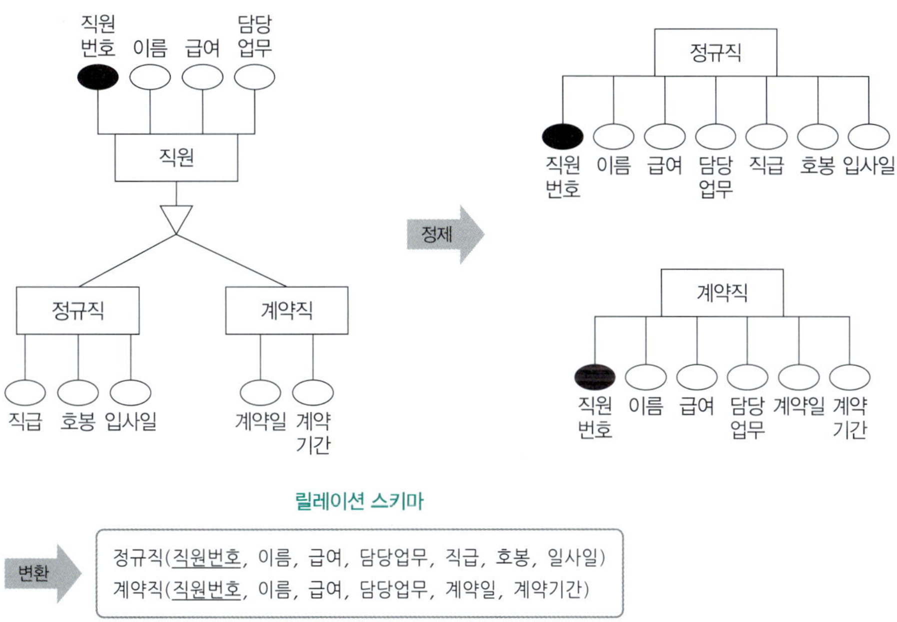

그림 8-18 슈퍼-서브 타입의 변환 사례(1)

반면, 슈퍼타입과 서브타입 개체 모두를 기준으로 정제한 경우, 슈퍼타입 개체의 기본키를 서브타입 개체의 기본키로 추가해야 하므로 상호 참조할 수 있도록 반드시 외래키로 지정해야 한다. 예를 들면 [그림 8-19]와 같이 1개의 슈퍼타입 개체와 2개의 서브타입 개체로 정제한 경우, 서브타입 개체의 기본키가 슈퍼타입 개체의 기본키를 참조하는 외래키가 되도록 변환해야 한다.

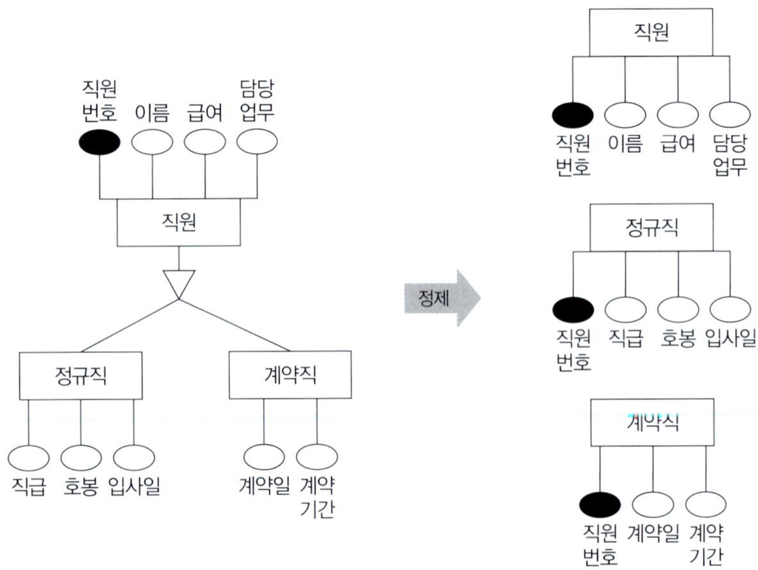

릴레이션 스키마

변환

직원(직원번호, 이름, 급여, 담당업무)
정규직(직원번호(FK), 직급, 호봉, 일사일)
계약직(직원번호(FK), 계약일, 계약기간)

그림 8-19 슈퍼-서브 타입의 변환 사례(2)

07 릴레이션 단순화

일대일 및 일대다 유형의 관계 릴레이션은 다음과 같이 단순화하여 표현할 수 있다.

❶ 일대일(1:1) 관계 단순화

일대일 관계의 경우 관계를 표현하는 릴레이션을 따로 만들지 않고, 대신 다음과 같이 관계에 포함된 개체에 일부 속성을 포함시켜 전체 릴레이션을 단순화할 수 있다.

① 관계에 전체 참여인 개체 릴레이션에 다음을 추가한다.

- 관계에 포함된 다른 개체의 기본키에 대응하는 속성
- 관계의 설명 속성(있는 경우)

② 기존의 관계 릴레이션은 삭제한다.

[그림 8-20]은 어떤 사원이 어떤 부서를 관리하는지를 나타내는 '관리하다'라는 일대일 관계를 릴레이션 스키마로 변환하여 단순화한 사례다. 그림과 같이, 원래 3개의 릴레이션 스키마로 표현해야 하지만 이를 단순화하여 ❶ 또는 ❷와 같은 2개의 릴레이션으로 표현할 수 있다.

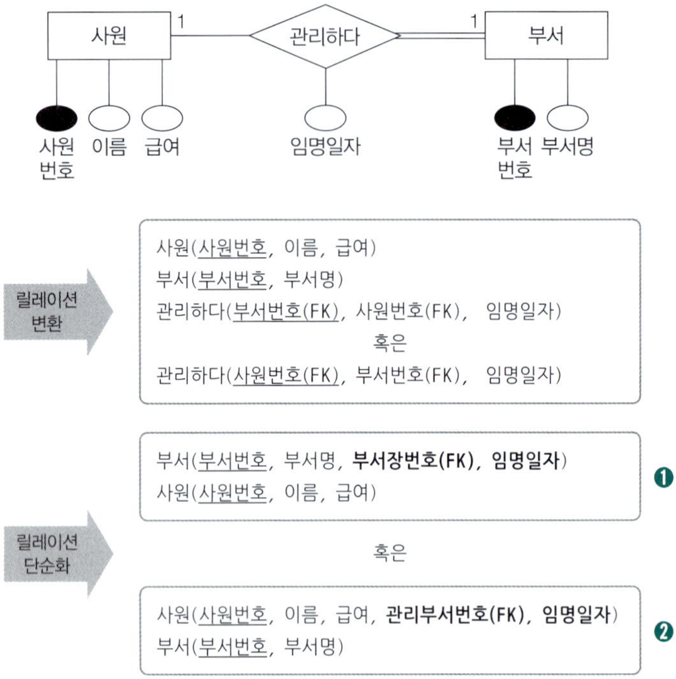

그림 8-20 일대일 관계의 단순화 사례(1)

[그림 8-20]의 두 가지 릴레이션 단순화 결과 가운데 어떤 것을 선택하면 좋을까? ❶은 부서 개체 릴레이션에 '부서장번호', 즉 사원 개체의 기본키인 '사원번호' 속성을 외래키로 포함시킨 것으로, 모든 부서에 부서장이 있다면 '부서장번호' 속성이 널 값을 갖는 경우가 없다. 한편 ❷는 사원 개체 릴레이션에 '관리부서번호', 즉 부서 개체의 기본키인 '부서번호' 속성을 외래키로 포함시킨 것이다. 이 경우 사원 가운데 몇 명만 부서장이므로 대부분의 사원은 '관리부서번호' 속성이 널 값을 갖게 되어 기억장소가 낭비된다. [그림 8-21]에서 확인할 수 있듯이 ❶은 널 값을 갖는 속성이 없는 반면, ❷는 부서장이 아닌 사원들은 모두 '관리부서번호'와 '임명일자' 속성이 널 값을 갖게 된다. 따라서 일대일 관계를 단순화할 때는 관계에 전체 참여하는 개체 쪽으로 단순화하는 것이 바람직하다.

❶ 부서 개체를 기준으로 관계를 단순화한 경우

부서 릴레이션

부서번호	부서명	부서장번호	임명일자
100	관리부	1267	03/01/2024
200	경리부	2543	03/01/2022
300	개발부	3611	09/01/2023
…	…	…	…

'부서장번호'와 '임명일자' 속성이 널 값을 갖는 데이터가 없음

❷ 사원 개체를 기준으로 관계를 단순화한 경우

사원 릴레이션

사원번호	이름	급여	관리부서번호	임명일자
1267	박동희	55000000	100	03/01/2024
1325	김철수	27500000		
1524	이영희	25000000		
2543	김창수	52000000	200	03/01/2022
3611	민동규	64000000	300	09/01/2023
…	…	…	…	…

부서장이 아닌 사원은 모두 '관리부서번호'와 '임명일자' 속성이 널 값을 갖게 되므로 기억장소가 낭비됨

그림 8-21 일대일 관계 릴레이션 단순화에 따른 데이터 비교

[그림 8-22]의 사례처럼 두 개체 타입이 모두 관계에 전체 참여인 경우, ❶이나 ❷ 모두 널 값을 갖는 개체가 없으므로 어느 쪽이든 단순화 형태로 적절하다.

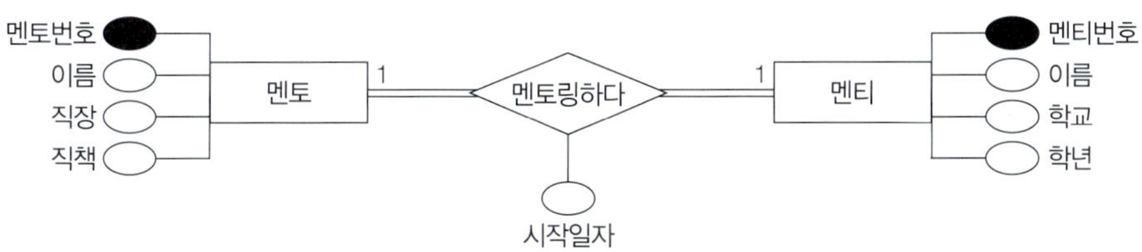

릴레이션 변환

멘토(멘토번호, 이름, 직장, 직책)
멘티(멘티번호, 이름, 학교, 학년)
멘토링하다(멘토번호(FK), 멘티번호(FK), 시작일자)
혹은
멘토링하다(멘티번호(FK), 멘토번호(FK), 일자)

릴레이션 단순화

❶
멘토(멘토번호, 이름, 직장, 직책, 멘티번호(FK), 시작일자)
멘티(멘티번호, 이름, 학교, 학년)

❷
멘토(멘토번호, 이름, 직장, 직책)
멘티(멘티번호, 이름, 학교, 학년, 멘토번호(FK), 시작일자)

그림 8-22 일대일 관계의 단순화 사례(2)

2 일대다(1:n) 관계 단순화

일대다 관계도 관계를 표현하는 릴레이션을 따로 생성하지 않고, 대신 다음과 같이 관계에 포함된 개체 가운데 n측 개체에 관계의 속성을 모두 포함시켜 전체 릴레이션을 단순화할 수 있다.

① 관계에 전체 참여인 n측 개체 릴레이션에 다음을 추가한다.

- 관계의 1측에 있는 개체의 기본키에 대응하는 속성
- 관계의 설명 속성(있는 경우)

② 기존의 관계 릴레이션은 삭제한다.

[그림 8-23]은 어떤 사원이 어떤 부서에 근무하는지를 나타내는 '근무하다'라는 일대다 관계를 릴레이션 스키마로 변환하여 단순화한 사례다. 그림과 같이, 원래 3개의 릴레이션 스키마로 표현해야 하지만 이를 단순화하여 2개의 릴레이션으로 표현할 수 있다. 단순화된 사원 개체 타입의 '근무부서번호'는 부서 개체 타입의 '부서번호'를 참조하는 외래키다.

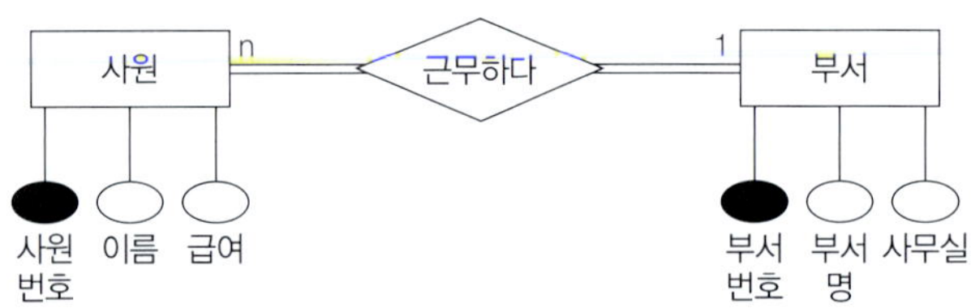

릴레이션 변환

사원(<u>사원번호</u>, 이름, 급여)
부서(<u>부서번호</u>, 부서명, 사무실)
근무하다(<u>사원번호(FK)</u>, 부서번호(FK))

릴레이션 단순화

사원(<u>사원번호</u>, 이름, 급여, **근무부서번호(FK)**)
부서(<u>부서번호</u>, 부서명, 사무실)

그림 8-23 일대다 관계의 단순화 사례

일대다 유형의 관계라고 해서 무조건 단순화해야 하는 것은 아니다. n측 개체가 부분 참여인 경우, n측 개체에 관계 릴레이션을 통합해서 단순화하면 관계의 속성이 널 값을 갖는 개체 인스턴스가 생기게 되므로 단순화하지 않는 것이 좋다. 예를 들어 사원 가운데 일부만 동아리 활동에 참여하는 경우, [그림 8-24]의 ❷와 같이 릴레이션을 단순화하면 동아리 활동에 참여하지 않는 많은 사원 개체는 '동아리번호' 속성이 널 값을 갖게 된다. 따라서 이런 경우에는 관계 릴레이션을 단순화하지 않고 ❶과 같이 3개의 릴레이션 스키마로 표현하는 것이 좋다.

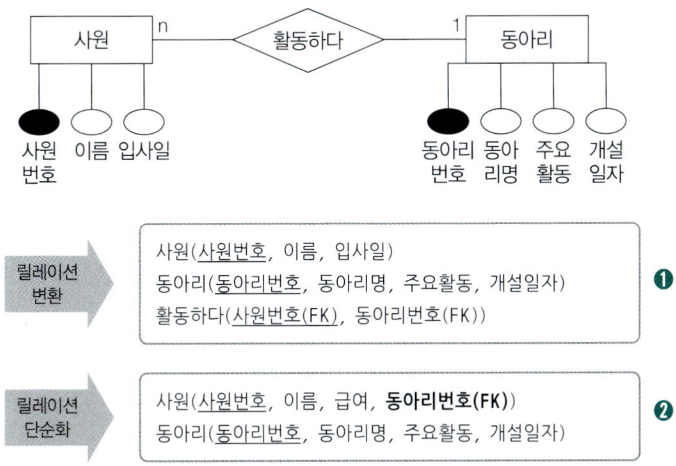

그림 8-24 단순화가 불필요한 일대다 관계의 사례(1)

또 다른 예를 들어보자. [그림 8-25]처럼 n측이 2개의 일대다 유형의 관계에 관련되었고, n측 개체가 모든 관계에 부분 참여인 경우, n측 개체를 기준으로 ❷처럼 2개 관계를 동시에 단순화하면 [그림 8-26]에서 확인할 수 있듯이 널 값을 갖는 속성이 많이 생긴다. 따라서 n측 개체가 전체 참여가 아닌 관계는 단순화하지 않고 [그림 8-25]의 ❶처럼 표현하는 것이 좋다. 만약 사원 개체가 근무하다 관계에 전체 참여라면, 근무하다 관계만 단순화하면 된다.

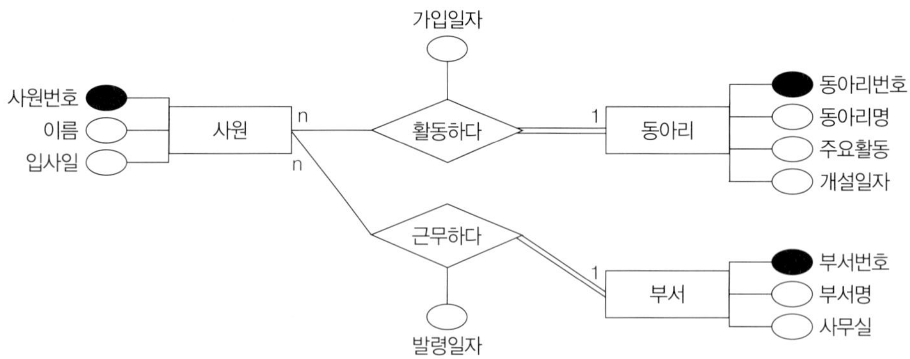

릴레이션 변환 ❶

사원(사원번호, 이름, 입사일)
동아리(동아리번호, 동아리명, 주요활동, 개설일자)
부서(부서번호, 부서명, 사무실)
활동하다(사원번호(FK), 동아리번호(FK), 가입일자)
근무하다(사원번호(FK), 부서번호(FK), 발령일자)

릴레이션 단순화 ❷

사원(사원번호, 이름, 입사일, **동아리번호(FK), 동아리가입일자, 근무부서번호(FK), 부서발령일자**)
동아리(동아리번호, 동아리명, 주요활동, 개설일자)
부서(부서번호, 부서명, 사무실)

그림 8-25 단순화가 불필요한 일대다 관계의 사례(2)

사원 릴레이션

사원번호	이름	입사일	동아리번호	동아리가입일자	근무부서번호	부서발령일자
1267	박동희	04/01/2024			100	04/01/2024
1325	김철수	03/15/2021	001	05/15/2022	100	03/01/2023
1524	이영희	02/01/2024	002	04/10/2024	200	02/01/2024
2543	김창수	02/01/2024			200	09/01/2024
3611	민동규	06/15/2023			300	03/01/2024
4229	최민우	06/10/2024				
…	…	…	…	…	…	…

동아리에 가입하지 않은 사원은 모두 '동아리번호'와 '동아리가입일자' 속성이 널 값을 갖게 됨

입사 후 아직 부서 발령을 받지 않은 사원은 모두 '근무부서번호'와 '부서발령일자' 속성이 널 값을 갖게 됨

동아리 릴레이션

동아리번호	동아리명	주요활동	개설일자
001	메아리	등산	01/02/2022
001	달리자	마라톤	02/01/2024
003	하모니	합창	10/10/2023
…	…	…	…

부서 릴레이션

부서번호	부서명	사무실
100	관리부	A201
200	경리부	A202
300	개발부	B201
…	…	…

그림 8-26 일대다 관계 릴레이션 단순화에 따른 데이터 비교

08 릴레이션 스키마 변환 사례

1 환자 검사 내역 관리 사례

병원에서 입원 환자의 검사 내역을 기록하기 위해 요구사항을 작성하였다(0). 이 요구사항을 만족하는 ER 다이어그램을 작성한 다음, 릴레이션 스키마로 변환하는 과정을 살펴보자(1~4).

0 요구사항

① 환자는 환자 번호와 이름, 주민등록번호, 휴대폰 정보가 필요하다.
② 환자가 소유한 검사 내역을 기록한다.
③ 검사 내역은 순서와 검사명, 일시, 결과 정보가 필요하다.
④ 검사 내역의 순서는 각 환자마다 1번부터 시작한다.

1 최종 개체 타입

No.	개체 타입	속성 목록	식별자	비고
1	환자	환자번호, 이름, 주민등록번호, 휴대폰	환자번호	
2	검사내역	순서, 검사명, 일시, 결과	순서(부분키)	약한 개체

2 최종 관계 타입

No.	관계 타입	관련된 개체 목록	관계 유형	관계 설명 속성	비고
1	기록하다	환자, 검사내역	1 : n	-	식별 관계

3 ER 다이어그램

그림 8-27 환자 검사 내역 관리를 위한 ER 다이어그램

4 릴레이션 스키마 변환

환자(환자번호, 이름, 주민등록번호, 휴대폰)
검사내역(환자번호(FK), 순서, 검사명, 일시, 결과)

2 요리 레시피 관리 사례

요리 레시피를 관리하기 위한 요구사항을 작성하였다(0). 이 요구사항을 만족하는 ER 다이어그램을 작성한 다음, 릴레이션 스키마로 변환하는 과정을 살펴보자(1~3).

0 요구사항

① 요리 레시피에는 번호, 요리명, 요리법, 요리 시간, 칼로리, 식재료 정보가 포함된다.

② 요리마다 필요한 식재료 수는 크게 다르다.

1 최종 개체 타입

No.	개체 타입	속성 목록	식별자	비고
1	레시피	번호, 요리명, 요리법, 요리시간, 칼로리, 식재료	번호	식재료는 다중치 속성

2 ER 다이어그램

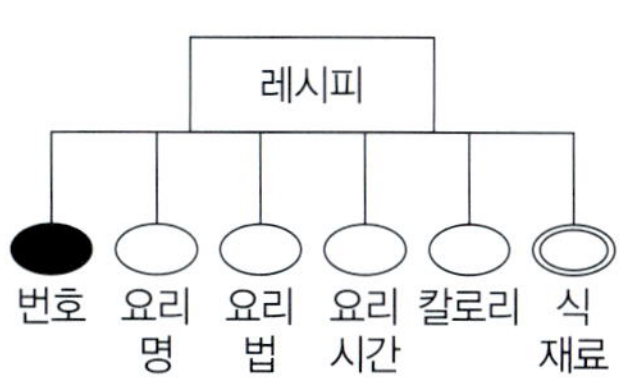

그림 8-28 요리 레시피의 ER 다이어그램

3 릴레이션 스키마 변환

레시피(<u>번호</u>, 요리명, 요리법, 요리시간, 칼로리)
식재료(<u>레시피번호(FK), 식재료이름</u>)

한편, 식재료의 종류가 매우 많고 여러 레시피에 중복해서 사용되므로 식재료 이름을 직접 저장하기보다 다음과 같이 식재료코드를 생성해서 '코드번호'를 저장하는 것이 효율적이다.

레시피(<u>번호</u>, 요리명, 요리법, 요리시간, 칼로리)
식재료(<u>레시피번호(FK), 식재료코드번호</u>)
식재료코드(<u>코드번호</u>, 식재료이름)

3 과제 수행 내역 관리 사례

과제를 수행할 때 하나의 관리 부서와 참여하는 여러 명의 연구원 및 인턴들의 정보를 관리하기 위해 요구사항을 작성하였다(0). 이 요구사항을 만족하는 ER 다이어그램을 작성한 다음, 릴레이션 스키마로 변환하는 과정을 살펴보자(1~5).

0 요구사항

① 부서는 부서 번호와 부서명, 사무실, 전화번호 정보가 필요하다.
② 연구원은 사번과 이름, 전공 정보가 필요하다.
③ 인턴은 id와 이름, 하나 이상의 자격증 정보가 필요하다.
④ 자격증 정보는 코드와 명칭, 발급 기관으로 구성되어 실제 업무에서 사용되는 기호로 표현한다.
⑤ 수행한 과제명과 과제를 시작한 일자, 종료한 일자 정보가 필요하다.
⑥ 한 과제의 관리 부서는 하나이지만, 한 부서는 여러 과제를 관리할 수 있다.
⑦ 한 부서가 관리하는 여러 과제의 시작 일자는 서로 다르다.
⑧ 연구원은 시작 일자가 다른 여러 과제를 동시에 수행할 수 있다.
⑨ 연구원과 인턴은 과제 진행 중간에 참여할 수 있다.
⑩ 인턴은 한 번에 한 과제에만 참여할 수 있다.
⑪ 인턴은 과제가 종료되기 전에 다른 과제에 배정될 수 있다.

1 최종 개체 타입

No.	개체 타입	속성 목록	식별자
1	부서	부서번호, 부서명, 사무실, 전화번호	부서번호
2	연구원	사번, 이름, 전공	사번
3	인턴	id, 이름, 자격증(MV)	id
4	과제	과제번호, 과제명, 시작일자, 종료일자	과제번호
5	자격증	코드, 명칭, 발급기관	코드

2 최종 관계 타입

No.	관계 타입	관련된 개체 목록	관계 유형	관계 설명 속성
1	관리하다	부서, 과제	1 : n	-
2	수행하다	연구원, 과제	m : n	시작일자
3	배정하다	인턴, 과제	m : n	배정일자, 종료일자

3 ER 다이어그램

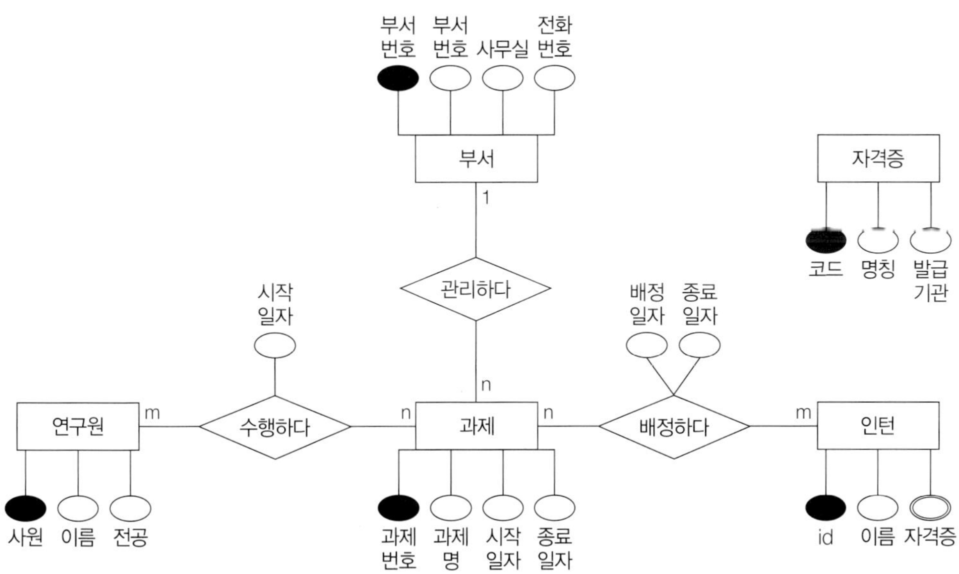

그림 8-29 과제 수행 내역 관리를 위한 ER 다이어그램

4 릴레이션 스키마 변환

부서(부서번호, 부서명, 사무실, 전화번호)
연구원(사번, 이름, 전공)
인턴(id, 이름)
인턴_자격증(id, 자격증코드)
자격증(코드, 명칭, 발급기관)
과제(과제번호, 과제명, 시작일자, 종료일자)
관리하다(과제번호(FK), 관리부서번호(FK))
수행하다(과제번호(FK), 연구원사번(FK), 시작일자)
배정하다(과제번호(FK), 인턴id(FK), 배정일자, 종료일자)

5 릴레이션 스키마 단순화

부서(부서번호, 부서명, 사무실, 전화번호)
연구원(사번, 이름, 전공)
인턴(id, 이름)
인턴_자격증(id, 자격증코드)
자격증(코드, 명칭, 발급기관)
과제(과제번호, 과제명, 시작일자, 종료일자, **관리부서번호(FK)**) /* 관리하다 관계 단순화 */
수행하다(과제번호(FK), 연구원사번(FK), 시작일자)
배정하다(과제번호(FK), 인턴id(FK), 배정일자, 종료일자)

개념퍼즐

가로 →

3 개념적 설계 단계의 결과물을 DBMS가 이해할 수 있도록 변환하는 과정

4 사용자 그룹별 접근 가능한 데이터 범위와 DB 서버에 접근하는 방법 등을 결정해서 트랜잭션의 전체적인 골격과 인터페이스를 정의하는 과정

5 관계 데이터 모델의 기본이 되는 릴레이션을 구성하는 속성들의 집합

6 DB를 2차원 테이블, 즉 릴레이션의 집합으로 모델링하는 논리적 데이터 구조

7 DB에 저장된 데이터의 정확성과 일관성 유지를 위해서 DB가 항상 만족해야 하는 조건

9 유일성과 최소성을 만족하는 후보키 가운데 업무에 적합하게 선택된 하나의 키

10 DB가 표현하려고 하는 유무형의 정보 대상으로, 존재하면서 서로 구별될 수 있는 요소

세로 ↓

1 개념적 스키마를 논리적 스키마로 변환한 다음, 정규화 과정을 통해 논리적 스키마를 더욱 바람직한 형태로 변환하고, 무결성 제약조건을 정의하는 과정

2 개체들 간의 의미 있는 연결 또는 연관성을 의미하는 요소

8 자체적으로 개체를 식별할 수 있는 기본키 속성을 갖지 못해서 독자적으로는 존재할 수 없는 것

연습문제

01 다음 중 논리적 설계 단계의 주요 업무에 대한 설명이 잘못된 것은?

① 논리적 설계 단계의 두 가지 주요 업무는 논리적 스키마 모델링과 트랜잭션 모델링이다.

② 논리적 스키마 모델링의 주요 업무는 개념적 스키마를 논리적 스키마로 변환하는 것이다.

③ 논리적 스키마 모델링 과정에서 무결성 제약조건도 정의해야 한다.

④ 논리적 스키마 모델링은 데이터 중심 DB 설계 관점에서 수행하는 업무다.

02 ( )에 적합한 용어는?

> (　　　　　　)는 관계 데이터 모델의 기본이 되는 릴레이션을 구성하는 속성들의 집합을 의미하며, 릴레이션 이름과 속성 이름들로 표현할 수 있다.

03 다음 ER 다이어그램은 회원이 어떤 고등학교를 졸업했는지를 표현한 것이다. ER 다이어그램을 릴레이션 스키마로 변환한 다음, 관계 릴레이션을 단순화하여 표현하시오.

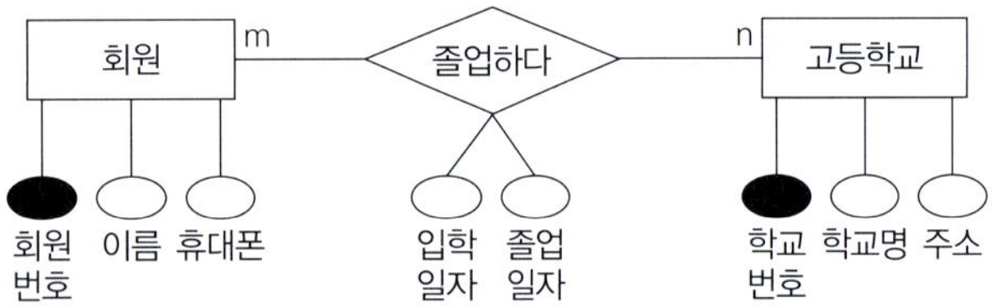

04 다음 ER 다이어그램은 지역별로 회원이 어떤 카페에 가입했는지를 표현한 것이다. ER 다이어그램을 릴레이션 스키마로 변환하시오.

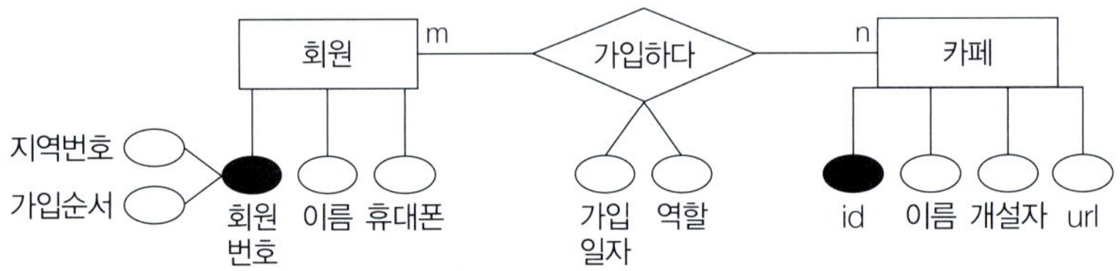

05 다음 ER 다이어그램은 학생이 어떤 외부 활동에 참여했는지를 표현한 것이다. ER 다이어그램을 릴레이션 스키마로 변환하시오.

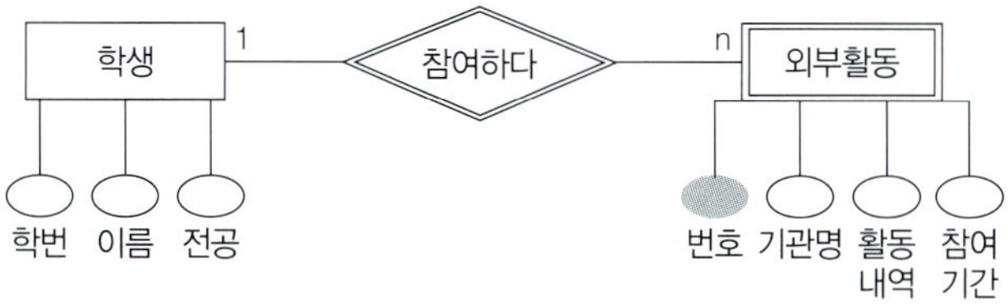

06 다음 ER 다이어그램은 모든 학생이 반드시 하나의 방과후 활동에 참가해야 하고, 학생 가운데 1명이 각 방과후 활동의 대표를 맡는다는 사실을 표현한 것이다. ER 다이어그램을 릴레이션 스키마로 변환하시오. 단, 관계를 가장 효율적인 방법으로 단순화해서 표현하시오.

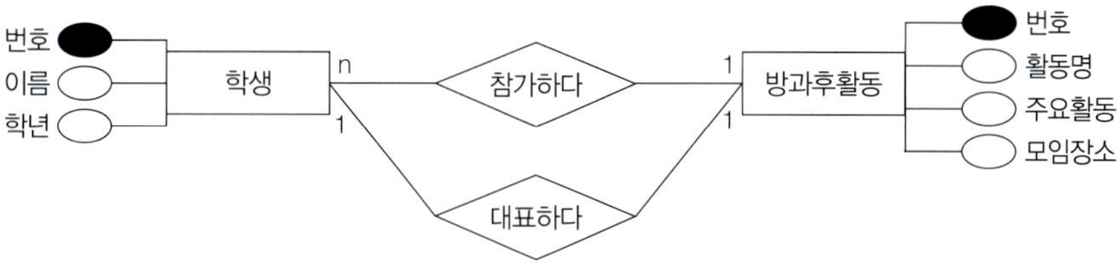

07 다음 ER 다이어그램은 교수가 어떤 연구회에 가입했는지를 표현한 것이다. ER 다이어그램을 가장 바람직한 형태의 릴레이션 스키마로 변환하시오. 단, 모든 교수가 연구회에 가입하는 것은 아니다.

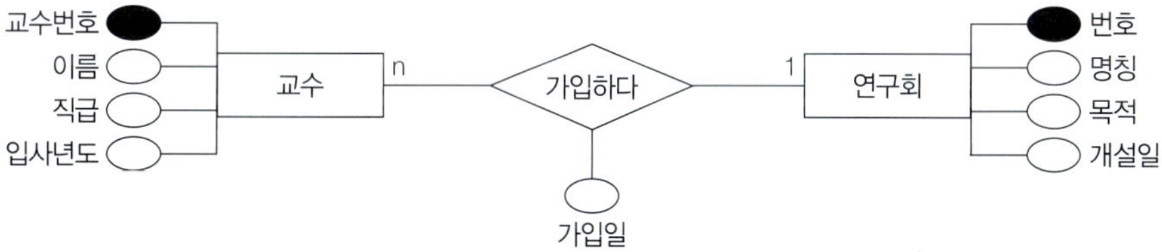

연습문제

08 다음 ER 다이어그램은 1명의 학생이 최대 5명의 다른 학생에 대해 멘토링하는 관계를 표현한 것이다. ER 다이어그램을 가장 간단한 형태의 릴레이션 스키마로 변환하시오. 단, 모든 학생은 멘티이지만 그 가운데 일부 학생만 멘토 역할을 한다.

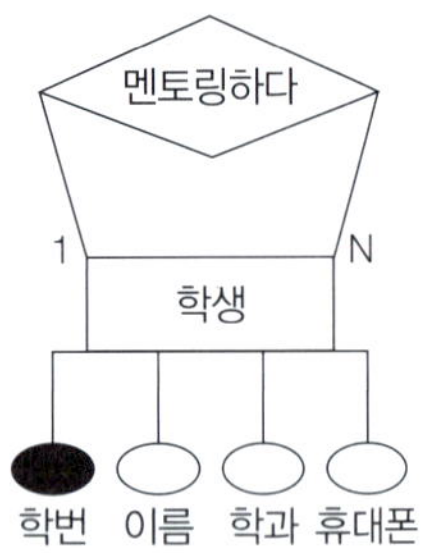

09 다음 ER 다이어그램은 콘서트를 개최할 때 뮤지션과 기획사, 콘서트홀이 연관되는 관계를 표현한 것이다. ER 다이어그램에서 콘서트개최하다 관계를 릴레이션 스키마로 변환하시오.

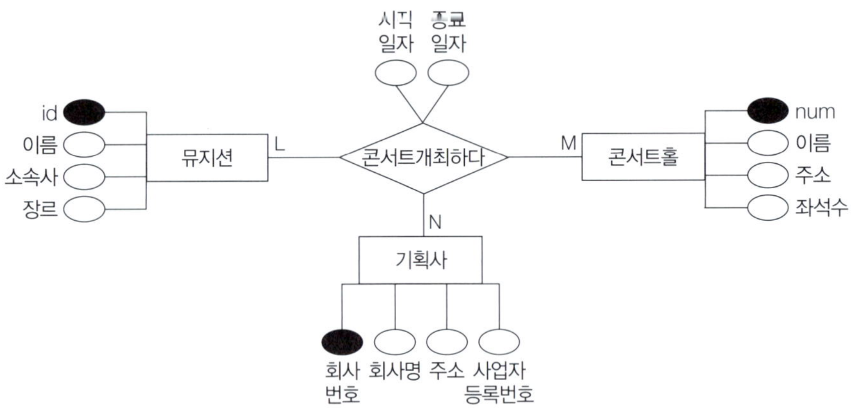

10 다음 ER 다이어그램은 하나 이상의 자격증을 소지한 응시자 개체를 표현한 것이다. ER 다이어그램을 릴레이션 스키마로 변환하시오.

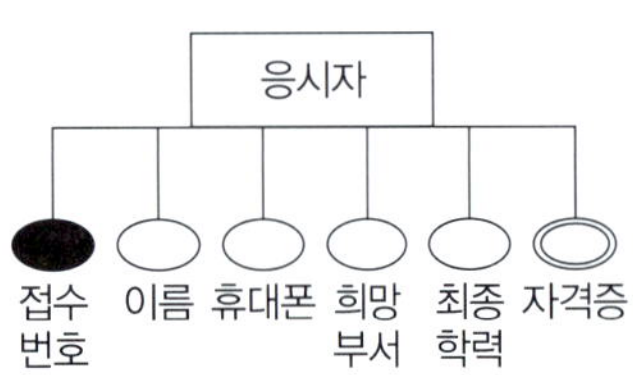

실습문제

01 어느 대학에서 어떤 교수가 어떤 학생을 지도하는지, 학생이 어떤 교과목을 수강하는지, 교수가 어떤 교과목을 강의하는지를 관리하려고 한다. 다음 요구사항을 만족하는 ER 다이어그램을 작성한 다음, 릴레이션 스키마로 변환하는 과정을 완성하시오.

0 요구사항

① 교수는 사번과 직급, 전공, 입사일 정보가 필요하다.
② 학생은 학번과 이름, 주소, 학년 정보가 필요하다.
③ 교과목은 교과목 번호와 교과목명, 학점, 구분 정보가 필요하다.
④ 교과목 구분은 전공 필수, 전공 선택, 교양 필수, 교양 선택으로 구분한다.
⑤ 교수 1명이 여러 명의 학생을 지도한다.
⑥ 교수 가운데 지도 학생이 없는 교수도 있다.
⑦ 모든 학생은 1명의 지도 교수가 배정된다.
⑧ 교수가 교과목을 강의한 년도_학기 정보가 필요하다.
⑨ 동일 교과목의 여러 분반을 여러 교수가 강의하는 경우도 있다.
⑩ 학생이 교과목을 수강한 년도_학기와 성적 정보가 필요하다.
⑪ 학생은 한 학기에 최대 21학점까지 수강할 수 있다.
⑫ 학생의 성적이 'F'인 경우에만 동일한 교과목을 재수강할 수 있다.

1 최종 개체 타입

No.	개체 타입	속성 목록	식별자
1			
2			
3			

2 최종 관계 타입

No.	관계 타입	관련된 개체 목록	관계 유형	관계 설명 속성
1				
2				
3				

실습문제

3 ER 다이어그램

4 릴레이션 스키마 변환

5 릴레이션 스키마 단순화

CHAPTER 09
논리적 설계 심화

학습목표

- 개체 타입 통합 방법을 설명할 수 있다.
- 이력 데이터가 생성되는 세 가지 유형을 설명할 수 있다.
- 코드 개체를 모델링할 수 있다.
- 개체 무결성과 참조 무결성을 바르게 정의할 수 있다.
- 명시적으로 정의해야 하는 도메인 무결성을 나열할 수 있다.

01 개체 타입 통합

1 개체 타입 통합 방법

기본키가 동일하거나 기본키가 상호 식별자가 되는 개체 타입들, 기본키와 속성이 비슷한 개체 타입들을 통합할 수 있다. 각각의 통합 사례는 다음과 같다.

기본키가 동일한 개체 타입들의 통합

이 경우의 통합된 개체 타입은 통합 전 개체 타입들의 모든 속성을 포함하고, 필요한 경우 새로운 속성을 추가하거나 속성 이름을 변경할 수 있다. 예를 들어 [그림 9-1]과 같이 부동산소유자와 부동산세입자 개체 타입을 부동산관계자 개체 타입으로 통합할 수 있다. 이때 '구분' 속성은 부동산관계자가 '소유자'인지 '세입자'인지를 구분하기 위해 새로 추가한 속성이고, '성명' 속성은 '소유자명'과 '세입자명'을 모두 표현하기 위해 속성 이름을 변경한 것이다.

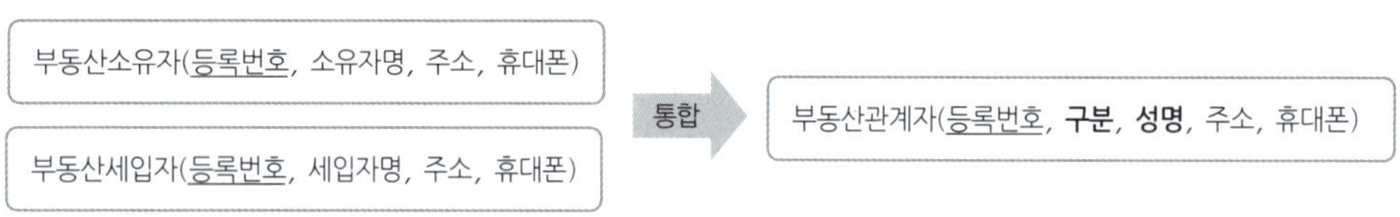

그림 9-1 동일한 기본키를 갖는 개체 타입 통합 사례

기본키가 상호 식별자가 되는 개체 타입들의 통합

이 경우의 통합된 개체 타입은 통합 전 개체 타입들의 모든 속성을 포함하고, 필요한 경우 속성 이름을 변경할 수 있다. 예를 들어 [그림 9-2]와 같이 회원 개체 타입의 '회원번호' 속성과 할인회원 및 특별회원 개체 타입의 'id' 속성이 상호 식별자가 될 수 있으므로, 이 개체 타입들을 모두 '회원' 개체 타입에 통합할 수 있다. 이때 할인회원 개체 타입의 '할인율' 속성과 특별회원 개체 타입의 '등급' 속성을 모두 회원 개체 타입에 포함시켜야 한다.

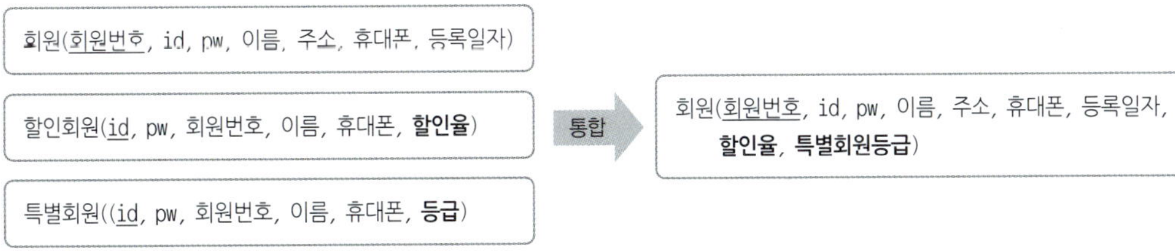

그림 9-2 기본키가 상호 식별자가 되는 개체 타입 통합 사례

기본키와 속성이 비슷한 개체 타입들의 통합

기본키와 속성이 비슷하고 각 속성의 도메인이 비슷한 경우, 새로운 개체 타입을 만들어서 통합할 수 있다. 이때 새로운 개체 타입은 이전 개체 타입들의 모든 속성을 포함해야 하고, 필요한 경우 속성 이름을 변경하거나 새로운 속성을 추가할 수 있다. 예를 들어 [그림 9-3]과 같이 업무요청과 업무완료 개체 타입의 속성이 비슷하고 기본키도 유사한 경우, '업무관리'라는 새로운 개체 타입을 만들어 통합할 수 있다. 이때 '내용' 속성은 '요청내용'과 '완료내용'을 모두 표현하기 위해 속성 이름을 변경한 것이고, '일자'와 '부서'도 기존 속성 이름을 변경한 것이다. '업무구분' 속성은 두 업무를 구분하기 위해 추가한 것으로, '요청' 또는 '완료'라는 값을 가진다.

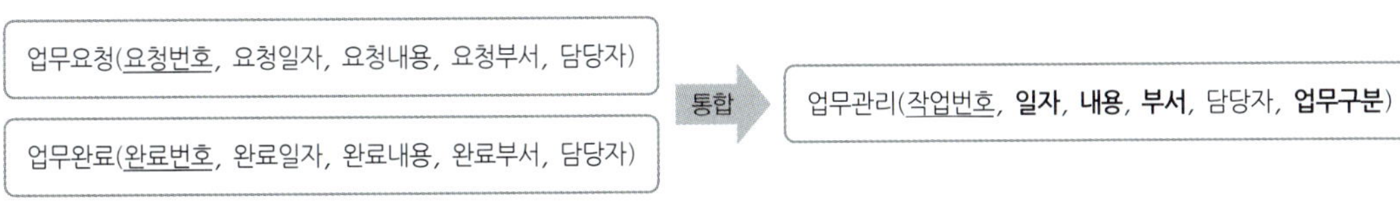

그림 9-3 기본키와 속성이 비슷한 개체 타입 통합 사례

개체 타입을 통합할 때는 다음 사항에 유의한다.

- 논리적 설계 단계에서는 가능한 모든 개체를 각각 상세하게 표현한다.
- 개체 통합은 물리적 설계 단계에서 고려해도 된다.
- 트랜잭션이 통합된 개체 타입에 대해 발생하는지, 분리된 개체 타입에 대해 발생하는지를 조사하여 전자이면 개체 타입의 통합을 고려한다.
- 데이터와 트랜잭션 양이 많지 않다면 개체 통합을 고려한다.
- 데이터와 트랜잭션 양이 많은 경우, 트랜잭션이 통합된 개체 타입에 대해 발생할 때만 개체 통합을 결정한다.

2 개체 타입 통합 장단점

개체 타입을 통합하면 다음과 같은 장단점이 발생한다. 따라서 장단점을 잘 비교하여 개체 타입의 통합을 신중히 고려해야 한다.

■ 개체 타입 통합의 장점

- 불필요한 조인이 제거되어 성능이 향상된다.
- 정보 조회가 용이하다.
- 비슷한 속성이 통합되므로 중복이 제거된다.
- ER 다이어그램이 간결해진다.
- 물리적으로 관리해야 하는 테이블 수가 감소한다.

■ 개체 타입 통합의 단점

- 데이터 모델만으로 업무 흐름을 파악하기 어렵다.
- 업무 확장에 따른 데이터 모델 변경 시 유연하지 않다.
- 많은 양의 데이터가 한군데에 집약되므로 성능이 저하될 수 있다.

02 이력 데이터 모델링

1 이력 데이터 개념

이력 데이터history data는 하나의 업무 단위가 시간의 흐름에 따라 반복적으로 발생하거나 변경 또는 진행되는 과거 및 현재 데이터를 의미한다. 이력 데이터 관리에는 비용이 발생하지만, 다음과 같은 장점이 있다.

- 과거 특정 시점의 데이터를 조회할 수 있다.
- 변경 내역을 관리할 수 있다.
- 오류 발생 시 현재 정보를 가장 최근 이력 정보로 복구할 수 있다.

이력 데이터를 관리하려면 비용이 발생하므로 관리할 필요가 없는 이력까지 관리하는 것은 낭비다. 따라서 다음과 같은 사항을 고려해서 판단해야 한다.

- 시간이 경과함에 따라 데이터가 변하는가?
- 시간이 경과함에 따라 관계가 변하는가?
- 과거 데이터를 조회할 필요가 있는가?
- 변경 내역을 조회할 필요가 있는가?
- 과거 버전을 보관할 필요가 있는가?

이력 데이터를 표현하는 이력 개체에는 다음과 같은 특징이 있다.

- 이력 개체는 하나의 개체에서 발생하는 이력을 관리하기 위해서 생성하는 약한 개체로, 과거의 특정 시점에 대한 정보를 제공하는 것이 목적이다.
- 이력 개체(약한 개체)의 기본키는 자신의 부분키와 소유 개체의 기본키를 조합한 복합키가 된다. 이때 부분키 역할을 할 속성이 없으면 날짜나 일련번호를 추가해야 한다.
- 소유 개체의 기본키는 이력 개체의 외래키가 된다.
- 이력 개체에 필요한 대부분의 속성은 소유 개체에 존재한다.

2 이력 데이터 생성 유형

이력 데이터가 생성되는 유형에 따라 다음과 같이 발생 이력, 변경 이력, 진행 이력으로 구분한다.

발생 이력

발생 이력은 데이터가 발생할 때마다 정보를 남겨서 관리하는 이력인데, 약한 개체로 발생 이력을 저장한다. 급여 지급, 이자 계산, 접속 기록, 관리비 청구 등이 발생 이력에 해당한다. 예를 들어 매월 지급되는 사원의 급여 내역을 남겨야 하는 경우 [그림 9-4]와 같이 매월 급여를 지급할 때마다 급여 데이터를 저장해야 한다.

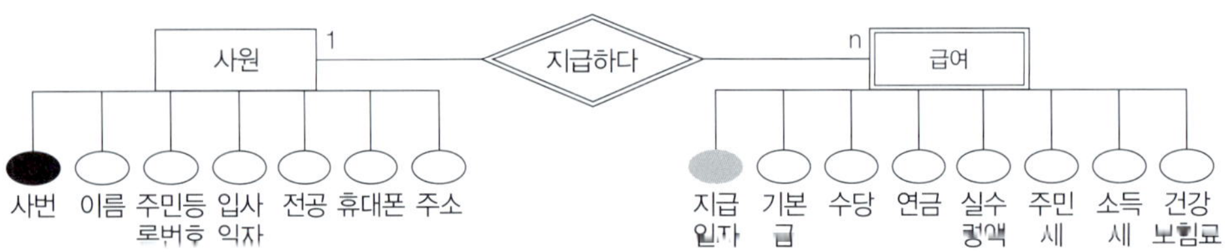

릴레이션 스키마

사원(<u>사번</u>, 이름, 주민등록번호, 입사일자, 전공, 휴대폰, 주소)
급여(<u>사원번호, 지급일자</u>, 기본급, 수당, 연금, 실수령액, 주민세, 소득세, 건강보험료)

그림 9-4 발생 이력 데이터 모델링 사례

변경 이력

변경 이력은 데이터가 변경될 때마다 변경 전후의 차이를 확인하기 위해 남기는 이력인데, 약한 개체로 변경 이력을 저장한다. 예약 변경, 주문 변경, 계약 변경 등이 변경 이력에 해당한다. 예를 들어 항공권을 예약한 고객이 예약 정보를 변경한 경우 [그림 9-5]와 같이 예약 정보와 변경한 내역을 저장해서 관리해야 한다.

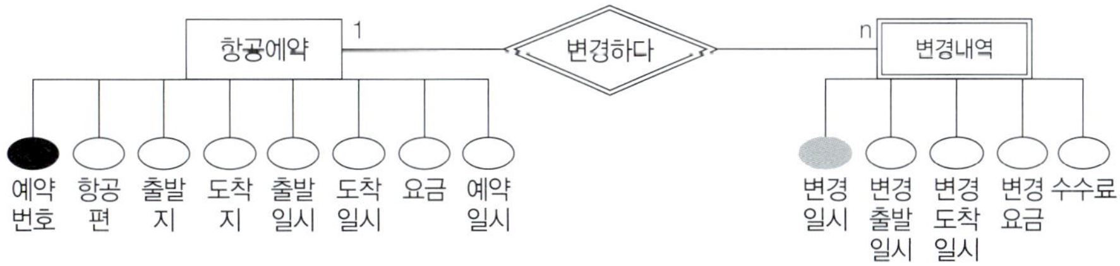

릴레이션 스키마

항공예약(예약번호, 항공편, 출발지, 도착지, 출발일시, 도착일시, 요금, 예약일시)
변경내역(예약번호, 변경일시, 변경출발일시, 변경도착일시, 변경요금, 수수료)

그림 9-5 변경 이력 데이터 모델링 사례

진행 이력

진행 이력은 직원 채용이나 학생 선발, 공사 진행과 같은 업무가 진행되는 상황을 관리하기 위해 남기는 이력인데, 세부 업무가 어떻게 진행되는지 알 수 있도록 약한 개체로 진행 이력을 저장한다. 예를 들어 서류 접수, 서류 평가, 면접, 선발, 통보 순으로 업무가 진행되는 직원 채용의 진행 내역을 관리하려면 [그림 9-6]과 같이 이력 데이터를 모델링할 수 있다. 약한 개체인 진행이력 개체의 부분키인 '진행상태코드' 속성의 경우 '서류접수', '서류평가', '면접', '선발', '통보'를 구분하는 값을 코드로 표현할 수 있다.

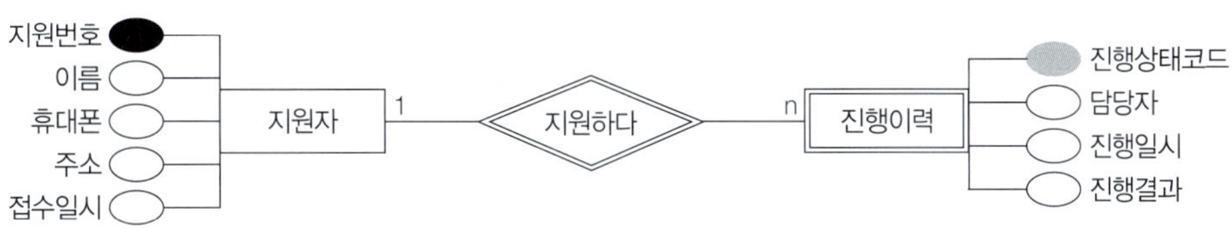

릴레이션 스키마

지원자(지원번호, 이름, 휴대폰, 주소, 접수일시)
진행이력(지원번호, 진행상태코드, 담당자, 진행일시, 진행결과)

그림 9-6 진행 이력 데이터 모델링 사례

3 이력 데이터 관리 주기

이력 데이터를 관리하는 주기에 따라 다음과 같이 시점 이력과 선분 이력으로 구분한다.

시점 이력

시점 이력은 데이터 변경이 발생한 시점만 관리하기 위해 남기는 이력이다. 예를 들면 [그림 9-7]과 같이 특정 통화의 환율이 변동되면 변동된 시점과 환율을 저장해서 환율이 어느 시점에 얼마로 변동되었는지 관리할 수 있다.

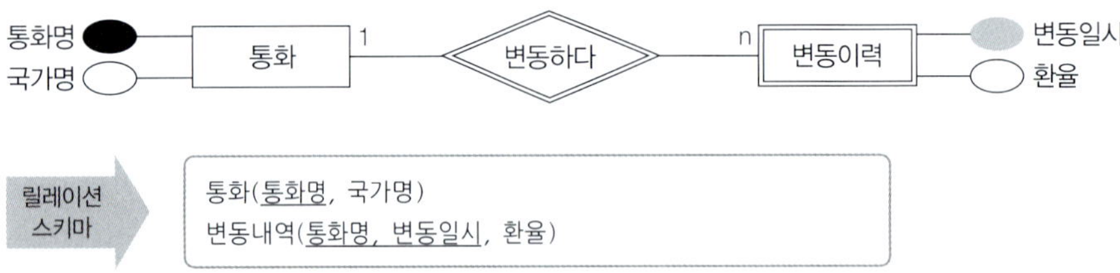

그림 9-7 시점 이력 데이터 모델링 사례

시점 이력의 경우 가장 최근 정보를 추출하기 위해 MAX 함수를 사용해야 하는 번거로움이 있다. 예를 들어 한국 통화(KRW)의 가장 최근 환율을 다음과 같이 검색할 수 있다.

```
SELECT  환율
FROM    변동내역
WHERE   변동일시 = (SELECT  MAX(변동일시)
                    FROM    변동내역
                    WHERE   통화명 = 'KRW');
```

최신 정보를 자주 검색한다면 [그림 9-8]과 같이 '최신여부' 속성을 추가해서 모델링하는 것이 좋다.

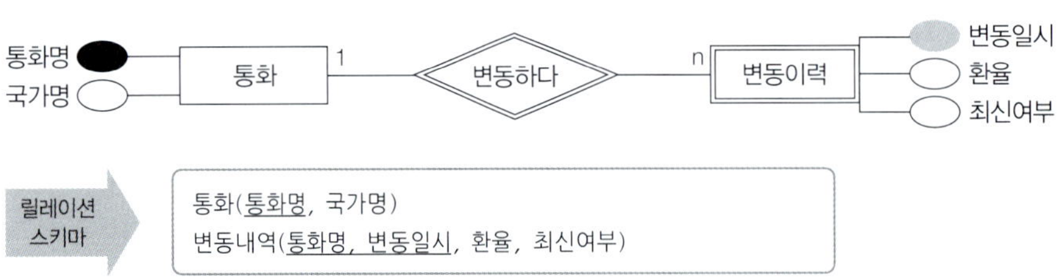

그림 9-8 최신여부 속성을 추가한 시점 이력 데이터 모델링 사례

'최신여부' 속성이 추가된 경우, 한국 통화(KRW)의 가장 최근 환율을 검색하는 SQL 문은 다음과 같이 간단하게 표현할 수 있다.

```
SELECT   환율
FROM     변동내역
HERE     통화명 = ' KRW '
AND      최신여부 = ' Y ';
```

선분 이력

선분 이력은 데이터 변경이 발생한 시작 시점부터 종료 시점까지 전체 시간을 관리하기 위해 남기는 이력이다. 예를 들어 [그림 9-9]와 같이 모델링하면 여러 지역을 순회하는 공연이 특정 기간에 개최된 지역을 쉽게 관리할 수 있다.

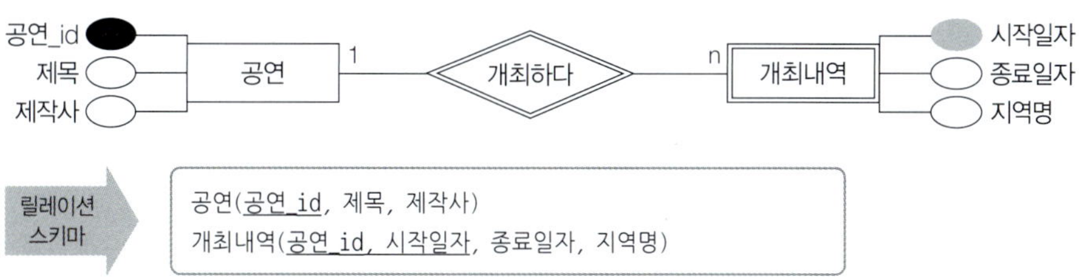

그림 9-9 선분 이력 데이터 모델링 사례

예를 들어 2024년 9월 1일부터 9월 30일 사이에 공연_id가 'C0112'인 공연이 개최된 지역을 다음과 같이 검색할 수 있다.

```
SELECT   시작일자, 종료일자, 지역명
FROM     개최내역
WHERE    시작일시 >= ' 24/09/01 '
AND      종료일시 <= ' 24/09/30 '
AND      공연_id = ' C0112 ';
```

03 코드 개체 모델링

앞서 6장에서 설명했듯이, 코드code 개체는 정보를 간단히 표현하기 위한 기호를 나타내는 개체다. 코드 개체에는 실제 업무에서 사용하는 코드도 있지만 데이터를 효율적으로 표현하기 위해 논리적 설계 단계에서 생성하는 코드도 있다. 코드가 1개의 속성만 표현하는지, 여러 개의 속성을 표현하는지에 따라 코드 개체 모델링 방법이 달라진다.

■ **코드가 1개의 속성만 표현하는 경우**

[표 9-1]의 결제코드는 '결제방법'이라는 1개의 속성만 표현하며, 결제 방법으로 현금, 선불카드, 신용카드, 체크카드, 휴대폰결제, 계좌이체 가운데 하나의 값을 표현할 때 사용한다. 즉, 결제코드 'A'는 결제 방법이 '현금'임을 간단히 표현한 것이다. 이런 결제코드를 표현하기 위해 생성한 결제방법코드 개체 타입을 표현하는 ER 다이어그램과 릴레이션 스키마는 [그림 9-10]과 같다.

표 9-1 코드가 1개의 속성만 표현하는 결제방법코드

코드 개체 타입	결제코드	코드 값
		결제방법
결제방법코드	A	현금
	B	선불카드
	C	신용카드
	D	체크카드
	E	휴대폰결제
	F	계좌이체

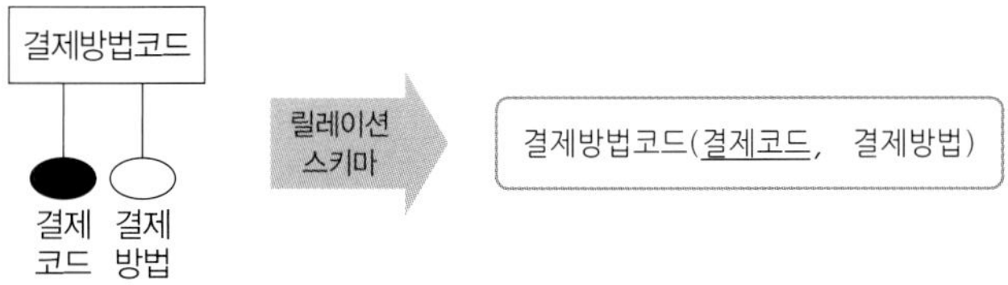

그림 9-10 1개의 속성만 표현하는 결제방법코드 개체 타입

■ 코드가 여러 개의 속성을 표현하는 경우

[표 9-2]의 부서코드는 '부서명', '위치', '전화번호'라는 3개의 속성을 동시에 표현한다. 즉, 부서코드 '01'은 단순히 '기획팀'만 표현하는 것이 아니라 '기획팀이 서울에 위치하면서 전화번호가 02-2367-9985'임을 간단히 표현한 것이다. 이런 부서코드를 표현하기 위해 생성한 부서구분코드 개체 타입을 표현하는 ER 다이어그램과 릴레이션 스키마는 [그림 9-11]과 같다.

표 9-2 코드가 여러 개의 속성을 표현하는 부서구분코드

코드 개체 타입	부서코드	코드 값		
		부서명	위치	전화번호
부서구분코드	01	기획팀	서울	02-2367-9985
	02	인사팀	서울	02-2367-9986
	03	영업팀	서울	02-2367-9987
	04	기술팀	대전	042-237-1185
	05	AS팀	대전	042-237-1186

그림 9-11 여러 개의 속성을 표현하는 부서구분코드 개체 타입

코드 개체는 주로 코드 값을 참조하는 용도로 사용하므로 일반 개체와 달리 다른 개체와 관계를 맺지 않아도 된다. 코드를 코드 값으로 변환할 때는 SQL 문에서 조인 연산 또는 DECODE 문을 사용하거나 응용 프로그램 또는 DBMS의 함수function 등을 활용할 수 있다.

04 무결성 제약조건 정의

앞서 7장에서 설명했듯이, 무결성 제약조건integrity constraint은 DB에 저장된 데이터의 정확성과 일관성을 유지하기 위해 DB가 항상 만족해야 하는 조건을 의미한다. 실수나 오류로 인해 부정확한 데이터가 저장되는 것을 사전에 방지하여 데이터의 정확성, 일관성, 신뢰성, 유효성 등을 보장하려면 무결성 제약조건을 세심하게 정의해야 한다.

1 개체 무결성 정의 방법

개체 무결성entity integrity은 기본키를 구성하는 속성은 반드시 값을 가져야 하고 유일성을 보장하는 최소한의 집합이어야 한다는 제약조건으로, 다음과 같은 세 가지 규칙을 만족해야 한다.

- **규칙 1**: 기본키를 구성하는 속성은 널 값을 가져서는 안 된다.
- **규칙 2**: 기본키는 개체를 유일하게 식별할 수 있어야 한다.
- **규칙 3**: 기본키는 유일성을 보장하는 최소한의 속성 집합이어야 한다.

개체 무결성은 기본키를 정의하면 묵시적으로 정의되지만, 기본키가 잘못 정의되면 개체 무결성이 보장되지 않는다. 따라서 기본키를 제대로 정의하는 것이 중요하다. 예를 들어 '대학생(학번, id, 이름, 생년월일, 전공코드)' 릴레이션의 경우 [표 9-3]과 같이 개체 무결성의 세 가지 규칙을 검토해서 기본키를 선정할 수 있다. 이 표를 보면 {학번, 이름}의 경우 '이름' 속성 없이 '학번'만으로도 유일성을 만족하므로 최소성이 만족되지 않는다. {학번, 전공코드}의 경우 '전공코드'가 널 값을 가질 수 있으므로 규칙 1조차 만족하지 않는 것을 알 수 있다.

표 9-3 기본키 검토 사례

기본키 후보	규칙 1(Not NULL)	규칙 2(유일성)	규칙 3(최소성)	후보키 여부
학번	O	O	O	O
id	O	O	O	O
{이름, 생년월일}	O	X	O	X
{학번, 이름}	O	O	X	X
{학번, 전공코드}	X	O	X	X

기본키를 선정할 때는 반드시 다음 사항을 고려해야 한다.

- 기본키는 개체 인스턴스를 유일하게 식별할 수 있어야 한다.
- 기본키는 가능하면 변경되지 않아야 한다.
- 기본키는 데이터 보안이 요구되지 않아야 한다. 주민등록번호는 개인 정보보호 관점에서 보안이 요구되므로 기본키로 사용하지 않는 것이 좋다.
- 기본키는 반드시 최소성을 만족해야 한다. 속성 집합이 기본키가 될 수 있지만, 하나의 속성만으로 유일성을 보장하는 속성이 있다면 단일 속성을 기본키로 선정해야 한다.
- 후보키 가운데 더 작은 저장 공간을 차지하는 속성을 선택한다. 기본키에 대해 인덱스가 자동 생성되므로 저장 공간이 작은 속성을 선택하는 것이 좋다.
- 후보키 가운데 업무 활용도가 높고 업무상 의미 있는 속성을 기본키로 선택한다. 여러 개체에서 사용되는 후보키보다 개체의 특성을 잘 나타내는 속성을 선택하는 것이 좋다. 예를 들어 대학생의 경우 'id'보다 '학번'이 업무에서 더 많이 사용되므로 대학생 개체 타입의 기본키로 '학번'을 선택하는 것이 적절하다.
- 기존 업무에서 의미 있게 사용하던 기본키가 있으면 그대로 유지한다. 동일한 업무에 새로운 기본키를 설정하면 업무에 혼란을 초래할 수 있으므로 가능하면 동일한 기본키를 선정한다.

2 참조 무결성 정의 방법

참조 무결성referential integrity은 외래키foreign key가 반드시 피참조 릴레이션에 존재하는 기본키 값 또는 널 값을 가져야 한다는 제약조건이다. 참조 무결성은 외래키를 정의하면 묵시적으로 정의되지만, [표 9-4]와 같이 피참조 테이블의 데이터를 삭제 또는 수정할 때 DB 설계자가 고려해야 할 세부적인 업무 규칙이 있다.

표 9-4 삭제 및 수정 참조 무결성의 세부 업무 규칙

규칙	세부 내용
연쇄(Cascade)	부모 인스턴스를 삭제/수정하면, 대응하는 자식 인스턴스도 모두 자동으로 삭제/수정하여 참조 무결성을 보장한다.
제한(Restrict)	대응하는 자식 인스턴스가 없는 경우에만 부모 인스턴스의 삭제/수정이 가능하도록 제한하여 참조 무결성을 보장한다.
널(Set Null)	부모 인스턴스를 삭제/수정하면, 대응하는 자식 인스턴스의 외래키를 널 값으로 설정하여 참조 무결성을 보장한다.
기본(Set Default)	부모 인스턴스를 삭제/수정하면, 대응하는 자식 인스턴스의 외래키를 기본(디폴트)값으로 설정하여 참조 무결성을 보장한다.
미조치(No Action)	제한 규칙과 유사하다. 다만 제약조건 검사를 트랜잭션이 종료될 때까지 연기한다.

예를 들면 DB 설계자가 참조 무결성을 정의할 때 [표 9-5]와 같이 구분해서 정의할 수 있다.

표 9-5 참조 무결성 정의 사례(1)

참조 테이블	피참조 테이블	관계	삭제 규칙	수정 규칙
사원	부서	근무하다(n:1 유형)	Cascade	미지정

원래 근무하다 테이블이 참조 테이블이고 부서와 사원 테이블이 피참조 테이블이지만, 근무하다 관계가 n:1 유형이므로 n측인 사원 테이블로 단순화하였다. 그 결과 [표 9-5]와 같이 부서가 피참조 테이블이 되고 사원이 참조 테이블이 된 것이다. 단순화된 2개 테이블을 [그림 9-12]와 같이 정의할 수 있다.

```
CREATE TABLE  부서 (
    부서_id     INTEGER(3)  PRIMARY KEY,
    부서이름    VARCHAR(20),
    전화번호    CHAR(12),
    사무실      CHAR(4)
);
CREATE TABLE  사원 (
    사원번호    INTEGER(5)  PRIMARY KEY,
    근무부서    INTEGER(3),
    입사일      DATE,
    FOREIGN KEY (근무부서) REFERENCES 부서(부서_id)  /* 근무하다 관계 표현 */
      ON DELETE CASCADE      /* 삭제 규칙 */
);
```

그림 9-12 참조 무결성의 세부 업무 규칙 정의 사례(1)

n:1 유형이므로, 단순화된 근무하다 관계는 n측 개체인 사원 개체의 '근무부서' 속성으로 표현된다. 따라서 [그림 9-12]에서 알 수 있듯이 사원 테이블의 '근무부서' 속성은 부서 테이블의 '부서_id'를 참조하는 외래키로서, 외래키를 정의할 때 참조 무결성의 세부 업무 규칙도 함께 정의할 수 있다. 세부 업무 규칙을 지정하지 않으면 기본적으로 미조치 규칙이 적용된다.

표 9-6 참조 무결성 정의 사례(2)

참조 테이블	피참조 테이블	피참조 테이블	피참조 테이블	삭제 규칙	수정 규칙
수강하다 (m:n 유형)	학생	교과목	학생	Cascade	Cascade
			교과목	Restrict	Set Null

[표 9-6]의 경우 학생과 교과목 테이블이 모두 피참조 테이블이고, m:n 유형인 수강하다 테이블이 참조 테이블이다. 이 세 테이블을 [그림 9-13]과 같이 정의할 수 있다.

```
CREATE TABLE  학생 (
    학번        INTEGER(10)  PRIMARY KEY,
    이름        VARCHAR(20),
    휴대폰      CHAR(11),
    주소        VARCHAR(100)
);
CREATE TABLE  교과목 (
    교과목번호  CHAR(6)  PRIMARY KEY,
    교과목명    VARCHAR(30),
    학점        INTEGER(1),
    구분        VARCHAR(20)
);
CREATE TABLE  수강하다 (
    학생_id     INTEGER(10),
    교과목번호  CHAR(6),
    수강학기    CHAR(6),
    학점        CHAR(1),
    PRIMARY KEY (학생_id, 교과목번호),
    FOREIGN KEY (학생_id) REFERENCES  학생(학번)
        ON INSERT DEPENDENT, ON DELETE CASCADE, ON UPDATE CASCADE,
    FOREIGN KEY (교과목번호) REFERENCES  교과목(교과목번호)
        ON INSERT DEPENDENT, ON DELETE RESTRICT, ON UPDATE SET NULL
);
```

그림 9-13 참조 무결성의 세부 업무 규칙 정의 사례(2)

m:n 유형인 수강하다 관계는 2개 테이블을 참조하므로 2개의 외래키를 정의해야 한다. 또한 [그림 9-13]에서 알 수 있듯이 각 외래키를 정의할 때 필요한 경우 참조 무결성의 세부 업무 규칙도 각각 정의할 수 있다.

3 도메인 무결성 정의 방법

도메인 무결성domain integrity은 각 속성이 반드시 미리 정의된 도메인에 존재하는 값을 가져야 한다는 제약조건이다. 도메인은 데이터 타입과 크기 외에 [표 9-7]과 같은 요소를 포함한다.

표 9-7 명시적으로 정의해야 하는 도메인 무결성

도메인 무결성	특징
NOT NULL	속성이 널 값을 가질 수 없도록 정의한다.
UNIQUE	속성이 고유한 값을 갖도록 정의한다.
DEFAULT	값이 제공되지 않은 경우 속성이 가질 수 있는 기본값을 정의한다.
CHECK	속성의 값이 만족해야 하는 특정 조건을 정의한다.

[표 9-7]과 같은 도메인 무결성은 논리적 스키마 모델링 단계에서 [표 9-8]과 같이 명시적으로 정의해야 한다.

표 9-8 무결성 제약조건 정의 사례

No.	제약조건	제약 유형	관련 릴레이션
1	이름, 휴대폰, 주소는 널 값을 가질 수 없다.	NOT NULL	학생
2	휴대폰은 유일한 값을 가져야 한다.	UNIQUE	학생
3	교과목명과 학점은 널 값을 가질 수 없다.	NOT NULL	교과목
4	학점은 1 이상 4 이하의 값을 가져야 한다.	CHECK	교과목
5	학점의 기본값은 3이다.	DEFAULT	교과목
6	수강학기는 널 값을 가질 수 없다.	NOT NULL	수강하다
7	성적은 A, B, C, D, F 가운데 한 값을 가져야 한다.	CHECK	수강하다

05 데이터 표준화

1 데이터 표준화 개념

데이터 표준화는 DB에서 사용되는 데이터의 명칭, 정의, 형식, 규칙 등에 대한 전사적 표준을 수립하고 적용하는 과정을 의미한다. 데이터의 정확성, 일관성, 신뢰성 등을 보장하고 데이터 관리 및 분석의 효율성을 높이려면 데이터 표준화가 중요하다. 데이터 표준화의 일반적인 원칙은 [표 9-9]와 같이 요약할 수 있다.

표 9-9 데이터 표준화의 일반 원칙

구분	원칙
데이터 명칭	• 하나의 개념에 대해 하나의 명칭만 허용한다. • 명칭이 업무 관점에서 보편적으로 인지되어야 한다. • 명칭만으로 데이터의 의미와 범위가 파악될 수 있어야 한다.
데이터 정의	• 데이터가 의미하는 범위와 자격 요건을 제3자도 이해할 수 있도록 정의한다. • 서술적 정의만으로 의미 전달이 어려우면 실제 데이터 값도 같이 작성한다. • 전문 용어나 약어는 가능하면 사용하지 않는다.
데이터 형식	• 데이터 타입과 길이를 정의한다. • 성격이 유사한 데이터는 도메인을 정의해서 데이터 형식을 통일한다.
데이터 규칙	• 데이터의 입력 오류를 방지하기 위해 기본(디폴트)값, 허용 값의 범위, 표준 코드 등을 이용하여 허용 가능한 데이터 값을 미리 정의한다.

전사적인 데이터 표준화를 추진하려면 [그림 9-14]와 같이 데이터 표준 관리 조직, 데이터 표준, 데이터 표준화 절차라는 세 가지 구성 요소가 필요하다.

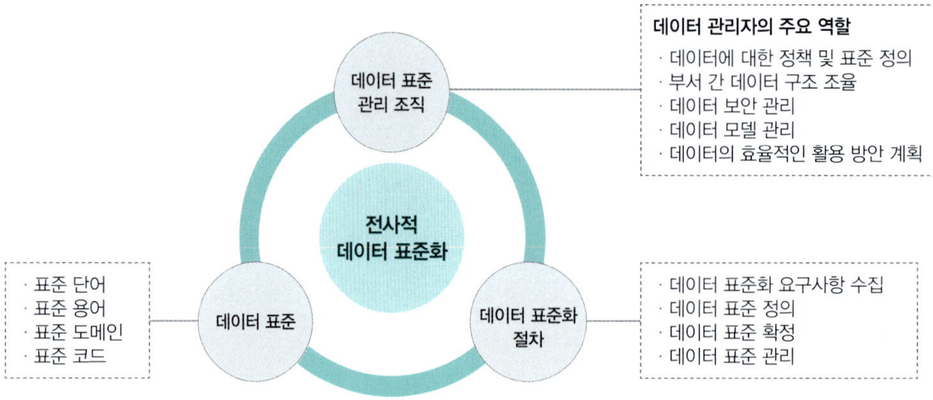

그림 9-14 데이터 표준화의 주요 구성 요소

데이터 표준 관리 조직

전사적으로 수립된 데이터 표준 원칙과 데이터 표준, 데이터 표준 준수 여부 관리 등을 잘 지켜 나가려면 데이터 표준 관리 조직, 즉 데이터 관리자Data Administrator, DA의 역할이 가장 중요하다. DA는 기업 또는 조직 내에서 데이터 정의와 체계화, 감독 및 보안 업무 등을 담당하는 관리자이며, DA의 주요 역할은 다음과 같다.

- 데이터에 대한 정책 및 표준 정의
- 부서 간 데이터 구조 조율
- 데이터 보안 관리: 데이터 보안 정책 수립, 보안 정책 준수 여부 확인, 보안 시정 조치 요구 등
- 데이터 모델 관리
- 데이터의 효율적인 활용 방안 계획: 데이터 활용의 문제점을 체크하고 데이터 활용 방안 수립 등

데이터 표준

데이터 표준의 주요 대상은 [표 9-10]과 같이 표준 단어, 표준 용어, 표준 도메인, 표준 코드 등으로 구분할 수 있다.

표 9-10 데이터 표준의 주요 대상

대상	의미 및 역할
표준 단어	• 표준 단어는 표준 용어를 구성하는 의미의 최소 단위인 단어를 표준화한 것이다. • 표준 단어를 관리함으로써 동일한 개념을 의미하는 용어를 중복해서 생성하는 것을 방지할 수 있다.
표준 용어	• 표준 용어는 업무에서 사용하는 용어에 대한 표준을 정의한 것이다. • 표준 용어는 업무적 용어와 기술적 용어로 구분한다. • 업무적 용어는 현업에서 사용하는 용어를 의미한다. • 기술적 용어는 데이터 모델이나 DB 스키마에 나타나는 개체명, 속성명 등을 의미한다. • 표준 용어를 사용함으로써 용어 사용의 혼란을 방지하고 원활한 의사소통이 가능하다.
표준 도메인	• 표준 도메인은 특정 칼럼(속성)이 가질 수 있는 값의 범위를 정의한 것이다. • 표준 도메인을 칼럼(속성)에 적용함으로써 칼럼의 데이터 타입과 크기를 일관되게 정의할 수 있다.
표준 코드	• 표준 코드는 특정 도메인 값, 즉 코드 값을 미리 정의한 것이다. • 표준 코드를 사용함으로써 데이터의 일관성을 보장할 수 있다.

데이터 표준화 절차

데이터를 표준화하는 절차는 [표 9-11]과 같이 요약할 수 있다.

표 9-11 데이터 표준화 절차

절차	주요 내용
요구사항 수집	• 개별 시스템의 데이터 표준 수집 • 데이터 표준화 요구사항 수집 • 표준화 현황 진단
데이터 표준 정의	• 표준화 원칙 수립 • 데이터 표준 정의: 표준 단어, 표준 용어, 표준 도메인, 표준 코드
데이터 표준 확정	• 데이터 표준 검토 및 확정 • 데이터 표준 공표
데이터 표준 관리	• 데이터 표준 이행 • 데이터 표준 관리 절차 수립: 데이터 표준 적용, 변경, 준수 검사 절차

2 데이터 표준 지침 수립

데이터 표준을 정의하기 전에 전사적으로 지켜야 하는 표준 단어, 표준 용어, 표준 도메인, 표준 코드 관련 지침을 미리 수립해야 한다.

표준 단어 지침 사례

- 현업에서 사용하는 관용화된 단어를 우선해서 사용한다.
- 물리적 설계 단계에서 영문명으로 전환할 때 영어 약자를 사용한다.
- 한글명이나 영문명을 부여할 때 특수문자나 띄어쓰기는 사용하지 않는다.
- 하나의 한글명에 대해서 하나의 영문명만 사용한다.

표준 용어 지침 사례

- 용어의 의미가 명확히 전달될 수 있도록 정의한다.
- 용어의 길이가 너무 긴 경우 약어를 사용한다.
- 논리적 모델에서는 한글명을 사용한다.
- 물리적 모델에서는 영문명을 사용한다.
- 이력 개체인 경우 '이력'이라는 단어를 용어 뒤에 붙인다.
- 시간까지 의미할 때는 '일시'라는 단어를 용어 뒤에 붙인다.

표준 도메인 지침 사례

- 도메인은 데이터 타입과 데이터 크기로 정의하며, 필요한 경우 데이터 값 등으로 정의한다.
- 데이터 타입은 크게 문자형(고정길이, 가변길이 등), 숫자형(정수, 실수 등), 날짜형, 시간형으로 구분해서 정의한다.
- 데이터 크기는 도메인 값을 표현하기 위한 최대 크기를 표현한다.
- 데이터 값은 해당 도메인이 가질 수 있는 값의 집합이나 범위(최댓값, 최솟값 등), 널 값 허용 여부, 유일성 여부, 기본값 등으로 정의한다.

표준 코드 지침 사례

- 코드는 가능하면 최소의 숫자 데이터 형식을 사용해서 정의한다.
- 코드명은 의미를 명확히 전달할 수 있도록 '코드', '유형', '구분', '상태' 등의 단어를 붙여 사용한다.
- 데이터 값의 범위가 명확한 경우 별도로 코드화하지 않는다. (예 '남/여', '유/무' 등의 값을 갖는 경우, 1(남, 유) 혹은 2(여, 무)라는 값만 가질 수 있으므로 굳이 코드를 정의할 필요가 없음)
- 코드는 전체 DB 안에서 유일해야 한다.

3 데이터 표준 정의 방법

데이터 표준 지침을 수립했으면 그에 따라 표준 단어와 표준 용어, 표준 도메인, 표준 코드 등을 정의한다.

표준 단어 정의 방법

① 현업에서 사용하는 모든 업무적 용어와 DB 스키마 등에서 사용하는 기술적 용어를 수집한다.
② 수집한 용어들을 기본 단어로 분할한다.
③ 기본 단어 가운데 중복된 단어와 동음이의어, 이음동의어 등을 정제한다.
④ 데이터 표준 지침을 참고해서 표준 단어 사전을 작성한다.

예를 들면 대학 관련 표준 단어는 [표 9-12]와 같이 정의할 수 있다.

표 9-12 대학 관련 표준 단어 정의 사례

표준 단어	영문명	영문 약자	설명
대학교	University	UNIV	2~5년제 대학교
교수	Professor	PROF	전임교원
명	Name	NAME	이름, 명칭
학과	Department	DEPT	학생과 교수가 소속된 학과
사무실	Office	OFC	대학 업무에 필요한 공간

표준 용어 정의 방법

① 현업에서 사용하는 업무적 용어와 DB 스키마 등에서 사용하는 기술적 용어를 정의하고, 유사 용어는 표준 용어로 대체한다.
② 표준 단어를 이용해서 표준 용어를 구성하고, 표준 도메인과 표준 코드를 기준으로 데이터 타입과 길이를 결정해서 표준 용어를 정의한다.
③ 데이터 표준 지침을 참고해서 표준 용어 사전을 작성한다.

예를 들면 대학 관련 표준 용어는 [표 9-13]과 같이 정의할 수 있다.

표 9-13 대학 관련 표준 용어 정의 사례

표준 용어	영문명	데이터 타입	길이	표준 도메인	표준 코드	설명
대학교명	UNIV_NAME	CHAR	3	분류코드	대학코드	대학교 이름
교수명	PROF_NAME	VARCHAR2	30	인명	-	교수 이름
학과사무실	DEPT_OFC	CHAR	13	위치	-	학과사무실 위치

표준 도메인 정의 방법

DB를 설계할 때 도메인을 정의하지 않는 경우가 많은데, 도메인을 정의하지 않으면 같은 속성임에도 불구하고 데이터 타입이나 길이가 달라서 데이터의 일관성을 유지하기가 어렵다. 따라서 DB 설계 단계에서 반드시 표준 도메인을 정의하여 사용하길 권장한다. 표준 도메인을 정의하는 방법은 다음과 같다.

① 현재 사용하는 용어에서 유사한 속성들을 그룹핑한다.
② 그룹핑한 유사 속성들에 대한 표준 도메인을 정의한다.
③ 데이터 표준 지침을 참고해서 표준 도메인 정의서를 작성한다.

예를 들면 대학 관련 표준 도메인은 [표 9-14]와 같이 정의할 수 있다.

표 9-14 대학 관련 표준 도메인 정의 사례

표준 도메인	데이터 타입	데이터 길이	데이터 값	설명
금액	INTEGER	10	-	천 원 단위 금액을 표시한다.
성별	CHAR	1	M 혹은 F	남자는 'M', 여자는 'F' 값을 가진다.
학기	CHAR	6	-	'YYYY-1' 또는 'YYYY-2'로 구분한다.
인명	VARCHAR2	30	-	사람 이름을 한글로 표기한다.
위치	VARCHAR2	25	-	'건물명_호실' 형식으로 표기한다.

표준 코드 정의 방법

① 현업에서 사용하는 코드와 DB 설계에 필요한 추가 코드를 정의한다.

② 표준 도메인을 적용해서 표준 코드를 정의한다.

③ 데이터 표준 지침을 참고해서 표준 코드 정의서를 작성한다.

예를 들면 대학 관련 표준 코드는 [표 9-15]와 같이 정의할 수 있으며, 이 가운데 대학코드를 상세히 정의하면 [표 9-16]과 같다.

표 9-15 대학 관련 표준 코드 정의 사례

표준 코드	데이터 타입	데이터 길이	코드	코드 값 설명
대학코드	CHAR	3	001 ~ 250	001: 한기대, 002: 서울대 등
전공코드	CHAR	4	M001 ~ M320	M001: 컴퓨터, M002: 전자 등
장비코드	CHAR	5	E0001 ~ E5821	E0001: 노트북, E0002: 모니터 등

표 9-16 대학코드 상세 정의 사례

<table>
<tr><th>표준 코드</th><th>데이터 타입</th><th>데이터 길이</th><th>코드</th><th>코드 값</th></tr>
<tr><td rowspan="4">대학코드</td><td rowspan="4">CHAR</td><td rowspan="4">3</td><td>001</td><td>한기대</td></tr>
<tr><td>002</td><td>서울대</td></tr>
<tr><td>003</td><td>충남대</td></tr>
<tr><td>…</td><td>…</td></tr>
</table>

06 논리적 스키마 모델링 사례

1 온라인 쇼핑몰 DB 구축을 위한 논리적 스키마 모델링

소규모 온라인 쇼핑몰에서 어떤 상품을 어떤 고객에게 판매했는지, 각 상품을 어떤 구매처에서 구입했는지를 관리하기 위한 DB를 구축하려고 한다. 이를 위해, 5장에서 작성한 [그림 9-15]와 같은 ER 다이어그램과 [표 9-17]과 같은 운영상의 제약사항을 기초로 하여 릴레이션 스키마와 무결성 제약조건을 정의하는 과정은 다음과 같다.

표 9-17 온라인 쇼핑몰 DB 구축을 위한 운영상의 제약사항

No.	제약사항
1	고객이 상품을 구매하려면 실명 확인을 통해서 회원 가입을 해야 한다.
2	동일 상품을 같은 날 같은 고객에게 여러 번 판매 가능하다.
3	동일 상품을 10개 이상 주문하는 경우 5% 할인을 적용한다.

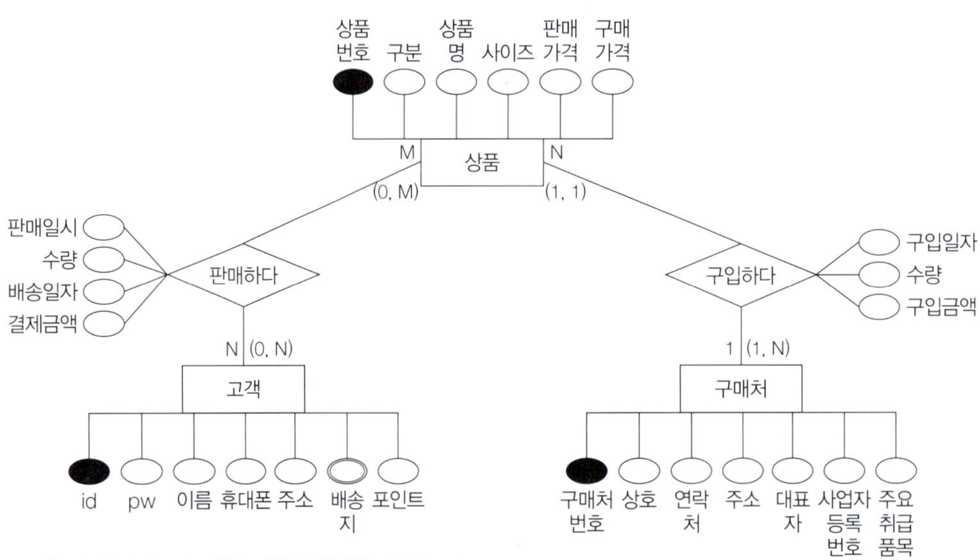

그림 9-15 온라인 쇼핑몰 DB 구축을 위한 ER 다이어그램

1 개체 릴레이션 스키마

[그림 9-15]에서 3개의 개체 타입을 확인할 수 있으나, 고객 개체 타입의 배송지 속성이 다중치 속성이므로 다음과 같이 4개의 릴레이션 스키마로 변환할 수 있다. 다중치 속성을 표현한 고객배송지 개체 타입의 경우 원래 '배송지' 속성이 부분키에 해당하지만, 주소(배송지)처럼 긴 텍스트를 부분키로 사용하는 것은 좋지 않으므로 대신 부분키 역할을 할 '순서' 속성을 추가하였다.

```
상품(상품번호, 구분, 상품명, 사이즈, 판매가격, 구매가격)
고객(id, pw, 이름, 휴대폰, 주소, 포인트)
고객배송지(고객_id(FK), 순서, 배송지)
구매처(구매처번호, 상호, 연락처, 주소, 대표자, 사업자등록번호, 주요취급품목)
```

2 관계 릴레이션 스키마

[그림 9-15]에서 확인할 수 있는 2개의 관계 타입을 릴레이션 스키마로 변환하면 다음과 같다. 판매하다 관계 타입의 기본키인 '판매번호' 속성은 원래 기본키인 {상품번호(FK), 고객id(FK), 판매일시}를 대체하기 위해 추가한 설계 속성이다. 판매하다 릴레이션의 '고객id'는 고객 릴레이션의 'id' 속성을 참조하는 외래키다. 또한 같은 상품을 같은 구매처에서 여러 번 구입할 수 있으므로 구입하다 관계 타입의 기본키도 {상품번호(FK), 구입일자}가 되어야 하는데, 이 기본키를 간단히 표현하기 위해 설계 속성인 '구매번호' 속성을 추가하였다.

```
판매하다(판매번호, 상품번호(FK), 고객id(FK), 판매일시, 수량, 배송일자, 결제금액)
구입하다(구매번호, 상품번호(FK), 구입일자, 구매처번호(FK), 수량, 구입금액)
```

3 릴레이션 스키마 단순화

구입하다 관계는 원래 1:n 유형이고 n측 개체인 상품이 전체 참여이므로 단순화가 가능하지만, 구입하다 관계의 기본키(구매번호, 즉 {상품번호, 구입일자})가 상품 개체의 기본키(상품번호)와 서로 다르므로 단순화할 수 없다.

4 최종 릴레이션 스키마

초기 릴레이션 스키마 변환 단계에서 6개의 릴레이션 스키마가 생성되었고, 여기서 단순화된 스키마가 없기 때문에 최종 릴레이션 스키마도 다음과 같이 6개다.

```
상품(상품번호, 구분, 상품명, 사이즈, 판매가격, 구매가격)
고객(id, pw, 이름, 휴대폰, 주소, 포인트)
고객배송지(고객_id(FK), 순서, 배송지)
구매처(구매처번호, 상호, 연락처, 주소, 대표자, 사업자등록번호, 주요취급품목)
판매하다(판매번호, 상품번호(FK), 고객id(FK), 판매일시, 수량, 배송일자, 결제금액)
구입하다(구매번호, 상품번호(FK), 구입일자, 구매처번호(FK), 수량, 구입금액)
```

5 무결성 제약조건 정의

무결성 제약조건은 [표 9-18]과 같이 정의할 수 있으며, 요구 분석 내용에 따라 달라질 수 있다.

표 9-18 온라인 쇼핑몰 DB 구축을 위한 무결성 제약조건

No.	제약조건	제약유형	관련 릴레이션
1	상품명과 사이즈, 판매가격은 널 값을 가질 수 없다.	NOT NULL	상품
2	구분은 '상' 또는 '하' 가운데 하나의 값을 가져야 한다.	CHECK	상품
3	사이즈는 '대', '중', '소' 가운데 하나의 값을 가져야 한다.	CHECK	상품
4	pw와 이름, 휴대폰, 주소는 널 값을 가질 수 없다.	NOT NULL	고객
5	휴대폰은 유일한 값을 가져야 한다.	UNIQUE	고객
6	포인트의 기본값은 1,000이다.	DEFAULT	고객
7	상호와 연락처, 사업자등록번호는 널 값을 가질 수 없다.	NOT NULL	구매처
8	연락처와 사업자등록번호는 유일한 값을 가져야 한다.	UNIQUE	구매처
9	판매일시와 수량은 널 값을 가질 수 없다.	NOT NULL	판매하다
10	수량의 기본값은 1이다.	DEFAULT	판매하다
11	구입일자와 수량은 널 값을 가질 수 없다.	NOT NULL	구입하다

2 문화센터 DB 구축을 위한 논리적 스키마 모델링

주민들이 주체가 되어 재능 기부로 운영하고 있는 주민행복 문화센터 1호점에서 회원과 강사, 개설된 강좌 정보를 관리하기 위한 DB를 구축하려고 한다. 이를 위해, 5장에서 작성한 [그림 9-16]과 같은 ER 다이어그램과 [표 9-19]와 같은 운영상의 제약사항을 기초로 하여 릴레이션 스키마와 무결성 제약조건을 정의하는 과정은 다음과 같다.

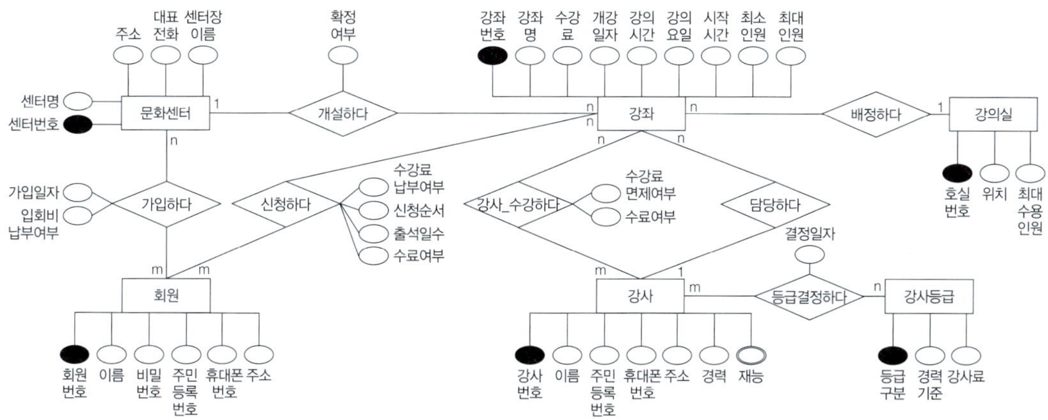

그림 9-16 문화센터 DB 구축을 위한 ER 다이어그램

표 9-19 문화센터 DB 구축을 위한 운영상의 제약사항

No.	제약사항
1	회원이 가입하면 유일한 회원번호를 자동으로 부여한다.
2	회원이 탈퇴해도 입회비는 돌려주지 않는다.
3	1명의 강사는 같은 분기에 최대 2개 강좌까지 담당할 수 있다.
4	수강 신청이 시작된 이후에는 수강료를 변경할 수 없다.
5	강좌 개설이 확정된 후 강의실이 배정된다.
6	동일한 강좌는 여러 번 개설될 수 있으나, 한 분기에는 한 반만 개설된다.
7	강좌 기간의 80% 이상 출석해야 수료를 인정한다.
8	강좌 개설이 취소된 경우 회원에게 수강료를 전액 환불한다.
9	회원은 개강 이전에는 수강 신청을 취소할 수 있다.
10	재능을 기부한 강사가 다른 강좌를 수강할 때는 분기별 1회에 한해서 수강료를 면제해 준다.

1 개체 릴레이션 스키마

[그림 9-16]에서 6개의 개체 타입을 확인할 수 있다. 이 중 강사 개체 타입의 '재능' 속성이 다중치 속성이므로 강사재능 개체를 생성하고, 재능을 간단히 표현하기 위해 재능구분 개체를 생성하였다. 따라서 다음과 같이 총 8개의 릴레이션 스키마로 변환할 수 있다.

```
문화센터(센터번호, 센터명, 주소, 대표전화, 센터장이름)
강좌(강좌번호, 강좌명, 수강료, 개강일자, 강의시간, 강의요일, 시작시간, 최소인원, 최대인원)
강의실(호실번호, 위치, 최대수용인원)
회원(회원번호, 이름, 비밀번호, 주민등록번호, 휴대폰번호, 주소)
강사(강사번호, 이름, 주민등록번호, 휴대폰번호, 주소, 경력)
강사재능(강사번호(FK), 재능코드)
재능구분(재능코드, 재능종류)
강사등급(등급구분, 경력기준, 강사료)
```

2 관계 릴레이션 스키마

[그림 9-16]에서 확인할 수 있는 7개의 관계 타입을 릴레이션 스키마로 변환하면 다음과 같다.

```
개설하다(강좌번호(FK), 센터번호(FK), 확정여부)
배정하다(강좌번호(FK), 강의실번호(FK))
가입하다(회원번호(FK), 센터번호(FK), 가입일자, 입회비납부여부)
신청하다(회원번호(FK), 강좌번호(FK), 수강료납부여부, 신청순서, 출석일수, 수료여부)
강사_수강하다(강사번호(FK), 강좌번호(FK), 수강료면제여부, 수료여부)
담당하다(강좌번호(FK), 강사번호(FK))
등급결정하다(강사번호(FK), 등급구분(FK), 결정일자)
```

3 릴레이션 스키마 단순화

개설하다, 배정하다, 담당하다 관계는 모두 1:n 유형이면서 기본키가 '강좌번호'이므로 단순화할 수 있다. 하지만 강좌 개설이 결정된 경우에만 강의실이 배정되므로 강좌 개체 타입은 배정하다 관계에 부분 참여다. 따라서 [그림 9-17]과 같이 전체 참여인 개설하다 관계와 담당하다 관계만 '강좌번호'가 기본키인 '강좌' 릴레이션과 통합해서 단순화했다.

강좌(**강좌번호**, 강좌명, 수강료, 개강일자, 강의시간, 강의요일, 시작시간, 최소인원, 최대인원)
개설하다(**강좌번호(FK)**, 센터번호(FK), 확정여부)
담당하다(**강좌번호(FK)**, 강사번호(FK))

릴레이션 단순화

강좌(**강좌번호**, 강좌명, 수강료, 개강일자, 강의시간, 강의요일, 시작시간, 최소인원, 최대인원,
개설센터번호(FK), **확정여부**, **담당강사번호(FK)**)

그림 9-17 문화센터 DB 구축을 위한 릴레이션 단순화

4 최종 릴레이션 스키마

2개의 관계 릴레이션이 단순화되어 최종 릴레이션 수는 다음과 같이 총 13개가 되었다.

문화센터(센터번호, 센터명, 주소, 대표전화, 센터장이름)
강좌(강좌번호, 강좌명, 수강료, 개강일자, 강의시간, 강의요일, 시작시간, 최소인원, 최대인원, 개설센터번호(FK), 확정여부, 담당강사번호(FK))
강의실(호실번호, 위치, 최대수용인원)
회원(회원번호, 이름, 생년월일, 휴대폰번호, 주소)
강사(강사번호, 이름, 주민등록번호, 휴대폰번호, 주소, 경력)
강사재능(강사번호(FK), 재능코드)
재능구분(재능코드, 재능종류)
강사등급(등급구분, 경력기준, 강사료)
배정하다(강좌번호(FK), 강의실번호(FK))
가입하다(회원번호(FK), 센터번호(FK), 가입일자, 입회비납부여부)
신청하다(회원번호(FK), 강좌번호(FK), 수강료납부여부, 신청순서, 출석일수, 수료여부)
강사_수강하다(강사번호(FK), 강좌번호(FK), 수강료면제여부, 수료여부)
등급결정하다(강사번호(FK), 등급구분(FK), 결정일자)

5 무결성 제약조건 정의

무결성 제약조건은 [표 9-20]과 같이 정의할 수 있다.

표 9-20 문화센터 DB 구축을 위한 무결성 제약조건

No.	제약조건	제약 유형	관련 릴레이션
1	센터명과 대표전화는 널 값을 가질 수 없다.	NOT NULL	문화센터
2	개강일자와 강의시간, 강의요일, 시작시간은 널 값을 가질 수 없다.	NOT NULL	강좌
3	강의시간은 10 이상 30 이하 값을 가져야 한다.	CHECK	강좌
4	최대인원은 50 이하여야 한다.	CHECK	강좌
5	확정여부의 기본값은 'N'이다.	DEFAULT	강좌
6	위치는 널 값을 가질 수 없다.	NOT NULL	강의실
7	이름과 휴대폰번호는 널 값을 가질 수 없다.	NOT NULL	회원
8	휴대폰번호는 유일한 값을 가져야 한다.	UNIQUE	회원
9	주민등록번호와 휴대폰번호, 경력은 널 값을 가질 수 없다.	NOT NULL	강사
10	주민등록번호와 휴대폰번호는 유일한 값을 가져야 한다.	UNIQUE	강사
11	가입일자의 기본값은 오늘 날짜(SYSDATE)다.	DEFAULT	가입하다
12	입회비납부여부의 기본값은 'N'이다.	DEFAULT	가입하다
13	수강료납부여부와 수료여부의 기본값은 'N'이다.	DEFAULT	신청하다
14	수강료면제여부의 기본값은 'Y'다.	DEFAULT	강사_수강하다
15	수료여부의 기본값은 'N'이다.	DEFAULT	강사_수강하다

3 환자 기록 관리를 위한 논리적 스키마 모델링

어떤 병원에서 의사와 환자, 환자의 진료 기록과 검사 기록을 관리하기 위한 DB를 구축하려고 한다. 이를 위해, 5장에서 작성한 [그림 9-18]과 같은 ER 다이어그램을 기초로 하여 릴레이션 스키마와 무결성 제약조건을 정의하는 과정은 다음과 같다. 이 사례의 경우 ER 다이어그램이나 트랜잭션 명세서에 표현하기 어려운 운영상의 제약사항이 없으므로 제약조건은 생략하였다.

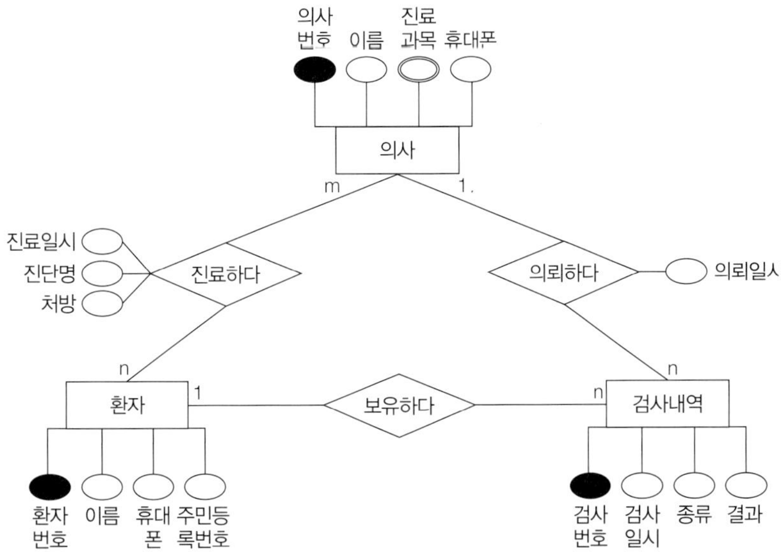

그림 9-18 환자 기록 관리를 위한 ER 다이어그램

1 개체 릴레이션 스키마

[그림 9-18]에서 3개의 개체 타입을 확인할 수 있다. 이 중 의사 개체 타입의 '진료과목' 속성이 다중치 속성이므로 4개의 릴레이션 스키마로 변환할 수 있다.

```
의사(의사번호, 이름, 휴대폰)
의사진료과목(의사번호(FK), 진료과목)
환자(환자번호, 이름, 휴대폰, 주민등록번호)
검사내역(검사번호, 검사일시, 종류, 결과)
```

2 관계 릴레이션 스키마

[그림 9-18]에서 확인할 수 있는 3개의 관계 타입을 릴레이션 스키마로 변환한다. 의뢰하다 관계 릴레이션의 '주치의번호'는 의사 개체 릴레이션의 '의사번호' 속성을 참조하는 외래키다.

```
진료하다(의사번호(FK), 환자번호(FK), 진료일시, 진단명, 처방)
보유하다(검사번호(FK), 환자번호(FK))
의뢰하다(검사번호(FK), 주치의번호(FK), 의뢰일시)
```

3 릴레이션 스키마 단순화

보유하다와 의뢰하다 관계 릴레이션이 모두 1:n 유형이고 n측이 모두 전체 참여이므로 단순화할 수 있다. 특히 보유하다와 의뢰하다 관계의 기본키가 모두 '검사번호'이고, 검사내역 개체 타입이 두 관계에 모두 전체 참여이므로 [그림 9-19]와 같이 '검사번호'가 기본키인 '검사내역' 릴레이션과 통합해서 단순화할 수 있다.

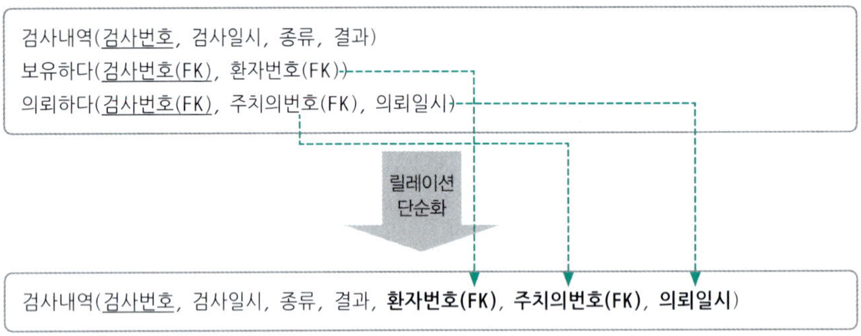

그림 9-19 환자 기록 관리를 위한 릴레이션 단순화

4 최종 릴레이션 스키마

2개의 관계 릴레이션이 단순화되어 최종 릴레이션 수는 다음과 같이 5개가 된다.

의사(<u>의사번호</u>, 이름, 휴대폰)
의사진료과목(<u>의사번호(FK), 진료과목</u>)
환자(<u>환자번호</u>, 이름, 휴대폰, 주민등록번호)
검사내역(<u>검사번호</u>, 검사일시, 종류, 결과, 환자번호(FK), 주치의번호(FK), 의뢰일시)
진료하다(<u>의사번호(FK), 환자번호(FK)</u>, 진료일시, 진단명, 처방)

5 무결성 제약조건 정의

무결성 제약조건은 [표 9-21]과 같이 정의할 수 있다.

표 9-21 환자 기록 관리를 위한 무결성 제약조건

No.	제약조건	제약 유형	관련 릴레이션
1	이름과 휴대폰은 널 값을 가질 수 없다.	NOT NULL	의사
2	휴대폰은 유일한 값을 가져야 한다.	UNIQUE	의사
3	이름과 휴대폰은 널 값을 가질 수 없다.	NOT NULL	환자
4	휴대폰과 주민등록번호는 유일한 값을 가져야 한다.	UNIQUE	환자
5	검사일시와 종류는 널 값을 가질 수 없다.	NOT NULL	검사내역
6	의뢰일시의 기본값은 현재 시간이다.	DEFAULT	검사내역
7	진단명과 처방은 널 값을 가질 수 없다.	CHECK	진료하다
8	진료일시의 기본값은 현재 시간이다.	DEFAULT	진료하다

4 회원 게시판 관리를 위한 논리적 스키마 모델링

어느 쇼핑몰의 회원 게시판을 관리하기 위한 DB를 구축하려고 한다. 이를 위해, 5장에서 작성한 [그림 9-20]과 같은 ER 다이어그램을 기초로 하여 릴레이션 스키마로 변환하는 과정은 다음과 같다. 이 사례의 경우 ER 다이어그램이나 트랜잭션 명세서에 표현하기 어려운 운영상의 제약사항이 없으므로 제약조건은 생략하였다.

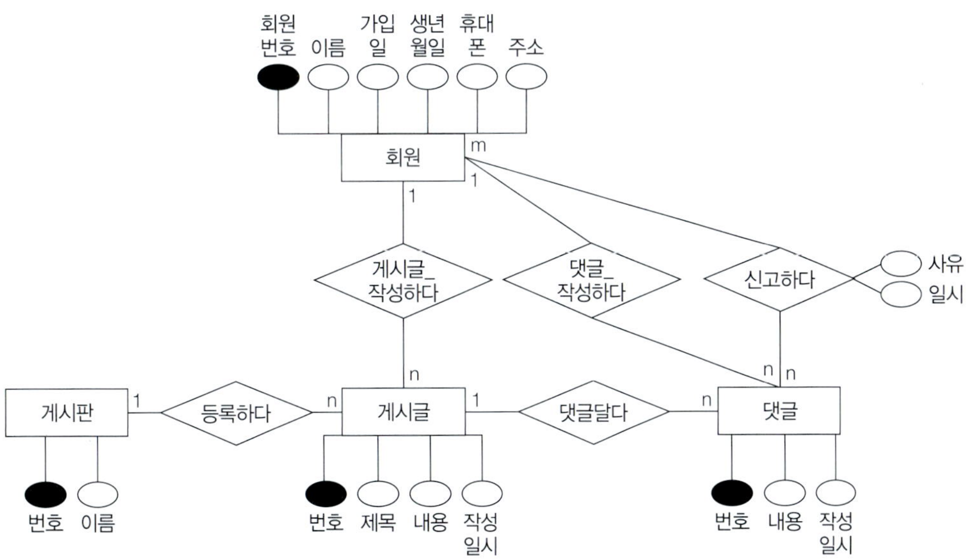

그림 9-20 회원 게시판 관리를 위한 ER 다이어그램

1 개체 릴레이션 스키마

[그림 9-20]에서 확인할 수 있는 4개의 개체 타입을 릴레이션 스키마로 변환한다.

```
회원(회원번호, 이름, 가입일, 생년월일, 휴대폰, 주소)
게시판(번호, 이름)
게시글(번호, 제목, 내용, 작성일시)
댓글(번호, 내용, 작성일시)
```

2 관계 릴레이션 스키마

[그림 9-20]에서 확인할 수 있는 5개의 관계 타입을 릴레이션 스키마로 변환한다. '게시판'과 '게시글', '댓글'의 기본키가 모두 '번호'라는 동일한 이름을 갖고 있지만 서로 다른 속성이므로, 관계 릴레이션에 외래키로 넣을 때는 특성을 쉽게 구분할 수 있도록 이름을 적절히 변경하는 것이 좋다. 즉, 게시글_작성하다 릴레이션의 '게시글번호' 속성은 게시글 릴레이션의 '번호' 속성을 참조하는 외래키에 해당한다.

```
게시글_작성하다(게시글번호(FK), 회원번호(FK))
등록하다(게시글번호(FK), 게시판번호(FK))
댓글달다(댓글번호(FK), 게시글번호(FK))
댓글_작성하다(댓글번호(FK), 회원번호(FK))
신고하다(회원번호(FK), 댓글번호(FK), 사유, 일시)
```

3 릴레이션 스키마 단순화

'게시글_작성하다', '등록하다', '댓글달다', '댓글_작성하다'라는 관계 릴레이션은 모두 1:n 유형이므로 단순화할 수 있다. 특히 게시글_작성하다와 등록하다 관계 릴레이션은 기본키가 '게시글번호'로 동일하고, 댓글달다와 댓글_작성하다 관계 릴레이션은 기본키가 '댓글번호'로 동일하며, 모두 전체 참여에 해당한다. 따라서 [그림 9-21]과 같이 각각 게시글 릴레이션과 댓글 릴레이션에 통합하여 6개의 릴레이션을 2개의 릴레이션으로 단순화할 수 있다.

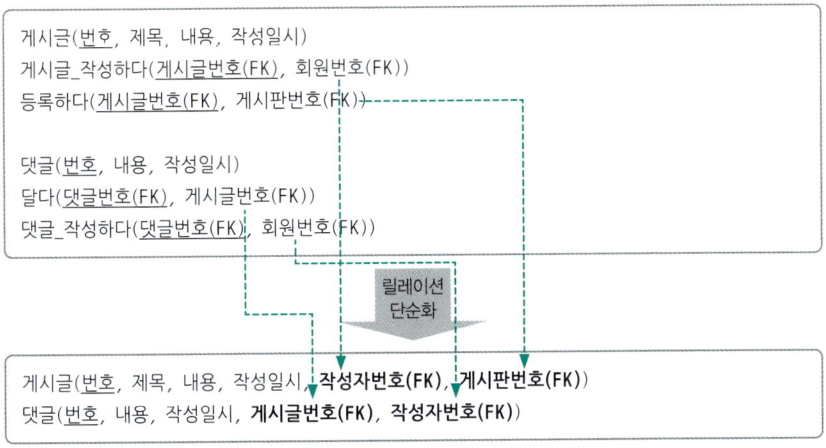

그림 9-21 회원 게시판 관리를 위한 릴레이션 단순화

4 최종 릴레이션 스키마

4개의 관계 릴레이션이 단순화되어 최종 릴레이션 수는 총 5개가 된다.

```
회원(회원번호, 이름, 가입일, 생년월일, 휴대폰, 주소)
게시판(번호, 이름)
게시글(번호, 제목, 내용, 작성일시, 작성자번호(FK), 게시판번호(FK))
댓글(번호, 내용, 작성일시, 게시글번호(FK), 작성자번호(FK))
신고하다(회원번호(FK), 댓글번호(FK), 사유, 일시)
```

5 무결성 제약조건 정의

무결성 제약조건은 [표 9-22]와 같이 정의할 수 있다.

표 9-22 회원 게시판 관리를 위한 무결성 제약조건

No.	제약조건	제약 유형	관련 릴레이션
1	이름과 휴대폰은 널 값을 가질 수 없다.	NOT NULL	회원
2	가입일의 기본값은 오늘 날짜다.	DEFAULT	회원
3	휴대폰은 유일한 값을 가져야 한다.	UNIQUE	회원
4	내용은 널 값을 가질 수 없다.	NOT NULL	게시글, 댓글
5	작성일시의 기본값은 현재 시간이다.	DEFAULT	게시글, 댓글
6	사유는 널 값을 가질 수 없다.	NOT NULL	신고하다
7	일시의 기본값은 현재 시간이다.	DEFAULT	신고하다

개념퍼즐

가로 →

4 하나의 업무 단위가 시간의 흐름에 따라 반복적으로 발생하거나 변경 또는 진행되는 과거 및 현재 데이터

5 데이터가 변경될 때마다 변경 전후의 차이를 확인하기 위해 남기는 이력

6 표준 용어를 구성하는 의미의 최소 단위인 단어를 표준화한 것

8 DB에 저장된 데이터의 정확성과 일관성을 유지하기 위해서 DB가 항상 만족해야 하는 조건

9 데이터 변경이 발생한 시작 시점부터 종료 시점까지 전체 시간을 관리하기 위해 남기는 이력

세로 ↓

1 데이터가 발생할 때마다 정보를 남겨서 관리하는 이력

2 DB에서 사용되는 데이터의 명칭, 정의, 형식, 규칙 등에 대한 전사적 표준을 수립하고 적용하는 과정

3 업무에 사용하는 용어에 대한 표준을 정의한 것

7 데이터 변경이 발생한 시점만 관리하기 위해 남기는 이력

10 정보를 간단히 표현하기 위한 기호를 나타내는 개체

연습문제

01 개체 통합이 가능하지 않은 것은?

① 기본키가 동일한 개체 타입들

② 기본키가 상호 식별자가 되는 개체 타입들

③ 모든 속성의 도메인이 동일한 개체 타입들

④ 기본키와 속성이 비슷한 개체 타입들

02 이력 데이터에 대한 설명이 잘못된 것은?

① 이력 데이터란 하나의 업무 단위가 시간의 흐름에 따라 반복적으로 발생하거나 변경 또는 진행되는 과거 및 현재 데이터를 의미한다.

② 변경 이력은 데이터가 변경될 때마다 변경 후의 상태를 확인해야 할 때 발생한다.

③ 이력 데이터의 생성은 발생 이력과 변경 이력, 진행 이력으로 구분할 수 있다.

④ 발생 이력은 데이터가 발생할 때마다 이력 정보를 남겨야 할 때 발생한다.

03 개체 무결성 제약조건이 만족해야 하는 세 가지 규칙에 해당하지 않는 것은?

① 기본키를 구성하는 속성은 널 값을 가져서는 안 된다.

② 기본키는 데이터 보안이 요구되어야 한다.

③ 기본키는 유일성을 보장하는 최소한의 속성 집합이어야 한다.

④ 기본키는 개체를 유일하게 식별할 수 있어야 한다.

04 참조 무결성에 대한 설명이 잘못된 것은?

① 외래키는 피참조 릴레이션에 존재하는 기본키 값을 가져야 한다.

② 외래키는 널 값을 가질 수 없다.

③ 참조 무결성은 외래키를 정의하면 묵시적으로 정의된다.

④ 참조 무결성의 세부 업무 규칙을 정의할 수 있다.

연습문제

05 참조 무결성의 세부 업무 규칙에 대한 설명이 잘못된 것은?

① 널(Set Null): 부모 인스턴스를 삭제/수정하면, 대응하는 자식 인스턴스의 외래키를 널 값으로 설정한다.

② 연쇄(Cascade): 부모 인스턴스를 삭제/수정하면, 대응하는 자식 인스턴스도 모두 자동으로 삭제/수정한다.

③ 제한(Restrict): 대응하는 자식 인스턴스가 없는 경우 부모 인스턴스의 삭제/수정이 불가능하다.

④ 기본(Set Default): 부모 인스턴스를 삭제/수정하면, 대응하는 자식 인스턴스의 외래키를 기본(디폴트)값으로 설정한다.

06 명시적으로 정의해야 하는 도메인 무결성에 해당하지 않는 것은?

① NULL 제약조건　② UNIQUE 제약조건
③ CHECK 제약조건　④ DEFAULT 제약조건

07 데이터 표준화의 일반 원칙이 잘못 설명된 것은?

① 하나의 개념에 대해 하나의 명칭만 허용한다.
② 서술적 정의만으로 의미 전달이 가능하도록 상세히 작성한다.
③ 데이터가 의미하는 범위와 자격 요건을 제3자도 이해할 수 있도록 정의한다.
④ 성격이 유사한 데이터는 도메인을 정의해서 데이터 형식을 통일한다.

08 데이터 표준의 주요 대상에 해당하지 않는 것은?

① 표준 단어　② 표준 코드
③ 표준 도메인　④ 표준 개체

09 데이터 표준화 절차가 바르게 작성된 것은?

① 요구사항 수집 – 데이터 표준 정의 – 데이터 표준 확정 – 데이터 표준 관리
② 요구사항 수집 – 데이터 표준 정의 – 데이터 표준 관리 – 데이터 표준 확정
③ 데이터 표준 관리 – 요구사항 수집 – 데이터 표준 정의 – 데이터 표준 확정
④ 데이터 표준 관리 – 요구사항 수집 – 데이터 표준 확정 – 데이터 표준 정의

10 다음과 같은 고객구분코드를 릴레이션 스키마로 변환하시오.

코드 개체 타입	고객코드	코드 값		
		실적기준	할인율	제공세일리지
고객구분코드	Green	1천 이상	5%	300만 원
	Orange	2천 5백 이상	5%	500만 원
	Silver	5천 이상	7%	700만 원
	Gold	7천 이상	10%	1,000만 원
	Black	1억 이상	10%	2,000만 원

11 어떤 클럽의 회원이 각종 행사에 참석한 내역을 기록하기 위해 다음과 같은 ER 다이어그램을 작성하였다. 이 ER 다이어그램을 릴레이션 스키마로 변환하시오.

12 크게 계획 단계, 준비 단계, 철거 단계, 건축 단계, 마무리 단계, 입주 단계로 진행되는 아파트 재건축 공사의 진행 상황을 관리하기 위한 ER 다이어그램을 작성하고, 릴레이션 스키마로 변환하시오. 단, 아파트는 건물번호, 이름 · 주소 · 시공사 · 세대수 · 입주시작일 속성을 갖고, 진행단계는 순서 · 주관사 · 연락처 · 시작일자 · 종료일자 속성을 갖는다.

13 어떤 주식의 주가가 변동된 시점과 주가를 관리하기 위한 ER 다이어그램을 작성하고, 릴레이션 스키마로 변환하시오. 단, 주식은 종목코드 · 종목명 · 업종 · 총주식수 속성을 갖고, 주가의 변동 이력은 일시와 주가 속성을 갖는다.

실습문제

01 태권도장에서 회원의 승급 내역을 관리하기 위한 DB를 구축하려고 한다. 다음 요구사항을 만족하는 ER 다이어그램을 작성한 다음, 릴레이션 스키마로 변환하고 무결성 제약조건을 정의하시오.

0 요구사항

① 회원은 회원 번호, 이름, 등록일, 생년월일, 휴대폰 번호, 주소가 필요하다.

② 승급 내역은 순서, 승급 일자, 급품단, 띠 종류 정보를 포함해야 한다.

③ 모든 회원의 승급 내역의 순서는 1부터 시작한다.

1 최종 개체 타입

No.	개체 타입	속성 목록	식별자
1			
2			

2 최종 관계 타입

No.	관계 타입	관련된 개체 목록	관계 유형	관계 설명 속성
1				

3 ER 다이어그램

4 릴레이션 스키마 변환

5 무결성 제약조건 정의

* 제약조건은 얼마든지 추가될 수 있음

No.	제약조건	제약 유형	관련 릴레이션
1			
2			
3			
4			
5			

02 국내 관광을 전문으로 하는 한 여행사가 DB를 구축하기 위해 다음과 같은 ER 다이어그램과 운영상의 제약사항을 작성하였다. 이를 기초로 하여 릴레이션 스키마와 무결성 제약조건을 정의하시오.

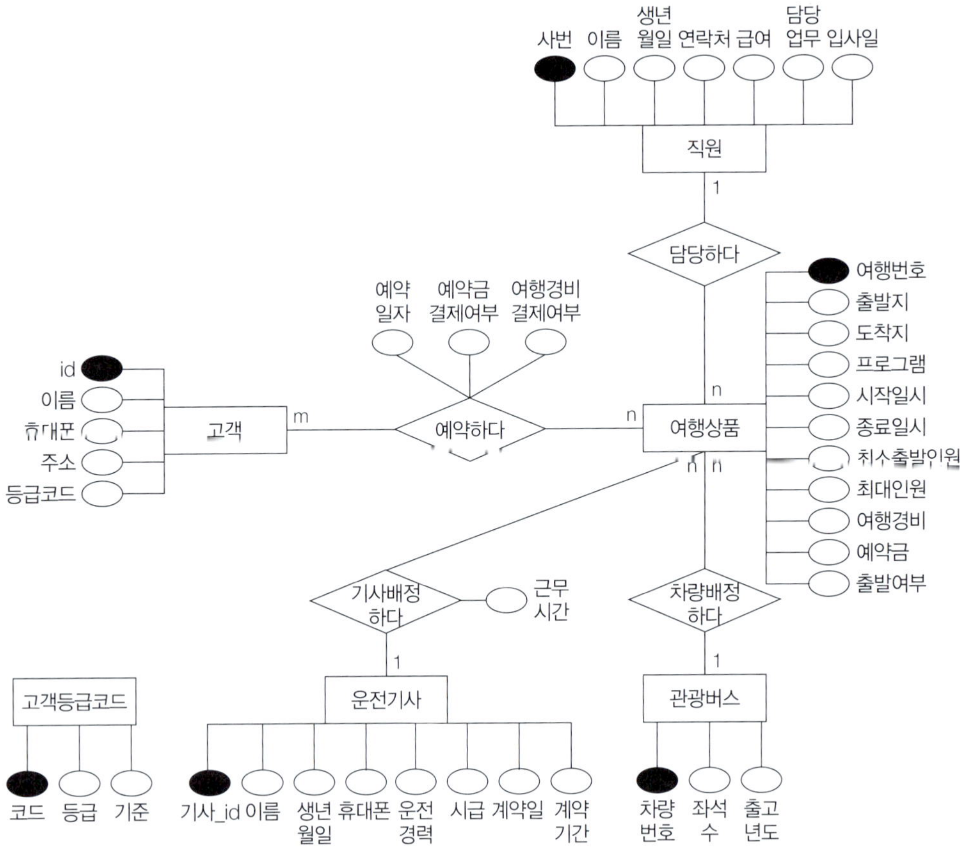

No.	운영상의 제약사항
1	여행상품에 6회 이상 참여한 고객은 '최우수', 3~5회 참여한 고객은 '우수', 나머지 고객은 '일반' 등급으로 구분한다.
2	직원의 담당업무는 여행상품 관리(개발 포함), 예약 관리, 관광버스 배차, 직원 관리, 고객 관리로 구분한다.
3	고객이 여행상품을 예약한 후 24시간 안에 예약금을 결제하지 않으면 예약을 취소한다.
4	여행상품의 출발 여부는 늦어도 여행 출발 2주일 전까지 결정해야 한다.
5	여행상품의 출발이 결정된 다음 관광버스 1대와 운전기사 1명을 배정한다.
6	여행상품의 출발이 결정된 경우, 1주일 안에 나머지 여행경비를 결제하지 않으면 예약이 취소되고, 예약금은 반환하지 않는다.
7	여행상품의 출발이 취소된 경우, 1주일 안에 고객에게 예약금을 반환해야 한다.

1 릴레이션 스키마 변환

2 릴레이션 스키마 단순화

3 무결성 제약조건 정의

* 제약조건은 얼마든지 추가될 수 있음

No.	제약조건	제약 유형	관련 릴레이션
1			
2			
3			
4			
5			
6			
7			
8			
9			
10			

CHAPTER 10
정규화

학습목표

- 이상 현상이 무엇인지 설명할 수 있다.
- 함수적 종속이 무엇인지 설명할 수 있다.
- 정규화 과정을 설명할 수 있다.
- 제3 정규형까지 릴레이션을 정규화할 수 있다.
- 역정규화의 필요성에 대해 설명할 수 있다.

01 이상 현상

논리적 설계 단계에서 릴레이션 스키마가 잘못 설계되면 불필요한 데이터 중복이 발생하고, 그로 인해 데이터 관리에 심각한 문제가 생겨난다. 이처럼 관계 DB를 조작할 때 데이터의 중복으로 인해 발생하는 문제를 이상anomaly 현상이라고 한다. [그림 10-1]의 수료하다 릴레이션(기본키는 {학번, 특강번호})은 어떤 학생이 어떤 특강을 수료했는지를 나타내는데, 데이터마다 '학과' 속성의 값이 중복되어 있다. 이 릴레이션에서 C100이라는 특강을 수강한 20220040번 학생의 '학과' 정보에 오류가 있어 '전자'에서 '컴퓨터'로 수정하는 경우 C200, A200, B200 특강의 수료 정보를 나타내는 데이터에서 '학과' 속성의 값을 동시에 수정하지 않으면 이 데이터는 일관성을 잃게 되어 추후 심각한 문제를 유발하는데, 이런 현상이 바로 이상에 해당한다.

수료하다

학번	특강번호	학과	수료여부
20210025	A100	컴퓨터	Pass
20210025	A200	컴퓨터	Pass
20220030	B100	기계	Fail
20230035	C100	건축	Pass
20230035	C200	건축	Pass
20230035	A100	디자인	Pass
20220040	C100	전자	Pass
20220040	C200	전자	Pass
20220040	A200	전자	Pass
20220040	B200	전자	Pass
20240045	C100	컴퓨터	Fail

그림 10-1 이상 현상이 발생하는 수료하다 릴레이션

이상 현상은 데이터를 삽입 · 삭제 · 갱신할 때 발생하므로 릴레이션 스키마를 설계할 때는 발견하기 어렵다. 따라서 설계 시점에 가상의 데이터를 삽입 · 삭제 · 갱신해 보면서 이상 현상을 미리 발견하여 예방하는 것이 바람직하다.

1 이상 현상의 종류

삽입 이상

삽입 이상insertion anomaly은 불필요한 데이터를 함께 삽입하지 않으면 필요한 데이터를 삽입하는 것이 불가능한 현상이다. 예를 들어 [그림 10-1]의 수료하다 릴레이션에 학번이 20240050인 학생이 '기계' 학과라는 사실을 삽입한다고 하자. 이때 수료한 특강 정보 없이 학과 정보만 삽입하는 것이 불가능하다. 왜냐하면 수료하다 릴레이션의 기본키가 {학번, 특강번호}이므로 '특강번호'가 널 값인 경우 삽입이 불가능하기 때문이다. 따라서 원하는 정보('학과')를 삽입하려면 불필요한 정보, 즉 '특강번호'에 임의의 값을 저장해야 한다. 이처럼 불필요한 정보를 강제로 삽입하지 않으면 원하는 정보를 삽입할 수 없는 현상을 삽입 이상이라고 한다.

삭제 이상

삭제 이상deletion anomaly은 어떤 데이터를 삭제하면 유용한 데이터도 함께 삭제되는 현상이다. 예를 들어 [그림 10-1]의 수료하다 릴레이션에서 학번이 20220030인 학생이 'B100' 특강의 수강을 취소해서 이 데이터를 삭제하면, 이 학생이 '기계' 학과라는 정보도 함께 삭제된다. 즉, 유용한 정보를 함께 삭제하지 않으면 어떤 정보를 삭제하는 것이 불가능하고, 어떤 정보를 삭제하면 유용한 정보도 함께 손실되는 현상을 삭제 이상이라고 한다.

갱신 이상

갱신 이상update anomaly은 중복된 데이터 가운데 일부만 갱신되어 데이터의 불일치가 발생하는 현상이다. 예를 들어 [그림 10-1]의 수료하다 릴레이션에서 학번이 20220040인 학생의 학과가 '전자'에서 '컴퓨터'로 갱신된 경우, 학번 20220040에 대한 4개 데이터를 모두 갱신해야 한다. 그렇지 않으면 중복된 데이터의 일부만 갱신되어 정보의 모순이 발생한다. 이처럼 중복된 데이터 가운데 일부만 갱신해서 데이터의 불일치가 발생하는 현상을 갱신 이상이라고 한다.

2 이상 현상 사례

어떤 사원이 어떤 부서에 근무하는지를 나타내는 근무하다 릴레이션(기본키는 {사원번호, 부서번호})에는 사원 정보와 부서 정보가 함께 저장되어 있다. 현재 [그림 10-2]와 같은 데이터가 저장되어 있다고 가정했을 때 다음과 같은 문제가 발생한다.

근무하다

사원번호	부서번호	사원이름	부서이름	주소	휴대폰번호
1001	10	김길동	영업	서울시 강남구	010-1485-3949
1002	20	박영숙	개발	서울시 동작구	010-6283-5542
1002	30	박영숙	기획	서울시 동작구	010-6283-5542
1003	20	이창민	개발	천안시 성정동	010-5756-4857
1004	10	최수민	영업	서울시 강북구	010-3239-4957

그림 10-2 이상 현상이 발생하는 근무하다 릴레이션

- **정보 중복**: 사원번호가 '1002'인 사원이 2개 부서에서 근무하므로, 사원이름, 주소, 휴대폰 번호가 중복되어 저장 공간이 낭비된다.
- **삽입 이상**: '연구' 부서를 신설했는데 아직 근무하는 사원이 없다면, 가상의 사원 정보(예 사원번호 '9999', 사원이름 '홍길동')를 같이 입력해야 신설 부서 정보를 삽입할 수 있다.
- **삭제 이상**: 만일 사원번호가 1002인 사원이 퇴사해서 사원 정보를 삭제하면, 30번 부서 정보도 함께 삭제된다.
- **갱신 이상**: 10번 부서의 이름을 '영업'에서 '마케팅'으로 갱신했는데 1001번 사원의 '부서이름'만 변경하고 1004번 사원의 '부서이름'을 변경하지 않으면 데이터의 불일치가 발생하다.

3 이상 현상의 원인과 해결 방법

이상 현상이 발생하는 근본 원인은 릴레이션 스키마를 생성할 때 속성 간의 종속성을 충분히 고려하지 않아 불필요한 데이터가 중복되었기 때문이다. 즉, 속성 간에 존재하는 여러 개의 종속 관계를 하나의 릴레이션으로 표현했기 때문이다.

이상 현상을 해결하려면 릴레이션 스키마를 변환해서 속성 간의 여러 종속 관계를 분해decomposition해야 한다. 즉, 하나의 종속 관계가 하나의 릴레이션으로 표현되도록 릴레이션을 분해해야 하는데, 이러한 과정을 정규화normalization라고 한다. 정규화를 통해 릴레이션 스키마를 더욱 바람직한 방향으로 변환해야 이상 현상을 해결할 수 있다. 구체적인 정규화 방법은 5절에서 자세히 설명한다.

02 함수적 종속과 함수적 종속 다이어그램

함수적 종속Functional Dependency, FD은 정규화의 핵심 개념으로, 관계 데이터 모델을 제안한 코드E. F. Codd 박사가 속성 간의 종속 관계를 규명하기 위해 제안하였다. 함수적 종속은 릴레이션이 갖고 있는 이상 현상을 발견하기 위한 수단으로 사용된다.

어떤 릴레이션 R에서 속성 X의 값이 속성 Y의 값을 결정짓는다고 하자. 즉, 속성 X의 각 값에 대해 속성 Y의 값이 오직 하나만 연관되면 "속성 Y는 속성 X에 함수적으로 종속된다"라고 한다. 이러한 함수적 종속을 X → Y로 표현하고 X를 결정자determinant, Y를 종속자dependent라고 한다. 결정자는 주어진 릴레이션에서 다른 속성을 고유하게 결정하는 하나 이상의 속성을 의미하고, 종속자는 결정자에 의해 값이 결정되는 하나 이상의 속성을 의미한다.

함수적 종속 다이어그램Functional Dependency Diagram, FDD은 한 릴레이션에 속한 속성 간의 복잡한 함수적 종속 관계를 쉽게 이해할 수 있도록 그림으로 표현하는 방법이다. FDD에서는 결정자와 종속자를 모두 직사각형으로 표시하고, 함수적 종속 관계를 화살표로 연결해서 표현한다.

1 함수적 종속 관계 분석 사례(1)

[그림 10-3]과 같은 학생 릴레이션에서 '이름'이 같은 학생이 여러 명 있을 수 있으므로, 학생의 이름을 알아도 그 학생의 학번이나 학년 또는 학과를 알 수 없다. 이름이 학번이나 학년, 학과를 함수적으로 결정하지 않기 때문이다. 즉, 어떤 이름이 오직 하나의 학번이나 학년, 학과하고만 연관된 것이 아니기 때문이다.

학생

학번	이름	학년	학과
20223910	김철수	2	컴퓨터
20233929	이영희	1	전기
20243932	이영희	3	전자
20223934	장영주	2	기계
20233900	김철수	1	디자인

그림 10-3 학생 릴레이션

반면, 모든 학생의 학번이 서로 다르므로 학번을 알면 그 학생의 이름을 알 수 있다. 하나의 학번은 오직 하나의 이름과 연관되어 있으므로 학번이 이름을 함수적으로 결정하기 때문이다. 이름뿐 아니라 학년과 학과 속성도 모두 학번 속성에 함수적으로 종속되어 있다. 따라서 다음과 같이 표현할 수 있다.

학번 → 이름
학번 → 학년
학번 → 학과

줄여서 다음과 같이 간단히 표현할 수 있다.

학번 → (이름, 학년, 학과)　　또는　　학번 → 이름 | 학년 | 학과

위의 함수적 종속 표현에서 학번은 결정자가 되고 이름, 학년, 학과는 종속자가 된다. 릴레이션 R에서 속성 X가 기본키 또는 후보키이면, R의 모든 속성 Y에 대해 X → Y가 성립한다.

2 함수적 종속 관계 분석 사례(2)

[그림 10-4]는 어떤 사원이 어떤 부서에 어떤 직책으로 소속되는지를 표현하는 소속되다 릴레이션(기본키는 {사원번호, 부서번호})으로, 사원 정보와 부서 정보를 함께 저장하였다. 특히, 이 릴레이션은 한 사원이 2개 이상의 부서에 소속될 수 있고, 각 부서에서 맡은 직책이 다를 수 있음을 표현하고 있다.

소속되다

사원번호	부서번호	부서명	사원명	직책	근무지	휴대폰번호	주소
3214	100	기획팀	김철수	팀장	서울	010-2300-1232	서울시 영등포구
2456	200	개발팀	이영호	프로그래머	대전	010-9932-3234	천안시 서북구
2456	300	연구팀	이영호	설계자	천안	010-9932-3234	천안시 서북구
4602	100	기획팀	박민희	사원	서울	010-3329-0032	서울시 강동구
3722	300	연구팀	김철수	팀장	천안	010-3398-2136	천안시 동남구

그림 10-4 소속되다 릴레이션

소속되다 릴레이션에서 속성 간의 함수적 종속 관계를 분석하면 다음과 같다.

- 사원번호만 알면 사원명과 휴대폰번호, 주소를 알 수 있다. 즉, 사원번호가 사원명과 휴대폰번호, 주소를 함수적으로 결정하므로 함수적 종속 관계는 다음과 같이 표현할 수 있다.

```
사원번호 → (사원명, 휴대폰번호, 주소)
```

- 부서번호를 알면 부서명과 근무지를 알 수 있다. 즉, 부서번호가 부서명과 근무지를 함수적으로 결정하므로 함수적 종속 관계는 다음과 같이 표현할 수 있다.

```
부서번호 → (부서명, 근무지)
```

- 부서명을 알아도 부서번호와 근무지를 알 수 있다. 사람 이름과 달리, 일반적으로 이름이 동일한 부서는 없으므로 부서명이 부서번호와 근무지를 함수적으로 결정한다. 따라서 함수적 종속 관계는 다음과 같이 표현할 수 있다.

```
부서명 → (부서번호, 근무지)
```

- 사원번호와 부서번호를 모두 알아야 직책을 알 수 있다. 즉, {사원번호, 부서번호}가 직책을 함수적으로 결정하므로 함수적 종속 관계는 다음과 같이 표현할 수 있다.

```
{사원번호, 부서번호} → 직책
```

- 동명이인이 존재하므로 사원명을 알아도 사원번호나 부서번호, 주소 등을 알 수 없다. 즉, 사원명을 결정자로 하는 함수적 종속 관계는 존재하지 않는다.
- 소속되다 릴레이션의 함수적 종속 관계를 한꺼번에 표현하면 다음과 같다. {사원번호, 부서번호}는 기본키이므로 직책뿐 아니라 다른 모든 속성의 결정자가 될 수 있다.

```
사원번호 → (사원명, 휴대폰번호, 주소)
부서번호 → (부서명, 근무지)
부서명 → (부서번호, 근무지)
{사원번호, 부서번호} → (직책, 부서명, 사원명, 근무지, 휴대폰번호, 주소)
```

3 함수적 종속 다이어그램 작성 사례(1)

[그림 10-5]와 같은 교과목 릴레이션의 함수속 종속 관계를 분석해서 FDD로 표현하는 과정은 다음과 같다.

교과목

교과목번호	교과목명	학점	학과	담당교수
C123	컴퓨터개론	3	컴퓨터	1102
C234	프로그래밍	3	전자	1200
C257	자료구조	3	컴퓨터	1102
C156	프로그래밍	2	전기	1565
C198	데이터베이스	3	컴퓨터	1422

그림 10-5 교과목 릴레이션

1 함수적 종속 관계 분석

결정자 역할을 하는 속성은 기본키인 '교과목번호'밖에 없으므로 '교과목번호'가 나머지 모든 속성을 함수적으로 결정한다. 이를 함수적 종속 관계로 표현하면 다음과 같다.

교과목번호 → (교과목명, 학점, 학과, 담당교수)

[그림 10-5]에서 확인할 수 있듯이 '프로그래밍'처럼 동일한 교과목명을 갖는 교과목을 서로 다른 학과에서 다른 학점으로 개설하여 서로 다른 교수가 강의할 수 있으므로, 교과목명을 알아도 교과목번호, 학점, 학과, 담당교수를 알 수 없다. 따라서 '교과목명'은 어떤 다른 속성의 결정자가 될 수 없다. '학점', '학과', '담당교수' 속성도 마찬가지다.

2 FDD 표현

'교과목번호'가 다른 모든 속성의 결정자 역할을 하는 함수적 종속 관계를 FDD로 표현하면 [그림 10-6]과 같다.

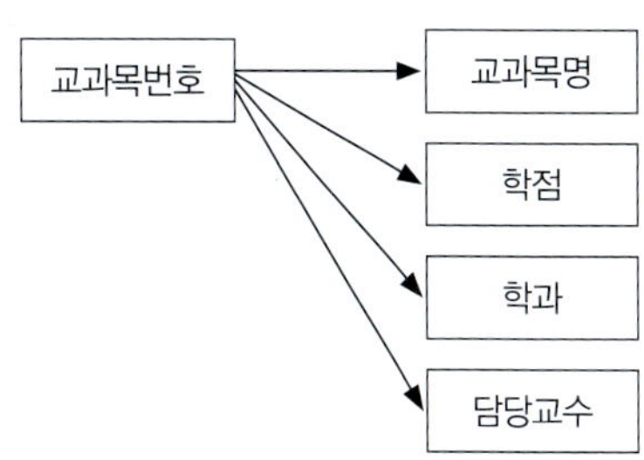

그림 10-6 교과목 릴레이션의 FDD

4 함수적 종속 다이어그램 작성 사례(2)

[그림 10-4]의 소속되다 릴레이션의 함수족 종속 관계를 FDD로 표현하면, [그림 10-7]과 같이 각각 표현하거나 [그림 10-8] 또는 [그림 10-9]와 같이 하나의 다이어그램으로 표현할 수 있다. 이 중 기본키를 중심으로 [그림 10-9]와 같이 표현하는 것이 일반적이다. {사원번호, 부서번호}는 기본키이므로 '직책'뿐 아니라 나머지 모든 속성의 결정자가 될 수 있지만, 기본키가 복합키인 경우 간단히 완전 함수적 종속 관계만 표현하는 것이 일반적이다. 완전 함수적 종속에 대해서는 바로 뒤에 이어서 자세히 설명한다.

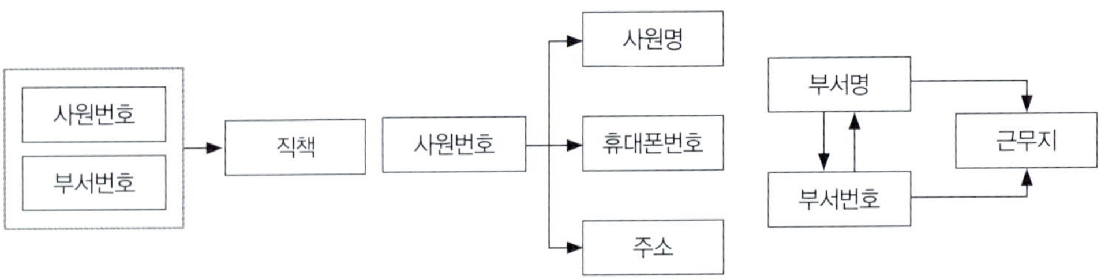

그림 10-7 소속되다 릴레이션의 FDD 표현(1)

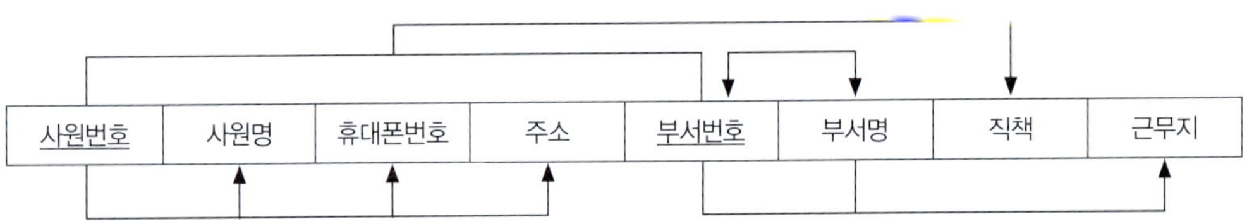

그림 10-8 소속되다 릴레이션의 FDD 표현(2)

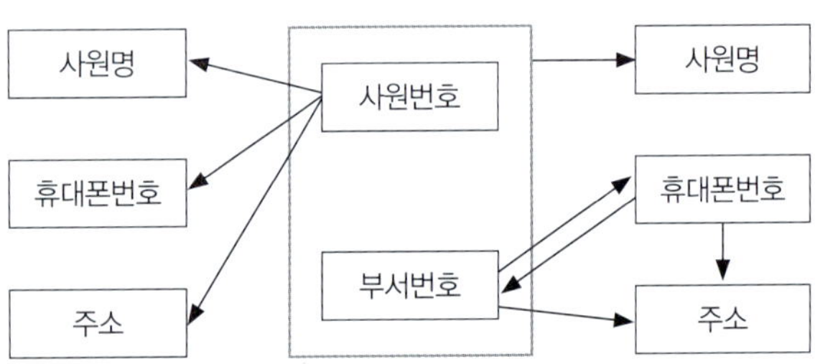

그림 10-9 소속되다 릴레이션의 FDD 표현(3)

03 완전 함수적 종속과 부분 함수적 종속

결정자가 복합키인 경우, 종속자를 완전 함수적 종속 또는 부분 함수적 종속으로 구분할 수 있다.

1 완전 함수적 종속

완전 함수적 종속full functional dependency이란 다음 조건이 성립함을 의미한다.

> 복합키 X에 대해 X → Y가 성립할 때,
> X' ⊂ X이면서 X' → Y를 만족하는 속성 X'이 존재하지 않으면,
> 속성 Y는 복합키 X에 완전 함수적 종속이 된다.

즉, 결정자인 복합키에 포함되는 속성 가운데 단독으로 결정자 역할을 하는 속성이 없으면, 종속자가 결정자에 완전 함수적 종속이 된다. 완전 함수적 종속을 FDD로 표현하면 [그림 10-10]과 같다. 이 FDD는 복합키인 {A, B}가 C의 결정자이고, A나 B만으로는 C를 결정할 수 없음을 나타낸다.

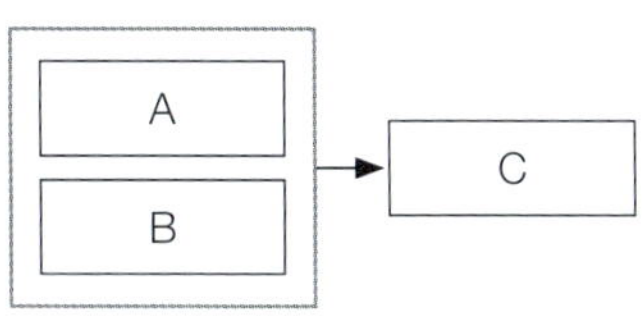

그림 10-10 완전 함수적 종속의 FDD 표현

2 부분 함수적 종속

부분 함수적 종속partial functional dependency이란 다음 조건이 성립함을 의미한다.

> 복합키 X에 대해 X → Y가 성립할 때,
> X' ⊂ X이면서 X' → Y를 만족하는 속성 X'이 존재하면,
> 속성 Y는 복합키 X에 부분 함수적 종속이 된다.

즉, 결정자인 복합키에 포함되는 속성 가운데 단독으로 결정자 역할을 하는 속성이 있으면, 종속자가 결정자에 부분 함수적 종속이 된다. 부분 함수적 종속을 FDD로 표현하면 [그림 10-11]과 같다. 이 FDD는 복합키인 {A, B}가 C의 결정자이지만, B만으로도 C가 결정됨을 나타낸다.

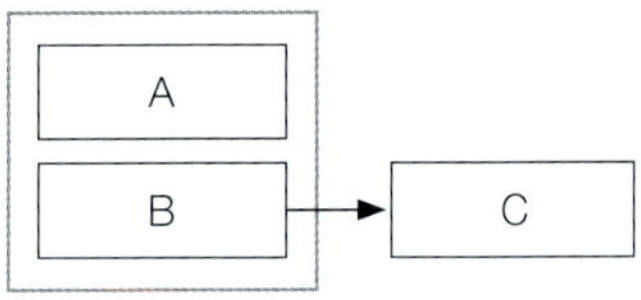

그림 10-11 부분 함수적 종속의 FDD 표현

3 완전 및 부분 함수적 종속 관계 분석 사례(1)

어떤 회원이 어떤 다른 회원의 추천을 받아서 어떤 모임에 가입했는지를 나타내는 '가입하다(회원번호, 모임번호, 회원명, 휴대폰번호, 가입일자, 추천회원번호(FK))' 릴레이션의 함수적 종속 관계는 다음과 같고, FDD로 표현하면 [그림 10-12]와 같다.

회원번호 → (회원명, 휴대폰번호)
{회원번호, 모임번호} → (가입일자, 추천회원번호)

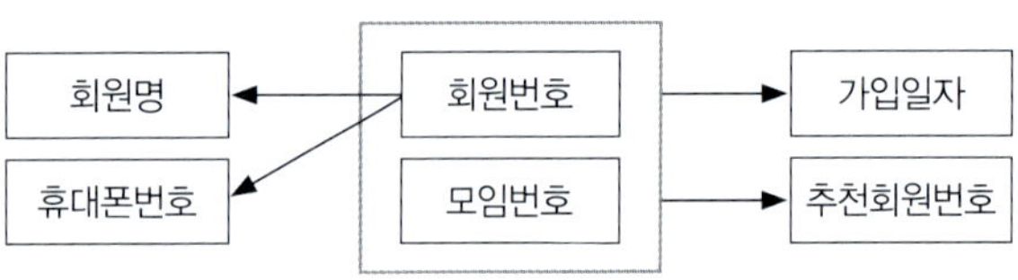

그림 10-12 가입하다 릴레이션의 FDD 표현

기본키인 복합키 X = {회원번호, 모임번호}에 대해 각 속성의 완전 및 부분 함수적 종속 관계를 분석하면 다음과 같다.

- 가입일자, 추천회원번호: X에 완전 함수적 종속이다.
- 회원명, 휴대폰번호: X에 부분 함수적 종속이다.

4 완전 및 부분 함수적 종속 관계 분석 사례(2)

어떤 학생이 어떤 특강을 수료했는지 여부를 나타내는 '수료하다(학번, 특강번호, 학과, 수료여부)' 릴레이션의 함수적 종속 관계는 다음과 같고, FDD로 표현하면 [그림 10-13]과 같다.

{학번, 특강번호} → 수료여부
학번 → 학과

그림 10-13 수료하다 릴레이션의 FDD 표현

기본키인 복합키 X = {학번, 특강번호}에 대해 각 속성의 완전 및 부분 함수적 종속 관계를 분석하면 다음과 같다.

- 수료여부: X에 완전 함수적 종속이다.
- 학과: X에 부분 함수적 종속이다.

04 이행적 함수적 종속

이행적 함수적 종속transitive functional dependency이란 다음 조건이 성립함을 의미하며, 이를 FDD로 표현하면 [그림 10-14]와 같다.

> 릴레이션 R에 함수적 종속 A → C가 존재하고,
> 함수적 종속 A → B ∧ B → C가 성립할 때,
> 속성 C는 속성 A에 이행적 함수적 종속이 된다.

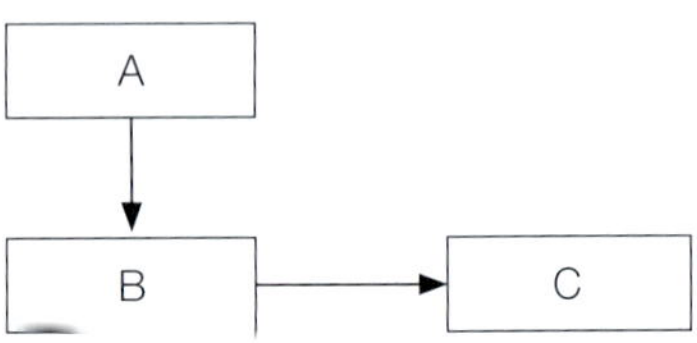

그림 10-14 이행적 함수적 종속의 FDD 표현

예를 들면 '학생(학번, 교과목번호, 성적, 학과명, 학과전화번호)' 릴레이션의 함수적 종속 관계와 FDD 표현은 [그림 10-15]와 같다.

> {학번, 교과목번호} → 성적
> 학번 → (학과명, 학과전화번호)
> 학과명 → 학과전화번호

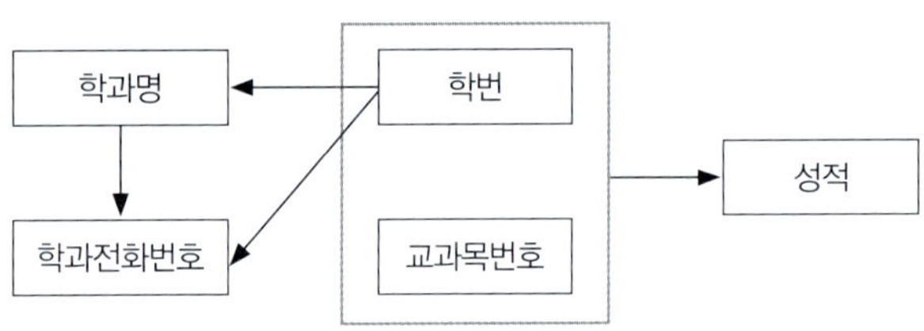

그림 10-15 학생 릴레이션의 FDD 표현

[그림 10-15]에서 학과전화번호 속성은 이행적(또는 추이적)으로 학번 속성에 종속하기 위한 다음 조건이 성립하므로 이행적 함수적 종속이 존재한다.

> 학번 → 학과명 ∧ 학과명 → 학과전화번호

05 정규화

1 정규화 개념

정규화normalization의 기본 원칙은 '독립적인 관계는 서로 다른 릴레이션으로 표현하자'는 것으로, 다음과 같이 여러 가지 관점에서 정규화를 정의할 수 있다.

- 정규화는 속성 간의 종속성을 분석하여 하나의 릴레이션에는 하나의 종속성만 갖도록 릴레이션을 분해하는 과정이다.
- 정규화는 이상 현상의 발생 요인인 데이터 중복을 최소화하기 위해서 일종의 제약조건을 기초로 하여 릴레이션을 분해하는 과정이다.
- 정규화는 스키마 변환을 통해서 일련의 제약조건을 만족하는 릴레이션을 만드는 과정이다.
- 정규화는 불필요한 데이터 중복을 제거해서 논리적 데이터 모델을 단순화하는 과정이다.

릴레이션을 제대로 정규화하면 다음과 같은 효과를 기대할 수 있다.

- 중복된 데이터가 제거되어 이상 현상이 감소한다.
- 데이터의 일관성을 유지할 수 있다.
- 데이터 모델이 단순해진다.
- 데이터 무결성을 유지하는 데 필요한 프로그램 코드량이 감소한다.

2 정규화 원칙

관계형 DB의 논리적 구조는 정규화에 의한 스키마 변환을 통해서 얻게 되는 최종 스키마를 의미한다. 스키마를 변환할 때는 다음과 같은 정규화 원칙에 기초해서 진행한다.

■ **데이터 중복을 최소화minimal data redundancy한다.**

데이터 중복으로 인해 여러 가지 이상 현상이 발생하므로, 전체적으로 데이터 중복을 감소시키고 최소한의 중복만 허용해야 한다.

■ **정보의 무손실이 보장되어야 한다.**

같은 의미의 정보를 유지하면서 더 바람직한 구조로 변환해야 한다. 즉, 릴레이션 분해로 인해 손실되는 정보가 없어야 한다. 따라서 필요한 경우 분해된 릴레이션들로부터 원래의 릴레이션을 다시 구할 수 있어야 한다. 만약 릴레이션 분해를 잘못하면 분해된 두 릴레이션으로부터 얻을 수 있는 정보가 원래의 릴레이션이 제공하던 정보보다 적거나 많을 수 있다. 분해된 두 릴레이션으로부터 얻을 수 있는 정보는 원래의 릴레이션이 갖고 있던 정보와 정확히 일치해야 한다.

■ **다음과 같은 분리 원칙**principles of separation**에 따라 분해한다.**

- 독립적인 관련성은 별도의 릴레이션으로 표현한다.
- 릴레이션 각각에 대해 독립적인 조작이 가능해야 한다.

정규화를 통해 릴레이션을 더 바람직한 형태로 변환할 수 있지만, 릴레이션 분해로 인해 많은 조인join 연산이 발생하여 질의에 대한 응답시간이 느려질 수 있다는 문제가 있다. 조인 연산이란 두 릴레이션과 관련된 투플을 하나의 투플로 결합하는 연산을 의미한다. 따라서 성능을 고려해서 역정규화를 고려해야 할 때도 있는데, 이에 대해서는 7절에서 자세히 설명한다.

한편, 릴레이션을 정규화하지 않으면 다음과 같은 문제가 발생할 수 있다.

- 데이터 중복으로 인해 이상 현상이 발생한다.
- 특정 정보를 표현하는 것이 불가능할 수 있다.
- 널null 값을 많이 포함하게 된다.
- 저장된 정보가 부정확할 수 있다.

3 정규형 개념

정규형normal form은 어떤 제약조건을 만족하는 릴레이션을 의미한다. 정규형에는 제1 정규형First Normal Form, 1NF~제5 정규형Fifth Normal Form, 5NF, 보이스/코드 정규형Boyce/Codd Normal Form, BCNF의 여섯 가지가 있다. 정규화, 즉 스키마 변환(S→ S')을 통해서 점차 높은 수준의 정규형을 만들어가게 되는데, 정규형의 차수가 높아질수록 만족시켜야 하는 제약조건도 더 많아진다. 한편, 관계형 DB는 제1 정규형만 취급한다. 즉, 최소한 제1 정규형의 제약조건을 만족하는 릴레이션만 관계형 DB에 포함될 수 있다.

1NF~5NF는 [그림 10-16]과 같은 포함 관계가 성립한다. 따라서 가장 높은 수준인 제5 정규형은 만족해야 하는 제약조건이 가장 많다. 또한 정규화 정도가 높을수록 릴레이션이 더 많이 분해되어 중복된 데이터가 감소하는 반면, 정규화 정도가 낮을수록 하나의 릴레이션에 많은 정보가 포함되어 있어 조인 연산이 불필요하므로 응답시간이 단축된다는 장점이 있다. 결국 '데이터의 불필요한 중복 감소'와 '응답시간 단축'은 상호 상반되는 목표라고 할 수 있다.

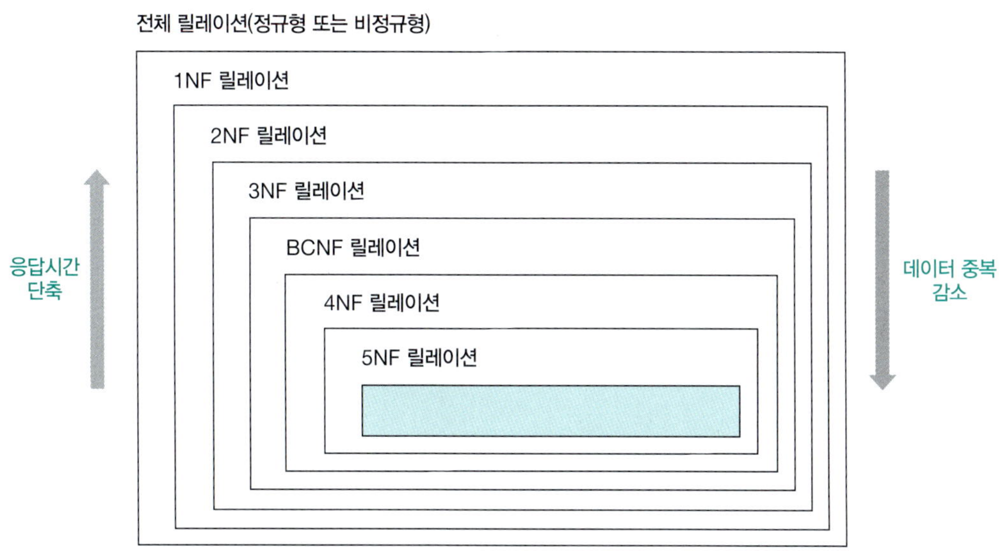

그림 10-16 정규형 간의 포함 관계

4 정규화 과정

정규화 과정은 [그림 10-17]과 같이 요약되며, 단계별로 정규형이 만족해야 하는 제약조건과 정규화 방법에 차이가 있다. 정규화 과정은 이론적으로 5NF까지 있지만 실무에서의 효율성을 고려하여 3NF까지만 진행하면 된다. 따라서 이 책에서도 3NF까지만 다룬다. 릴레이션의 정규화는 실제 데이터 값이 아닌 개념적 측면에서 수행해야 하며, 실제 정규화 과정을 진행할 때 모든 단계를 순서대로 밟아 진행하는 것은 아니다. 즉, 릴레이션의 특성에 따라 어떤 정규형은 건너뛸 수도 있다.

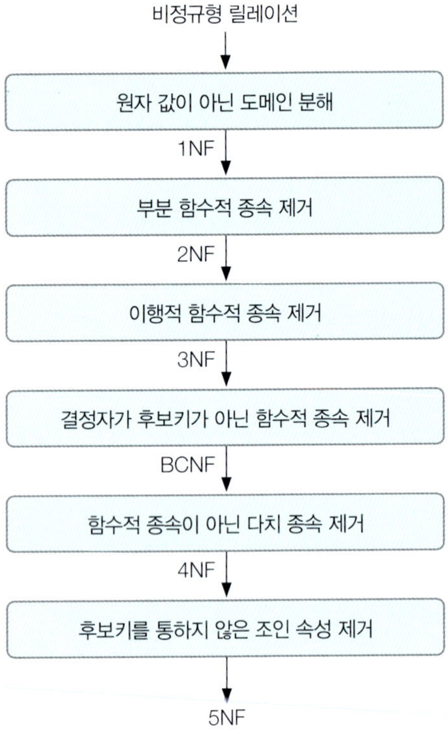

그림 10-17 정규화 과정

앞에서 언급했듯이, 실무에서의 효율성을 고려하여 정규화의 최종 목표를 3NF로 정하는 것이 좋다. 제1 · 제2 · 제4 · 제5 정규형은 [표 10-1]과 같은 문제점을 내포하고 있기 때문이다.

표 10-1 제1·제2·제4·제5 정규형의 문제점

정규형	문제점
1NF, 2NF	• 3NF와 비교하면 불필요한 중복이 많다. • 불필요한 중복으로 인해 기억공간의 낭비가 크다.
4NF, 5NF	• 3NF와 비교하면 릴레이션 수가 지나치게 많아질 수 있다. 즉, 릴레이션이 지나치게 세분화되어 조인(join) 연산이 증가하므로 응답시간이 늦어진다. • 함수적 종속이 아닌 다치 종속(multi-valued dependency)과 조인 종속(join dependency)이라는 복잡한 형태의 종속성까지 고려해야 한다.

06 제1 · 제2 · 제3 정규형

1 제1 정규형

관계형 DB는 최소한 제1 정규형First Normal Form, 1NF을 만족하는 릴레이션만 포함할 수 있는데, 1NF가 만족해야 하는 제약조건은 다음과 같다.

> 제1 정규형(1NF)은 어떤 릴레이션 R에 속한
> **모든 속성의 도메인이 원자 값을 가져야** 한다.

예를 들면 [그림 10-18]의 학생1 릴레이션(기본키는 '학번')의 '동아리' 속성은 다중치 속성이므로 도메인이 원자 값이 아니다. 따라서 학생1은 1NF의 제약조건을 만족하지 않는 비정규형 릴레이션이므로 관계형 DB에 직접 저장할 수 없다. 8장에서 설명했듯이, 논리적 스키마 모델링 단계에서 다중치 속성은 별개의 릴레이션으로 변환해야 한다. 논리적 스키마 모델링을 제대로 수행했다면 비정규형 릴레이션이 존재하지 않아야 정상이다.

학생1

학번	이름	학과	동아리
20223426	박하늘	컴퓨터공학과	(영어회화반, 검도부)
20235914	이효리	기계공학과	(수화반, 합창반)
20248540	김현민	전자공학과	미술반
20230264	이정우	전기공학과	검도부
20246123	김명길	신소재공학과	축구부

그림 10-18 다중치 속성을 포함하는 비정규형 릴레이션 사례

하지만 논리적 스키마 모델링을 제대로 수행하지 않아서 [그림 10-18]과 같은 비정규형 릴레이션이 존재한다면, 모든 속성이 원자 값만 갖는 1NF로 변환해야 한다. 즉, 동아리 속성에 있는 복수 개의 값 각각에 대해 투플을 하나씩 생성해서 [그림 10-19]의 학생2 릴레이션(기본키는 {학번, 동아리})으로 변환해야 관계형 DB에 저장할 수 있다.

학생2

학번	이름	학과	동아리
20223426	박하늘	컴퓨터공학과	영어회화반
20223426	박하늘	컴퓨터공학과	검도부
20235914	이효리	기계공학과	수화반
20235914	이효리	기계공학과	합창반
20248540	김현민	전자공학과	미술반
20230264	이정우	전기공학과	검도부
20246123	김명길	신소재공학과	축구부

그림 10-19 제1 정규형을 만족시키기 위해 변환한 릴레이션 사례

단, 학생2 릴레이션의 기본키가 {학번, 동아리}인 점에 유의해야 한다. 만약 기본키를 원래대로 '학번'으로 정의하면, 2번째와 4번째 데이터는 개체 무결성을 위반하므로 삽입할 수 없게 된다. 최소한 1NF로 정규화된 릴레이션은 관계형 DB에 저장할 수 있지만, 1NF도 부분 함수적 종속으로 인해 이상 현상이 발생할 수 있다.

2 제2 정규형

1NF에서 이상 현상이 발생하는 원인은 부분 함수적 종속 관계가 있는 속성이 존재하기 때문이다. 1NF의 이상 현상을 해결하려면 릴레이션을 분해하여 부분 함수적 종속을 제거함으로써 제2 정규형Second Normal Form, 2NF을 만족시켜야 한다. 2NF가 만족해야 하는 제약조건은 다음과 같다.

> 제2 정규형(2NF)은 어떤 릴레이션 R이 **1NF이면서**
> **기본키가 아닌 모든 속성이 기본키에 완전 함수적 종속**이어야 한다.

1NF는 만족하지만 2NF를 만족하지 않는 릴레이션 사례를 살펴보자. '수강지도하다(학번, 교과목번호, 지도교수번호, 학과, 성적)' 릴레이션의 함수적 종속 관계와 FDD 표현은 [그림 10-20]과 같다.

{학번, 교과목번호} → 성적
학번 → (지도교수번호, 학과)
지도교수번호 → 학과

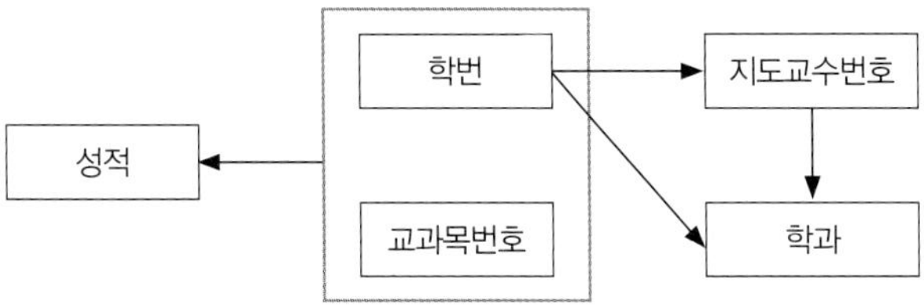

그림 10-20 수강지도하다 릴레이션의 FDD

릴레이션 정규화는 실제 데이터 값이 아닌 개념적 측면에서 수행해야 하지만, 이해를 돕기 위해 수강지도하다 릴레이션에 [그림 10-21]과 같은 데이터가 저장되었다고 가정한다.

수강지도하다

학번	교과목번호	지도교수번호	학과	성적
20223426	C325	110	컴퓨터	B
20223426	E517	110	컴퓨터	B
20235914	C960	235	기계	F
20248540	C546	332	디자인	A
20248540	C235	332	디자인	B
20248540	C869	332	디자인	C
20230264	C546	110	컴퓨터	B
20230264	C235	110	컴퓨터	B
20230264	C869	110	컴퓨터	C
20230264	E517	110	컴퓨터	A

그림 10-21 수강지도하다 릴레이션

수강지도하다 릴레이션의 이상 현상을 분석하여 릴레이션을 분해하는 과정은 다음과 같다.

1 1NF인 수강지도하다 릴레이션의 이상 현상 분석

- **삽입 이상**: 학번이 '20242556'인 학생의 지도교수가 '332'라는 사실을 삽입하려 할 때, 어떤 교과목을 수강하지 않는 한 삽입하는 것이 불가능하다. 즉, 임의의 교과목번호를 삽입하지 않으면 지도교수 정보를 삽입할 수 없다.
- **삭제 이상**: 학번이 '20235914'인 학생이 'C960' 교과목의 수강을 취소해서 이 데이터가 삭제되는 경우, 지도교수가 '235'라는 유용한 정보까지 함께 삭제된다.
- **갱신 이상**: 학번이 '20230264'인 학생의 지도교수가 '110'에서 '120'으로 변경된 경우, 학번이 '20230264'인 4개 데이터의 '지도교수번호' 속성 값을 모두 '120'으로 갱신하지 않으면 데이터 불일치가 발생한다.

2 수강지도하다 릴레이션의 이상 현상 원인

'지도교수번호'와 '학과' 속성이 기본키인 {학번, 교과목번호}에 부분 함수적 종속 관계가 존재하기 때문에 1NF임에도 불구하고 이상 현상이 발생한다.

3 수강지도하다 릴레이션의 이상 현상 해결: 릴레이션 분해

부분 함수적 종속으로 인한 이상 현상을 해결하려면 릴레이션을 분해해서 부분 함수적 종속을 제거해야 한다. 즉, 수강지도하다 릴레이션에서 부분 함수적 종속 관계를 맺는 속성들을 분리해서 다음과 같이 '지도받다'와 '수강하다'라는 2개의 릴레이션으로 분해함으로써 부분 함수적 종속을 제거할 수 있다.

```
지도받다(학번, 지도교수번호, 학과)
수강하다(학번(FK), 교과목번호, 성적)
```

[그림 10-22]는 분해된 2개의 릴레이션을 나타낸 것으로, 지도받다 릴레이션은 부분 함수적 종속이 제거되어 모든 속성이 기본키에 완전 함수적 종속이므로 2NF의 제약조건을 만족한다. 하지만 수강하다 릴레이션은 기본키가 복합키이므로 부분 함수적 종속으로 인해 이상 현상이 발생하는지 다시 분석해야 하는데, '성적' 속성이 기본키인 {학번, 교과목번호}에 완전 함수적 종속이므로 2NF의 제약조건을 만족한다.

지도받다

학번	지도교수번호	학과
20223426	110	컴퓨터
20235914	235	기계
20248540	332	디자인
20230264	110	컴퓨터

수강하다

학번	교과목번호	성적
20223426	C325	B
20223426	E517	B
20235914	C960	F
20248540	C546	A
20248540	C235	B
20248540	C869	C
20230264	C546	B
20230264	C235	B
20230264	C869	C
20230264	E517	A

그림 10-22 수강지도하다 릴레이션의 부분 함수적 종속 제거를 위해 분해된 2개의 릴레이션

만약 수강지도하다 릴레이션을 '지도받다(학번, 지도교수번호)'와 '수강하다(학번(FK), 교과목번호, 성적, 학과)'로 분해하면, '학번 → (지도교수번호, 학과)'와 '지도교수번호 → 학과'라는 함수적 종속을 잃어버리게 된다. 즉, 어떤 교수가 어떤 학과 소속인지를 나타내는 데이터를 삽입할 수 없으므로 유의해야 한다. 따라서 반드시 다음과 같은 원칙을 지켜서 [그림 10-22]와 같이 분해해야 한다.

> 하나의 릴레이션에 {A, B} → C라는 완전 함수적 종속과
> A → (D, E)라는 부분 함수적 종속이 함께 존재할 때,
> {A, B, C}와 {A, D, E}로 분해해서 부분 함수적 종속을 제거한다.

부분 함수적 종속은 결정자가 복합키일 때만 발생할 수 있다. 따라서 릴레이션의 기본키가 단일 속성인 경우, 릴레이션이 1NF를 만족하면 2NF도 만족하게 된다. 즉, 기본키가 복합키인 경우에만 2NF의 제약조건을 만족하는지 분석하면 된다.

1NF이면서 2NF가 아닌 릴레이션은 프로젝션projection을 통해서 의미상 동등한 2개의 2NF 릴레이션으로 분해할 수 있다. 반대로, 분해된 2개의 2NF 릴레이션을 자연 조인natural join하면 아무런 정보 손실 없이 원래의 릴레이션으로 되돌릴 수 있다. 이처럼 아무런 정보 손실 없이 한 릴레이션을 분해하는 것을 무손실 분해nonloss decomposition라고 한다.

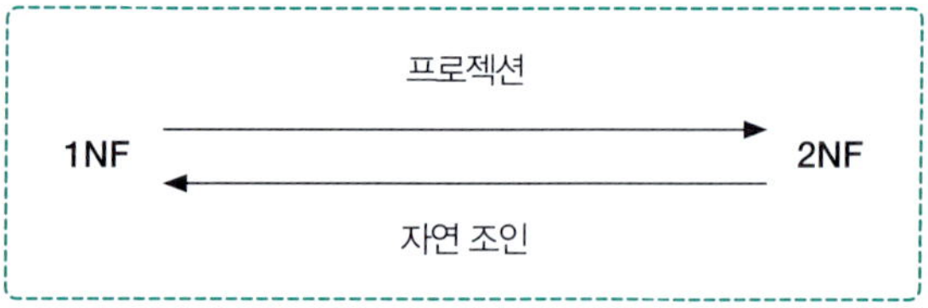

이처럼 무손실 분해를 하면 원래의 릴레이션에 표현할 수 있는 데이터를 분해된 릴레이션들에도 표현할 수 있다. 그러나 그 역이 성립하는 것은 아니다. 예를 들면, 앞의 사례에서 학번이 '20242556'인 학생의 지도교수가 '332'라는 사실을 1NF인 수강지도하다 릴레이션([그림 10-21])에서는 표현할 수 없었으나, 분해된 지도받다 릴레이션([그림 10-22])에서는 표현할 수 있다. 따라서 2NF로 정규화된 릴레이션이 실세계의 데이터를 더 자연스럽게 표현하는 구조라고 볼 수 있다. 하지만 2NF도 이행적 함수적 종속으로 인해 이상 현상이 발생할 수 있다.

3 제3 정규형

2NF에서 이상 현상이 발생하는 원인은 이행적 함수적 종속 관계인 속성이 존재하기 때문이다. 2NF의 이상 현상을 해결하려면 릴레이션을 분해해서 이행적 함수적 종속을 제거함으로써 제3 정규형Third Normal Form, 3NF을 만족시켜야 한다. 3NF가 만족해야 하는 제약조건은 다음과 같다.

> 제3 정규형(3NF)은 어떤 릴레이션 R이 **2NF이면서,**
> **기본키가 아닌 모든 속성이 기본키에 이행적 함수적 종속이 아니어야** 한다.

2NF는 만족하지만 3NF를 만족하지 않는 사례로 '지도받다(학번, 지도교수번호, 학과)' 릴레이션의 함수적 종속 관계와 FDD 표현은 [그림 10-23]과 같다.

> 학번 → (지도교수번호, 학과)
> 지도교수번호 → 학과

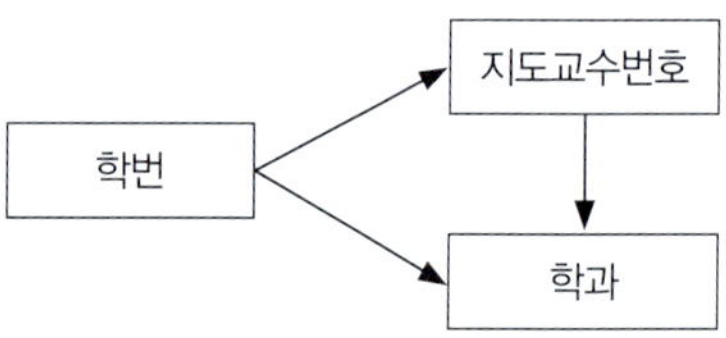

그림 10-23 지도받다 릴레이션의 FDD

지도받다 릴레이션에 [그림 10-22]와 같은 데이터가 저장되었다고 가정하고, 이상 현상을 분석하여 릴레이션을 분해하는 과정은 다음과 같다.

1 2NF인 지도받다 릴레이션의 이상 현상 분석

- **삽입 이상** : 지도교수번호가 '120'인 교수의 학과가 '전자'라는 사실을 삽입하려 할 때, 학번이 기본키이므로 지도 학생이 없으면 삽입하는 것이 불가능하다. 즉, 임의의 학번을 삽입하지 않으면 지도교수의 학과 정보를 삽입할 수 없다.
- **삭제 이상** : 학번이 '20248540'인 학생의 정보를 삭제하면, 지도교수 '332'의 학과가 '디자인'이라는 유용한 정보까지 함께 삭제된다.
- **갱신 이상** : 지도교수 '110'의 학과가 '컴퓨터'에서 '전자'로 변경되는 경우, 학번이 '20223426'과 '20230264'인 2개 투플의 학과를 모두 '전자'로 갱신하지 않으면 데이터 불일치가 발생해서 정보의 일관성을 잃게 된다.

2 지도받다 릴레이션의 이상 현상 원인

2NF인데도 여러 가지 이상 현상이 발생하는 이유는 [그림 10-23]에서 알 수 있듯이 '학번', '지도교수번호', '학과'라는 3개의 속성 사이에 이행적 함수적 종속 관계가 존재하기 때문이다. 즉, 지도받다 릴레이션은 학생과 지도교수 간의 관계만 표현해야 하는데, 지도교수의 학과 정보까지 함께 표현했기 때문에 이상 현상이 발생했다.

3 지도받다 릴레이션의 이상 현상 해결: 릴레이션 분해

이행적 함수적 종속으로 인한 이상 현상을 해결하려면 릴레이션을 분리하여 다음과 같이 '학생지도'와 '교수소속'이라는 2개의 릴레이션으로 분해함으로써 이행적 함수적 종속을 제거해야 한다. 이때 '지도교수번호' 속성을 교수소속 릴레이션의 기본키를 참조하는 외래키로 지정한다는 점에 유의한다.

학생지도(<u>학번</u>, 지도교수번호(FK))
교수소속(<u>교수번호</u>, 학과)

[그림 10-24]는 지도받다 릴레이션이 분해된 2개의 릴레이션을 나타낸 것으로, 이처럼 이행적 함수적 종속이 제거된 정규형을 제3 정규형3NF이라 한다.

학생지도

학번	지도교수번호
20223426	110
20235914	235
20248540	332
20230264	110

교수소속

교수번호	학과
110	컴퓨터
235	기계
332	디자인

그림 10-24 지도받다 릴레이션의 이행적 함수적 종속 제거를 위해 분해된 2개의 릴레이션

만약 지도받다 릴레이션을 '학생지도(학번, 지도교수번호)'와 '학생소속(학번(FK), 학과)'로 분해하면, '지도교수번호 → 학과'라는 함수적 종속을 잃어버리게 된다. 즉, 어떤 교수가 어떤 학과 소속인지를 나타내는 데이터를 삽입할 수 없게 되므로 유의해야 한다. 따라서 반드시 다음과 같은 릴레이션 분해 원칙을 지켜서 분해해야 한다.

> 속성 A가 기본키인 릴레이션에서 A → C라는 함수적 종속이 존재하면서
> 이행적 함수적 종속(A → B ∧ B → C)이 성립할 때,
> 릴레이션을 {A, B}, {B, C}로 분해해서 이행적 함수적 종속을 제거한다.

[그림 10-24]의 학생지도와 교수소속 릴레이션은 모두 3NF다. 하지만 [그림 10-22]의 지도받다 릴레이션은 2NF이지만 3NF는 아니다. 이처럼 어떤 릴레이션이 2NF이지만 3NF가 아닐 때, 프로젝션을 통해서 의미상 동등한 2개의 3NF 릴레이션으로 분해할 수 있다. 반대로, 분해된 2개의 3NF 릴레이션을 자연 조인하면 아무런 정보 손실 없이 원래의 2NF 릴레이션으로 환원할 수 있다.

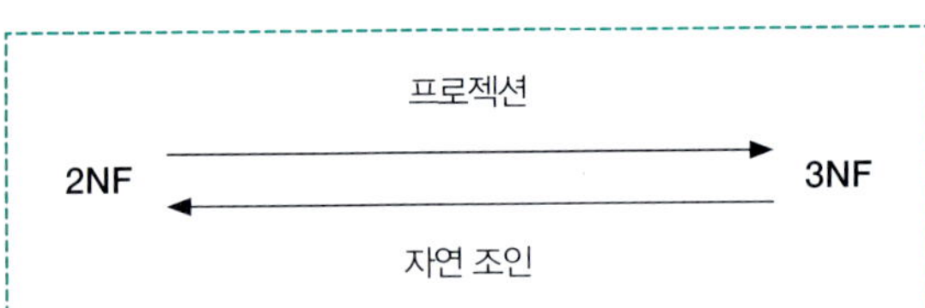

다만, 3NF 릴레이션은 2NF 릴레이션에 표현할 수 없는 정보를 표현할 수 있다. 예를 들면, 교수번호 '450'의 소속이 '전자'라는 사실을 지도받다 릴레이션에는 표현할 수 없지만 교수소속 릴레이션에는 표현할 수 있다.

이론적으로는 3NF에서도 이상 현상이 발생할 수 있지만 실무에서는 잘 발생하지 않는다. 따라서 실무에서의 효율성을 고려하여 3NF까지만 진행하는 것이 바람직하므로, 이 책에서도 3NF의 이상 현상에 대한 설명은 생략한다.

4 정규형 요약

비정규화된 릴레이션을 3NF까지 정규화하는 일련의 과정을 [그림 10-25]와 같이 요약하였다.

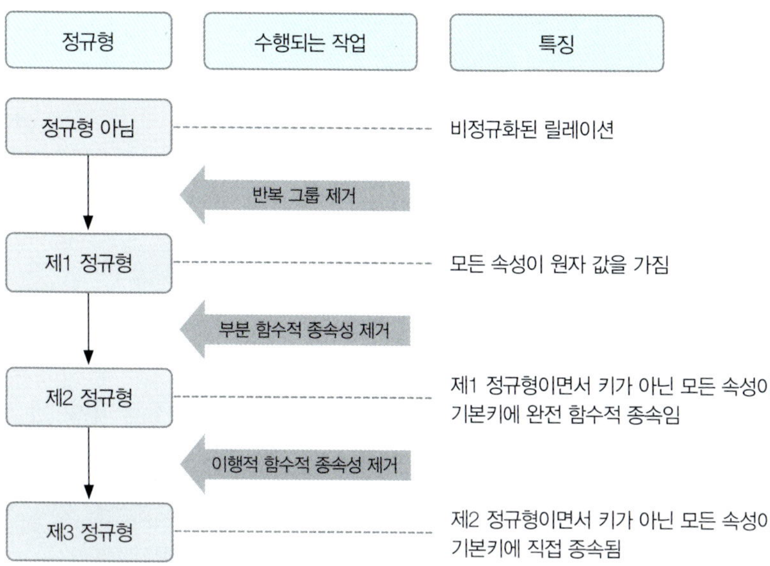

그림 10-25 정규화 수행 과정 및 정규형 특징 요약

이때 정규화 과정을 단계별로 모두 거쳐야 하는 것은 아니며, 릴레이션의 특징에 따라 어떤 정규형은 건너뛸 수 있다. 또한 기본키, 즉 결정자만으로 구성된 릴레이션이나 결정자와 단 하나의 종속자만으로 구성된 릴레이션 등은 굳이 정규화 과정이 필요하지 않다. 한편, 함수적 종속 관계를 분석하기 위해 FDD를 작성할 때 결정자 역할을 할 수 있는 대체키가 있으면 FDD가 너무 복잡해지므로, 대체키의 특징이 기본키와 동일한 경우 굳이 FDD에 대체키를 결정자로 표현하지 않아도 된다. 다만 [표 10-2]와 같이 별도로 대체키를 기록하는 것이 좋다.

표 10-2 회원 릴레이션의 정규화 내용

릴레이션 스키마	회원(<u>회원번호</u>, 이름, 휴대폰, 주소, 누적경험치, 등급, 닉네임)	
기본키	회원번호	
대체키	휴대폰	
함수적 종속	회원번호 → (이름, 휴대폰, 주소, 누적경험치, 등급, 닉네임)	
FDD	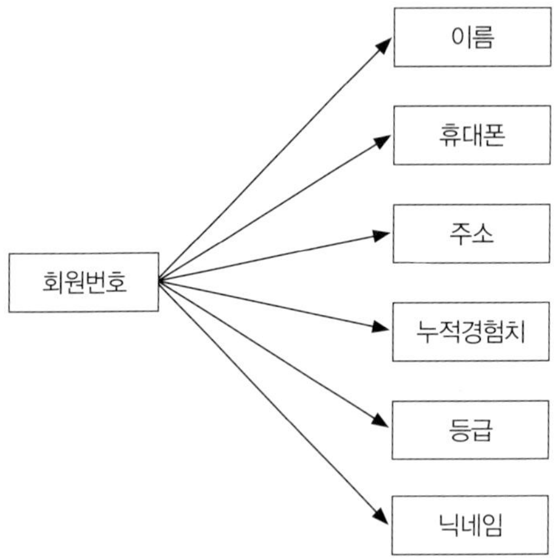	
정규형	1NF	모든 속성의 도메인이 원자 값이므로 1NF를 만족함
	2NF	모든 속성이 기본키에 완전 함수적 종속이므로 2NF를 만족함
	3NF	이행적 함수적 종속이 존재하지 않으므로 3NF를 만족함

정규화는 실제 데이터 값이 아닌 개념적 측면에서 수행해야 한다. 즉, 현재 저장된 데이터만으로 판단하는 것이 아니라, 개념적으로 존재할 수 있는 모든 데이터를 폭넓게 고려하여 판단해야 한다. 앞에서 다룬 여러 정규화 사례에서 릴레이션에 현재 저장된 데이터를 제시한 것은 정규화 과정의 이해를 돕기 위한 것으로, 반드시 개념적으로 존재할 수 있는 다양한 데이터를 폭넓게 고려해야 한다.

07 역정규화

정규화는 DB 설계의 중요한 요소로서, 정규화 과정이 진행될수록 데이터 중복이 감소하고 이상 현상도 감소하며, 데이터 무결성을 유지하는 데 필요한 응용 프로그램의 코드량이 감소한다는 장점이 있다. 하지만 성능 관점에서 보면 높은 정규형을 만족하는 릴레이션 스키마가 항상 최적의 상태라고 볼 수 없다. 한 정규형에서 다음 정규형으로 진행될 때마다 하나의 릴레이션이 최소 2개의 릴레이션으로 분해된다. 따라서 분해되기 전의 릴레이션을 대상으로 질의할 때는 조인 연산이 필요 없지만, 분해된 릴레이션을 대상으로 질의할 때는 같은 정보를 얻기 위해서 여러 릴레이션에 접근해야 하므로 조인의 필요성이 증가하고, 이는 심각한 성능 저하를 초래할 수 있다. 즉, 불필요한 데이터의 중복은 감소하지만 질의에 대한 응답시간은 증가할 수 있다.

역정규화denormalization는 성능에 대한 요구를 만족시키기 위해 데이터 중복과 이상 현상을 대가로 치르면서 더 낮은 정규형으로 되돌아가는 것을 의미한다. 즉, 빈번하게 수행되는 검색 질의의 수행 속도를 높이기 위해, 이미 분해된 2개 이상의 릴레이션을 합쳐서 하나의 릴레이션으로 만드는 작업이다. 예를 들어 [그림 10-26]과 같이 3NF를 만족하도록 분해된 두 릴레이션을 합쳐 '학생소속'이라는 하나의 릴레이션으로 역정규화할 수 있다.

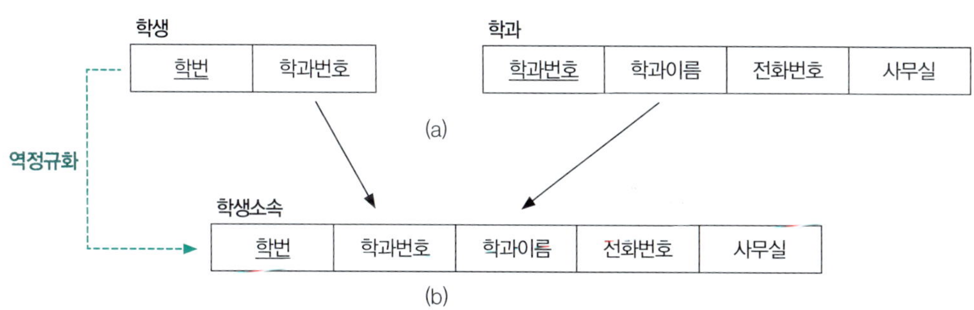

(a) 제3 정규형을 만족하도록 분해된 학생과 학과 릴레이션
(b) 성능 향상을 위해 역정규화한 학생소속 릴레이션

그림 10-26 역정규화 예시

학생소속 릴레이션에서 학번이 '20248540'인 학생이 속한 학과의 이름과 전화번호를 검색하려면 다음과 같은 일반 검색 연산으로 가능하다.

```
SELECT   학과이름, 전화번호
FROM     학생소속
WHERE    학번 = ' 20248540 ';
```

하지만 정규화 과정을 통해 분리된 학생과 학과 릴레이션에서 동일한 정보를 검색하려면 다음과 같은 조인 연산으로 처리해야 한다. 조인 연산을 하면 일반 검색 연산을 할 때보다 검색 성능이 저하된다.

```
SELECT   학과이름, 전화번호
FROM     학생, 학과
WHERE    학번 = ' 20248540 '
   AND   학생.학과번호 = 학과.학과번호
```

DB 설계자는 검색 성능을 고려해서 데이터 중복 및 이상 현상을 대가로 치르더라도 때로는 일부 릴레이션을 역정규화하여 응답시간을 단축시킬 필요가 있다. DB 응용은 대개 검색 질의의 비율이 다른 질의의 비율보다 훨씬 높다. 따라서 반드시 역정규화를 고려해야 하며, 역정규화를 수행한 경우 반드시 데이터 중복으로 인한 이상 현상을 관리해야 한다. 즉, 응용 프로그램을 이용해 별도로 이상 현상을 관리함으로써 데이터 무결성을 보장해야 한다. 한편, 사소한 성능 향상을 위해 데이터 무결성을 저해하는 것은 바람직하지 않으므로 심각한 성능 저하를 유발하는 경우에만 역정규화하는 것이 좋다.

08 정규화 사례

1 재능기부 릴레이션 정규화

[그림 10-27]은 회원이 기부한 재능 정보를 표현하는 재능기부 릴레이션이다. 이를 정규화하는 과정은 [표 10-3]과 같이 요약할 수 있다.

재능기부

회원_id	재능번호	기부등록일	재능종류	수준
2331	1	2023/08/19	페인트	상
1254	2	2023/08/30	종이접기	중
0982	2	2023/10/13	종이접기	중
1105	3	2023/11/20	캘리그라피	중
2309	1	2024/01/09	페인트	상
0576	5	2024/02/10	목공	중
1892	4	2024/02/20	뜨개질	상

그림 10-27 재능기부 릴레이션

표 10-3 재능기부 릴레이션의 정규화 내용

릴레이션 스키마	재능기부(회원_id(FK), 재능번호, 기부등록일, 재능종류, 수준)
기본키	{회원_id, 재능번호}
대체키	없음
함수적 종속	{회원_id, 재능번호} → (기부등록일, 수준) /* 완전 함수적 종속만 표현함 */ 재능번호 → 재능종류
FDD	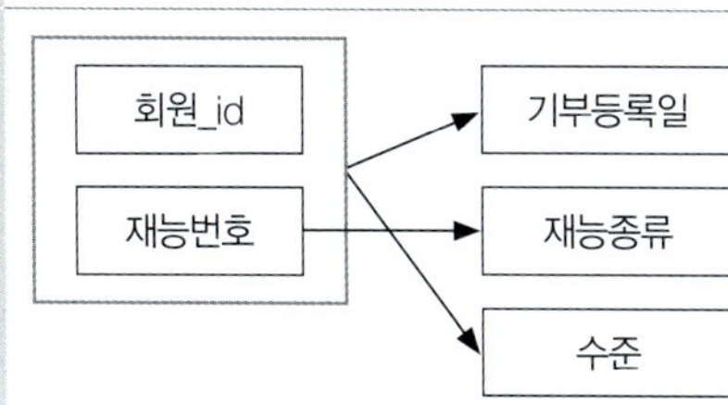

정규형	1NF	모든 속성의 도메인이 원자 값이므로 1NF를 만족함
	2NF	부분 함수적 종속(재능번호 → 재능종류)이 존재하므로 2NF를 만족하지 않음 → **릴레이션 분해 필요함**
릴레이션 분해	재능기부(회원_id(FK), 재능번호(FK), 기부등록일, 수준) 재능정보(재능번호, 재능종류)	

[표 10-3]에서 확인할 수 있듯이 원래의 재능기부 릴레이션이 2개의 릴레이션으로 분해되었다. 따라서 분해된 재능기부 릴레이션은 다시 [표 10-4]와 같은 정규화 과정을 수행해야 한다. 한편, 분해된 재능정보 릴레이션은 앞에서 언급한 바와 같이 결정자와 단 하나의 종속자로 구성되어 있으므로 정규화할 필요가 없다.

표 10-4 분해된 재능기부 릴레이션의 정규화 내용

릴레이션 스키마	재능기부(회원_id(FK), 재능번호(FK), 기부등록일, 수준)	
기본키	{회원_id, 재능번호}	
대체키	없음	
함수적 종속	{회원_id, 재능번호} → (기부등록일, 수준)	
FDD	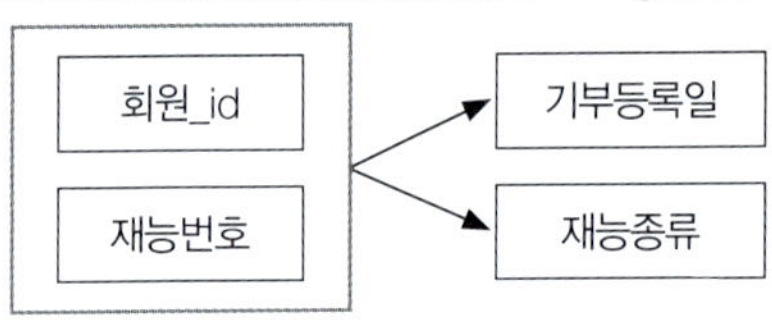	
정규형	1NF	모든 속성의 도메인이 원자 값이므로 1NF를 만족함
	2NF	모든 속성이 기본키에 완전 함수적 종속이므로 2NF를 만족함
	3NF	이행적 함수적 종속이 존재하지 않으므로 3NF를 만족함

2 고객 릴레이션 정규화

[그림 10-28]은 백화점 고객과 고객 관리 담당자 정보가 함께 저장된 고객 릴레이션이다. 이를 정규화하는 과정은 [표 10-5]와 같이 요약할 수 있다.

고객

고객번호	고객명	휴대폰	구분	포인트	담당자ID	담당자명	담당자전화번호
2501	김길동	010-3485-3949	VIP	20,100	100	장영민	041-575-1231
2230	박영숙	010-6383-5542	VIP	25,300	100	장영민	041-575-1231
2820	이창민	010-2683-5542	일반	12,000	200	민동진	041-575-1232
3240	이민수	010-4582-7630	일반	13,500	200	민동진	041-575-1232
3310	김영미	010-4585-7631	일반	8,000	200	민동진	041-575-1232
3215	박장수	010-2083-5302	VIP	32,000	100	장영민	041-575-1231
4511	이정이	010-3756-2957	일반	15,000	200	민동진	041-575-1232

그림 10-28 고객 릴레이션

표 10-5 고객 릴레이션의 정규화 내용

릴레이션 스키마	고객(고객번호, 고객명, 휴대폰, 구분, 포인트, 담당자ID, 담당자명, 담당자전화번호)
기본키	고객번호
대체키	휴대폰
함수적 종속	고객번호 → (고객명, 휴대폰, 구분, 포인트, 담당자ID, 담당자명, 담당자전화번호) 담당자ID → (담당자명, 담당자전화번호)
FDD	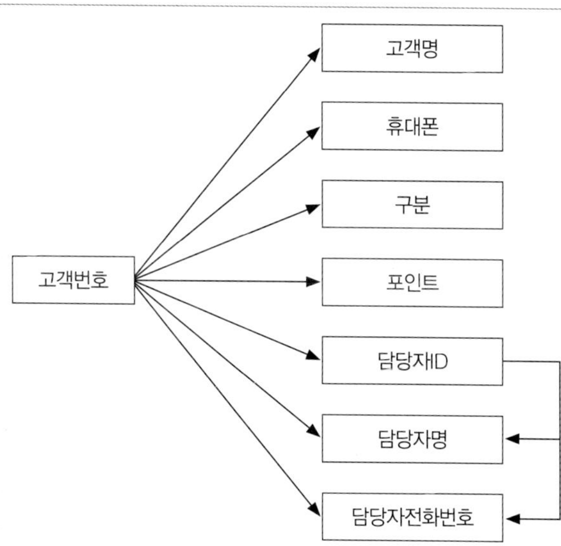

<table>
<tr><td rowspan="3">정규형</td><td>1NF</td><td>모든 속성의 도메인이 원자 값이므로 1NF를 만족함</td></tr>
<tr><td>2NF</td><td>모든 속성이 기본키에 완전 함수적 종속이므로 2NF를 만족함</td></tr>
<tr><td>3NF</td><td>이행적 함수적 종속(고객번호 → 담당자ID, 담당자ID → (담당자명, 담당자전화번호))이 존재하므로 3NF를 만족하지 않음
→ 릴레이션 분해 필요함</td></tr>
<tr><td>릴레이션 분해</td><td colspan="2">고객(<u>고객번호</u>, 고객명, 휴대폰, 구분, 포인트, 담당자ID(FK))
담당자(<u>담당자ID</u>, 담당자명, 담당자전화번호)</td></tr>
</table>

분해된 고객 및 담당자 릴레이션을 각각 다시 정규화해야 하는데, 두 릴레이션 모두 부분 함수적 종속과 이행적 함수적 종속이 없어서 3NF를 만족하므로 나머지 정규화 과정은 생략한다.

3 주문목록 릴레이션 정규화

[그림 10-29]는 한 번에 하나 이상의 상품을 주문한 고객의 등급과 주문 수량 등을 저장하는 주문목록 릴레이션이다. 이를 정규화하는 과정은 [표 10-6]과 같이 요약할 수 있다.

주문목록

<u>주문번호</u>	<u>상품번호</u>	고객번호	고객등급	주문수량	주문일자	배송일자
1	110	5320	1	1	2024/03/01	2024/03/03
1	120	5320	1	1	2024/03/01	2024/03/03
1	250	5320	1	2	2024/03/01	2024/03/03
2	110	1350	3	1	2024/04/10	2024/04/11
2	220	1350	3	3	2024/04/10	2024/04/12
3	110	2520	2	1	2024/04/12	2024/04/13
3	250	2520	2	2	2024/04/12	2024/04/15
3	220	2520	2	2	2024/04/12	2024/04/15
4	120	5320	1	5	2024/04/30	2024/05/01

그림 10-29 주문목록 릴레이션의 현재 데이터

표 10-6 주문목록 릴레이션의 정규화 내용

<table>
<tr><td>릴레이션 스키마</td><td colspan="2">주문목록(주문번호, 상품번호(FK), 고객번호, 고객등급, 주문수량, 주문일자, 배송일자)</td></tr>
<tr><td>기본키</td><td colspan="2">{주문번호, 상품번호}</td></tr>
<tr><td>대체키</td><td colspan="2">없음</td></tr>
<tr><td>함수적 종속</td><td colspan="2">{주문번호, 상품번호} → (주문수량, 배송일자) /* 완전 함수적 종속만 표현함 */
주문번호 → (고객번호, 고객등급, 주문일자)
고객번호 → 고객등급</td></tr>
<tr><td>FDD</td><td colspan="2">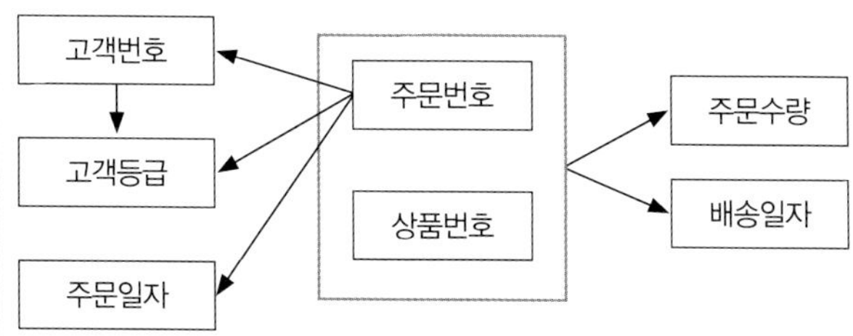
</td></tr>
<tr><td rowspan="2">정규형</td><td>1NF</td><td>모든 속성의 도메인이 원자 값이므로 1NF를 만족함</td></tr>
<tr><td>2NF</td><td>부분 함수적 종속(주문번호 → (고객번호, 고객등급, 주문일자))이 존재하므로 2NF를 만족하지 않음
→ 릴레이션 분해 필요함</td></tr>
<tr><td>릴레이션 분해</td><td colspan="2">주문목록(주문번호(FK), 상품번호(FK), 주문수량, 배송일자)
주문정보(주문번호, 고객번호, 고객등급, 주문일자)</td></tr>
</table>

분해된 주문목록 및 주문정보 릴레이션을 각각 다시 정규화해야 한다. 주문목록 릴레이션은 부분 함수적 종속과 이행적 함수적 종속이 없어서 3NF를 만족하므로 정규화 과정을 생략한다. 주문정보 릴레이션을 정규화하는 과정을 요약하면 [표 10-7]과 같다.

표 10-7 주문정보 릴레이션의 정규화 내용

<table>
<tr><td>릴레이션 스키마</td><td colspan="2">주문정보(주문번호, 고객번호, 고객등급, 주문일자)</td></tr>
<tr><td>기본키</td><td colspan="2">주문번호</td></tr>
<tr><td>대체키</td><td colspan="2">없음</td></tr>
<tr><td>함수적 종속</td><td colspan="2">주문번호 → (고객번호, 고객등급, 주문일자)
고객번호 → 고객등급</td></tr>
<tr><td>FDD</td><td colspan="2">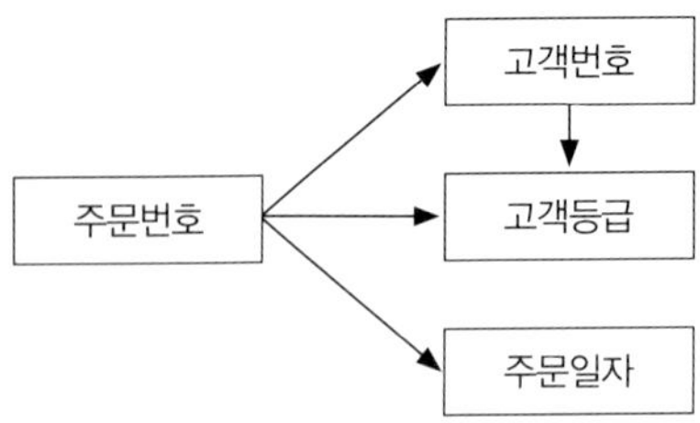
</td></tr>
<tr><td rowspan="3">정규형</td><td>1NF</td><td>모든 속성의 도메인이 원자 값이므로 1NF를 만족함</td></tr>
<tr><td>2NF</td><td>모든 속성이 기본키에 완전 함수적 종속이므로 2NF를 만족함</td></tr>
<tr><td>3NF</td><td>이행적 함수적 종속(주문번호 → 고객번호, 고객번호 → 고객등급)이 존재하므로 3NF를 만족하지 않음
→ 릴레이션 분해 필요함</td></tr>
<tr><td>릴레이션 분해</td><td colspan="2">주문정보(주문번호, 고객번호(FK), 주문일자)
고객분류(고객번호, 고객등급)</td></tr>
</table>

분해된 주문정보 및 고객분류 릴레이션도 각각 다시 정규화해야 하는데, 두 릴레이션 모두 부분 함수적 종속과 이행적 함수적 종속이 없으므로 3NF를 만족한다. 따라서 최초의 주문목록 릴레이션은 정규화 과정을 통해 다음과 같은 3개의 릴레이션으로 분해된다.

```
주문목록(주문번호(FK), 상품번호(FK), 주문수량, 배송일자)
주문정보(주문번호, 고객번호(FK), 주문일자)
고객분류(고객번호, 고객등급)
```

4 온라인 쇼핑몰 DB 구축을 위한 정규화

9장 6.1절에서 소개한 온라인 쇼핑몰 DB 구축을 위한 논리적 스키마 모델링 사례에서 다음과 같은 최종 릴레이션 스키마가 정의되었다.

```
상품(상품번호, 구분, 상품명, 사이즈, 판매가격, 구매가격)
고객(id, pw, 이름, 휴대폰, 주소, 포인트)
고객배송지(고객_id(FK), 순서, 배송지)
구매처(구매처번호, 상호, 연락처, 주소, 대표자, 사업자등록번호, 주요취급품목)
판매하다(판매번호, 상품번호(FK), 고객id(FK), 판매일시, 수량, 배송일자, 결제금액)
구입하다(구매번호, 상품번호(FK), 구입일자, 구매처번호(FK), 수량, 구입금액)
```

각 릴레이션을 정규화하는 과정은 [표 10-8]~[표 10-13]과 같이 요약할 수 있다.

표 10-8 상품 릴레이션의 정규화 내용

릴레이션 스키마	상품(상품번호, 구분, 상품명, 사이즈, 판매가격, 구매가격)	
기본키	상품번호	
대체키	없음	
함수적 종속	상품번호 → (구분, 상품명, 사이즈, 판매가격, 구매가격)	
FDD	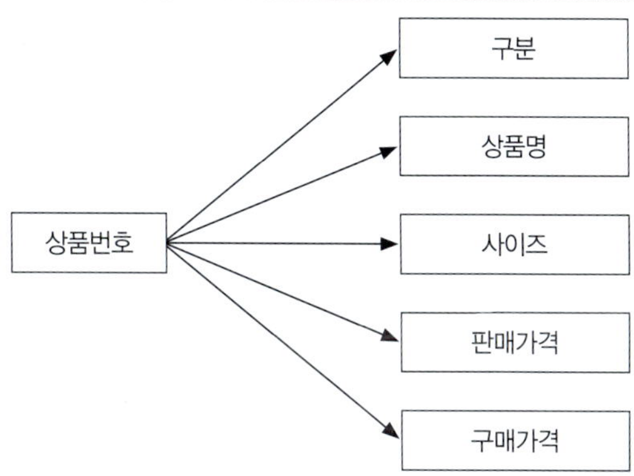	
정규형	1NF	모든 속성의 도메인이 원자 값이므로 1NF를 만족함
	2NF	모든 속성이 기본키에 완전 함수적 종속이므로 2NF를 만족함
	3NF	이행적 함수적 종속이 존재하지 않으므로 3NF를 만족함

표 10-9 고객 릴레이션의 정규화 내용

릴레이션 스키마	고객(<u>id</u>, pw, 이름, 휴대폰, 주소, 포인트)	
기본키	id	
대체키	휴대폰	
함수적 종속	id → (pw, 이름, 휴대폰, 주소, 포인트)	
FDD	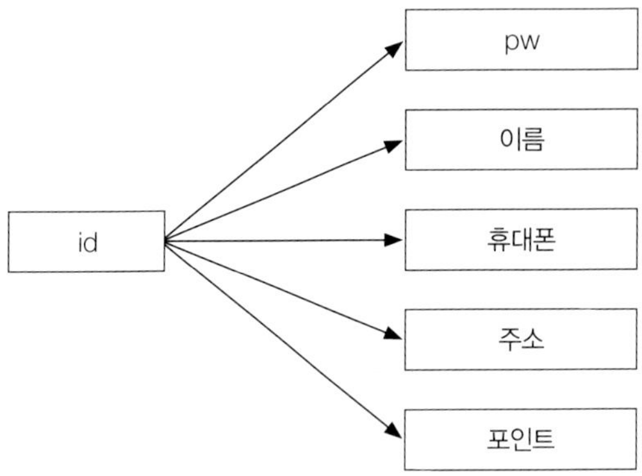	
정규형	1NF	모든 속성의 도메인이 원자 값이므로 1NF를 만족함
	2NF	모든 속성이 기본키에 완전 함수적 종속이므로 2NF를 만족함
	3NF	이행적 함수적 종속이 존재하지 않으므로 3NF를 만족함

표 10-10 고객배송지 릴레이션의 정규화 내용

릴레이션 스키마	고객배송지(<u>고객_id(FK), 순서</u>, 배송지)	
기본키	{고객_id, 순서}	
대체키	없음	
함수적 종속	{고객_id, 순서} → 배송지	
FDD	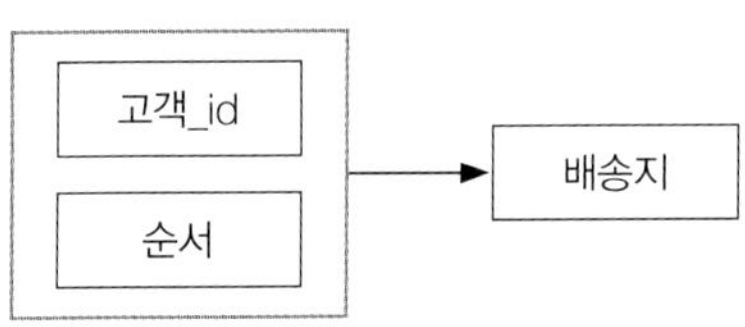	
정규형	1NF	모든 속성의 도메인이 원자 값이므로 1NF를 만족함
	2NF	모든 속성이 기본키에 완전 함수적 종속이므로 2NF를 만족함
	3NF	이행적 함수적 종속이 존재하지 않으므로 3NF를 만족함

표 10-11 구매처 릴레이션의 정규화 내용

항목		내용
릴레이션 스키마		구매처(<u>구매처번호</u>, 상호, 연락처, 주소, 대표자, 사업자등록번호, 주요취급품목)
기본키		구매처번호
대체키		사업자등록번호
함수적 종속		구매처번호 → (상호, 연락처, 주소, 대표자, 사업자등록번호, 주요취급품목)
FDD		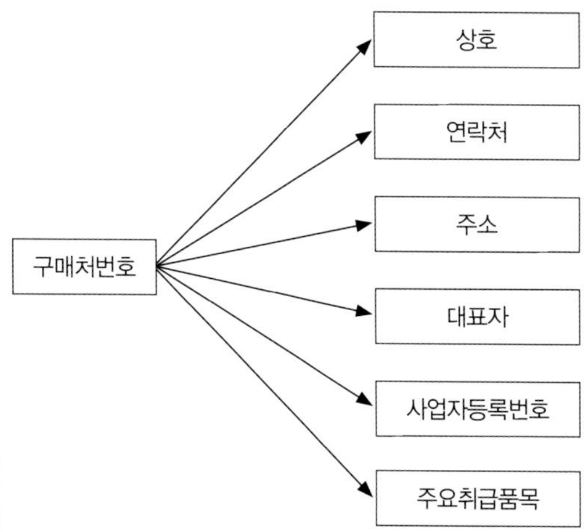
정규형	1NF	모든 속성의 도메인이 원자 값이므로 1NF를 만족함
	2NF	모든 속성이 기본키에 완전 함수적 종속이므로 2NF를 만족함
	3NF	이행적 함수적 종속이 존재하지 않으므로 3NF를 만족함

표 10-12 판매하다 릴레이션의 정규화 내용

<table>
<tr><td>릴레이션 스키마</td><td colspan="2">판매하다(판매번호, 상품번호(FK), 고객id(FK), 판매일시, 수량, 배송일자, 결제금액)</td></tr>
<tr><td>기본키</td><td colspan="2">판매번호</td></tr>
<tr><td>대체키</td><td colspan="2">{상품번호, 고객id, 판매일시}</td></tr>
<tr><td>함수적 종속</td><td colspan="2">판매번호 → (상품번호, 고객id, 판매일시, 수량, 배송일자, 결제금액)</td></tr>
<tr><td>FDD</td><td colspan="2">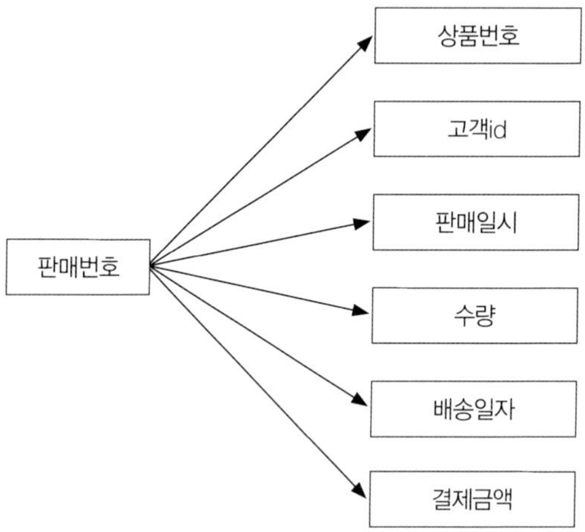
</td></tr>
<tr><td rowspan="3">정규형</td><td>1NF</td><td>모든 속성의 도메인이 원자 값이므로 1NF를 만족함</td></tr>
<tr><td>2NF</td><td>모든 속성이 기본키에 완전 함수적 종속이므로 2NF를 만족함</td></tr>
<tr><td>3NF</td><td>이행적 함수적 종속이 존재하지 않으므로 3NF를 만족함</td></tr>
</table>

표 10-13 구입하다 릴레이션의 정규화 내용

<table>
<tr><td>릴레이션 스키마</td><td colspan="2">구입하다(구매번호, 상품번호(FK), 구입일자, 구매처번호(FK), 수량, 구입금액)</td></tr>
<tr><td>기본키</td><td colspan="2">구매번호</td></tr>
<tr><td>대체키</td><td colspan="2">{상품번호, 구입일자, 구매처번호}</td></tr>
<tr><td>함수적 종속</td><td colspan="2">구매번호 → (상품번호, 구입일자, 구매처번호, 수량, 구입금액)</td></tr>
<tr><td>FDD</td><td colspan="2">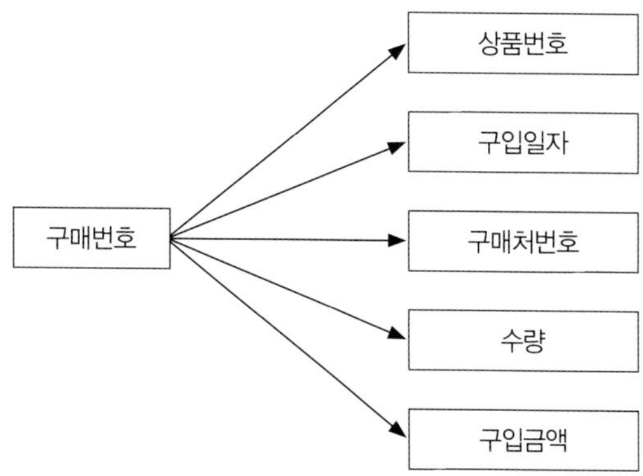
</td></tr>
<tr><td rowspan="3">정규형</td><td>1NF</td><td>모든 속성의 도메인이 원자 값이므로 1NF를 만족함</td></tr>
<tr><td>2NF</td><td>모든 속성이 기본키에 완전 함수적 종속이므로 2NF를 만족함</td></tr>
<tr><td>3NF</td><td>이행적 함수적 종속이 존재하지 않으므로 3NF를 만족함</td></tr>
</table>

이 사례처럼 논리적 스키마 모델링 단계를 원칙대로 잘 수행하면 정규화 과정을 거쳐도 릴레이션 스키마가 크게 변하지 않는다. 9장 6.2절에서 소개한 문화센터 DB 구축을 위한 최종 릴레이션 스키마 역시 정규화 과정을 거쳐도 릴레이션 스키마에 변화가 없으므로 자세한 설명은 생략한다.

개념퍼즐

가로 →

3 결정자인 복합키에 포함되는 속성 가운데 단독으로 결정자 역할을 하는 속성이 없는 함수적 종속

7 릴레이션 R에 함수적 종속 A → C가 존재하고, 함수적 종속 A → B ∧ B → C가 성립할 때 존재하는 함수적 종속

9 관계 DB를 조작할 때 데이터의 중복으로 인해 발생하는 문제

10 어떤 릴레이션 R이 1NF이면서 기본키가 아닌 모든 속성이 기본키에 완전 함수적 종속이어야 한다는 제약조건을 만족하는 정규형

12 성능에 대한 요구를 만족시키기 위해 데이터 중복과 이상 현상을 대가로 치르면서 보다 낮은 정규형으로 되돌아가는 것

세로 ↓

1 결정자인 복합키에 포함되는 속성 가운데 단독으로 결정자 역할을 하는 속성이 있는 함수적 종속

2 한 릴레이션에 속한 속성 간의 복잡한 함수적 종속 관계를 쉽게 이해할 수 있도록 그림으로 표현하는 방법

4 중복된 데이터 가운데 일부만 갱신되어 데이터의 불일치가 발생하는 현상

5 릴레이션이 갖고 있는 이상 현상을 발견하기 위해 속성 간의 종속 관계를 규명하는 개념

6 불필요한 데이터를 함께 삽입하지 않으면 필요한 데이터를 삽입하지 못하는 현상

8 어떤 릴레이션 R에 속한 모든 속성의 도메인이 원자 값을 가져야 한다는 제약조건을 만족하는 정규형

10 어떤 릴레이션 R이 2NF이면서, 기본키가 아닌 모든 속성이 기본키에 이행적 함수적 종속이 아니라는 제약조건을 만족하는 정규형

11 하나의 종속 관계가 하나의 릴레이션으로 표현되도록 릴레이션을 분해하는 과정

연습문제

01 다음 중 이상 현상에 대한 설명이 잘못된 것은?

① 이상 현상은 관계 DB를 조작할 때 데이터의 중복으로 인해 발생하는 문제를 의미한다.
② 삽입 이상은 어떤 데이터를 삽입하면 불필요한 데이터도 함께 삽입되는 현상이다.
③ 삭제 이상은 어떤 데이터를 삭제하면 유용한 데이터도 함께 삭제되는 현상이다.
④ 갱신 이상은 중복된 데이터 가운데 일부만 갱신되어 데이터의 불일치가 발생하는 현상이다.

02 이상 현상의 원인과 해결 방법에 대한 설명이 잘못된 것은?

① 이상 현상의 근본 원인은 성능 향상을 위해 데이터가 중복되었기 때문이다.
② 이상 현상의 근본 원인은 속성 간에 존재하는 여러 개의 종속 관계를 하나의 릴레이션으로 표현했기 때문이다.
③ 이상 현상을 해결하려면 속성 간의 여러 종속 관계를 분해해야 한다.
④ 이상 현상을 해결하려면 하나의 종속 관계를 하나의 릴레이션으로 표현해야 한다.

03 함수적 종속에 대한 설명이 잘못된 것은?

① 함수적 종속은 릴레이션이 갖고 있는 이상 현상을 발견하기 위해 속성 간의 종속 관계를 규명하는 개념이다.
② 속성 X의 각 값에 대해 속성 Y의 값이 오직 하나만 연관되면, 속성 X는 속성 Y에 함수적으로 종속된다고 한다.
③ 함수적 종속을 $X \rightarrow Y$로 표현했을 때 X를 결정자, Y를 종속자라고 부른다.
④ 한 릴레이션에 속한 속성 간의 복잡한 함수적 종속 관계를 쉽게 이해할 수 있도록 그림으로 표현한 것이 함수적 종속 다이어그램이다.

04 ( ) 안에 적합한 용어는?

> 결정자인 복합키에 포함되는 속성 가운데 단독으로 결정자 역할을 하는 속성이 없으면, 종속자가 결정자에 (   )이 된다.

05 ( ) 안에 적합한 용어는?

> (   )이란 정규화를 통해서 릴레이션을 분해했을 때 손실되는 정보가 없어야 한다는 것이다.

연습문제

06 '도서(ISBN, 제목, 발행일, 저자id, 저자국적)' 릴레이션의 함수적 종속 관계가 다음과 같이 표현되었다. 이 릴레이션이 만족하는 정규형은 무엇인가? 답에 대한 이유도 설명하시오.

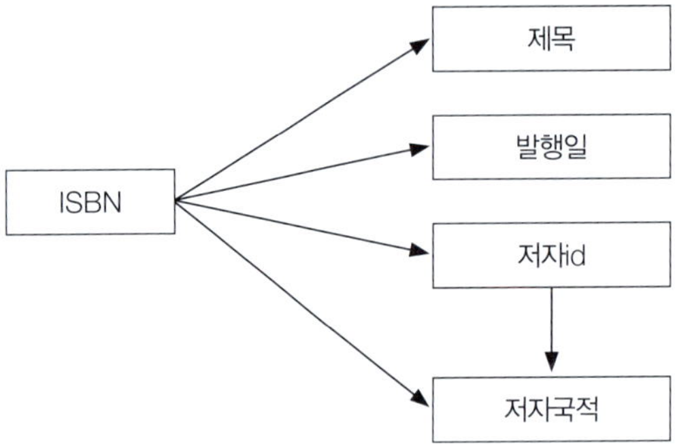

07 역정규화가 필요한 이유에 대해 설명하시오.

08 역정규화에 대한 설명으로 잘못된 것은?

① 응답시간이 감소한다.

② 갱신 이상이 발생할 수 있다.

③ 릴레이션 수를 줄이기 위해 이미 분해된 둘 이상의 릴레이션을 통합하는 작업이다.

④ 무결성 보장을 위한 비용이 증가한다.

09 다음 회원관리 릴레이션은 헬스클럽의 회원 정보와 회원 관리를 담당하는 트레이너 정보가 함께 저장된 릴레이션으로, 현재 다음과 같은 데이터가 저장되어 있다. 이 릴레이션에 포함된 이상 현상이 잘못 설명된 것은?

회원관리

회원번호	회원이름	연락처	가입일자	담당 트레이너	트레이너 이름	트레이너 연락처
1001	김길동	010-3485-3949	2014/3/1	1	장영민	041-575-1231
1002	**박영숙**	010-6383-5542	2014/3/1	2	민동진	041-575-1232
1003	이창민	010-2683-5542	2014/3/15	1	장영민	041-575-1231
1004	이민수	**041-840-1234**	2014/4/10	2	민동진	041-575-1232
1005	김영미	041-840-1234	2014/4/10	1	장영민	041-575-1231
1006	박민이	010-6333-5212	2014/4/25	2	민동진	041-575-1232
1007	최영민	010-2793-1242	2014/4/30	1	장영민	041-575-1231
1008	김동수	010-3025-0249	2014/5/2	2	민동진	041-575-1232
1009	**박영숙**	010-6243-1042	2014/5/8	**1**	**장영민**	**041-575-1231**
1010	박장수	010-2083-5302	2014/5/8	2	민동진	041-575-1232
1011	이정이	010-3756-2957	2014/5/10	**3**	**김은미**	**041-575-1231**

① 삽입 이상: 새로운 트레이너를 채용했는데 아직 담당할 회원이 없는 경우, 이 트레이너의 정보를 삽입할 수 없다.

② 삽입 이상: 새로운 회원을 삽입할 때 담당 트레이너가 지정되지 않았으면 삽입할 수 없다.

③ 갱신 이상: 트레이너의 연락처가 갱신된 경우, 일부 회원 정보만 갱신하면 데이터의 불일치가 발생한다.

④ 삭제 이상: 1011(이정이) 회원의 정보를 삭제하면, 3번(김은미) 트레이너에 대한 정보도 함께 삭제된다.

연습문제

10 9번 문제에 제시된 회원관리 릴레이션의 함수적 종속 관계를 분석하여 다음 표에 정규화하는 과정을 완성하시오.

릴레이션 스키마	회원관리(<u>회원번호</u>, 회원이름, 연락처, 가입일자, 담당트레이너, 트레이너이름, 트레이너연락처)	
기본키	회원번호	
대체키	없음	
함수적 종속	회원번호 → (회원이름, 연락처, 가입일자, 담당트레이너, 트레이너이름, 트레이너연락처) 담당트레이너 → (트레이너이름, 트레이너연락처)	
FDD		
정규형	1NF	
	2NF	
	3NF	
릴레이션 분해		

11 멘토링하다 릴레이션의 함수적 종속 관계를 분석하여 다음 표에 정규화하는 과정을 완성하시오.

멘토링하다

<u>멘티_num</u>	멘토_id	멘토소속	맨토연락처	멘토링장소	멘토링요일	멘토링시간
2785	egpark	삼성전자	010-6333-5212	A101	월	17:00
0326	mhkim	한국통신	010-2793-1242	A102	월	17:00
1445	egpark	삼성전자	010-6333-5212	A101	수	15:00
3221	mhkim	한국통신	010-2793-1242	A102	수	14:00
0546	egpark	삼성전자	010-6333-5212	A102	목	12:00
2019	sylee	신한은행	010-6243-1042	A101	금	16:00

릴레이션 스키마	멘토링하다(멘티_num(FK), 멘토_id, 멘토소속, 멘토연락처, 멘토링장소, 멘토링요일, 멘토링시간)	
기본키		
대체키		
함수적 종속		
FDD		
정규형	1NF	
	2NF	
	3NF	
릴레이션 분해		

12 동아리가입하다 릴레이션의 함수적 종속 관계를 분석하여 다음 표에 정규화하는 과정을 완성하시오.

릴레이션 스키마	동아리가입하다(학번(FK), 동아리번호, 동아리이름, 동아리지도교수명, 가입일자, 역할)	
기본키		
대체키		
함수적 종속		
FDD		
정규형	1NF	
	2NF	
	3NF	
릴레이션 분해		

실습문제

01 다음은 국내 관광을 전문으로 하는 여행사의 DB 구축을 위한 릴레이션 스키마다. 함수적 종속 관계를 분석하여 정규화한 다음, 최종 릴레이션 스키마를 작성하시오.

> 고객(id, 이름, 휴대폰, 주소, 등급코드)
> 직원(사번, 이름, 생년월일, 연락처, 급여, 담당업무, 입사일)
> 여행상품(여행번호, 출발지, 도착지, 프로그램, 시작일시, 종료일시, 최소출발인원, 최대인원, 여행경비, 예약금, 출발여부, 담당직원사번(FK))
> 관광버스(차량번호, 좌석수, 출고년도)
> 운전기사(기사_id, 이름, 생년월일, 휴대폰, 운전경력, 시급, 계약일, 계약기간)
> 예약하다(고객_id(FK), 여행번호(FK), 예약일자, 예약금결제여부, 여행경비결제여부)
> 기사배정하다(여행번호(FK), 기사_id(FK), 근무시간)
> 차량배정하다(여행번호(FK), 차량번호(FK))
> 고객등급코드(코드. 등급, 기준)
> 업무코드(코드, 업무)

CHAPTER 11
물리적 설계

학습목표

- 물리적 스키마 모델링의 주요 업무를 설명할 수 있다.
- 릴레이션 스키마와 무결성 제약조건을 기초로 하여 내부 스키마를 정의할 수 있다.
- 성능 향상을 위해 DB의 물리적 구조를 변경하는 방법을 설명할 수 있다.
- 수동으로 인덱스를 생성할 칼럼이 만족해야 하는 조건을 설명할 수 있다.
- 뷰의 특징을 나열할 수 있다.

01 물리적 설계 개요

물리적 설계physical design는 논리적 설계 단계의 결과물을 기초로 하여 물리적 DB 구조를 생성하는 과정으로, 데이터 중심의 물리적 스키마 모델링과 처리 중심의 트랜잭션 상세 설계를 포함한다. 물리적 설계 과정은 사용자가 아닌 저장 장치 관점에서 데이터를 어떻게 저장하느냐에 초점을 맞추어야 한다.

물리적 설계 단계에서는 다음과 같은 두 가지 주요 업무를 수행해야 한다.

1 물리적 스키마 모델링

물리적 스키마 모델링phygical schema modeling은 데이터 중심 DB 설계 관점에서 논리적 데이터 구조(논리적 스키마)를 DBMS가 지원하는 효율적이고 구현 가능한 물리적 데이터 구조(내부 스키마internal schema)로 변환하는 과정이다. 물리적 스키마 모델링의 입출력을 도식화하면 [그림 11-1]과 같다.

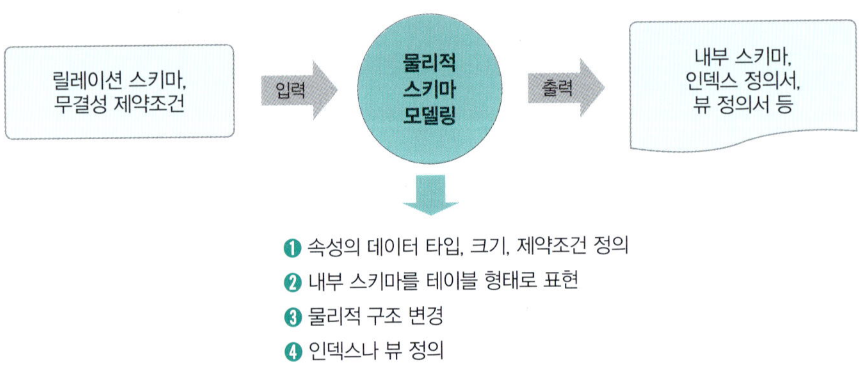

그림 11-1 물리적 스키마 모델링의 입출력 및 핵심 업무

물리적 스키마 모델링의 주요 업무를 요약하면 [표 11-1]과 같다.

표 11-1 물리적 스키마 모델링의 주요 업무

No.	특징
1	논리적 스키마(릴레이션 스키마)를 기초로 하여 속성의 데이터 타입과 크기, 제약조건 등을 정의한다.
2	DBMS의 특성과 구현 환경 등을 고려해서 내부 스키마를 테이블 형태로 표현한다.
3	시스템 성능을 고려해서 물리적 구조를 변경한다.
4	데이터 사용량 예측 등을 통해서 인덱스나 뷰 설계 작업을 수행한다.

물리적 스키마 모델링의 주요 특징은 [표 11-2]와 같다.

표 11-2 물리적 스키마 모델링의 주요 특징

No.	특징
1	하나의 릴레이션이 물리적으로 하나 이상의 테이블이 될 수 있다.
2	시스템 환경(하드웨어, 운영체제, 디스크 용량, 네트워크, DBMS 제품 등)을 고려해서, 성능 최적화를 목표로 물리적 스키마 모델링을 수행해야 한다.
3	시스템 환경이 변경되면 물리적 스키마 모델링도 변경될 수 있다.
4	성능을 고려해서 통계 테이블이 추가되거나, 백업 또는 복제 용도의 테이블이 추가될 수 있다.

물리적 스키마 모델링 시 주요 고려 사항은 [표 11-3]과 같다.

표 11-3 물리적 스키마 모델링 시 주요 고려 사항

No.	고려 사항	세부 내용
1	응답시간 최소화	DBMS가 트랜잭션을 처리해서 결과를 반환하는 데 소요되는 응답시간(response time)이 최소화되도록 해야 한다. 응답시간에 영향을 미치는 것은 트랜잭션이 참조하는 데이터에 대한 접근 시간으로, DBMS뿐 아니라 운영체제의 스케줄링(scheduling)이나 통신 지연(communication delay) 등도 영향을 미친다.
2	저장 공간의 효율화	DB 파일이나 인덱스 등을 저장하는 데 필요한 저장 공간이 최소화되도록 해야 한다.
3	트랜잭션 처리도 향상	트랜잭션 처리도(throughput)는 단위 시간당 처리할 수 있는 평균 트랜잭션 수를 나타내며, 성능에 큰 영향을 미친다. 따라서 트랜잭션 처리도가 향상되도록 해야 한다. 각종 예약이나 은행 업무 등을 위한 실시간 시스템에서 더욱 중요한 요소로, 특히 시스템 부하가 가장 높은 시간대를 기준으로 트랜잭션 처리도를 고려해야 한다.

2 트랜잭션 상세 설계

트랜잭션 상세 설계transaction detailed design는 논리적 설계 단계의 산출물인 트랜잭션 인터페이스 설계를 기초로 하여 구현 단계에서 트랜잭션을 구현하는 데 필요한 세부 사항을 정의하는 과정이다. 이 책에서는 자세히 다루지 않았다.

02 내부 스키마 작성 방법 및 사례

내부 스키마internal schema는 릴레이션 스키마와 무결성 제약조건을 기초로 하여 정의한 물리적 데이터 구조, 즉 저장 레코드 양식을 의미한다. 이때 릴레이션은 테이블로, 속성은 칼럼으로, 관련성은 외래키로 표현하며, 데이터 타입 · 크기 · 제약조건 등을 포함해야 한다.

1 내부 스키마 작성 사례: 온라인 쇼핑몰 DB 구축

온라인 쇼핑몰 DB 구축을 위해 [그림 11-2]와 같은 릴레이션 스키마와 [표 11-4]와 같은 무결성 제약조건을 작성하였다.

```
상품(상품번호, 구분, 상품명, 사이즈, 판매가격, 구매가격)
고객(id, pw, 이름, 휴대폰, 주소, 포인트)
고객배송지(고객_id(FK), 순서, 배송지)
구매처(구매처번호, 상호, 연락처, 주소, 대표자, 사업자등록번호, 주요취급품목)
판매하다(판매번호, 상품번호(FK), 고객id(FK), 판매일시, 수량, 배송일자, 결제금액)
구입하다(구매번호, 상품번호(FK), 구입일자, 구매처번호(FK), 수량, 구입금액)
```

그림 11-2 온라인 쇼핑몰 DB 구축을 위한 최종 릴레이션 스키마

표 11-4 온라인 쇼핑몰 DB 구축을 위한 무결성 제약조건

No.	제약조건	제약유형	관련 릴레이션
1	상품명과 사이즈, 판매가격은 널 값을 가질 수 없다.	NOT NULL	상품
2	구분은 '상' 또는 '하' 가운데 하나의 값을 가져야 한다.	CHECK	상품
3	사이즈는 '대', '중', '소' 가운데 하나의 값을 가져야 한다.	CHECK	상품
4	pw와 이름, 휴대폰, 주소는 널 값을 가질 수 없다.	NOT NULL	고객
5	휴대폰은 유일한 값을 가져야 한다.	UNIQUE	고객
6	포인트의 기본값은 1,000이다.	DEFAULT	고객
7	상호와 연락처, 사업자등록번호는 널 값을 가질 수 없다.	NOT NULL	구매처

8	연락처와 사업자등록번호는 유일한 값을 가져야 한다.	UNIQUE	구매처
9	판매일시와 수량은 널 값을 가질 수 없다.	NOT NULL	판매하다
10	수량의 기본값은 1이다.	DEFAULT	판매하다
11	구입일자와 수량은 널 값을 가질 수 없다.	NOT NULL	구입하다

릴레이션 스키마와 무결성 제약조건을 기초로 하여 내부 스키마를 작성하면 [표 11-5]~[표 11-10]과 같다.

표 11-5 상품(product) 릴레이션의 내부 스키마

No.	속성	칼럼 이름	데이터 타입	크기	NULL 허용	키	기타
1	상품번호	prod_no	CHAR	6		PK	
2	구분	kind	CHAR	2			CHECK('상' or '하')
3	상품명	prod_name	VARCHAR2	50	N		
4	사이즈	prod_size	CHAR	2	N		CHECK (IN ('대', '중', '소'))
5	판매가격	sell_price	NUMBER	7	N		
6	구매가격	buy_price	NUMBER	7			

표 11-6 고객(customer) 릴레이션의 내부 스키마

No.	속성	칼럼 이름	데이터 타입	크기	NULL 허용	키	기타
1	id	id	VARCHAR2	20		PK	
2	pw	pw	VARCHAR2	20	N		
3	이름	name	VARCHAR2	30	N		
4	휴대폰	cellphone	CHAR	13	N		UNIQUE
5	주소	addr	VARCHAR2	100	N		
6	포인트	point	NUMBER	7			DEFAULT(1000)

표 11-7 고객배송지(cust_dest_addr) 릴레이션의 내부 스키마

No.	속성	칼럼 이름	데이터 타입	크기	NULL 허용	키	기타
1	고객_id	cust_id	VARCHAR2	20		PK, FK	FK: 고객(id)
2	순서	seq	NUMBER	5		PK	
3	배송지	dest_addr	VARCHAR2	100			

표 11-8 구매처(pur_office) 릴레이션의 내부 스키마

No.	속성	칼럼 이름	데이터 타입	크기	NULL 허용	키	기타
1	구매처번호	shop_no	CHAR	7		PK	
2	상호	shop_ name	VARCHAR2	50	N		
3	연락처	tel	VARCHAR2	13	N		UNIQUE
4	주소	addr	VARCHAR2	100			
5	대표자	rep_name	VARCHAR2	30			
6	사업자등록번호	reg_num	CHAR	12	N		UNIQUE
7	주요취급품목	main_item	VARCHAR2	100			

표 11-9 판매하다(sell) 릴레이션의 내부 스키마

No.	속성	칼럼 이름	데이터 타입	크기	NULL 허용	키	기타
1	판매번호	sell_num	INTEGER			PK	
2	상품번호	prod_no	CHAR	6		FK	FK: 상품(상품번호)
3	고객id	cust_id	VARCHAR2	20		FK	FK: 고객(id)
4	판매일시	sell_time	DATE		N		
5	수량	amount	NUMBER	3			DEFAULT(1)
6	배송일자	del_day	CHAR	8			
7	결제금액	pay_ money	NUMBER	7			

표 11-10 구입하다(buy) 릴레이션의 내부 스키마

No.	속성	칼럼 이름	데이터 타입	크기	NULL 허용	키	기타
1	구매번호	buy_num	INTEGER			PK	
2	상품번호	prod_no	CHAR	6		FK	FK: 상품(상품번호)
3	구매처번호	shop_no	CHAR	7		FK	FK: 구매처(구매처번호)
4	구입일자	buy_day	CHAR	8	N		
5	수량	amount	NUMBER	3	N		
6	구입금액	buy_money	NUMBER	7			

2 내부 스키마 작성 사례: 학원 DB 구축

어떤 학원의 DB 구축을 위해 [그림 11-3]과 같은 릴레이션 스키마와 [표 11-11]과 같은 무결성 제약조건을 작성하였다.

강좌(<u>강좌번호</u>, 강좌명, 수강료, 개강일, 종강일, 개설요일, 시작시간, 종료시간, 강의실, 강사번호(FK))
회원(<u>회원번호</u>, 이름, 휴대폰번호, 주소)
강사(<u>강사번호</u>, 이름, 주민등록번호, 휴대폰번호, 주소, 시간당강사료)
수강하다(<u>회원번호(FK), 강좌번호(FK)</u>, 신청일자, 수료여부)

그림 11-3 학원 DB 구축을 위한 최종 릴레이션 스키마

표 11-11 학원 DB 구축을 위한 무결성 제약조건

No.	제약조건	제약유형	관련 릴레이션
1	강좌명, 수강료, 개강일, 종강일은 널 값을 가질 수 없다.	NOT NULL	강좌
2	개강일은 종강일보다 빨라야 한다.	CHECK	강좌
3	시작시간은 종료시간보다 빨라야 한다.	CHECK	강좌
4	이름, 휴대폰번호는 널 값을 가질 수 없다.	NOT NULL	회원, 강사
5	주민등록번호는 유일한 값을 가져야 한다.	UNIQUE	강사
6	휴대폰번호는 유일한 값을 가져야 한다.	UNIQUE	회원, 강사

7	시간당 최저 강사료는 50,000원이다.	CHECK	강사
8	신청일자의 기본값은 오늘 날짜로 설정한다.	DEFAULT	수강하다
9	수료여부의 기본값은 'N'이다.	DEFAULT	수강하다

릴레이션 스키마와 무결성 제약조건을 기초로 하여 내부 스키마를 작성하면 [표 11-12]~[표 11-15]와 같다.

표 11-12 강좌(course) 릴레이션의 내부 스키마

No.	속성	칼럼 이름	데이터 타입	크기	NULL 허용	키	기타
1	강좌번호	course_num	CHAR	5		PK	
2	강좌명	course_ name	VARCHAR2	50	N		
3	수강료	tuition	NUMBER	7	N		
4	개강일	open_date	CHAR	8	N		CHECK (< 종강일)
5	종강일	close_date	CHAR	8	N		
6	개설요일	weekday	CHAR	2			
7	시작시간	start_time	CHAR	4			CHECK (< 종료시간)
8	종료시간	end_time	CHAR	4			
9	강의실	lect_room	CHAR	4			
10	강사번호	lect_num	CHAR	3		FK	FK: 강사(강사번호)

표 11-13 회원(member) 릴레이션의 내부 스키마

No.	속성	칼럼 이름	데이터 타입	크기	NULL 허용	키	기타
1	회원번호	mem_num	CHAR	6		PK	
2	이름	name	VARCHAR2	30	N		
3	휴대폰번호	cellphone	CHAR	13	N		UNIQUE
4	주소	address	VARCHAR2	100			

표 11-14 강사(lecturer) 릴레이션의 내부 스키마

No.	속성	칼럼 이름	데이터 타입	크기	NULL 허용	키	기타
1	강사번호	lect_num	CHAR	3		PK	
2	이름	name	VARCHAR2	30	N		
3	주민등록번호	reg_num	CHAR	13	N		UNIQUE
4	휴대폰번호	cellphone	CHAR	13	N		UNIQUE
5	주소	address	VARCHAR2	100			
6	시간당강사료	pay_rate	NUMBER	6			CHECK (>= 50000)

표 11-15 수강하다(take_course) 릴레이션의 내부 스키마

No.	속성	칼럼 이름	데이터 타입	크기	NULL 허용	키	기타
1	회원번호	mem_num	CHAR	6		PK, FK	FK: 회원(회원번호)
2	강좌번호	course_num	CHAR	5		PK, FK	FK: 강좌(강좌번호)
3	신청일자	appl_date	CHAR	8			DEFAULT(SYSDATE)
4	수료여부	completion	CHAR	1			DEFAULT('N')

03 물리적 구조 변경

성능을 높이기 위해 DB의 물리적 구조를 변경할 수 있다. 변경 방법은 크게 두 가지로 나눌 수 있는데, 역정규화나 테이블 추가 또는 분할을 통해서 테이블을 재정의하는 방법과 칼럼을 중복시키는 방법이 있다. 역정규화를 통한 성능 향상 방법은 10장에서 설명했으므로 이 절에서는 나머지 물리적 구조 변경 방법을 소개한다.

1 테이블 추가

성능 향상을 위해 다음과 같이 통계 테이블, 부분 테이블, 이력 테이블 등을 추가할 수 있다.

통계 테이블 추가

자주 사용되는 통계(집계) 데이터가 여러 테이블에 산재된 데이터를 기초로 하여 생성되는 경우, 별도의 통계 테이블을 생성해서 추가할 수 있다. 이때 기존 응용 프로그램들이 통계 테이블을 활용할 수 있어야 한다. 예를 들면 [그림 11-4]와 같이 제품, 고객, 주문하다 테이블을 기초로 하여 '월별판매통계'라는 통계 테이블을 생성할 수 있고, 주문 분석이나 보고서 작성 등에 이 테이블을 활용할 수 있다. 다만, 추가한 통계 테이블을 기초로 하여 생성된 새로운 통계 데이터를 포함하는 또 다른 통계 테이블이나 간단한 조인 연산으로 생성할 수 있는 통계 테이블은 추가하지 않는 것이 좋다.

그림 11-4 통계 테이블 추가 사례

부분 테이블 추가

대용량 테이블의 특정 부분만 주로 사용하는 경우, 해당 부분만 복사해서 별도의 테이블을 생성할 수 있다. 예를 들면 [그림 11-5]와 같이 접수 테이블에서 접수 확인 관련 정보만 복사해서 별도의 접수확인 테이블을 생성할 수 있다.

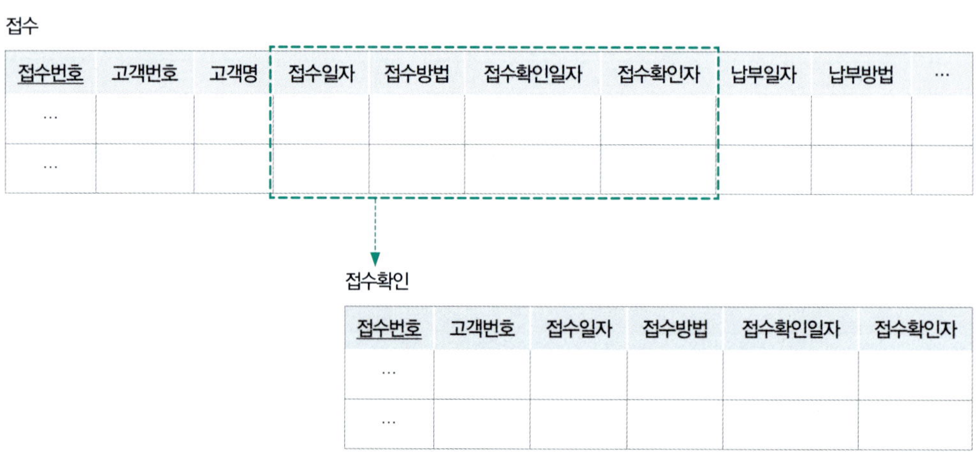

그림 11-5 부분 테이블 추가 사례

이력 테이블 추가

하나의 업무 단위가 시간의 흐름에 따라 반복적으로 발생하거나 변경되는 이력 또는 진행 이력이 필요한 경우 이력 테이블을 추가할 수 있다. 이력 데이터 모델링에 대해서는 9장에서 자세히 소개하였다.

2 테이블 분할

테이블은 수직 또는 수평으로 분할할 수 있다.

수직 분할

수직 분할이란 특정 칼럼을 분리해서 별도의 테이블로 관리하는 것으로, 물리적인 입출력 양을 감소시켜 검색 성능을 높일 수 있다. 수직 분할이 요구되는 상황은 다음과 같이 구분할 수 있다.

■ **검색 위주의 칼럼과 갱신 위주의 칼럼으로 구분되는 경우**

한 테이블 안에서 검색 위주의 칼럼과 갱신 위주의 칼럼이 명확히 구분되는 경우, 검색 성능을 높이기 위해 각각을 별도의 테이블로 분할해서 관리하는 것이 효율적이다. 예를 들어 회원의 정보 가운데 접속 정보는 자주 갱신되지만 다른 정보는 주로 검색만 되는 경우, 이들 칼럼을 수직 분할하여 [그림 11-6]과 같이 2개의 테이블로 만드는 것이 좋다. 테이블을 분할할 때는 반드시 양쪽 테이블에 기본키를 모두 포함시켜야 한다.

회원 (주로 검색만 됨: 회원번호 ~ … / 자주 갱신됨: 최종로그인 일시, 최종로그아웃 일시)

회원번호	회원명	주민등록 번호	id	pw	등급	학위 논문	…	최종로그인 일시	최종로그아웃 일시
…									
…									

회원정보

회원번호	회원명	주민등록 번호	id	pw	등급	사진	…
…							
…							

회원접속정보

회원번호	최종로그인 일시	최종로그아웃 일시
…		
…		

그림 11-6 검색 위주의 칼럼과 갱신 위주의 칼럼을 수직 분할한 사례

■ 특별히 빈번하게 검색되는 칼럼이 있는 경우

한 테이블 안에서 특별히 빈번하게 검색되는 칼럼이 있는 경우, 검색 성능을 높이기 위해 이들 칼럼만 분할해서 관리하는 것이 효율적이다. 예를 들면 회원이 로그인할 때마다 id와 pw가 자주 검색되는데, 이 경우 [그림 11-7]과 같이 이들 칼럼을 수직 분할해서 2개의 테이블로 만드는 것이 좋다.

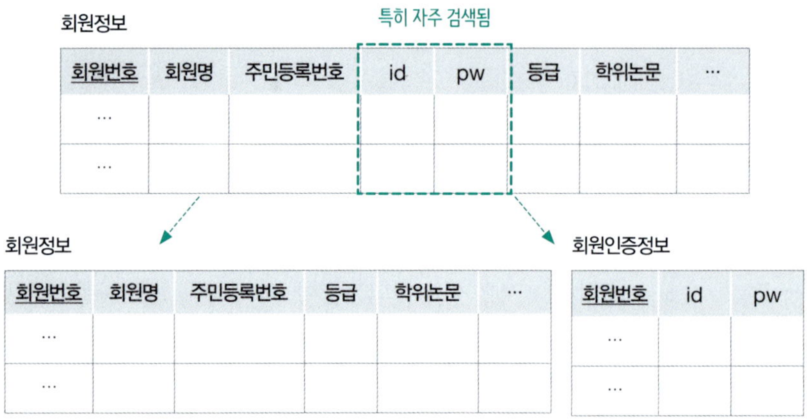

그림 11-7 빈번히 검색되는 칼럼을 수직 분할한 사례

■ 특정 칼럼의 크기가 매우 큰 경우

한 테이블 안에서 특정 칼럼의 크기가 매우 큰 경우, 이 칼럼만 분할해서 관리하는 것이 효율적이다. 예를 들면 테이블이 매우 큰 문자열이나 이미지 같은 LOB[Large Object](대용량 데이터를 저장하고 관리하기 위해서 오라클이 제공하는 데이터 타입으로, 4GB 크기까지 지원함) 형태의 데이터를 포함하는 경우, 성능이 저하될 가능성이 있으므로 이들 데이터를 분할하는 것이 바람직하다. 특히 백업[backup]이나 복구[recovery]의 효율성을 위해 분할해서 별도로 관리하는 것이 좋다. 예를 들어 [그림 11-8]과 같이 회원의 학위논문 파일을 저장하는 학위논문 칼럼만 분할하여 별도로 회원학위논문 테이블에 저장해서 관리할 수 있다.

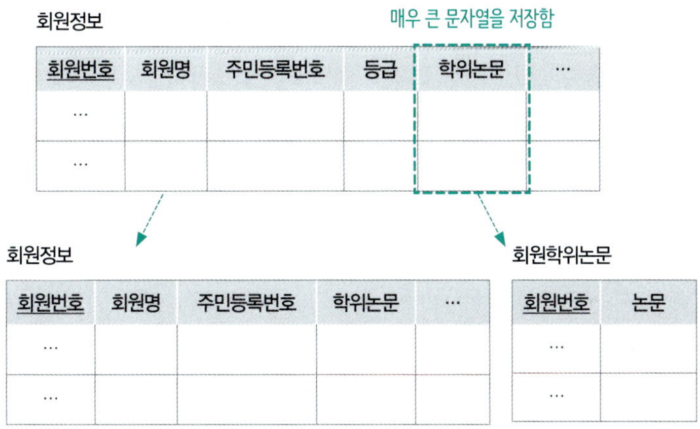

그림 11-8 대용량 칼럼을 수직 분할한 사례

■ 특정 칼럼에 보안이 필요한 경우

한 테이블 안에서 특정 칼럼에 대한 보안이 필요한 경우, 해당 칼럼만 분할해서 관리하는 것이 안전하다. DBMS에서 제공하는 데이터 보안의 단위가 테이블이나 인덱스 같은 객체 object 단위이므로, 테이블 내 특정 칼럼에 대한 보안을 제어하고자 한다면 해당 칼럼을 분리하여 별도의 테이블로 관리하는 것이 좋다. 예를 들면 회원 정보 가운데 회원의 주민등록번호와 등급에 대한 보안이 필요한 경우, [그림 11-9]와 같이 주민등록번호와 등급 칼럼만 분할해서 별도의 회원보안 테이블을 만들 수 있다.

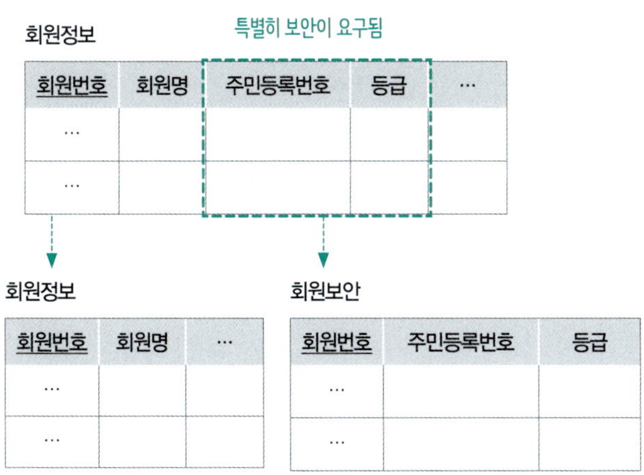

그림 11-9 보안이 요구되는 칼럼을 수직 분할한 사례

수평 분할

수평 분할이란 테이블의 행을 기준으로 분할해서 별도의 테이블로 관리하는 것으로, 물리적인 입출력 양을 감소시켜 검색 성능을 높일 수 있다. 수평 분할할 때는 다음 사항에 유의한다.

- 한 테이블에 데이터가 매우 많지만 특정 레코드 그룹에만 자주 접근하는 경우에 적용한다.
- 분할된 각 테이블을 다른 디스크에 두어 디스크의 효율성을 극대화한다.
- DBMS가 제공하는 테이블 파티셔닝partitioning (하나의 DB 객체를 여러 개의 세그먼트segment로 나누는 것) 기능을 적절히 이용한다.

예를 들어 접수에 대한 처리 방식이 기본키({접수번호, 접수일자})의 구간(분기별)에 따라 큰 차이가 나는 경우, [그림 11-10]과 같이 기본키에 따라 수평 분할해서 별도의 테이블로 분리하여 관리하는 것이 효율적이다.

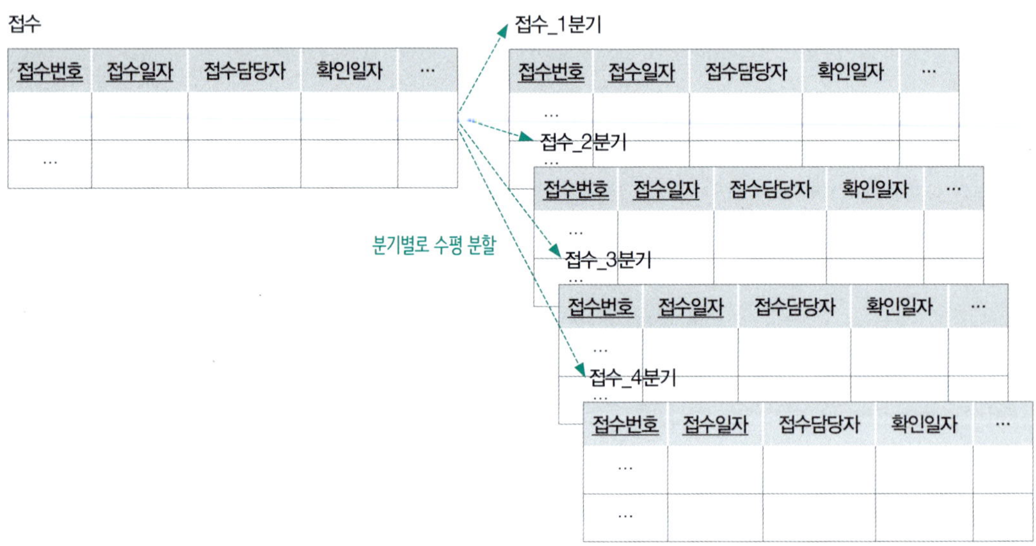

그림 11-10 수평 분할 사례

❸ 칼럼 중복

DB는 기본적으로 데이터 중복을 피해야 하지만, 다음과 같은 경우에는 성능 향상을 위해 칼럼을 중복시키는 것이 좋다.

동일 칼럼 추가

검색 성능을 높이기 위해 자주 검색되는 칼럼을 중복시킬 수 있다. 다만, 데이터 무결성을 보장하기 위해서 중복되는 칼럼은 갱신이 거의 일어나지 않아야 한다. 예를 들어 학생이 소속된 학과명을 자주 검색한다고 하자. 이때 외래키인 '학과번호'를 이용해서 학과 테이블과 조인하면 '학과명'을 알 수 있지만, 검색 효율을 높이기 위해 [그림 11-11]과 같이 학생 테이블에 '학과명' 칼럼을 중복시킬 수 있다.

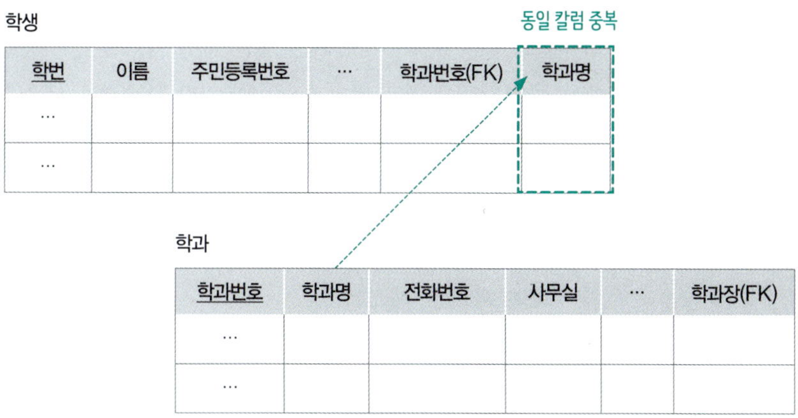

그림 11-11 자주 검색되는 동일 칼럼 추가 사례

파생 칼럼 추가

다른 칼럼 값을 기초로 하여 계산된 합계, 평균, 개수 등의 파생된 값이 많이 활용되는 경우, 파생 칼럼을 추가하면 검색 성능이 향상된다. 단, 데이터 무결성을 보장하기 위해서 파생된 값의 기초가 되는 원래 칼럼의 값이 갱신되는 경우, 파생된 값도 연쇄적으로 갱신되도록 정의해야 한다. 예를 들어 학생의 '평점'은 학생이 수강한 여러 교과목의 '성적'을 기초로 사용자가 평점을 검색할 때마다 계산할 수 있지만, 검색 효율을 높이기 위해 [그림 11-12]와 같이 '평점'이라는 파생 칼럼을 추가할 수 있다. 즉, 사용자가 평점을 검색할 때마다 새로 계산하지 않고 '평점' 칼럼의 값을 바로 이용할 수 있으므로 검색 효율이 향상된다.

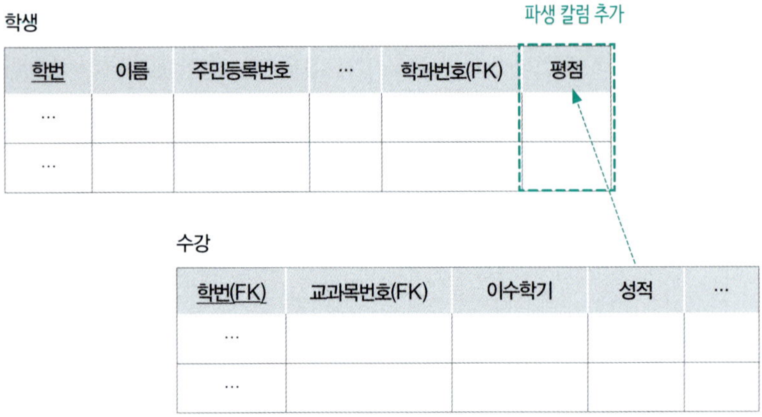

그림 11-12 자주 검색되는 파생 칼럼 추가 사례

기본키의 일부에 해당하는 칼럼 추가

기본키에 여러 가지 정보가 들어 있는데 그 일부가 자주 사용되는 경우, 해당 정보를 분리해서 별도의 칼럼으로 추가할 수 있다. 예를 들어 학번에 학과 정보가 들어 있지만 학과별로 처리할 일이 많은 경우, [그림 11-13]과 같이 '학과번호' 칼럼을 추가할 수 있다.

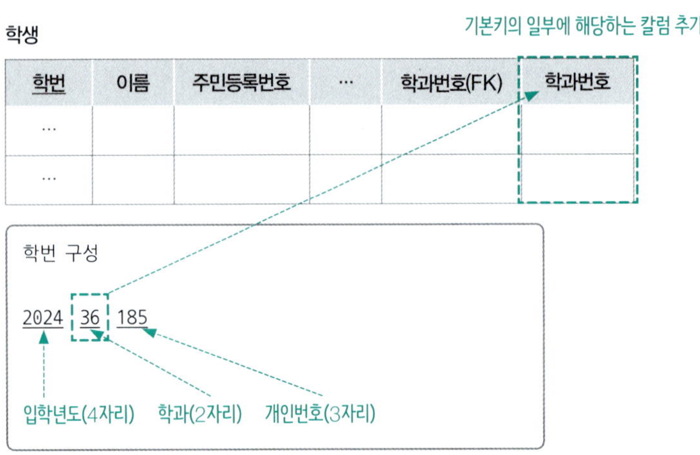

그림 11-13 기본키의 일부 칼럼 추가 사례

04 인덱스 설계

1 인덱스의 특징

인덱스index는 포인터pointer를 사용하여 행row 검색을 촉진할 수 있는 DB 객체다. 인덱스는 DB 성능에 큰 영향을 미치므로 트랜잭션의 양, 데이터 분포, 사용 빈도 등을 고려하여 적절한 수의 인덱스를 설계해야 한다. 인덱스의 특징은 다음과 같이 요약할 수 있다.

- 테이블 행에 대한 직접적이고 빠른 접근을 지원한다.
- 인덱스는 행을 식별할 수 있도록 칼럼의 값과 행의 논리적인 주소(RowId)로 구성되며, 별도의 저장 공간에 저장된다.
- 인덱스는 DBMS에 의해 자동으로 생성되거나, 사용자에 의해 수동으로 생성될 수 있다.
- 인덱스는 DBMS에 의해 자동으로 사용되고 유지된다.
- 인덱스는 테이블과 논리적 · 물리적으로 독립되어 있다.
- 기본 테이블에 영향을 주지 않고 생성하거나 제거할 수 있다.
- 기본 테이블을 제거하면 인덱스도 자동으로 제거된다.
- 인덱스를 생성하면 일반적으로 물리적인 디스크 I/O가 감소되지만, 인덱스를 너무 많이 생성하면 오히려 데이터 조작어DML의 처리 효율이 저하된다.

2 인덱스 생성 방법

인덱스 생성 방법은 크게 자동 생성과 수동 생성으로 나뉜다.

■ 자동 인덱스 생성

테이블을 생성할 때 PRIMARY KEY나 UNIQUE 제약조건이 정의된 열에 대해서 DBMS가 인덱스를 자동으로 생성한다.

■ **수동 인덱스 생성**

검색 속도를 향상시키기 위해 사용자가 CREATE INDEX 명령을 사용해서 명시적으로 특정 열에 대해 인덱스를 생성할 수 있다. 또한 하나 이상의 열에 대해 하나의 결합 인덱스를 생성할 수 있으며, 널 값에 대해서는 인덱스가 생성되지 않는다.

수동으로 인덱스를 생성하기 전에 다음 사항을 고려해야 한다.

- 데이터양이 적은 테이블은 인덱스를 생성하기보다 테이블에 존재하는 모든 행을 순서대로 읽는 전체 테이블 스캔full table scan이 더 효율적이다.
- 인덱스가 많으면 검색 속도는 향상되지만 삽입 · 삭제 · 갱신 처리 시 오버헤드overhead가 발생한다.
- 검색(SELECT)과 나머지 DML(INSERT, DELETE, UPDATE)의 비용은 1:4 정도의 비율이므로, 검색 효율만 고려하여 지나치게 많은 인덱스를 생성하는 것은 바람직하지 않다.
- 검색 대상이 넓은 경우, 즉 전체 데이터 가운데 상당수의 데이터를 검색하는 경우, 인덱스를 사용하는 것은 오히려 비효율적이다.
- 자주 조합되어 사용되는 칼럼의 경우, 결합 인덱스를 생성한다.

수동으로 인덱스를 생성할 때 다음 조건을 만족하는 칼럼을 선정해야 한다.

- 분포도가 좋은 칼럼, 즉 데이터의 종류가 많은 칼럼에 인덱스를 생성한다.
- SQL 문의 WHERE 절, ORDER BY 절, GROUP BY 절, DISTINCT 절 등에서 자주 사용되는 칼럼에 인덱스를 생성한다.
- 테이블 간의 조인 조건으로 자주 사용되는 칼럼에 인덱스를 생성한다.

다음과 같은 경우에는 인덱스를 생성하는 것이 부적합하므로 유의해야 한다.

- 수정이 자주 발생하는 칼럼
- 분포도가 좋지 않은 칼럼, 즉 데이터 종류가 많지 않은 칼럼
- 전체 행의 대부분이 검색되는 경우

3 인덱스 설계 절차

인덱스를 설계할 때는 [그림 11-14]와 같이 3단계로 진행한다.

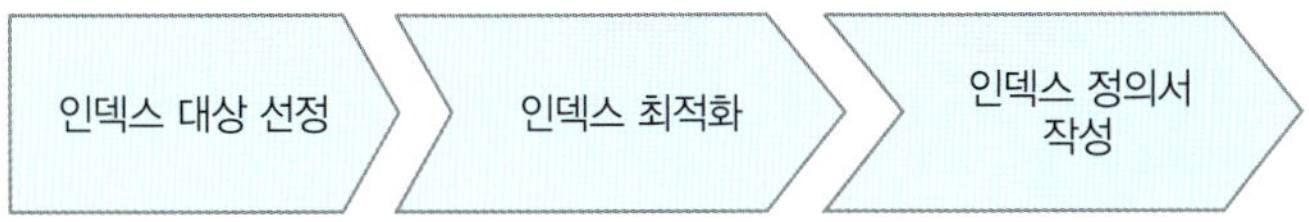

그림 11-14 인덱스 설계 절차

인덱스 대상 선정

다음과 같은 대상을 인덱스 후보로 선정한다.

① 먼저 대상 테이블을 선정한 다음 SQL 문에서 WHERE 절, ORDER BY 절, GROUP BY 절, DISTINCT 절 등에 자주 사용되거나 조인 조건으로 자주 사용되는 칼럼을 선정한다.

② 자주 사용되는 칼럼 가운데 평균 분포도selectivity가 대략 10% 미만인 칼럼을 선정한다. 분포도란 어떤 칼럼 값을 기준으로 검색했을 때 전체 데이터 가운데 얼마만큼의 데이터가 선택되는지를 나타내는 것이다. 다음 식으로 분포도(%)를 계산할 수 있는데, 값이 작을수록 분포도가 좋은 것이다.

```
분포도(%) = 1 / 칼럼 값의 종류 * 100
= 해당 칼럼 값을 갖는 행의 평균 수/ 테이블의 총 행 수 * 100
```

예제 인덱스 분포도 계산 사례

ⓐ 기준 칼럼이 '이름'이고 학생 테이블의 총 행 수가 1,000개인 경우, 동명이인의 비율이 1%라고 가정했을 때 이름 칼럼 값의 종류는 990개가 된다. 달리 표현하면 특정 이름을 갖는 행의 평균 수는 1.0001개라고 할 수 있는데, 분포도는 다음과 같다. 즉, 하나의 이름을 기준으로 1,000개의 데이터 가운데 어떤 데이터가 선택될 확률이 0.1%이므로 분포도가 매우 좋은 것이다. 따라서 이름 칼럼이 WHERE 절이나 ORDER BY 절 등에서 자주 사용되는 경우 인덱스 후보로 적합하다.

```
분포도 = 1 / 990  * 100 = 1.0001 / 1000 * 100 = 0.1%
```

ⓑ 기준 칼럼이 '성별'이고 학생 테이블의 총 행 수가 2,000개인 경우, 성별 칼럼 값의 종류(남: 1, 여: 2)는 2개이고, 1 또는 2라는 값을 갖는 행은 평균 1000개이므로 분포도는 다음과 같다. 즉, 하나의 성별을 기준으로 어떤 데이터가 선택될 확률이 50%이므로 분포도가 매우 나쁜 것이다. 따라서 성별 칼럼은 인덱스 후보로 부적합하다.

```
분포도 = 1 / 2  * 100 = 1000 / 2000 * 100 = 50%
```

ⓒ 기준 칼럼이 '전공'이고 학생 테이블의 총 행 수가 5,000개인 경우, 전공의 종류가 25개이면 특정 전공인 행은 평균 200개이므로 분포도는 다음과 같다. 즉, 하나의 전공 값에 대해 1,000개 데이터 가운데 어떤 데이터가 선택될 확률이 4%이므로 분포도가 좋은 편이다. 따라서 전공 칼럼이 ORDER BY 절이나 GROUP BY 절 등에서 자주 사용되는 경우 인덱스 후보로 적합하다.

```
분포도 = 1 / 25 * 100 = 200 / 5000 * 100 = 4%
```

③ 자주 조합되어 사용되는 칼럼의 경우 결합 인덱스를 생성한다.

인덱스 최적화

인덱스 후보가 선정되면 다음과 같이 인덱스의 효율성 및 데이터 타입 등을 검토해서 인덱스가 최적화되도록 한다.

- **인덱스의 효율성 검토:** 인덱스를 생성한 칼럼은 자주 변경되지 않아야 한다. 평균 분포도가 10% 미만으로 양호하다 해도 자주 변경되는 칼럼은 인덱스를 설정하지 않는 것이 좋다. 또한 한 테이블에 인덱스 수가 5개를 초과하는 경우, 삽입 · 삭제 · 갱신이 빈번하게 발생한다면 효율성을 고려하여 일부 인덱스를 삭제하는 것이 좋다.
- **인덱스의 데이터 타입 검토:** 해당 칼럼에 업무 처리에 적합한 도메인이 지정되었어도 더 효율적으로 인덱스를 활용하기 위해 칼럼의 데이터 타입을 변경할 수 있다. 예를 들어 인덱스 칼럼의 데이터 타입이 DATE인 경우, 실제로 시 · 분 · 초까지 처리하지 않고 날짜 단위(예 YYYYMMDD)로 처리한다면, DATE보다 CHAR(8) 형식으로 변경하는 것이 좋다. 특히, 데이터 길이가 변경되는 칼럼은 오라클의 VARCHAR2( )와 같은 가변길이 데이터 타입을 사용하는 것이 좋다.

- **인덱스 정렬 및 결합 인덱스 검토:** 인덱스는 정렬 상태에 따라 순정렬ascending 인덱스와 역정렬descending 인덱스로 나뉘는데, 특히 역정렬 인덱스가 필요한지 검토해야 한다. 여러 칼럼을 동시에 사용할 때는 결합 인덱스를 생성해야 하는데, 결합 인덱스에서는 인덱스를 구성하는 칼럼의 순서가 성능에 큰 영향을 미치므로 검색 대상의 범위를 줄일 수 있는 칼럼을 먼저 정의하는 것이 중요하다. 예를 들어 '고객id'와 '주문일' 칼럼이 검색문에서 자주 동시에 사용되는 경우, 다음과 같이 '고객id_주문일_idx'라는 결합 인덱스를 생성하면 전체 테이블을 스캔하는 대신 고객id가 'abc1234'인 행만 먼저 검색한 다음 주문일이 '20240301'에서 '20240331' 사이인 행을 검색하게 되므로 검색 대상을 크게 줄여서 매우 효율적이다. 만약 결합 인덱스를 (주문일, 고객id) 순으로 생성했다면 검색 대상의 범위를 효과적으로 줄일 수 없다.

```
CREATE INDEX  고객id_주문일_idx
ON   주문(고객id, 주문일);

SELECT  *
FROM   주문
WHERE  고객id = ' abc1234 '
AND    주문일 >= ' 20240301 '
AND    주문일 <= ' 20240331 ';
```

인덱스 정의서 작성

인덱스를 선정했으면 인덱스에 대한 정보를 담은 인덱스 정의서를 작성한다. 학사 관리 DB의 인덱스 정의서는 [표 11-16]과 같이 작성할 수 있다. 여기에 더해 [표 11-17]과 같이 각 인덱스가 필요한 이유도 작성하는 것이 좋다.

표 11-16 학사 관리 DB의 인덱스 정의서

릴레이션명	속성명	테이블명	칼럼명	인덱스명	데이터 타입	정렬
강좌	강좌명	course	course_name	course_name_idx	VARCHAR2(50)	ASC
강사	이름	lecturer	name	name_idx	VARCHAR2(30)	ASC

표 11-17 학사 관리 DB의 인덱스 필요성

인덱스명	분포도	필요성
course_name_idx	1 / 50 * 100 = 3 / 150 * 100 = 2% (데이터 수 총 150개, 서로 다른 강좌명 50개)	강좌명이 GROUP BY 절과 JOIN 조건으로 많이 사용됨
name_idx	1 / 30 * 100 = 1 / 30 * 100 ≒ 3.4% (데이터 수 총 30개, 서로 다른 강사 이름 30개)	강사 이름이 WHERE 절과 ORDER BY 절에서 많이 사용됨

4 인덱스의 유용성 및 불용성

인덱스가 항상 유용하지는 않다. 어떤 경우에는 오히려 인덱스를 사용하지 않는 것이 효율적이므로 정확한 판단이 요구된다.

■ 인덱스가 유용한 경우

- 해당 칼럼이 질의의 조건으로 자주 사용되는 경우
- 해당 칼럼이 다양한 값을 포함하는 경우(즉, 분포도가 좋은 경우)
- 해당 칼럼이 많은 수의 널 값을 포함하는 경우: 널 값에 대해서는 인덱스가 생성되지 않으므로, 널 값이 많을수록 인덱스의 크기가 작아짐
- 둘 이상의 칼럼이 WHERE 절 또는 조인 조건 등에서 자주 함께 사용되는 경우
- 테이블이 대형이고 대부분의 질의가 전체 행의 적은 부분(2~4% 미만[1])을 읽어 들일 것으로 예상되는 경우

■ 인덱스가 불필요한 경우

- 테이블 크기가 작은 경우
- 해당 칼럼이 질의의 조건으로 자주 사용되지 않는 경우
- 테이블이 자주 갱신되는 경우: 인덱스도 갱신해야 하므로 DML의 효율이 떨어짐
- 대부분의 질의가 전체 행의 많은 부분(2~4% 이상[1])을 읽어 들일 것으로 예상되는 경우: 인덱스를 생성하는 대신 테이블 전체를 검색하는 것이 좋음

1 이 수치는 절대적인 것은 아니며 테이블 크기, 데이터 분포, 데이터 분산 등의 요소를 고려해서 판단해야 한다.

05 뷰 설계

1 뷰의 특징

뷰view는 하나 이상의 테이블에 포함된 데이터의 부분집합으로 구성되는 논리적인 테이블이다. 즉, 다른 테이블로부터 유도된 가상 테이블virtual table이다. 뷰는 물리적으로 생성되지 않아서 저장 공간이 필요 없지만 테이블과 유사하게 사용할 수 있는 하나의 독립된 DB 객체이며, 다음과 같은 특징이 있다.

- 논리적인 테이블이므로 실제로 물리적으로 생성되지 않으며, 뷰의 정의만 시스템에 저장된다.
- 뷰를 사용하면 복잡한 테이블 구조를 단순화해서 검색 효율을 향상할 수 있다.
- 하나 이상의 테이블을 기초로 뷰를 생성할 수 있다.
- 테이블뿐만 아니라 다른 뷰를 기초로 하여 뷰를 생성할 수 있다.
- 뷰 자체에는 데이터가 없다. 그러나 창문 역할을 하는 뷰를 통해 데이터의 검색 · 삽입 · 삭제 · 갱신이 가능하다.
- 뷰를 통한 검색은 테이블과 유사하지만, 뷰를 통한 삽입 · 삭제 · 갱신은 일부 제약을 받는다.
- 열 별칭을 사용해서 생성된 뷰는 열 별칭을 사용한 조작만 할 수 있다.
- 외부 스키마는 기본 테이블과 뷰의 정의로 구성된다.
- 뷰의 기초가 되는 기본 테이블이 삭제 또는 갱신되면, 뷰도 자동으로 삭제 또는 갱신된다.
- 뷰는 ALTER 문을 사용해서 변경할 수 없으며, 변경이 필요한 경우 뷰를 삭제하고 다시 생성해야 한다.
- 뷰는 DROP 문을 사용해서 삭제할 수 있다.
- 뷰는 기본 테이블의 인덱스를 사용하므로, 인덱스 칼럼을 함부로 가공하면 안 된다.

2 뷰 활용의 장단점

테이블을 직접 사용하지 않고 굳이 뷰를 생성해서 사용하는 이유는 뷰가 보안 기능을 제공할 뿐 아니라 사용자의 데이터 조작 작업을 단순화하는 등의 장점을 제공하기 때문이다. 뷰를 사용하여 얻을 수 있는 장점은 다음과 같다.

- **보안을 위해 DB에 대한 접근을 제한할 수 있다.** 특정 테이블의 데이터 중에서 사용자가 뷰로 정의된 특정 부분만 접근할 수 있도록 제한함으로써 보안 관리가 용이하다. 즉, 권한에 따라 데이터에 접근하는 사용자 그룹을 분류하여 각각 동일한 테이블의 다른 뷰를 기반으로 데이터를 조작하도록 제한할 수 있다.
- **복잡한 질의를 단순한 질의로 변환할 수 있다.** 여러 테이블을 기반으로 뷰를 생성하면 테이블 조인을 할 필요가 없다. 즉, 주로 사용하는 정보만 대상으로 하여 데이터 조작을 수행할 수 있다.
- **데이터 독립성을 제공한다.** 테이블 구조가 변경되어도 뷰는 그대로 유지할 수 있으므로, 임시 사용자와 응용 프로그램에 대한 데이터 독립성을 제공할 수 있다.
- **동일한 테이블에 대해 다른 뷰를 생성할 수 있다.** 조건에 따라 데이터에 접근하는 사용자 그룹을 분류해서, 동일한 테이블의 각기 다른 뷰를 기반으로 데이터를 조작할 수 있다.

뷰에는 다음과 같은 단점도 존재한다.

- 뷰의 정의를 갱신할 수 없다. 갱신이 필요한 경우 뷰를 삭제하고 다시 생성해야 한다.
- 삽입 · 삭제 · 갱신 연산에 제한이 많다.

3 뷰의 종류

뷰는 단순 뷰와 복합 뷰로 나뉜다.

■ 단순 뷰

단순 뷰single view는 오직 하나의 테이블만 기초로 하여 생성된 뷰다. 산술식 등에 의해 데이터가 조작된 경우를 제외하면, 뷰를 통해 모든 DML 연산을 수행할 수 있다.

■ **복합 뷰**

복합 뷰complex or join view는 다중 테이블을 기초로 하여 생성된 뷰다. 데이터 그룹핑 또는 그룹 함수를 사용해서 뷰를 생성할 수 있다. 복합 뷰의 경우, 뷰를 통한 DML 연산에 제한이 있으므로 DML 연산 사용 시 유의해야 한다.

4 뷰 정의서와 뷰 생성 사례

뷰를 생성할 때 [표 11-18]과 같이 뷰 정의서를 작성해 두는 것이 좋다.

표 11-18 뷰 정의서 사례

뷰 이름	용도	기본 테이블	칼럼	데이터 타입
사원급여_뷰	급여관리 시스템에서 사용	사원	사번	CHAR(4)
			사원명	VARCHAR2(20)
			입사일	CHAR(10)
			호봉	NUMBER(2)
			연봉	NUMBER(10)
사원평가_뷰	인사관리 시스템에서 사용	사원	사원번호	CHAR(4)
			부서번호	CHAR(3)
			이름	VARCHAR2(20)
			입사일	CHAR(10)
			직책	VARCHAR2(20)
			교육참여점수	NUMBER(3)
			상사평가점수	NUMBER(3)
			동료평가점수	NUMBER(3)

[표 11-18]의 뷰 정의서를 기초로 하여 생성된 사원급여_뷰와 사원평가_뷰는 [그림 11-15]와 같다.

사원 테이블

사원번호	부서번호	이름	직책	입사일	호봉	연봉	교육참여점수	상사평가점수	동료평가점수	주소	연락처
3214	100	김철수	팀장	2010/01/01	15	55000000	10	20	18	서울	010-2300-1232
2456	200	이영호	프로그래머	2013/03/01	13	49000000	20	18	19	천안	010-9932-3234
3056	300	이영호	설계자	2015/01/01	10	45000000	15	18	18	천안	010-8832-8534
4602	100	박민희	사원	2024/09/01	5	30000000	10	15	16	서울	010-3329-0032
3722	300	김철수	프로그래머	2020/03/01	8	41000000	12	19	20	천안	010-3398-2136

사원급여_뷰

사번	사원명	입사일	호봉	연봉
3214	김철수	2010/01/01	15	55000000
2456	이영호	2013/03/01	13	49000000
3056	이영호	2015/01/01	10	45000000
4602	박민희	2024/09/01	5	30000000
3722	김철수	2020/03/01	8	41000000

사원 테이블

사원번호	부서번호	이름	직책	입사일	교육참여점수	상사평가점수	동료평가점수
3214	100	김철수	팀장	2010/01/01	10	20	18
2456	200	이영호	프로그래머	2013/03/01	20	18	19
3056	300	이영호	설계자	2015/01/01	15	18	18
4602	100	박민희	사원	2024/09/01	10	15	16
3722	300	김철수	프로그래머	2020/03/01	12	19	20

그림 11-15 사원 테이블을 기초로 하여 생성된 2개의 뷰 사례

[그림 11-15]의 사원급여_뷰와 사원평가_뷰는 다음과 같이 CREATE VIEW 명령문으로 생성할 수 있다.

```
CREATE VIEW  사원급여_뷰(사번, 사원명, 입사일, 호봉, 연봉)
AS SELECT    사원번호, 이름, 입사일, 호봉, 연봉
   FROM      사원;

CREATE VIEW  사원평가_뷰
AS SELECT    사원번호, 부서번호, 이름, 직책, 입사일, 교육참여점수, 상사평가점수, 동료평가점수
   FROM      사원;
```

06 물리적 스키마 모델링 사례

주민들이 주체가 되어 재능 기부로 운영하고 있는 주민행복 문화센터의 DB 구축을 위해 9장의 6.2절에서 다음과 같은 릴레이션 스키마와 무결성 제약조건을 정의하였다.

문화센터(센터번호, 센터명, 주소, 대표전화, 센터장이름)
강좌(강좌번호, 강좌명, 수강료, 개강일자, 강의시간, 강의요일, 시작시간, 최소인원, 최대인원, 개설센터번호(FK), 확정여부, 담당강사번호(FK))
강의실(호실번호, 위치, 최대수용인원)
회원(회원번호, 이름, 생년월일, 휴대폰번호, 주소)
강사(강사번호, 이름, 주민등록번호, 휴대폰번호, 주소, 경력)
강사재능(강사번호(FK), 재능코드)
재능구분(재능코드, 재능종류)
강사등급(등급구분, 경력기준, 강사료)
배정하다(강좌번호(FK), 강의실번호(FK))
가입하다(회원번호(FK), 센터번호(FK), 가입일자, 입회비납부여부)
신청하다(회원번호(FK), 강좌번호(FK), 수강료납부여부, 신청순서, 출석일수, 수료여부)
강사_수강하다(강사번호(FK), 강좌번호(FK), 수강료면제여부, 수료여부)
등급결정하다(강사번호(FK), 등급구분(FK), 결정일자)

그림 11-16 문화센터 DB 구축을 위한 최종 릴레이션 스키마

표 11-19 문화센터 DB 구축을 위한 무결성 제약조건

No.	제약조건	제약 유형	관련 릴레이션
1	센터명과 대표전화는 널 값을 가질 수 없다.	NOT NULL	문화센터
2	개강일자와 강의시간, 강의요일, 시작시간은 널 값을 가질 수 없다.	NOT NULL	강좌
3	강의시간은 10 이상 30 이하 값을 가져야 한다.	CHECK	강좌
4	최대인원은 50 이하여야 한다.	CHECK	강좌
5	확정여부의 기본값은 'N'이다.	DEFAULT	강좌
6	위치는 널 값을 가질 수 없다.	NOT NULL	강의실
7	이름과 휴대폰번호는 널 값을 가질 수 없다.	NOT NULL	회원

8	휴대폰번호는 유일한 값을 가져야 한다.	UNIQUE	회원
9	주민등록번호와 휴대폰번호, 경력은 널 값을 가질 수 없다.	NOT NULL	강사
10	주민등록번호와 휴대폰번호는 유일한 값을 가져야 한다.	UNIQUE	강사
11	가입일자의 기본값은 오늘 날짜(SYSDATE)다.	DEFAULT	가입하다
12	입회비납부여부의 기본값은 'N'이다.	DEFAULT	가입하다
13	수강료납부여부와 수료여부의 기본값은 'N'이다.	DEFAULT	신청하다
14	수강료면제여부의 기본값은 'Y'이다.	DEFAULT	강사_수강하다
15	수료여부의 기본값은 'N'이다.	DEFAULT	강사_수강하다

릴레이션 스키마와 무결성 제약조건을 기초로 하여 내부 스키마와 인덱스를 정의하면 다음과 같다.

1 내부 스키마 정의 사례

문화센터 DB 구축을 위해 정의한 내부 스키마는 다음과 같다.

표 11-20 문화센터(center) 릴레이션의 내부 스키마

No.	속성	칼럼 이름	데이터 타입	크기	NULL 허용	키	기타
1	센터번호	cent_num	NUMBER	2		PK	
2	센터명	cent_name	VARCHAR2	20	N		
3	주소	addr	VARCHAR2	100			
4	대표전화	tel	VARCHAR2	13	N		
5	센터장이름	chief_officer	VARCHAR2	20			

표 11-21 강좌(course) 릴레이션의 내부 스키마

No.	속성	칼럼 이름	데이터 타입	크기	NULL 허용	키	기타
1	강좌번호	cour_num	NUMBER	3		PK	
2	강좌명	cour_name	VARCHAR2	50			
3	수강료	tuition	NUMBER	7			
4	개강일자	open_day	CHAR	8	N		
5	강의시간	cour_time	NUMBER	2	N		CHECK (between 10 and 30)
6	강의요일	weekday	CHAR	3	N		
7	시작시간	start_time	CHAR	5	N		
8	최소인원	min_num	NUMBER	2			
9	최대인원	max_num	NUMBER	2			CHECK(< 50)
10	개설센터번호	center_num	NUMBER	2		FK	FK: 문화센터(센터번호)
11	확정여부	confirm_yn	CHAR	1			DEFAULT('N')
12	담당강사번호	lec_num	NUMBER	6		FK	FK: 강사(강사번호)

표 11-22 강의실(lec_room) 릴레이션의 내부 스키마

No.	속성	칼럼 이름	데이터 타입	크기	NULL 허용	키	기타
1	호실번호	room_num	CHAR	4		PK	
2	위치	location	VARCHAR2	30	N		
3	최대수용인원	max_num	NUMBER	3			

표 11-23 회원(member) 릴레이션의 내부 스키마

No.	속성	칼럼 이름	데이터 타입	크기	NULL 허용	키	기타
1	회원번호	mem_id	CHAR	8		PK	
2	이름	name	VARCHAR2	30	N		
3	생년월일	birthday	NUMBER	8			
4	휴대폰번호	cell	CHAR	13	N		UNIQUE
5	주소	addr	VARCHAR2	100			

표 11-24 강사(lecturer) 릴레이션의 내부 스키마

No.	속성	칼럼 이름	데이터 타입	크기	NULL 허용	키	기타
1	강사번호	lec_num	NUMBER	6		PK	
2	이름	name	VARCHAR2	20			
3	주민등록번호	reg_num	CHAR	14	N		UNIQUE
4	휴대폰번호	cell	CHAR	13	N		UNIQUE
5	주소	addr	VARCHAR2	100			
6	경력	career	NUMBER	2	N		

표 11-25 강사재능(lec_talent) 릴레이션의 내부 스키마

No.	속성	칼럼 이름	데이터 타입	크기	NULL 허용	키	기타
1	강사번호	lec_num	NUMBER	6		PK, FK	FK: 강사(강사번호)
2	재능코드	tcode	NUMBER	3		PK	

표 11-26 재능구분(talent_class) 릴레이션의 내부 스키마

No.	속성	칼럼 이름	데이터 타입	크기	NULL 허용	키	기타
1	재능코드	tcode	NUMBER	3		PK	
2	재능종류	talent	VARCHAR2	30			

표 11-27 강사등급(lec_class) 릴레이션의 내부 스키마

No.	속성	칼럼 이름	데이터 타입	크기	NULL 허용	키	기타
1	등급구분	class	CHAR	1		PK	
2	경력기준	basis	VARCHAR2	30			
3	강사료	fee	NUMBER	7			

표 11-28 배정하다(assign_room) 릴레이션의 내부 스키마

No.	속성	칼럼 이름	데이터 타입	크기	NULL 허용	키	기타
1	강좌번호	cour_num	NUMBER	3		PK, FK	FK: 강좌(강좌번호)
2	강의실번호	room_num	CHAR	4		FK	FK: 강의실(호실번호)

표 11-29 가입하다(join) 릴레이션의 내부 스키마

No.	속성	칼럼 이름	데이터 타입	크기	NULL 허용	키	기타
1	회원번호	mem_id	CHAR	8		PK, FK	FK: 회원(회원번호)
2	센터번호	cent_num	NUMBER	2		PK, FK	FK: 문화센터(센터번호)
3	가입일자	join_day	DATE	8			DEFAULT(SYSDATE)
4	입회비납부여부	initial_fee-yn	CHAR	1			DEFAULT('N')

표 11-30 신청하다(apply) 릴레이션의 내부 스키마

No.	속성	칼럼 이름	데이터 타입	크기	NULL 허용	키	기타
1	회원번호	mem_id	CHAR	8		PK, FK	FK: 회원(회원번호)
2	강좌번호	cour_num	CHAR	3		PK, FK	FK: 강좌(강좌번호)
3	수강료납부여부	pay_yn	CHAR	1			DEFAULT('N')
4	신청순서	app_seq	NUMBER	2			
5	출석일수	num_attend	NUMBER	3			DEFAULT(0)
6	수료여부	complete_yn	CHAR	1			DEFAULT('N')

표 11-31 강사_수강하다(lect_take_cour) 릴레이션의 내부 스키마

No.	속성	칼럼 이름	데이터 타입	크기	NULL 허용	키	기타
1	강사번호	lec_num	NUMBER	6		PK, FK	FK: 강사(강사번호)
2	강좌번호	cour_num	CHAR	3		PK, FK	FK: 강좌(강좌번호)
3	수강료면제여부	tuition_yn	CHAR	1			DEFAULT('Y')
4	수료여부	complete_yn	CHAR	1			DEFAULT('N')

표 11-32 등급결정하다(decide_class) 릴레이션의 내부 스키마

No.	속성	칼럼 이름	데이터 타입	크기	NULL 허용	키	기타
1	강사번호	lec_num	NUMBER	6		PK, FK	FK: 강사(강사번호)
2	등급구분	class	CHAR	1		PK, FK	FK: 강사등급(등급구분)
3	결정일자	decide_day	CHAR	8			

2 인덱스 정의 사례

문화센터 DB 구축을 위해 정의한 인덱스는 다음과 같다.

표 11-33 문화센터 DB의 인덱스 정의서

릴레이션명	속성명	테이블명	칼럼명	인덱스명	데이터 타입	정렬
강좌	강좌명	course	cour_name	cour_name_idx	VARCHAR2(50)	ASC
회원	이름	member	name	mem_name_idx	VARCHAR2(20)	ASC
강사	이름	lecturer	name	lec_name_idx	VARCHAR2(20)	ASC

표 11-34 문화센터 DB의 인덱스 필요성

인덱스명	분포도	필요성
cour_name_idx	1 / 100 * 100 = 3 / 300 * 100 = 1% (데이터 수 총 300개, 서로 다른 강좌명 100개라고 가정)	강좌명이 WHERE 절(검색 조건 및 조인 조건)에서 많이 사용됨
mem_name_idx	1 / 446 * 100 = 1.01 / 450 * 100 ≒ 0.2% (데이터 수 총 450개, 서로 다른 회원 이름 445개라고 가정)	회원 이름이 WHERE 절(검색 조건)과 ORDER BY 절(오름차순으로 정렬해서 출력)에서 많이 사용됨
lec_name_idx	1 / 50 * 100 = 1 / 50 * 100 ≒ 2% (데이터 수 총 50개, 서로 다른 강사 이름 50개라고 가정)	강사 이름이 WHERE 절(검색 조건)과 ORDER BY 절(오름차순으로 정렬해서 출력)에서 많이 사용됨

개념퍼즐

가로 →

1 특정 칼럼을 분리해서 별도의 테이블로 관리하는 것

4 논리적 설계 단계의 결과물을 기초로 하여 효율적이고 구현 가능한 물리적 DB 구조를 생성하는 과정

7 릴레이션 스키마와 무결성 제약조건을 기초로 하여 정의한 물리적 데이터 구조, 즉 저장 레코드 양식

9 하나 이상의 테이블에 포함된 데이터의 부분집합으로 구성되는 논리적인 테이블

10 하나의 업무 단위가 시간의 흐름에 따라 반복적으로 발생하거나 변경되는 이력 또는 진행 이력이 필요한 경우에 추가할 수 있는 테이블

세로 ↓

1 테이블의 행을 기준으로 분할해서 별도의 테이블로 관리하는 것

2 논리적 데이터 구조(논리적 스키마)를 DBMS가 지원하는 효율적이고 구현 가능한 물리적 데이터 구조(내부 스키마)로 변환하는 과정

3 자주 사용되는 통계 데이터가 여러 테이블에 산재된 데이터를 기초로 하여 생성되는 경우에 추가할 수 있는 테이블

5 트랜잭션 인터페이스 설계를 기초로 하여 구현 단계에서 트랜잭션을 구현하는 데 필요한 세부 사항을 정의하는 과정

6 포인터를 사용하여 행의 검색을 촉진할 수 있는 DB 객체

8 대용량 테이블의 특정 부분만 주로 사용되는 경우, 해당 부분만 복사해서 추가할 수 있는 테이블

연습문제

01 다음 중 물리적 스키마 모델링의 주요 업무에 대한 설명이 잘못된 것은?

① 논리적 스키마를 기초로 하여 속성의 데이터 타입과 크기, 제약조건 등을 정의한다.
② 내부 스키마를 ER 다이어그램으로 표현한다.
③ 시스템 성능을 고려하여 물리적 구조를 변경한다.
④ 데이터 사용량 예측 등을 통해서 인덱스나 뷰 설계 작업을 수행한다.

02 다음 릴레이션 스키마와 무결성 제약조건을 기초로 하여 내부 스키마를 작성하시오. 단, 각 속성의 데이터 타입과 크기는 속성의 특성을 고려해서 임의로 결정하시오.

> 도서(<u>분류번호</u>, 제목, 저자, 출판사, 발행일, ISBN, 정가)

No.	무결성 제약조건	제약 유형	관련 릴레이션
1	제목, 저자, ISBN은 널 값을 가질 수 없다.	NOT NULL	도서
2	ISBN은 유일한 값을 가져야 한다.	UNIQUE	도서

03 성능 향상을 위한 물리적 구조 변경 방법 가운데 테이블 추가에 대한 설명이 잘못된 것은?

① 자주 사용되는 통계 데이터가 여러 테이블에 산재된 데이터를 기초로 하여 생성되는 경우, 별도의 통계 테이블을 생성할 수 있다.
② 대용량 테이블의 특정 부분만 주로 사용되는 경우, 해당 부분만 분리해서 별도의 테이블을 생성할 수 있다.
③ 대용량 테이블의 특정 부분만 주로 사용되는 경우, 해당 부분만 복사해서 별도의 테이블을 생성할 수 있다.
④ 하나의 업무 단위가 시간의 흐름에 따라 반복적으로 발생하거나 변경되는 이력 또는 진행 이력이 필요한 경우, 이력 테이블을 추가할 수 있다.

04 성능 향상을 위한 물리적 구조 변경 방법 가운데 테이블 분할에 대한 설명이 잘못된 것은?

① 한 테이블 안에서 검색 위주의 칼럼과 갱신 위주의 칼럼이 명확히 구분되는 경우, 각각을 별도의 테이블로 분할해서 관리한다.
② 한 테이블 안에서 특정 칼럼의 보안이 필요한 경우, 해당 칼럼만 분할해서 관리한다.
③ 한 테이블 안에서 특정 칼럼의 크기가 매우 큰 경우, 이 칼럼만 분할해서 관리한다.
④ 한 테이블 안에서 특별히 빈번하게 갱신되는 칼럼이 있는 경우, 이들 칼럼만 분할해서 관리한다.

05 성능 향상을 위한 물리적 구조 변경 방법 가운데 칼럼 중복에 대한 설명이 잘못된 것은?

① 자주 검색되는 칼럼이 자주 변경되는 경우, 해당 칼럼을 중복시킬 수 있다.

② 다른 칼럼 값을 기초로 하여 계산된 합계, 평균, 개수 등의 파생된 값이 많이 활용되는 경우, 파생 칼럼을 추가할 수 있다.

③ 기본키가 여러 가지 정보를 포함하고 있는데 그 일부가 자주 사용되는 경우, 해당 정보를 분리해서 별도의 칼럼으로 추가할 수 있다.

④ 자주 검색되는 칼럼에 변경이 거의 일어나지 않는 경우, 해당 칼럼을 중복시킬 수 있다.

06 인덱스의 특징이 아닌 것은?

① 인덱스는 DBMS에 의해 자동으로 사용되고 유지된다.

② 인덱스는 테이블과는 논리적 · 물리적으로 독립되어 있다.

③ 기본 테이블을 제거해도 인덱스는 유지된다.

④ 인덱스를 너무 많이 생성하면 오히려 데이터 조작어의 처리 효율이 저하된다.

07 인덱스를 선정할 때의 고려 사항을 잘못 설명한 것은?

① 인덱스가 많으면 갱신 처리를 할 때 비효율적이다.

② 테이블의 데이터양이 적은 경우 인덱스를 생성하지 않는 것이 더 효율적이다.

③ 검색 효율이 가장 중요하므로 가능하면 많은 인덱스를 생성하는 것이 좋다.

④ 검색 대상이 넓은 경우 인덱스를 사용하는 것은 오히려 비효율적이다.

08 다음 제품 릴레이션을 테이블로 표현했을 때, 브랜드명 칼럼과 입고일 칼럼에 각각 인덱스를 생성하는 것이 적절한지 여부를 설명하시오. 단, [참고 사항]을 고려한다.

```
제품(제품_id, 제품명, 브랜드명, 원가, 판매가, 수량, 입고일, 담당자_id(FK))
```

참고 사항

① 제품 테이블에 저장된 데이터가 5,000개다.

② 브랜드명의 종류는 200개다.

③ 제품을 검색할 때 주로 브랜드명을 이용해서 검색한다.

④ 검색 결과를 입고일 기준으로 내림차순으로 출력하는 경우가 많다.

⑤ 모든 제품은 매주 월요일에 입고된다.

⑥ 제품 테이블에 저장된 데이터는 2024년 10월 7일부터 2024년 10월 28일까지 입고된 제품 데이터다.

09 음식 테이블에서 '음식카테고리' 칼럼을 기준으로 인덱스를 생성하는 것이 적합한지 여부를 설명하시오. 단, 음식 테이블의 총 행 수는 2,000개이고, 음식카테고리는 50개이며, 카테고리별로 음식을 검색하는 일이 빈번하다.

10 다음 중 뷰의 특징이 잘못 설명된 것은?

① 하나 이상의 테이블을 기초로 하여 뷰를 생성할 수 있다.
② 열 별칭을 사용해서 생성된 뷰는 열 별칭을 사용한 조작만 가능하다.
③ 테이블뿐 아니라 다른 뷰를 기초로 하여 뷰를 생성할 수 있다.
④ 뷰도 물리적인 테이블이므로 저장 공간이 필요하다.

11 다음과 같은 뷰 정의서를 기초로 하여 고객등급_뷰를 생성하는 SQL 명령문을 작성하시오.

고객(고객_id, 이름, 휴대폰, 주소, 직장명, 누적구매액, 방문일수, 현재등급)

뷰 이름	용도	기본 테이블	칼럼	데이터 타입
고객등급_뷰	고객의 신규 등급 판정 프로그램에서 사용함	고객	id	VARCHAR2(20)
			고객명	VARCHAR2(20)
			구매액	NUMBER(10)
			방문일수	NUMBER(3)
			등급	CHAR(5)

12 뷰 활용의 장단점에 대한 설명이 잘못된 것은?

① 뷰의 정의를 쉽게 변경할 수 있다.
② 동일한 테이블에 대해 다른 뷰를 생성할 수 있다.
③ 보안을 위해 DB에 대한 접근을 제한할 수 있다.
④ 복잡한 질의를 단순한 질의로 변환할 수 있다.

실습문제

01 학사 관리 DB를 구축하기 위해 다음과 같은 릴레이션 스키마와 무결성 제약조건을 정의하였다. 이를 기초로 하여 내부 스키마를 정의하시오.

교수(<u>교수id</u>, 이름, 전공, 학과id(FK))
학과(<u>학과id</u>, 학과명, 학과사무실, 전화번호)
학생(<u>학번</u>, 학과id(FK), 이름, 주소, 학년, 지도교수(FK))
교과목(<u>교과목번호</u>, 교과목명, 학점, 담당교수(FK))
수강하다(<u>학번(FK), 교과목번호(FK)</u>, 성적)

No.	제약조건	제약 유형	관련 릴레이션
1	교수이름, 전공, 학과id는 널 값을 가질 수 없다.	NOT NULL	교수
2	학과명과 전화번호는 유일한 값을 가져야 한다.	UNIQUE	학과
3	학과명은 널 값을 가질 수 없다.	NOT NULL	학과
4	이름과 학년은 널 값을 가질 수 없다	NOT NULL	학생
5	학년은 1에서 4 사이의 값을 가져야 한다.	CHECK	학생
6	교과목명과 학점은 널 값을 가질 수 없다.	NOT NULL	교과목
7	학점의 기본값은 3이다.	DEFAULT	교과목
8	성적은 {A, B, C, D, F} 가운데 한 값을 가져야 한다.	CHECK	교과목

02 국내 관광을 전문으로 하는 한 여행사의 DB를 구축하기 위해 다음과 같은 릴레이션 스키마와 무결성 제약조건을 정의하였다. 이를 기초로 하여 내부 스키마를 정의하고, 임의로 2개의 인덱스를 정의하시오.

고객(id, 이름, 휴대폰, 주소, 등급코드)
직원(사번, 이름, 생년월일, 연락처, 급여, 담당업무, 입사일)
여행상품(여행번호, 출발지, 도착지, 프로그램, 시작일시, 종료일시, 최소출발인원, 최대인원, 여행경비, 예약금, 출발여부, 담당직원사번(FK))
관광버스(차량번호, 좌석수, 출고년도)
운전기사(기사_id, 이름, 생년월일, 휴대폰, 시급, 계약일, 계약기간)
예약하다(고객_id(FK), 여행번호(FK), 예약일자, 예약금결제여부, 여행경비결제여부)
기사배정하다(여행번호(FK), 기사_id(FK), 근무시간)
차량배정하다(여행번호(FK), 차량번호(FK))
고객등급코드(코드, 등급, 기준)
직원업무코드(코드, 업무)

No.	제약조건	제약 유형	관련 릴레이션
1	휴대폰은 유일한 값을 가져야 한다.	UNIQUE	고객
2	이름, 휴대폰은 널 값을 가질 수 없다.	NOT NULL	고객
3	등급코드의 기본값은 3(일반)이다.	DEFAULT	고객
4	생년월일은 유일한 값을 가져야 한다.	UNIQUE	직원
5	이름, 생년월일, 담당업무, 입사일은 널 값을 가질 수 없다.	NOT NULL	직원
6	출발지, 도착지, 시작일시, 종료일시, 여행경비는 널 값을 가질 수 없다.	NOT NULL	여행상품
7	출발여부의 기본값은 'N'이다.	DEFAULT	여행상품
8	이름, 생년월일, 휴대폰은 널 값을 가질 수 없다.	NOT NULL	운전기사
9	시급의 기본값은 15,000원이다.	DEFAULT	운전기사
10	예약일자의 기본값은 오늘 날짜(SYSDATE)다.	DEFAULT	예약하다
11	예약금결제여부의 기본값은 'N'이다.	DEFAULT	예약하다
12	여행경비결제여부의 기본값은 'N'이다.	DEFAULT	예약하다

CHAPTER 12
데이터베이스 구현

학습목표

- 구현 단계의 주요 업무를 나열할 수 있다.
- 기본 테이블을 생성 · 삭제 · 변경할 수 있다.
- 수동으로 인덱스를 생성할 수 있다.
- 기본 테이블에 데이터를 삽입 · 삭제 · 갱신할 수 있다.
- 기본키 값을 자동으로 삽입할 시퀀스를 생성할 수 있다.

01 구현 및 테스트 단계

물리적 DB 설계 단계까지 완료했으면 앞에서 선정한 DBMS로 DB를 생성하고 초기 데이터를 삽입한 다음, 프로그래밍 언어나 개발 도구를 이용해서 트랜잭션을 처리하는 응용 프로그램을 구현해야 한다. 이어서 충분한 테스트를 거쳐 전체적인 DB 구축을 완성한다.

1 구현 단계의 주요 업무

DB 구현 단계에서는 선정한 DBMS의 데이터 정의어DDL를 사용해서 내부 스키마를 기초로 하여 DB 구조를 생성하고 운영 데이터를 삽입한다. 또한 트랜잭션을 처리하기 위한 응용 프로그램을 개발한다. 추후 유지보수를 하기 위해 문서화 작업을 하는 것도 중요하다. 구현 단계의 주요 업무를 요약하면 [그림 12-1]과 같다

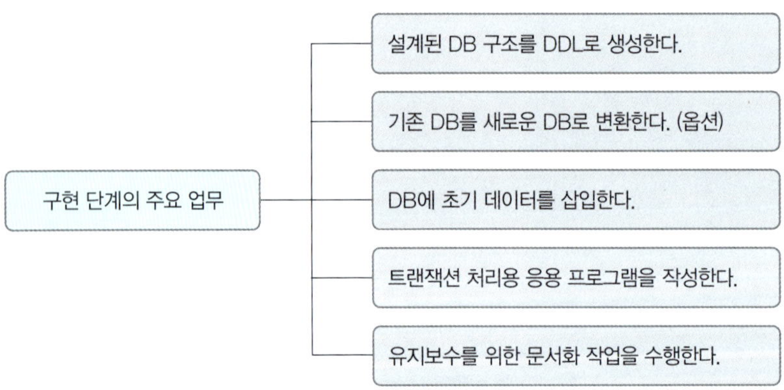

그림 12-1 DB 구현 단계의 주요 업무

구현 단계에서는 먼저 물리적 설계 단계의 결과물인 DB 구조(내부 스키마)를 기초로 하여, 선정한 DBMS의 데이터 정의 명령어(CREATE TABLE 등)를 이용해서 DB 스키마를 정의한다. 또한 DB 스키마를 정의한 명령문을 실행하여 공백empty 상태의 DB 파일을 생성한다.

만약 운영 데이터가 기존 DB나 데이터 파일에 저장되어 있다면, 이를 새로운 DB 파일로 변환해야 한다. 이때 기존 데이터를 새로 입력하지 않고, 변환 루틴이나 유틸리티를 활용하면 쉽게 변환할 수 있다. 기존 데이터가 없다면 삽입 명령어(INSERT 문)를 사용하여 초기 운영 데이터를 삽입해야 한다.

다음으로 트랜잭션을 처리하기 위해서 삽입[embedded] DML 명령문을 포함하는 응용 프로그램을 작성한다. 마지막으로 추후 유지보수를 원활하게 할 수 있도록 자세한 문서화[documentation] 작업을 수행한다.

2 테스트 단계의 주요 업무

테스트 단계에서는 생성된 DB가 원래의 목적에 맞게 제대로 수행하는지를 다음과 같은 주요 업무를 통해 확인한다.

- 생성된 DB 구조가 설계된 DB 구조와 정확히 일치하는지 확인한다.
- 응용 프로그램과 DB의 연동이 원활한지 확인한다.
- 트랜잭션 유형별로 테스트 케이스를 선정해서 데이터 조작이 원활한지 확인한다.

02 테이블 생성 · 삭제 · 변경

1 기본 테이블 생성

테이블은 기본 테이블base table, 가상 테이블virtual table(CREATE VIEW 명령을 이용해서 기본 테이블로부터 만들어지는 테이블), 임시 테이블temporary table(DDL 문으로 만들어지지 않고, 질의문 처리 과정의 중간 결과로 만들어지는 테이블)로 구분할 수 있는데, 이 중 기본 테이블은 독자적으로 존재하는 테이블을 의미한다. 새로운 기본 테이블을 생성하는 명령어는 CREATE TABLE이며, 여러 가지 무결성 제약조건을 함께 정의할 수 있다. 단, 테이블 생성 권한이 있는 사용자만 CREATE TABLE 문을 사용할 수 있다. CREATE TABLE 문의 일반 형식은 [그림 12-2]와 같다.

```
CREATE  TABLE  기본테이블_이름
    ( {열이름  데이터타입 [NOT NULL] | [DEFAULT 값] | [열_제약조건], }+
      [PRIMARY  KEY  (열이름_리스트),]
      {[UNIQUE  (열이름_리스트),] }*
      {[FOREIGN  KEY(열이름_리스트)
               REFERENCES  참조테이블_이름[(열이름_리스트)]
               [ON DELETE  옵션]
               [ON UPDATE  옵션] ,] }*
      {[CHECK(조건식),] }*
      {[ [CONSTRAINT 제약이름] 테이블_제약조건(열이름_리스트)] }*
);
```

그림 12-2 CREATE TABLE 문의 일반 형식

CREATE TABLE 문의 일반 형식에서 대괄호([ ])는 생략 가능함optional을 의미하고, 수직 바(|)는 'OR'를 의미한다. 중괄호({ }) 밖의 + 기호는 중괄호 안의 내용이 1번 이상 반복될 수 있음을, 즉 최소 1번은 나타나야 함을 의미한다. 중괄호 밖의 * 기호는 중괄호 안의 내용이 0번 이상 반복될 수 있음을, 즉 나타나지 않을 수도 있음을 의미한다. CREATE TABLE 문의 구성 요소와 기능은 [표 12-1]과 같다.

표 12-1 CREATE TABLE 문의 구성 요소와 기능

구성 요소	기능
NOT NULL	속성이 널 값을 가질 수 없도록 설정한다.
DEFAULT	속성의 기본값을 설정한다.
열_제약조건	열에 대한 무결성 제약조건 유형(PRIMARY KEY, UNIQUE 등)을 기술한다.
PRIMARY KEY	기본키(개체 무결성 제약조건)를 설정한다.
UNIQUE	속성이 유일한 값을 갖도록 설정한다.
FOREIGN KEY	외래키(참조 무결성 제약조건)를 설정한다. SQL에서는 참조된 테이블의 후보키도 외래키가 될 수 있다.
옵션	NO ACTION, SET NULL, SET DEFAULT, CASCADE 가운데 하나를 설정한다. 예 ON DELETE SET NULL: 피참조 투플이 삭제되면, 널 값으로 갱신되도록 설정한다. 예 ON DELETE CASCADE: 피참조 투플이 삭제되면, 이 투플을 참조하는 투플도 연쇄적으로 삭제되도록 설정한다. 예 ON UPDATE CASCADE: 피참조 투플이 갱신되면, 이 투플을 참조하는 투플도 연쇄적으로 갱신되도록 설정한다.
CHECK(조건식)	삽입 또는 갱신 시에 만족해야 하는 조건을 설정한다.
테이블_제약조건	NOT NULL을 제외한 무결성 제약조건 유형을 작성한다.

테이블을 생성할 때 각 열 이름에 지정할 수 있는 대표적인 데이터 타입은 [표 12-2]와 같다.

표 12-2 대표적인 데이터 타입

데이터 타입	특징
NUMBER(p, s)	소수점을 포함해서 20자리까지의 숫자 기억
INT, INTEGER, SMALLINT	정수 기억
CHAR(n)	고정길이 문자열 기억
VARCHAR(n), VARCHAR2(n)	가변길이 문자열 기억
DATE	YY/MM/DD 형식의 날짜 기억
TIME	hh:mm:ss 형식의 시간 기억
LONG	최대 2기가바이트까지의 가변길이 문자 기억
LOGICAL	논리 값(T/F) 기억

2 테이블 생성 예제

'사원', '부서', '근무하다'라는 테이블을 생성하는 CREATE TABLE 문은 다음과 같다.

```
CREATE  TABLE  사원
        (사번   INTEGER,
         이름   CHAR(10)   NOT NULL,
         입사일  DATE  NOT NULL,
         호봉   INTEGER,
         휴대폰  CHAR(13),
         자격증  VARCHAR2(100),
         CONSTRAINT  사원_primary_key  PRIMARY KEY(사번),
         CONSTRAINT  사원_휴대폰_unique  UNIQUE(휴대폰));

CREATE  TABLE  부서
        (부서번호 INTEGER  PRIMARY KEY,
         부서명   VARCHAR2(30)   NOT NULL  UNIQUE,
         부서장   INTEGER,
         사무실   CHAR(4),
         전화번호 CHAR(12),
         UNIQUE(부서명, 사무실, 전화번호));

CREATE  TABLE  근무하다
        (사원번호  INTEGER,
         부서번호  INTEGER,
         직책      CHAR(20),
         PRIMARY KEY(사원번호, 부서번호),
         FOREIGN KEY(사원번호) REFERENCES 사원(사번)
                              ON DELETE   CASCADE,
         FOREIGN KEY(부서번호) REFERENCES 부서(부서번호)
                              ON DELETE   CASCADE);
```

그림 12-3 사원, 부서, 근무하다 테이블 생성 명령문

또 다른 예를 들어보자. [표 12-3]과 [표 12-4]와 같은 내부 스키마를 기초로 하여 'prof(교수)'와 'dept(학과)' 테이블을 생성하는 CREATE TABLE 문은 [그림 12-4]와 같다.

표 12-3 교수(prof) 릴레이션의 내부 스키마

No.	속성	칼럼 이름	데이터 타입	크기	NULL 허용	키	기타
1	교수번호	prof_id	NUMBER	4		PK	
2	이름	name	VARCHAR2	20	N		
3	전공	major	VARCHAR2	30			
4	학과번호	dept_num	NUMBER	3	N	FK	FK: 학과(학과_id)

표 12-4 학과(dept) 릴레이션의 내부 스키마

No.	속성	칼럼 이름	데이터 타입	크기	NULL 허용	키	기타
1	학과_id	dept_id	NUMBER	3		PK	
2	학과명	dept_name	VARCHAR2	30	N		UNIQUE
3	학과사무실	office	VARCHAR2	10			
4	전화번호	tel	CHAR	12			UNIQUE
5	학과장	chair	NUMBER	4		FK	FK: 교수(교수_id)

```
CREATE  TABLE dept (
        dept_id       NUMBER(3),
        dept_name     VARCHAR2(30)  NOT NULL  UNIQUE,
        office        VARCHAR2(10),
        tel           CHAR(12)  UNIQUE,
        chair         NUMBER(4),
        CONSTRAINT    dept_id_pk  PRIMARY KEY(dept_id));

CREATE  TABLE prof (
        prof_id       NUMBER(4),
        name          VARCHAR2(20)  NOT NULL,
        major         VARCHAR2(30),
        dept_num      NUMBER(3)  NOT NULL,
        CONSTRAINT    prof_id_pk  PRIMARY KEY(prof_id),
        CONSTRAINT    dept_num_fk  FOREIGN  KEY(dept_num)
                         REFERENCES  dept(dept_id));

ALTER TABLE dept
ADD CONSTRAINT dept_fk  FOREIGN KEY(chair)
                            REFERENCES prof(prof_id);
```

그림 12-4 dept 및 prof 테이블 생성 명령문

prof 테이블과 dept 테이블을 생성하는 CREATE TABLE 문에서 dept 테이블을 먼저 생성한 이유는 prof 테이블의 dept_num 칼럼이 dept 테이블의 dept_id를 참조하기 때문이다. 테이블을 생성할 때는 피참조 테이블을 참조 테이블보다 먼저 생성하는 것이 좋다. 그런데 사실 prof 테이블과 dept 테이블은 상호 참조하고 있다. 이처럼 상호 참조하는 경우 ALTER TABLE 문을 사용하여 먼저 생성한 테이블에 참조 무결성 제약조건을 추가해야 한다.

3 기본 테이블 삭제

기본 테이블을 삭제하는 명령은 DROP TABLE 문으로, 테이블 구조와 함께 저장된 데이터와 인덱스까지 한꺼번에 삭제한다. DROP TABLE 문은 테이블을 생성한 사용자 또는 테이블 삭제 권한이 부여된 사용자만 사용할 수 있는 명령으로, 삭제한 후에는 복구할 수 없으므로 신중하게 사용해야 한다. DROP TABLE 문의 일반 형식은 [그림 12-5]와 같다.

```
DROP TABLE 기본테이블_이름;
```

그림 12-5 DROP TABLE 문의 일반 형식

예를 들어 '장비코드'라는 이름의 테이블을 삭제하는 명령은 다음과 같다.

```
DROP TABLE 장비코드;
```

테이블의 기본키를 다른 테이블이 참조하는 경우에는 테이블을 삭제할 수 없다. 이때는 [그림 12-6]과 같이 기본키와 함께 기본키를 참조하는 외래키도 함께 삭제하도록 변경해야 해당 테이블을 삭제할 수 있다.

```
ALTER TABLE 기본테이블_이름
    DROP PRIMARY KEY CASCADE;
DROP TABLE 기본테이블_이름;
```

그림 12-6 다른 테이블이 참조하는 기본키를 포함하는 테이블을 삭제하는 명령 형식

예를 들어 앞에서 생성한 dept 테이블의 경우, 기본키인 dept_id를 prof 테이블의 dept_num이 참조하므로 다음과 같이 삭제해야 한다.

```
ALTER  TABLE  dept
    DROP  PRIMARY  KEY  CASCADE;
DROP TABLE  dept;
```

한편, TRUNCATE TABLE 문은 테이블 구조는 남겨두고 저장된 데이터만 삭제하는 명령이다.

4 기본 테이블 변경

기본 테이블의 구조를 변경하는 명령은 ALTER TABLE 문이다. ALTER TABLE 문의 일반 형식은 [그림 12-7]과 같다.

```
ALTER  TABLE  기본테이블_이름
   [ADD  열이름  데이터타입] [DEFAULT 값] |
   [DROP COLUMN  열이름] |
   [MODIFY 열이름  [데이터타입 | DEFAULT 값)] |
   [ADD  CONSTRAINT  무결성제약조건이름  무결성제약조건] |
   [DROP CONSTRAINT  무결성제약조건이름];
```

그림 12-7 ALTER TABLE 문의 일반 형식

ALTER TABLE 문으로 구조를 변경할 수 있는 허용 범위는 다음과 같다.

- 새로운 열을 추가할 수 있다. (ADD 절)
- 기존 열을 삭제할 수 있다. (DROP 절)
- 기존 열의 데이터 타입이나 디폴트 값을 변경할 수 있다. (MODIFY 절)
- 새로운 무결성 제약조건을 추가할 수 있다. (ADD CONSTRAINT 절)
- 기존 무결성 제약조건을 삭제할 수 있다. (DROP CONSTRAINT 절)

기본 테이블을 여러 가지 유형으로 변경할 수 있는데, 몇 가지 사례를 소개하면 다음과 같다.

- **새로운 열 추가하기**: 앞에서 생성한 사원 테이블에 가변길이 문자열 타입(최대 20바이트)의 '최종학력' 열을 추가하고, 디폴트 값을 '대졸'로 설정한다.

```
ALTER TABLE 사원
        ADD  최종학력  VARCHAR2(20)  DEFAULT  '대졸';
```

- **기존 열 삭제하기**: 앞에서 생성한 사원 테이블에서 '자격증' 열을 삭제한다.

```
ALTER TABLE 사원
        DROP  COLUMN  자격증;
```

- **기존 열의 데이터 타입 변경하기**: 앞에서 생성한 사원 테이블에서 '이름' 열의 데이터 타입을 30바이트 크기의 가변길이 문자열 타입으로 변경한다.

```
ALTER TABLE 사원
        MODIFY  이름  VARCHAR2(30);
```

- **열의 디폴트 값 변경하기**: 앞에서 생성한 사원 테이블에서 '최종학력' 열의 디폴트 값을 '고졸'로 변경한다.

```
ALTER TABLE 사원
        MODIFY  최종학력  DEFAULT  '고졸';
```

- **무결성 제약조건 삭제하기**: 앞에서 사원 테이블을 생성할 때 '휴대폰' 열이 유일한 값을 갖도록 UNIQUE 옵션을 설정하기 위해서 정의한 '사원_휴대폰_unique'라는 이름의 제약조건을 삭제한다.

```
ALTER TABLE 사원
        DROP  CONSTRAINT  사원_휴대폰_unique;
```

- **무결성 제약조건 추가하기**: 앞에서 생성한 부서 테이블에서 '부서장' 열이 '사원' 테이블의 '사번' 열을 참조하도록 '부서_foreign_key'라는 무결성 제약조건을 추가한다.

```
ALTER TABLE 부서
        ADD  CONSTRAINT  부서_foreign_key
                FOREIGN KEY(부서장)  REFERENCES  사원(사번);
```

03 인덱스 생성 · 삭제

1 인덱스 생성

사용자가 수동으로 인덱스를 생성할 때는 [그림 12-8]과 같은 형식의 CREATE INDEX 문을 사용한다.

```
CREATE  INDEX  인덱스이름
           ON     테이블이름(열이름1[, 열이름2, . . .] );
```

그림 12-8 CREATE INDEX 문의 일반 형식

앞에서 생성한 사원 테이블의 '입사일'과 '호봉' 열에 결합 인덱스를 생성하는 명령은 다음과 같다.

```
CREATE  INDEX  사원_입사일호봉_idx
           ON      사원(입사일, 호봉);
```

2 인덱스 삭제

인덱스를 생성하면 데이터 사전에 기록되는데, DROP INDEX 문을 사용하면 데이터 사전에서 인덱스를 삭제할 수 있다. DROP INDEX 문의 일반 형식은 [그림 12-9]와 같다.

```
DROP  INDEX  인덱스_이름;
```

그림 12-9 DROP INDEX 문의 일반 형식

앞에서 생성한 사원_입사일호봉_idx 인덱스를 삭제하는 명령은 다음과 같다.

```
DROP  INDEX   사원_입사일호봉_idx;
```

인덱스 소유자나 DROP ANY INDEX 권한이 있는 사용자만 인덱스를 삭제할 수 있다. 또한 인덱스는 수정되지 않으므로 수정이 필요한 경우 인덱스를 삭제하고 다시 생성해야 한다.

04 초기 데이터 삽입

기존 테이블에 새로운 데이터를 삽입할 때 사용하는 명령은 INSERT 문이다. CREATE TABLE 문으로 생성한 빈 테이블에 초기 데이터를 삽입할 때도 INSERT 문을 사용한다. 초기 데이터 삽입을 위한 INSERT 문의 일반 형식은 [그림 12-10]과 같다.

```
INSERT  INTO  테이블_이름 [(열이름_리스트)]
                  VALUES (열값_리스트);
```

그림 12-10 INSERT 문의 일반 형식

INSERT 문에서는 VALUES 절에 열의 값을 명시하므로 한 번에 하나의 데이터만 삽입할 수 있다. 또한 열 이름을 명시하지 않는다면 테이블에 정의된 열의 순서대로 값을 나열해야 한다. 예를 들어 [그림 12-3]의 3개 테이블에 각각 초기 데이터를 삽입하는 명령문은 다음과 같다.

```
INSERT INTO 사원  VALUES (112014, '김윤수', TO_DATE('04/01/2020','MM/DD/YYYY'), 15,
'010-1111-2222', default);
INSERT INTO 사원  VALUES (112207, '박정미', TO_DATE('09/15/2022','MM/DD/YYYY'), 13,
'010-1234-3322', default);
INSERT INTO 사원  VALUES (122065, '최정훈', TO_DATE('01/10/2020','MM/DD/YYYY'), 12,
'010-1221-5533', '대졸');
INSERT INTO 사원  VALUES (122301, '이정수', TO_DATE('10/10/2023','MM/DD/YYYY'), 10,
'010-7788-6543', '대졸');
INSERT INTO 사원  VALUES (122402, '민효정', TO_DATE('03/15/2024','MM/DD/YYYY'), 10,
'010-1991-9876', '대졸');
INSERT INTO 사원  VALUES (120301, '이정문', TO_DATE('10/10/2024','MM/DD/YYYY'), 10,
'010-7890-1143', default);
INSERT INTO 사원  VALUES (124402, '박미영', TO_DATE('03/15/2024','MM/DD/YYYY'), 10,
'010-2091-0176', default);
INSERT INTO 사원  VALUES (124341, '김민준', TO_DATE('05/15/2024','MM/DD/YYYY'), 10,
'010-4631-1256', default);
INSERT INTO 사원  VALUES (124101, '장문수', TO_DATE('01/02/2024','MM/DD/YYYY'), 11,
'010-3390-3902', '대졸');
INSERT INTO 부서  VALUES (100, '기획부', 112014, 'C105', '041-450-1100');
INSERT INTO 부서  VALUES (200, '개발부', 112207, 'C201', '041-450-1101');
INSERT INTO 부서  VALUES (300, '생산부', 120301, 'C311', '041-450-1102');
INSERT INTO 부서  VALUES (400, '마케팅부', 124402, 'A104', '041-450-1120');
INSERT INTO 부서  VALUES (500, '총무부', 122301, 'A215', '041-450-1121');

INSERT INTO 근무하다  VALUES (112014, 100, '팀장');
INSERT INTO 근무하다  VALUES (112207, 200, '팀장');
INSERT INTO 근무하다  VALUES (122065, 100, '팀원');
INSERT INTO 근무하다  VALUES (122301, 500, '팀장');
INSERT INTO 근무하다  VALUES (122402, 400, '팀원');
INSERT INTO 근무하다  VALUES (120301, 300, '팀장');
INSERT INTO 근무하다  VALUES (124402, 300, '팀원');
INSERT INTO 근무하다  VALUES (124341, 200, '팀장');
INSERT INTO 근무하다  VALUES (124101, 500, '팀원');
```

05 데이터 검색

테이블에서 데이터를 검색할 때 사용하는 명령은 SELECT 문으로, 검색한 결과도 테이블이 되는 폐쇄적 성질을 띤 명령이다. SELECT 문의 일반 형식은 [그림 12-11]과 같고, SELECT 문의 구성 요소와 기능은 [표 12-5]와 같이 요약할 수 있다.

```
SELECT [ALL | DISTINCT] { * | 열이름_리스트  [AS 열별칭] }
FROM        테이블_리스트
[WHERE      조건]
[GROUP BY   열이름_리스트
[HAVING     그룹조건]]
[ORDER BY   열이름_리스트  [ASC | DESC]];
```

그림 12-11 SELECT 명령의 일반 형식

표 12-5 SELECT 문의 구성 요소와 기능

구성 요소	기능
SELECT 절	검색할 하나 이상의 데이터 항목, 즉 열 이름이나 열 별칭(alias)을 기술한다. ① ALL: 검색 결과에서 중복되는 행을 그대로 표시하도록 지정함 ② DISTINCT: 검색 결과에서 중복되는 행을 삭제하도록 지정함 ③ *: 테이블의 모든 열을 검색하도록 지정하는 와일드카드(wildcard) 문자임 ④ AS 열별칭: 열 이름에 새로운 이름을 부여하는 것으로, AS는 생략해도 됨
FROM 절	검색할 테이블 이름을 하나 이상 기술한다.
WHERE 절	검색할 조건을 기술한다.
GROUP BY 절	그룹 질의를 수행할 열 이름을 기술한다. (특정 열의 값이 동일한 행들을 그룹핑해서 그룹별로 한 행의 질의 결과를 생성할 때 사용함)
HAVING 절	GROUP BY 절에 의해 구성된 그룹에 적용할 제한 조건을 기술한다.
ORDER BY 절	특정 열 값을 기준으로 질의 결과를 정렬할 때, 기준이 되는 열 이름을 기술한다. ① ASC: 오름차순(ascending) 정렬을 지정함(기본값임) ② DESC: 내림차순(descending) 정렬을 지정함

[그림 12-3]의 사원 테이블과 근무하다 테이블을 검색하는 SELECT 문의 사례는 다음과 같다.

- **모든 열 검색하기**: 사원 테이블의 모든 열 값을 검색한다.

```
SELECT    *
FROM      사원;
```

- **조건을 만족하는 모든 열 검색하기**: 사원 테이블에서 호봉이 10이라는 조건을 만족하는 사원의 모든 정보를 검색한다.

```
SELECT    *
FROM      사원
WHERE     호봉 = 10;
```

- **조건을 만족하는 특정 열 검색하기**: 사원 테이블에서 호봉이 10이라는 조건을 만족하는 사원의 사번과 입사일만 검색한다.

```
SELECT    사번, 입사일
FROM      사원
WHERE     호봉 = 10;
```

- **중복된 행을 제거하고 검색하기**: 근무하다 테이블에서 현재 사원들이 근무하는 부서의 부서번호에는 어떤 것이 있는지 검색한다.

```
SELECT    DISTINCT  부서번호
FROM      근무하다;
```

- **행 정렬 검색하기**: 사원 테이블에서 검색한 결과를 입사일이 빠른 사람부터 출력하고, 입사일이 같은 경우 호봉이 큰 값을 갖는 사원부터 출력한다.

```
SELECT    사번, 이름, 입사일, 호봉
FROM      사원
ORDER BY  입사일  ASC,  호봉  DESC;
```

- **GROUP BY 절을 이용하여 검색하기**: 사원 테이블에서 같은 날 입사한 사원들의 평균 호봉을 계산해서 출력한다.

```
SELECT    입사일, AVG(호봉) AS 평균호봉
FROM      사원
GROUP BY  입사일;
```

- **HAVING 절을 이용하여 검색하기**: 사원 테이블에서 같은 날 입사한 사원들의 평균 호봉을 계산해서 출력하되, 평균 호봉이 12 이상인 입사일에 대해서만 출력한다.

```
SELECT    입사일, AVG(호봉) AS 평균호봉
FROM      사원
GROUP BY  입사일
HAVING    AVG(호봉) >= 12;
```

06 데이터 삽입 · 삭제 · 갱신

1 데이터 삽입

기존 테이블에 새로운 데이터(행)를 삽입할 때 INSERT 문을 사용한다. INSERT 문으로 데이터를 삽입하는 방법은 다음과 같이 크게 두 가지로 나뉜다.

■ **새로운 데이터 직접 삽입하기**

앞에서 설명한 INSERT 문으로 데이터를 삽입하는 방법이다. 즉, 빈 테이블에 초기 데이터를 삽입하는 방법과 동일하다.

■ **다른 테이블의 데이터를 복사해서 삽입하기**

[그림 12-12]와 같이 INSERT 문에서 서브쿼리(SELECT_문)를 이용해 검색한 결과를 복사하여 삽입한다.

```
INSERT  INTO  테이블_이름 [(열이름_리스트)]
        SELECT_문;
```

그림 12-12 다른 테이블의 데이터를 복사해서 삽입하는 명령 형식

예를 들어 [그림 12-3]의 사원 테이블에서 최종학력이 '대졸'인 사원의 사번, 이름, 호봉만 복사하여 사원_대졸 테이블에 삽입하려면, 다음과 같이 서브쿼리를 사용한다. 이때 사번, 이름, 호봉으로 구성된 사원_대졸 테이블은 미리 생성되어 있어야 한다.

```
CREATE  TABLE  사원_대졸
( 사번    INTEGER  PRIMARY KEY,
  이름    CHAR(10)   NOT NULL,
  호봉    INTEGER);

INSERT  INTO  사원_대졸(사번, 이름, 호봉)
          SELECT  사번, 이름, 호봉
          FROM    사원
          WHERE  최종학력 = '대졸';
```

2 데이터 삭제

테이블에서 기존 데이터를 삭제할 때 DELETE 문을 사용하는데, [그림 12-13]과 같이 삭제할 데이터가 포함된 테이블 이름과 삭제 조건을 기술해야 한다. 삭제 조건을 명시하지 않으면 모든 데이터가 한꺼번에 삭제된다.

```
DELETE  FROM  테이블_이름
[WHERE  조건];
```

그림 12-13 DELETE 문의 일반 형식

한 번에 1개의 데이터를 삭제할 수도 있고, 조건을 만족하는 복수 개의 데이터를 한꺼번에 삭제할 수도 있다. 예를 들어 다음과 같이 사원 테이블에서 사번이 124341인 하나의 데이터만 삭제할 수 있다.

```
DELETE FROM  사원
WHERE  사번 = 124341;
```

3 데이터 갱신

테이블에서 기존 데이터를 갱신할 때 UPDATE 문을 사용하는데, [그림 12-14]와 같이 갱신할 데이터가 포함된 테이블 이름과 갱신할 열 이름, 갱신할 데이터의 조건을 기술해야 한다.

```
UPDATE  테이블_이름
    SET    열이름 = 산술식
    [WHERE  조건];
```

그림 12-14 UPDATE 문의 일반 형식

한 번에 1개의 데이터를 갱신할 수도 있고, 복수 개의 데이터를 한꺼번에 갱신할 수도 있다. 예를 들어 [그림 12-3]의 사원 테이블에서 사번이 122301인 사원의 호봉을 11호봉으로 갱신하는 UPDATE 문은 다음과 같다.

```
UPDATE  사원
    SET     호봉 = 11
    WHERE  사번 = 122301;
```

사원 테이블에서 호봉이 12인 모든 사원의 호봉을 한꺼번에 13으로 변경하는 UPDATE 문은 다음과 같다.

```
UPDATE  사원
    SET     호봉 = 13
    WHERE  호봉 = 12;
```

07 뷰 생성 · 삭제

1 뷰 생성

뷰view는 기본 테이블로부터 생성된 가상의 테이블로, [그림 12-15]와 같이 CREATE VIEW 문에서 서브쿼리를 이용해서 생성한다. 이때 서브쿼리를 수행해서 가져온 특정 열column들만 포함하는 뷰가 생성된다. 뷰가 생성되면 뷰 이름과 뷰 정의가 데이터 사전의 USER_VIEWS 테이블에 저장된다.

```
CREATE  [FORCE | NOFORCE]
            VIEW  뷰이름  [(열별칭1[,  열별칭2,  . . .]) ]
AS  서브쿼리
[WITH CHECK OPTION [CONSTRAINT  제약이름]]
[WITH READ ONLY];
```

그림 12-15 CREATE VIEW 문의 일반 형식

CREATE VIEW 문의 구성 요소와 기능은 [표 12-6]과 같다.

표 12-6 CREATE VIEW 문의 구성 요소와 기능

구성 요소	기능
FORCE	기본 테이블의 존재 여부와 무관하게 뷰를 생성한다.
NOFORCE	기본 테이블이 존재할 때만 뷰를 생성한다.
열별칭	서브쿼리에 의해 선택된 열이나 표현식에 대한 별칭을 지정한다.
서브쿼리	뷰에 포함될 데이터를 검색하는 SELECT 문을 작성한다.
WITH CHECK OPTION	뷰로 접근할 수 있는 행만 삽입 또는 수정되도록 지정한다.
WITH READ ONLY	뷰에 대해서 검색(SELECT) 연산만 가능하고, 다른 DML 연산은 불가능하도록 지정한다.

■ **단순 뷰 생성하기**

단순 뷰single view는 단 하나의 테이블만 기초로 하여 생성된 뷰를 의미한다. 예를 들어 [그림 12-3]의 사원 테이블에서 입사일이 2024년인 사원의 사번, 이름, 입사일, 호봉만 포함하는 '사원_2024_view'라는 뷰를 생성하는 CREATE VIEW 문은 다음과 같다.

```
CREATE  VIEW  사원_2024_view
AS  SELECT  사번, 이름, 입사일, 호봉
    FROM    사원
    WHERE   EXTRACT(YEAR FROM 입사일) = 2024;
```

■ **열 별칭을 사용하여 단순 뷰 생성하기**

사원 테이블에서 최종학력이 대졸인 사원의 사번, 이름, 입사일만 포함하는 '대졸사원_뷰'라는 뷰를 생성하되, 열 이름을 id, name, emp_date라는 별칭으로 지정하는 CREATE VIEW 문은 다음과 같다.

```
CREATE  VIEW  대졸사원_뷰(id, name, emp_date)
AS  SELECT  사번, 이름, 입사일
    FROM    사원
    WHERE   최종학력 = ' 대졸 ';
```

■ **복합 뷰 생성하기**

복합 뷰complex or join view는 다중 테이블을 기초로 하여 생성된 뷰를 의미한다. 예를 들어 기획부 부서에 근무하는 모든 사원의 사번과 이름, 입사일을 포함하는 '기획부_사원'이라는 뷰를 생성하려면, 다음과 같이 '사원'과 '부서', '근무하다'라는 3개의 테이블을 기초로 뷰를 생성하는 CREATE VIEW 문을 작성해야 한다.

```
CREATE  VIEW  기획부_사원
AS  SELECT  사번, 이름, 입사일
    FROM    사원, 부서, 근무하다
    WHERE   부서명 = ' 기획부 '
    AND     부서.부서번호 = 근무하다.부서번호
    AND     근무하다.사원번호 = 사원.사번;
```

2 뷰 삭제

기존 뷰는 [그림 12-16]과 같이 DROP VIEW 문을 사용해서 삭제할 수 있다.

```
DROP VIEW 뷰이름;
```

그림 12-16 DROP VIEW 문의 일반 형식

예를 들어 앞에서 생성한 '사원_2024_view'를 삭제하려면, 다음과 같이 DROP VIEW 문을 작성한다.

```
DROP VIEW 사원_2024_view;
```

3 뷰 조작 시 유의 사항

기본 테이블에서 사용할 수 있는 검색(SELECT 문)은 뷰에서도 모두 사용할 수 있지만, 삽입 · 삭제 · 갱신은 제한적으로 사용된다. 뷰가 하나의 기본 테이블에 속한 행과 열의 부분집합으로 정의된 경우에는 삽입 · 삭제 · 갱신이 허용되지만, 다음의 경우에는 허용되지 않으므로 뷰를 조작할 때 유의해야 한다.

- 뷰의 열이 상수나 산술 연산자 또는 함수가 사용된 산술식으로 만들어진 경우
- 그룹 함수(COUNT, SUM, AVG, MAX, MIN)를 사용해서 뷰가 정의된 경우
- DISTINCT, GROUP BY, HAVING 절을 사용해서 뷰가 정의된 경우
- 2개 이상의 테이블이 관련되어 뷰가 정의된 경우

08 시퀀스 생성 · 삭제 · 변경

시퀀스sequence는 테이블의 각 행에 대해 유일한unique 일련번호를 자동으로 생성하는 DB 객체를 의미한다. 시퀀스는 다음과 같은 특징이 있다.

- 주로 기본키 값을 생성하는 데 사용된다.
- 테이블과는 독립적으로 존재한다.
- 시퀀스 값에 보다 효율적으로 액세스하기 위해 시퀀스 값을 미리 생성해서 메모리에 저장해 두고 사용할 수 있다.
- 동일한 시퀀스를 여러 테이블에서 사용할 수 있다.

1 시퀀스 생성

시퀀스를 생성하려면 [그림 12-17]과 같은 CREATE SEQUENCE 문을 사용한다. 시퀀스를 정의할 때 시퀀스의 초깃값 등 여러 가지 옵션을 지정할 수 있으며, 밑줄로 표시한 것이 기본값으로 설정된 옵션이다. CREATE SEQUENCE 문의 옵션 기능은 [표 12-7]과 같다.

```
CREATE  SEQUENCE  시퀀스_이름
                  [INCREMENT  BY  n]
                  [START  WITH  n]
                  [ {MAXVALUE  n | NOMAXVALUE}]
                  [ {MINVALUE  n | NOMINVALUE}]
                  [ {CYCLE | NOCYCLE}]
                  [ {CACHE n | NOCACHE }];
```

그림 12-17 CREATE SEQUENCE 문의 일반 형식

표 12-7 CREATE SEQUENCE 문의 옵션

옵션	기능
INCREMENT BY n	시퀀스 번호의 간격을 n(정수)으로 설정한다(생략 시 '1'씩 증가함).
START WITH n	생성할 첫 번째 시퀀스 번호를 n으로 지정한다(생략 시 '1'부터 생성함).
MAXVALUE n	생성할 시퀀스의 최댓값을 n으로 설정한다.
NOMAXVALUE	최댓값의 한계를 정하지 않는다.
MINVALUE n	생성할 시퀀스의 최솟값을 n으로 설정한다.
NOMINVALUE	최솟값의 한계를 정하지 않는다.
CYCLE | NOCYCLE	최댓값 또는 최솟값에 도달한 후, 값을 계속 생성할지 여부를 지정한다(기본 설정 값은 NOCYCLE). CYCLE로 지정한 경우, 최댓값 또는 최솟값에 도달한 후 첫 번째 시퀀스 번호부터 다시 생성한다(단, 기본키에 대해서는 CYCLE 옵션 지정이 불가능함).
CACHE n | NOCACHE	얼마나 많은 시퀀스 값을 미리 생성하여 메모리에 저장할지를 지정한다(n의 기본값은 20임. 즉, 20개의 시퀀스를 미리 생성하여 메모리에 저장해 둠으로써 시퀀스에 액세스하는 효율성을 향상함).

예를 들어 [그림 12-3]에서 부서 테이블의 기본키인 부서번호 값을 자동으로 생성하는 데 사용할 시퀀스인 dept_id_seq를 생성하기 위해, 다음과 같이 첫 번째 시퀀스 값은 600으로 하고, 최대 2000까지 100씩 증가하도록 시퀀스를 정의할 수 있다. 특히, 기본키로 사용할 것이므로 최댓값에 도달한 후에 다시 첫 번째 시퀀스 번호부터 생성하는 일이 없도록 NOCYCLE 옵션을 설정하고, 시퀀스 값을 미리 생성해서 메모리에 저장하지 않도록 NOCACHE 옵션을 설정한다. 여기서 NOCYCLE 옵션은 기본 설정 값이므로 생략할 수 있다.

```
CREATE  SEQUENCE  dept_id_seq
                  INCREMENT  BY  100
                  START  WITH  600
                  MAXVALUE  2000
                  NOCYCLE
                  NOCACHE;
```

2 의사열 NEXTVAL과 CURRVAL

의사열pseudo column은 시퀀스에 의해 자동으로 생성되는 가상의 열로, NEXTVAL과 CURRVAL이 있다. NEXTVAL은 다음에 사용 가능한 시퀀스 값을 생성하는 의사열인데, NEXTVAL에 의해 새 시퀀스 값이 생성된 후 그 값이 CURRVAL에 저장된다. 즉, CURRVAL은 가장 최근에 생성된 현재의 시퀀스 값을 반환하는 의사열이다. 의사열은 [그림 12-18]과 같이 시퀀스 이름 뒤에 점dot을 찍은 다음 NEXTVAL이나 CURRVAL을 기술해서 사용한다.

```
시퀀스_이름.NEXTVAL    또는    시퀀스_이름.CURRVAL
```

그림 12-18 NEXTVAL과 CURRVAL 사용 형식

의사열인 NEXTVAL과 CURRVAL은 다음과 같은 경우에 사용할 수 있다.

- 서브쿼리의 일부가 아닌 SELECT 문의 SELECT 절
- INSERT 문에서 서브쿼리의 SELECT 절
- INSERT 문의 VALUES 절
- UPDATE 문의 SET 절

의사열인 NEXTVAL과 CURRVAL은 다음과 같은 경우에는 사용할 수 없다.

- 뷰의 SELECT 절
- DISTINCT 키워드를 사용한 SELECT 문
- GROUP BY, HAVING, ORDER BY를 이용한 SELECT 문
- SELECT, DELETE, UPDATE 문에서의 서브쿼리
- CREATE TABLE, ALTER TABLE 문의 DEFAULT 표현식

3 시퀀스 사용 사례

의사열을 사용할 때는 CURRVAL을 참조하기 전에 반드시 NEXTVAL을 생성해야 한다는 점에 주의한다. [그림 12-3]의 부서 테이블에 '연구부'라는 부서를 하나 삽입하되, 부서번호를 앞에서 생성한 dept_id_seq라는 시퀀스를 사용하여 삽입하려면, 다음과 같은 INSERT 문을 작성한다.

```
INSERT INTO 부서(부서번호, 부서명)
VALUES (dept_id_seq.NEXTVAL, '연구부');
```

위의 INSERT 문에서 삽입한 연구부의 부서번호로 600이 삽입된다. 의사열의 값을 확인할 때는 더미dummy 테이블인 'dual'을 활용하는데, 다음과 같이 현재의 시퀀스 값을 확인하면 600이라는 값이 출력됨을 확인할 수 있다.

```
SELECT dept_id_seq.CURRVAL FROM dual;
```

4 시퀀스 사용 시 유의 사항

다음과 같은 경우에는 시퀀스 값에 불규칙한 간격gap이 생기는 오류가 발생하므로 유의해야 한다.

■ **롤백rollback이 발생한 경우**

시퀀스를 포함한 문장을 롤백하면 커밋commit 이후 롤백 이전에 생성된 시퀀스 번호를 모두 잃게 되므로 이후의 시퀀스에 간격이 생긴다. 롤백은 모든 미결정된 데이터 변경을 취소하는 것이고, 커밋은 모든 미결정된 데이터 조작을 영구적으로 변경하는 것이다.

■ **시스템이 손상된 경우**

CACHE 옵션을 설정하여 미리 시퀀스를 생성해서 메모리에 저장해 둔 경우, 시스템 손상 등으로 인해 시스템이 비정상적으로 종료되면 미리 생성한 시퀀스 값을 모두 잃어버리므로 이후의 시퀀스에 간격이 생긴다.

■ **동일한 시퀀스가 여러 테이블에서 사용된 경우**

시퀀스 값이 불규칙적으로 변할 수 있다.

5 시퀀스 변경

시퀀스를 변경할 때는 [그림 12-19]와 같은 ALTER SEQUENCE 문을 사용한다. 이때 시퀀스의 증가치, 최댓값, 최솟값, 사이클 여부, 캐시 옵션 등 START WITH 옵션을 제외한 나머지 모든 옵션을 변경할 수 있다.

```
ALTER  SEQUENCE  시퀀스_이름
                    [INCREMENT  BY  n]
                    [ {MAXVALUE  n | NOMAXVALUE}]
                    [ {MINVALUE  n | NOMINVALUE}]
                    [ {CYCLE | NOCYCLE}]
                    [ {CACHE n | NOCACHE }];
```

그림 12-19 ALTER SEQUENCE 문의 일반 형식

예를 들어 다음과 같이 시퀀스 dept_id_seq의 최댓값을 3000으로 변경할 수 있다.

```
ALTER  SEQUENCE  dept_id_seq
                    MAXVALUE  3000;
```

시퀀스를 수정할 때는 다음 사항에 유의해야 한다.

- 시퀀스 생성자나 ALTER SEQUENCE 권한을 가진 사용자만 수정할 수 있다.
- 시퀀스를 수정하면 수정 이후에 생성되는 시퀀스 번호에만 영향을 미친다.
- 시퀀스를 생성할 때 다른 시작 번호부터 다시 생성하려면, 기존 시퀀스를 삭제하고 다시 생성해야 한다.
- 유효성 검사를 자동으로 수행한다.
- 수정된 MAXVALUE가 현재 시퀀스 번호보다 작은 경우, 수정이 허용되지 않는다.

6 시퀀스 삭제

시퀀스는 [그림 12-20]과 같은 DROP SEQUENCE 문으로 삭제할 수 있으며, 한 번 제거된 시퀀스는 더 이상 참조할 수 없다.

```
DROP  SEQUENCE  시퀀스_이름;
```

그림 12-20 ALTER SEQUENCE 문의 일반 형식

09 데이터베이스 구현 사례

1 온라인 쇼핑몰 DB 생성 및 초기 데이터 삽입

11장 2.1절에서 온라인 쇼핑몰 DB 구축을 위한 내부 스키마([표 11-5]~[표 11-10])를 작성하였다. 이를 기초로 하여 각 테이블을 생성하고 초기 데이터를 삽입한다.

```
CREATE TABLE product (
            prod_no      CHAR(6),
            kind         CHAR(2)  CHECK(kind = '상' OR kind = '하'),
            prod_name    VARCHAR2(50)  NOT NULL,
            prod_size    CHAR(2)  NOT NULL,
            sell_price   NUMBER(7)  NOT NULL,
            buy_price    NUMBER(7)  NOT NULL,
            CONSTRAINT  size_check CHECK(prod_size IN ('대', '중', '소')),
            CONSTRAINT  prod_no_pk  PRIMARY KEY(prod_no));

INSERT INTO  product  VALUES (100001, '상', '티셔츠', '대', 20000, 15000);
INSERT INTO  product  VALUES (100002, '상', '블라우스', '중', 30000, 20000);
INSERT INTO  product  VALUES (100003, '상', '니트', '소', 25000, 18000);
INSERT INTO  product  VALUES (100004, '하', '통바지', '대', 20000, 15000);
INSERT INTO  product  VALUES (100005, '하', '반바지', '중', 25000, 15000);
INSERT INTO  product  VALUES (100006, '하', '카고바지', '소', 30000, 20000);
INSERT INTO  product  VALUES (100007, '상', '자켓', '대', 40000, 30000);
INSERT INTO  product  VALUES (100008, '상', '니트', '대', 30000, 25000);
```

그림 12-21 product(상품) 테이블 생성 및 초기 데이터 삽입 SQL 문

```
CREATE TABLE customer (
            id          VARCHAR2(20),
            pw          VARCHAR2(20)  NOT NULL,
            name        VARCHAR2(30)  NOT NULL,
            cellphone   CHAR(13)  NOT NULL,
            addr        VARCHAR2(100) NOT NULL,
            point       NUMBER(7)  DEFAULT(1000),
            CONSTRAINT  cell_unique UNIQUE(cellphone),
            CONSTRAINT  customer_id_pk  PRIMARY KEY(id));
INSERT INTO  customer  VALUES ('mhkim', 'kim+1111', '김문호', '010-2233-4455', '천안시 동남구',
DEFAULT);
INSERT INTO  customer  VALUES ('sypark', 'swimswim', '박수영', '010-3423-1234', '서울 종로구',
10000);
INSERT INTO  customer  VALUES ('jangme', 'rose1234', '최장미', '010-9898-5678', '서울 강남구',
DEFAULT);
INSERT INTO  customer  VALUES ('minmin', 'jun2020', '민준민', '010-2039-2930', '천안시 서북구',
20000);
INSERT INTO  customer  VALUES ('mslee', 'soso3344', '이명수', '010-9820-2394', '서울 강서구',
3000);
```

그림 12-22 customer(고객) 테이블 생성 및 초기 데이터 삽입 SQL 문

```
CREATE TABLE cust_dest_addr (
            cust_id     VARCHAR2(20),
            seq         NUMBER(5),
            addr        VARCHAR2(100),
            CONSTRAINT  cust_dest_pk  PRIMARY KEY(cust_id, seq),
            CONSTRAINT  cust_id_fk  FOREIGN  KEY(cust_id)
                           REFERENCES  customer(id));

INSERT INTO  cust_dest_addr  VALUES ('mhkim', 1, '천안시 동남구');
INSERT INTO  cust_dest_addr  VALUES ('mhkim', 2, '천안시 서북구');
INSERT INTO  cust_dest_addr  VALUES ('sypark', 1, '서울 종로구');
INSERT INTO  cust_dest_addr  VALUES ('sypark', 2, '대전시 중구');
INSERT INTO  cust_dest_addr  VALUES ('jangme', 1, '서울 강남구');
INSERT INTO  cust_dest_addr  VALUES ('mslee', 1, '서울 강서구');
INSERT INTO  cust_dest_addr  VALUES ('mslee', 2, '천안시 서북구');
INSERT INTO  cust_dest_addr  VALUES ('mslee', 3, '부산시 동래구');
```

그림 12-23 cust_dest_addr(고객배송지) 테이블 생성 및 초기 데이터 삽입 SQL 문

```
CREATE TABLE pur_office (
            shop_no       CHAR(7),
            shop_name     VARCHAR2(50)  NOT NULL,
            tel           VARCHAR2(13)  NOT NULL,
            addr          VARCHAR2(100),
            rep_name      VARCHAR2(30),
            reg_num       CHAR(12)  NOT NULL,
            main_item     VARCHAR2(100),
            CONSTRAINT  pur_off_unique   UNIQUE(tel, reg_num),
            CONSTRAINT  pur_off_pk  PRIMARY KEY(shop_no));
INSERT INTO pur_office VALUES ('mkp1221', '오렌지수트', '02-2347-3920', '서울 강남구', '김철민',
'101-26-23902', '면바지, 면티셔츠');
INSERT INTO pur_office VALUES ('kmn2902', '카라멜봉봉', '02-3901-9876', '서울 강남구', '박영미',
'332-29-76452', '실크블라우스, 니트');
INSERT INTO pur_office VALUES ('opa3287', '나이스샷', '032-4930-6754', '부산시 동래구', '이광호',
'390-23-26743', '스판 바지, 폴리블라우스');
```

그림 12-24 pur_office(구매처) 테이블 생성 및 초기 데이터 삽입 SQL 문

```
CREATE TABLE sell  (
            sell_num    INTEGER,
            prod_no     CHAR(6),
            cust_id     VARCHAR2(20),
            sell_time   DATE  NOT NULL,
            amount      NUMBER(3)  DEFAULT(1),
            del_day     CHAR(8),
            pay_money   NUMBER(7),
            CONSTRAINT sell_num_pk  PRIMARY KEY(sell_num),
            CONSTRAINT prod_no_fk  FOREIGN  KEY(prod_no)
                          REFERENCES  product(prod_no),
            CONSTRAINT sell_cust_id_fk  FOREIGN  KEY(cust_id)
                          REFERENCES  customer(id));
```

```
INSERT INTO  sell  VALUES (1, 100001, 'mhkim', TO_DATE('2023-09-10 16:10',
'YYYY-MM-DD HH24:MI'), 2, '20230912', 40000);
INSERT INTO  sell  VALUES (2, 100002, 'mhkim', TO_DATE('2023-10-15 12:08',
'YYYY-MM-DD HH24:MI'), 3, '20231016', 90000);
INSERT INTO  sell  VALUES (3, 100001, 'sypark', TO_DATE('2023-10-16 18:25',
'YYYY-MM-DD HH24:MI'), 1, '20230912', 20000);
INSERT INTO  sell  VALUES (4, 100002, 'sypark', TO_DATE('2023-10-25 13:15',
'YYYY-MM-DD HH24:MI'), 2, '20231016', 60000);
INSERT INTO  sell  VALUES (5, 100003, 'jangme', TO_DATE('2023-10-26 15:25',
'YYYY-MM-DD HH24:MI'), 1, '20231027', 25000);
INSERT INTO  sell  VALUES (6, 100004, 'mslee', TO_DATE('2023-11-02 09:20',
'YYYY-MM-DD HH24:MI'), 2, '20231102', 40000);
```

그림 12-25 sell(판매하다) 테이블 생성 및 초기 데이터 삽입 SQL 문

```
CREATE TABLE buy  (
            buy_num      INTEGER,
            prod_no      CHAR(6),
            shop_no      CHAR(7),
            buy_day      CHAR(8)  NOT NULL,
            amount       NUMBER(3),
            buy_money    NUMBER(7),
            CONSTRAINT  buy_num_pk  PRIMARY KEY(buy_num),
            CONSTRAINT  buy_pno_fk  FOREIGN  KEY(prod_no)
                           REFERENCES  product(prod_no),
            CONSTRAINT  buy_sno_fk  FOREIGN  KEY(shop_no)
                           REFERENCES  pur_office(shop_no));

INSERT INTO  buy  VALUES (1, 100001, 'mkp1221', '20230901', 10, 150000);
INSERT INTO  buy  VALUES (2, 100002, 'kmn2902', '20230902', 15, 300000);
INSERT INTO  buy  VALUES (3, 100003, 'kmn2902', '20230901', 10, 180000);
INSERT INTO  buy  VALUES (4, 100004, 'mkp1221', '20230901', 20, 300000);
INSERT INTO  buy  VALUES (5, 100005, 'opa3287', '20230910', 10, 150000);
INSERT INTO  buy  VALUES (6, 100006, 'mkp1221', '20230910', 12, 240000);
INSERT INTO  buy  VALUES (7, 100001, 'mkp1221', '20230910', 15, 150000);
```

그림 12-26 buy(구입하다) 테이블 생성 및 초기 데이터 삽입 SQL 문

앞에서 생성한 6개 테이블의 구조와 저장된 데이터를 모두 삭제하는 SQL 문은 다음과 같다.

```
ALTER TABLE product DROP PRIMARY KEY CASCADE;
DROP TABLE product;
ALTER TABLE customer DROP PRIMARY KEY CASCADE;
DROP TABLE customer ;
DROP TABLE cust_dest_addr;
ALTER TABLE pur_office DROP PRIMARY KEY CASCADE;
DROP TABLE pur_office;
DROP TABLE sell;
DROP TABLE buy;
PURGE RECYCLEBIN;   /* 휴지통 비우기 */
```

그림 12-27 온라인 쇼핑몰 DB의 모든 테이블 및 데이터 삭제 SQL 문

2 온라인 쇼핑몰 DB의 테스트용 SQL 문

온라인 쇼핑몰 DB가 원래의 목적에 맞게 제대로 수행되는지 확인해 보자. 다음과 같은 트랜잭션 유형별 SQL 문을 활용하여 데이터 조작이 원활한지 테스트한다.

1 상품 목록 검색하기

사용자가 입력한 구분(상 or 하), 사이즈에 해당하는 상품의 이름, 구매가격 및 판매가격을 검색하되, 판매가격의 오름차순으로 출력한다.

```
SELECT   prod_name 상품명, buy_price 구매가격, sell_price 판매가격
FROM     product
WHERE    kind = '&구분'
AND      prod_size = '&사이즈'
ORDER BY sell_price;
```

2 고객 정보 검색하기

사용자가 입력한 id를 갖는 고객의 이름, 주소, 포인트를 검색한다.

```
SELECT   name 이름, addr 주소, point 포인트
FROM     customer
WHERE    id = '&id';
```

3 상품 구매처 검색하기

사용자가 입력한 상품번호를 갖는 상품을 구매한 구매처 상호, 구입일자, 수량을 검색한다.

```
SELECT   shop_name 상호, buy_day 구입일자, amount 수량
FROM     product, buy, pur_office
WHERE    product.prod_no = '&prod_no'
AND      product.prod_no = buy.prod_no
AND      buy.shop_no = pur_office.shop_no;
```

4 상품 데이터 추가하기

사용자에게서 상품번호 등의 상품 정보를 입력받아 추가한다.

```
INSERT INTO  product(prod_no, kind, prod_name, size, sell_price, buy_price)
VALUES  ('&상품번호', '&구분',  '&상품명', '&사이즈', '&판매가격', '&구매가격');
```

5 상품 데이터 변경하기

사용자가 입력한 상품번호를 갖는 상품의 판매가격을 사용자가 입력한 값으로 변경한다.

```
UPDATE product
SET    sell_price = '&변경된판매가격'
WHERE  prod_no = '&상품번호';
```

6 상품 데이터 삭제하기

사용자가 입력한 상품번호를 갖는 상품 정보를 삭제한다.

```
DELETE FROM  product
WHERE  prod_no = '&상품번호';
```

3 문화센터 DB 생성 및 초기 데이터 삽입

11장 6.1절에서 문화센터 DB 구축을 위한 내부 스키마([표 11-20]~[표 11-32])와 인덱스 정의서([표 11-33])를 작성하였다. 이를 기초로 하여 각 테이블과 인덱스를 생성하고 초기 데이터를 삽입한다.

```
CREATE TABLE center (
            cent_num        NUMBER(2)  PRIMARY KEY,
            cent_name       VARCHAR2(20)  NOT NULL,
            addr            VARCHAR2(100),
            tel             VARCHAR2(13)  NOT NULL,
            chief_officer   VARCHAR2(20));

INSERT INTO  center  VALUES (01, '주민행복', '천안시 봉명동', '041-9988-0011', '김민호');
```

그림 12-28 center(문화센터) 테이블 생성 및 초기 데이터 삽입 SQL 문

```
CREATE TABLE lecturer (
            lec_num    NUMBER(6)  PRIMARY KEY,
            name       VARCHAR2(20),
            reg_num    CHAR(14)  NOT NULL,
            cell       VARCHAR2(13)  NOT NULL,
            addr       VARCHAR2(100),
            career     NUMBER(2)  NOT NULL,
            UNIQUE(reg_num, cell) );

INSERT INTO  lecturer  VALUES (110211, '이영우', '901010-1111111', '010-3333-2200',
'서울 동작구', 12);
INSERT INTO  lecturer  VALUES (121004, '김정수', '890202-1222222', '010-4422-3300',
'천안시 서북구', 08);
INSERT INTO  lecturer  VALUES (138912, '박민영', '920310-2222222', '010-5533-4400',
'서울시 동작구', 04);
INSERT INTO  lecturer  VALUES (212354, '최문희', '850515-2334455', '010-6666-5500',
'서울시 동작구', 10);
INSERT INTO  lecturer  VALUES (220776, '장미애', '911129-2887766', '010-8877-6600',
'서울시 동작구', 07);
```

그림 12-29 lecturer(강사) 테이블 생성 및 초기 데이터 삽입 SQL 문

```
CREATE TABLE course (
            cour_num     NUMBER(3) PRIMARY KEY,
            cour_name    VARCHAR2(50),
            tuition      NUMBER(7),
            open_day     CHAR(8) NOT NULL,
            cour_time    NUMBER(2) NOT NULL,
            weekday      CHAR(3) NOT NULL,
            start_time   CHAR(5) NOT NULL,
            min_num      NUMBER(2),
            max_num      NUMBER(2) CHECK(max_num < 50),
            center_num   NUMBER(2),
            confirm_yn   CHAR(1) DEFAULT('N'),
            lec_num      NUMBER(6),
            CONSTRAINT   cour_time_check CHECK(cour_time BETWEEN 10 AND 30),
            CONSTRAINT   center_num_fk FOREIGN KEY(center_num)
                            REFERENCES center(cent_num),
            CONSTRAINT   lec_num_fk FOREIGN KEY(lec_num)
                            REFERENCES lecturer(lec_num));

INSERT INTO course VALUES (110, '종이접기', 50000, '20231210', 10, 'MON', '10:30', 10, 40, 01,
DEFAULT, 110211);
INSERT INTO course VALUES (120, '서예', 60000, '20240115', 15, 'TUE', '14:00', 10, 20, 01,
DEFAULT, 121004);
INSERT INTO course VALUES (210, '유화', 60000, '20240201', 10, 'WED', '11:10', 15, 30, 01,
DEFAULT, 138912);
INSERT INTO course VALUES (230, '댄스', 70000, '20240310', 12, 'FRI', '15:00', 12, 25, 01,
DEFAULT, 212354);
INSERT INTO course VALUES (310, '요가', 50000, '20240310', 10, 'SAT', '11:00', 10, 30, 01,
DEFAULT, 220776);
INSERT INTO course VALUES (410, '서예', 65000, '20240615', 15, 'WED', '14:00', 10, 25, 01,
DEFAULT, 121004);
INSERT INTO course VALUES (420, '유화', 65000, '20240701', 10, 'TUE', '11:10', 10, 30, 01,
DEFAULT, 138912);
INSERT INTO course VALUES (510, '수채화', 70000, '20241020', 10, 'TUE', '11:10', 10, 30, 01,
DEFAULT, 138912);
INSERT INTO course VALUES (520, '필라테스', 60000, '20241101', 10, 'WED', '15:00', 3, 5, 01,
DEFAULT, 220776);
```

그림 12-30 course(강좌) 테이블 생성 및 초기 데이터 삽입 SQL 문

```
CREATE TABLE lec_room (
            room_num      CHAR(4)  PRIMARY KEY,
            location      VARCHAR2(30)  NOT NULL,
            max_num       NUMBER(3));

INSERT INTO  lec_room  VALUES ('A101', '본관 1층', 30);
INSERT INTO  lec_room  VALUES ('A102', '본관 1층', 30);
INSERT INTO  lec_room  VALUES ('A103', '본관 1층', 40);
INSERT INTO  lec_room  VALUES ('A201', '본관 2층', 40);
INSERT INTO  lec_room  VALUES ('A202', '본관 2층', 40);
INSERT INTO  lec_room  VALUES ('A203', '본관 2층', 50);
```

그림 12-31 lec_room(강의실) 테이블 생성 및 초기 데이터 삽입 SQL 문

```
CREATE TABLE member (
            mem_id    CHAR(8)  PRIMARY KEY,
            name      VARCHAR2(30)  NOT NULL,
            birthday  NUMBER(8),
            cell      CHAR(13)  NOT NULL  UNIQUE,
            addr      VARCHAR2(100));

INSERT INTO  member  VALUES ('mhkim290', '김문호', 20001013, '010-2233-4455', '천안시 동남구');
INSERT INTO  member  VALUES ('sypark19', '박수영', 20010405, '010-3423-1234', '서울 종로구');
INSERT INTO  member  VALUES ('jangme98', '최장미', 20011103, '010-9898-5678', '서울 강남구');
INSERT INTO  member  VALUES ('minmin23', '민준민', 20020507, '010-2039-2930', '천안시 서북구');
INSERT INTO  member  VALUES ('mslee876', '이명수', 20031018, '010-9820-2394', '서울 강서구');
```

그림 12-32 member(회원) 테이블 생성 및 초기 데이터 삽입 SQL 문

```
CREATE TABLE talent_class (
            tcode     NUMBER(3)  PRIMARY KEY,
            talent    VARCHAR2(30));

INSERT INTO  talent_class  VALUES (001, '종이접기');
INSERT INTO  talent_class  VALUES (002, '서예');
INSERT INTO  talent_class  VALUES (003, '유화');
INSERT INTO  talent_class  VALUES (004, '수채화');
INSERT INTO  talent_class  VALUES (005, '댄스');
INSERT INTO  talent_class  VALUES (006, '요가');
INSERT INTO  talent_class  VALUES (007, '태권도');
```

그림 12-33 talent_class(재능구분) 테이블 생성 및 초기 데이터 삽입 SQL 문

```
CREATE TABLE lec_talent (
            lec_num     NUMBER(8),
            tcode       NUMBER(3),
            CONSTRAINT  lec_talent_pk  PRIMARY KEY(lec_num, tcode),
            CONSTRAINT  lect_num_fk  FOREIGN  KEY(lec_num)
                           REFERENCES  lecturer(lec_num));

INSERT INTO  lec_talent  VALUES (110211, 001);
INSERT INTO  lec_talent  VALUES (110211, 004);
INSERT INTO  lec_talent  VALUES (121004, 002);
INSERT INTO  lec_talent  VALUES (138912, 003);
INSERT INTO  lec_talent  VALUES (212354, 005);
INSERT INTO  lec_talent  VALUES (220776, 006);
```

그림 12-34 lec_talent(강사재능) 테이블 생성 및 초기 데이터 삽입 SQL 문

```
CREATE TABLE lec_class (
            class   CHAR(1)  PRIMARY KEY,
            basis   VARCHAR2(30),
            fee     NUMBER(7));

INSERT INTO  lec_class  VALUES ('A', '10년 이상', 50000);
INSERT INTO  lec_class  VALUES ('B', '5년 이상 10년 미만', 30000);
INSERT INTO  lec_class  VALUES ('C', '5년 미만', 20000);
```

그림 12-35 lec_class(강사등급) 테이블 생성 및 초기 데이터 삽입 SQL 문

```
CREATE TABLE assign_room (
            cour_num   NUMBER(3)  PRIMARY KEY,
            room_num   CHAR(4),
            CONSTRAINT acour_num_fk  FOREIGN  KEY(cour_num)
                          REFERENCES  course(cour_num),
            CONSTRAINT aroom_num_fk  FOREIGN  KEY(room_num)
                          REFERENCES  lec_room(room_num));

INSERT INTO  assign_room  VALUES (110, 'A201');
INSERT INTO  assign_room  VALUES (120, 'A101');
INSERT INTO  assign_room  VALUES (210, 'A102');
INSERT INTO  assign_room  VALUES (230, 'A202');
INSERT INTO  assign_room  VALUES (310, 'A203');
```

그림 12-36 assign_room(배정하다) 테이블 생성 및 초기 데이터 삽입 SQL 문

```
CREATE TABLE join (
            mem_id          CHAR(8),
            cent_num        NUMBER(2),
            join_day        DATE  DEFAULT(SYSDATE),
            initial_fee_yn CHAR(1)   DEFAULT('N'),
            CONSTRAINT      join_pk  PRIMARY KEY(mem_id, cent_num),
            CONSTRAINT      jmem_id_fk  FOREIGN  KEY(mem_id)
                               REFERENCES member(mem_id),
            CONSTRAINT      jcent_num_fk  FOREIGN  KEY(cent_num)
                               REFERENCES center(cent_num));

INSERT INTO  join  VALUES ('mhkim290', 01, TO_DATE('2023/01/10','YYYY/MM/DD'), 'Y');
INSERT INTO  join  VALUES ('sypark19', 01, TO_DATE('2023/01/23','YYYY/MM/DD'), 'Y');
INSERT INTO  join  VALUES ('jangme98', 01, TO_DATE('2023/02/01','YYYY/MM/DD'), DEFAULT);
INSERT INTO  join  VALUES ('minmin23', 01, TO_DATE('2023/02/10','YYYY/MM/DD'), 'Y');
INSERT INTO  join  VALUES ('mslee876', 01, TO_DATE('2023/02/15','YYYY/MM/DD'), 'Y');
```

그림 12-37 join(가입하다) 테이블 생성 및 초기 데이터 삽입 SQL 문

```
CREATE TABLE apply (
            mem_id        CHAR(8),
            cour_num      NUMBER(3),
            pay_yn        CHAR(1)   DEFAULT('N'),
            app_seq       NUMBER(2),
            num_attend    NUMBER(3) DEFAULT(0),
            complete_yn  CHAR(1)   DEFAULT('N'),
            CONSTRAINT   apply_pk  PRIMARY KEY(mem_id, cour_num),
            CONSTRAINT   amem_id_fk  FOREIGN  KEY(mem_id)
                            REFERENCES  member(mem_id),
            CONSTRAINT   acent_num_fk  FOREIGN  KEY(cour_num)
                            REFERENCES  course(cour_num));
```

```
INSERT INTO  apply  VALUES ('mhkim290', 110, 'Y', 1, 10, 'Y');
INSERT INTO  apply  VALUES ('sypark19', 110, 'Y', 2, 5, 'N');
INSERT INTO  apply  VALUES ('minmin23', 110, 'Y', 3, 10, 'Y');
INSERT INTO  apply  VALUES ('jangme98', 120, 'Y', 1, 08, 'Y');
INSERT INTO  apply  VALUES ('sypark19', 120, 'Y', 2, 03, 'N');
INSERT INTO  apply  VALUES ('jangme98', 210, 'Y', 1, 09, 'Y');
INSERT INTO  apply  VALUES ('minmin23', 230, 'Y', 1, 12, 'Y');
INSERT INTO  apply  VALUES ('mslee876', 230, 'Y', 2, 12, 'Y');
INSERT INTO  apply  VALUES ('mhkim290', 310, 'Y', 1, DEFAULT, DEFAULT);
INSERT INTO  apply  VALUES ('mslee876', 310, 'Y', 2, DEFAULT, DEFAULT);
```

그림 12-38 apply(신청하다) 테이블 생성 및 초기 데이터 삽입 SQL 문

```
CREATE TABLE lect_take_cour (
            lec_num      NUMBER(6),
            cour_num     NUMBER(3),
            tuition_yn  CHAR(1)  DEFAULT('N'),
            complete_yn CHAR(1)  DEFAULT('N'),
            CONSTRAINT  lect_take_cour_pk  PRIMARY KEY(lec_num, cour_num),
            CONSTRAINT  llec_num_fk  FOREIGN  KEY(lec_num)
                           REFERENCES       lecturer(lec_num),
            CONSTRAINT  lcour_num_fk  FOREIGN  KEY(cour_num)
                           REFERENCES       course(cour_num));

INSERT INTO  lect_take_cour  VALUES (110211, 110, 'Y', 'Y');
INSERT INTO  lect_take_cour  VALUES (138912, 110, 'Y', 'Y');
INSERT INTO  lect_take_cour  VALUES (138912, 230, 'Y', 'Y');
INSERT INTO  lect_take_cour  VALUES (220776, 120, 'Y', 'N');
```

그림 12-39 lect_take_cour(강사_수강하다) 테이블 생성 및 초기 데이터 삽입 SQL 문

```
CREATE TABLE decide_class (
            lec_num     NUMBER(6),
            class       CHAR(1),
            decide_day  CHAR(8),
            CONSTRAINT  decide_level_pk  PRIMARY KEY(lec_num, class),
            CONSTRAINT  dlec_num_fk  FOREIGN  KEY(lec_num)
                           REFERENCES  lecturer(lec_num),
            CONSTRAINT  dcour_num_fk  FOREIGN  KEY(class)
                           REFERENCES  lec_class(class));

INSERT INTO  decide_class  VALUES (110211, 'A', '20230101');
INSERT INTO  decide_class  VALUES (121004, 'B', '20220501');
INSERT INTO  decide_class  VALUES (138912, 'C', '20231015');
INSERT INTO  decide_class  VALUES (212354, 'A', '20230210');
INSERT INTO  decide_class  VALUES (220776, 'B', '20230320');
```

그림 12-40 decide_class(등급결정하다) 테이블 생성 및 초기 데이터 삽입 SQL 문

```
CREATE  INDEX  cour_name_idx
        ON course(cour_name);

CREATE  INDEX  mem_name_idx
        ON member(name);

CREATE  INDEX  lec_name_idx
        ON lecturer(name);
```

그림 12-41 인덱스 생성 SQL 문

앞에서 생성한 13개 테이블의 구조와 저장된 데이터를 모두 삭제하는 SQL 문은 다음과 같다.

```
ALTER TABLE center DROP PRIMARY KEY CASCADE;
DROP TABLE center;
ALTER TABLE lecturer DROP PRIMARY KEY CASCADE;
DROP TABLE lecturer;
ALTER TABLE course DROP PRIMARY KEY CASCADE;
DROP TABLE course;
ALTER TABLE lec_room DROP PRIMARY KEY CASCADE;
DROP TABLE lec_room;
ALTER TABLE member DROP PRIMARY KEY CASCADE;
DROP TABLE member;

DROP TABLE talent_class;
DROP TABLE lec_talent;
ALTER TABLE lec_class DROP PRIMARY KEY CASCADE;
DROP TABLE lec_class;
DROP TABLE assign_room;
DROP TABLE join;
DROP TABLE apply;
DROP TABLE lect_take_cour;
DROP TABLE decide_class;
PURGE RECYCLEBIN; /* 휴지통 비우기 */
```

그림 12-42 문화센터 DB의 모든 테이블과 데이터 삭제 SQL 문

4 문화센터 DB의 테스트용 SQL 문

문화센터 DB가 원래의 목적에 맞게 제대로 수행되는지 확인해 보자. 다음과 같은 트랜잭션 유형별 SQL 문을 활용하여 데이터 조작이 원활한지 테스트한다.

1 개설 강좌 검색하기

사용자가 입력한 문화센터에서 앞으로 개설될 모든 강좌의 강좌명, 수강료, 강의요일을 검색하되, 강좌명의 오름차순으로 출력한다.

```
SELECT    cour_name 강좌명,  tuition 수강료,  weekday 강의요일
FROM      course
WHERE     center_num = &문화센터번호
AND       open_day >= SYSDATE
ORDER BY  cour_name;
```

2 강사 등급 검색하기

사용자가 입력한 강사번호를 갖는 강사명, 등급, 결정일을 검색한다.

```
SELECT  name 강사명,  decide_class.class 등급,  decide_class.decide_day 결정일
FROM    lecturer, decide_class
WHERE   lecturer.lec_num = &강사번호
AND     lecturer.lec_num = decide_class.lec_num;
```

3 강사 재능 검색하기

사용자가 입력한 강사번호를 갖는 강사의 이름과 모든 재능을 검색한다.

```
SELECT  name  이름, talent  재능
FROM    lec_talent, talent_class, lecturer
WHERE   lec_talent.lec_num = &강사번호
AND     lec_talent.lec_num = lecturer.lec_num
AND     lec_talent.tcode = talent_class.tcode;
```

4 강사 수강 내역 검색하기

사용자가 입력한 강사번호를 갖는 강사가 수강한 강좌명과 수료 여부를 검색한다.

```
SELECT  cour_name 강좌명,  complete_yn  수료
FROM    course, lect_take_cour
WHERE   lect_take_cour.lec_num = &강사번호
AND     course.cour_num = lect_take_cour.cour_num;
```

5 센터 데이터 추가하기

새로운 센터의 센터번호와 센터명, 전화번호 정보를 추가한다.

```
INSERT INTO  center(cent_num, cent_name, tel)
VALUES  ('&센터번호', '&센터명', '&전화번호');
```

6 센터 전화번호 변경하기

사용자가 입력한 센터번호를 갖는 센터의 전화번호를 변경한다.

```
UPDATE  center
SET     tel = '&변경된전화번호'
WHERE   cent_num = '&센터번호';
```

7 강의실 데이터 삭제하기

사용자가 입력한 강의실번호를 갖는 강의실 정보를 삭제한다.

```
DELETE  FROM  lec_room
WHERE   room_num = '&강의실번호';
```

개념퍼즐

가로 →

1 가장 최근에 생성된 현재 시퀀스 값을 반환하는 의사열

2 시퀀스를 변경하는 명령

3 시퀀스를 삭제하는 명령

4 사용자가 수동으로 인덱스를 생성하는 명령

10 테이블 구조는 남겨두고 저장된 데이터만 삭제하는 명령

12 기본 테이블의 구조를 변경하는 명령

13 기본 테이블로부터 만들어지는 가상 테이블인 뷰를 생성하는 명령

14 기본 테이블 구조와 함께 저장된 데이터와 인덱스까지 한꺼번에 삭제하는 명령

15 DDL 문으로 만들어지지 않고, 질의문 처리 과정의 중간 결과로 만들어지는 테이블

16 기존 테이블에 새로운 데이터를 삽입하는 명령

19 시퀀스에 의해 자동으로 생성되는 가상의 열

20 CREATE VIEW 명령을 이용해서 기본 테이블로부터 만들어지는 테이블

22 단 하나의 테이블만 기초로 하여 생성된 뷰

23 테이블에서 기존 데이터를 갱신하는 명령

세로 ↓

1 시퀀스를 생성하는 명령

5 기존 뷰를 삭제하는 명령

6 기존 테이블에 새로운 데이터를 삽입하는 명령

7 테이블에서 기존 데이터를 삭제하는 명령

8 기본 테이블을 생성하는 명령

9 다음에 사용 가능한 시퀀스 값을 생성하는 의사열

11 고정길이 문자열을 기억하는 데이터 타입

17 테이블에서 데이터를 검색하는 명령

18 독자적으로 존재하는 테이블

21 다중 테이블을 기초로 하여 생성된 뷰

연습문제

01 DB 구현 단계의 주요 업무가 아닌 것은?

① DB에 초기 데이터를 삽입한다.

② 생성된 DB 구조가 설계된 DB 구조와 정확히 일치하는지 확인한다.

③ 유지보수를 위한 문서화 작업을 수행한다.

④ 트랜잭션 처리용 응용 프로그램을 작성한다.

02 다음과 같은 내부 스키마를 기초로 하여 lab 테이블을 생성하는 SQL 문을 작성하시오.

No.	속성	칼럼 이름	데이터 타입	크기	NULL 허용	키	기타
1	실험실번호	lab_num	NUMBER	3		PK	
2	명칭	name	VARCHAR2	50	N		UNIQUE
3	건물명	building	VARCHAR2	50	N		
4	호실	room_id	CHAR	4			
5	소속학과	dept_id	CHAR	4		FK	FK: dept(id)

단, dept 테이블 생성 및 데이터 삽입은 다음과 같은 SQL 문으로 생성하였다.

```
CREATE TABLE dept (
            id        CHAR(4)  PRIMARY KEY,
            dept_name VARCHAR2(50)  NOT NULL);
INSERT INTO  dept
VALUES ('comp', '컴퓨터공학');
```

03 02번 문제에서 생성한 lab 테이블에 숫자 타입(4바이트)의 '면적(lab_size)' 열을 추가하고, 디폴트 값을 '50'으로 설정하는 SQL 문을 작성하시오.

04 02번 문제에서 생성한 lab 테이블의 '호실(room_id)' 열에 room_id_idx라는 인덱스를 생성하는 SQL 문을 작성하시오.

05 **02**번 문제에서 생성한 lab 테이블에 다음 데이터를 삽입하는 SQL 문을 작성하시오.

```
실험실번호: 100, 명칭: 가상현실, 건물명: 2공학관, 호실: B203, 소속학과: comp
실험실번호: 110, 명칭: 인공지능, 건물명: 2공학관, 호실: A101, 소속학과: comp
```

06 **02**번 문제에서 생성한 lab 테이블에 건물명이 '2공학관'인 모든 실험실의 명칭과 소속학과번호를 검색하는 SQL 문을 작성하시오.

07 **02**번 문제에서 생성한 lab 테이블에 명칭이 '인공지능'인 실험실의 호실을 'B102'로 변경하는 SQL 문을 작성하시오.

08 **02**번 문제에서 생성한 lab 테이블을 기초로 하여 소속학과 id가 'comp'인 모든 실험실의 명칭(name), 호실(room_id), 면적(lab_size)을 포함하는 com_lab_view'라는 뷰를 생성하는 SQL 문을 작성하시오.

09 **02**번 문제에서 생성한 lab 테이블의 기본키인 실험실번호(lab_num) 값을 자동으로 생성하는 데 사용할 시퀀스인 lab_num_seq를 생성하려고 한다. 첫 번째 시퀀스 값은 120이고, 최대 990까지 10씩 증가시키고, 최댓값에 도달한 후에 다시 첫 번째 시퀀스 번호부터 생성하지 않고, 시퀀스 값을 미리 생성하지 않도록 시퀀스를 정의하는 SQL 문을 작성하시오.

10 **09**번 문제에서 생성한 시퀀스인 lab_num_seq를 이용해서 2번 문제에서 생성한 lab 테이블에 다음과 같은 데이터를 삽입하는 SQL 문을 작성하시오.

```
명칭: 네트워크, 건물명: 2공학관, 호실: B201, 소속학과: comp
```

11 앞에서 생성한 테이블과 인덱스, 뷰, 시퀀스를 모두 삭제하는 SQL 문을 작성하시오.

실습문제

01 국내 관광을 전문으로 하는 한 여행사의 DB를 구축하기 위해 내부 스키마와 인덱스 정의서를 다음과 같이 작성하였다. 이를 기초로 하여 모든 테이블과 인덱스를 생성하고, 각 테이블에 5개 내외의 초기 데이터를 삽입하는 SQL 문을 작성하시오.

• 고객(customer) 릴레이션의 내부 스키마

No.	속성	칼럼 이름	데이터 타입	크기	NULL 허용	키	기타
1	id	cus_id	VARCHAR2	15		PK	
2	이름	name	VARCHAR2	20	N		
3	휴대폰	cell	CHAR	13	N		UNIQUE
4	주소	addr	VARCHAR2	100			
5	등급코드	c_code	NUMBER	1			DEFAULT(3)

* 등급코드는 고객등급코드의 코드 속성 값(1: 최우수, 2: 우수, 3 일반)으로 표현함

• 직원(staff) 릴레이션의 내부 스키마

No.	속성	칼럼 이름	데이터 타입	크기	NULL 허용	키	기타
1	사번	staff_id	NUMBER	5		PK	
2	이름	name	VARCHAR2	20	N		
3	생년월일	birthday	NUMBER	6	N		
4	연락처	tel	CHAR	12			
5	급여	salary	NUMBER	9			
6	담당업무	t_code	NUMBER	1	N		
7	입사일	hire_date	CHAR	8	N		

* 담당업무는 업무코드 개체의 코드 속성 값(1: 여행상품관리, 2: 예약관리, 3: 관광버스배차관리, 4: 직원관리, 5: 고객관리)으로 표현함

- 여행상품(tour) 릴레이션의 내부 스키마

No.	속성	칼럼 이름	데이터 타입	크기	NULL 허용	키	기타
1	여행번호	tour_num	CHAR	8		PK	
2	출발지	departure	VARCHAR2	50	N		
3	도착지	arrival	VARCHAR2	50	N		
4	프로그램	program	VARCHAR2	100			
5	시작일시	start_dt	DATE		N		
6	종료일시	end_dt	DATE		N		
7	최소출발인원	min_num	NUMBER	2			
8	최대인원	max_num	NUMBER	2			
9	여행경비	expense	NUMBER	7	N		
10	예약금	deposit	NUMBER	6			
11	출발여부	dept_yn	CHAR	1			DEFAULT('N')
12	담당직원사번	staff_id	NUMBER	5		FK	FK: 직원(사번)

* 프로그램 속성은 프로그램 정보가 있는 링크를 값으로 가짐

- 관광버스(tour_bus) 릴레이션의 내부 스키마

No.	속성	칼럼 이름	데이터 타입	크기	NULL 허용	키	기타
1	차량번호	bus_id	NUMBER	2		PK	
2	좌석수	seat	NUMBER	2			
3	출고년도	del_yesr	NUMBER	4			

실습문제

- 운전기사(driver) 릴레이션의 내부 스키마

No.	속성	칼럼 이름	데이터 타입	크기	NULL 허용	키	기타
1	기사_id	driver_id	NUMBER	5		PK	
2	이름	name	VARCHAR2	20	N		
3	생년월일	birthday	CHAR	6	N		
4	휴대폰	cell	CHAR	13	N		
5	시급	pay	NUMBER	5			DEFAULT (15000)
6	계약일	cont_date	CHAR	8			
7	계약기간	cont_term	CHAR	8			

* 계약기간은 월 단위 값을 가짐

- 예약하다(reserve) 릴레이션의 내부 스키마

No.	속성	칼럼 이름	데이터 타입	크기	NULL 허용	키	기타
1	고객_id	cus_id	VARCHAR2	15		PK, FK	FK: 고객(id)
2	여행번호	tour_num	CHAR	8		PK, FK	FK: 여행상품 (여행번호)
3	예약일자	res_date	CHAR	8			DEFAULT (SYSDATE)
4	예약금결제여부	dep_yn	CHAR	1			DEFAULT('N')
5	여행경비결제여부	exp_yn	CHAR	1			DEFAULT('N')

- 기사배정하다(assign_driver) 릴레이션의 내부 스키마

No.	속성	칼럼 이름	데이터 타입	크기	NULL 허용	키	기타
1	여행번호	tour_num	CHAR	8		PK, FK	FK: 여행상품 (여행번호)
2	기사_id	driver_id	NUMBER	5		FK	FK: 운전기사 (기사_id)
3	근무시간	work_hour	NUMBER	3			

• 차량배정하다(assign_bus) 릴레이션의 내부 스키마

No.	속성	칼럼 이름	데이터 타입	크기	NULL 허용	키	기타
1	여행번호	tour_num	CHAR	8		PK, FK	FK: 여행상품 (여행번호)
2	차량번호	bus_id	NUMBER	2		FK	FK: 관광버스 (차량번호)

• 고객등급코드(class_code) 릴레이션의 내부 스키마

No.	속성	칼럼 이름	데이터 타입	크기	NULL 허용	키	기타
1	코드	code	NUMBER	1		PK	
2	등급	class	VARCHAR2	10			
3	기준	basis	VARCHAR2	20			

• 직원업무코드(task_code) 릴레이션의 내부 스키마

No.	속성	칼럼 이름	데이터 타입	크기	NULL 허용	키	기타
1	코드	code	NUMBER	1		PK	
2	업무	task	VARCHAR2	30			

• 인덱스 정의서

릴레이션명	속성명	테이블명	칼럼명	인덱스명	데이터 타입	정렬
여행상품	도착지	tour	arrival	tour_arrival_idx	VARCHAR2(50)	ASC
운전기사	이름	driver	name	driver_name_idx	VARCHAR2(20)	ASC

실습문제

- 인덱스 필요성

인덱스명	분포도	필요성
tour_arrival_idx	1 / 100 * 100 = 3 / 300 * 100 = 1% (데이터 수 총 300개, 서로 다른 도착지 100개라고 가정)	도착지가 WHERE 절(검색 조건)에서 많이 사용됨
driver_name_idx	1 / 50 * 100 = 1 / 50 * 100 = 2% (데이터 수 총 50개, 서로 다른 운전기사 이름이 50개라고 가정)	운전기사 이름이 WHERE 절(검색 조건)과 ORDER BY 절(오름차순으로 정렬해서 출력)에서 많이 사용됨

02 **01**번 문제에서 생성한 국내 관광 여행사 DB가 원래의 목적에 맞게 제대로 수행되는지 확인하기 위해, 다음과 같은 테스트가 가능하도록 SQL 문을 작성하시오.

① 고객 등급 검색하기: 사용자가 입력한 id를 갖는 고객의 이름과 등급(일반/우수/최우수)을 검색하시오.

② 직원 담당업무 검색하기: 사용자가 입력한 사번을 갖는 직원의 이름과 담당업무(여행상품관리/예약관리/관광버스배차관리/직원관리/고객관리)를 검색하시오.

③ 여행상품 예약 고객 검색하기: 사용자가 입력한 여행번호를 갖는 여행상품을 예약한 모든 고객의 이름, 예약일자, 예약금결제여부를 검색하시오.

④ 여행상품에 배정된 운전기사 검색하기: 사용자가 입력한 여행번호를 갖는 여행상품의 출발지, 배정된 운전기사 이름, 휴대폰번호를 검색하시오.

⑤ 고객 데이터 삽입하기: 새로운 고객의 id와 이름, 휴대폰 정보를 삽입하시오.

⑥ 직원 급여 변경하기: 사용자가 입력한 사번를 갖는 직원의 급여를 20만 원 증가시키시오.

⑦ 예약 정보 삭제하기: 사용자가 입력한 고객_id와 여행번호를 갖는 예약 정보를 삭제하시오.

03 **01**번 문제에서 생성한 테이블을 모두 삭제하는 SQL 문을 작성하시오.

S

T

U

V W

ㄱ

ㅇ

ㅈ

ㅊ